Inhalt

Vorwort

Mit dem Schuljahr 2007 bestehen im Rahmen des Abiturs (NRW) in den schriftlichen Abiturfächern zentrale Vorgaben. Für das Fach Katholische Religionslehre und das Fach Evangelische Religionslehre haben sich daraus Veränderungen ergeben, was die curriculare Offenheit bei der Auswahl der Unterrichtsgegenstände betrifft. Grundlegende Unterrichtsinhalte sind beim Zentralabitur bis zu einem bestimmten Grad festgelegt und erfordern eine Behandlung im Unterricht. Durch diese Schwerpunktsetzungen soll es ermöglicht werden, dass die Schülerinnen und Schüler über die notwendigen Voraussetzungen für eine angemessene Bearbeitung der zentral gestellten Aufgaben verfügen.
Wenn diese Aufgaben auch die übergreifenden verbindlichen Vorgaben der bestehenden Lehrpläne angemessen berücksichtigen sollen, dann bedeutet dies: Unabhängig von den Festlegungen für das Abitur gelten die bestehenden Lehrpläne als allgemeiner Rahmen im Blick auf die dort genannte Obligatorik von Inhalten und Methoden weiter.
Die konkreten Vorgaben für das Abitur wurden über weite Strecken hin in Evangelischer wie Katholischer Religionslehre identisch formuliert, was allerdings konfessionsspezifische Akzente nicht ausschließt. Die Gliederung der Inhalte orientiert sich an den Vorgaben, die auf die inhaltlichen Dimensionen/theologischen Themenfelder des Religionsunterrichts beider großen Konfessionen abgestimmt sind, um so Einseitigkeiten bei der Schwerpunktsetzung der Unterrichtsthemen zu vermeiden.
Die hier in diesem Band vorgelegten Texte sollen zusammen mit entsprechenden Bezugstexten aus der Reihe AKZENTE RELIGION flankierend dazu beitragen, dass Schülerinnen und Schüler am Ende der gymnasialen Oberstufe die im folgenden Schema angesprochenen grundlegenden Kenntnisse besitzen und anwenden können:

Theologische Themenfelder/ Inhaltliche Dimensionen	**Evangelischer Plan:** »... **müssen** die Schülerinnen und Schüler spätestens im Abitur **wissen und erläutern können**«	**Katholischer Plan:** Hier wird von **»obligatorischen Inhalten«** gesprochen
Die christliche Antwort auf die Gottesfrage	• auf welche Weisen in der Bibel von Erfahrungen mit Gott gesprochen wird • auf welche Weise und mit welchen Argumenten in Geschichte und Gegenwart an Gott gezweifelt und/oder seine Existenz bestritten worden ist bzw. bestritten wird ... • wo und wie sich moderner Gottesglaube beispielhaft konkretisiert	• Wege des Redens von Gott/Biblisches Sprechen von Gott • Glaube und Wissen/Religionskritik • Praxis des Glaubens/Spiritualität
Das Zeugnis vom Zuspruch und Anspruch Jesu Christi	• worin Zuspruch und Anspruch Jesu besteht • worin biblische Begründung gegeben ist	• Reich-Gottes-Verkündigung Jesu

Das Zeugnis vom Zuspruch und Anspruch Jesu Christi	• wie bei diesem Thema die Verbindung zur alttestamentlichen Tradition hergestellt werden kann • wo und wie sich dies beispielhaft konkretisiert • wie im Gegensatz und in Ergänzung zu anderen Ansprüchen und anderen Lebenslagen dieses zu verstehen ist	• Tod und Auferstehung Jesu • Heilsbedeutung Jesu Christi
Die Kirche und ihre Aufgabe in der Welt	• worin die biblische Begründung der Kirche besteht • welche historischen Typen des Verhältnisses von Kirche und Staat sich unterscheiden lassen • wie die Kirche auf krisenhafte Herausforderungen ihrer Zeit reagiert hat, ob und inwiefern die Kirche und ihre Gemeinden eine Zukunft in einer sich verändernden Gesellschaft haben	• Ursprung der Kirche • Auftrag der Kirche • Wirklichkeit der Kirche
Das Welt- und Geschichtsverständnis aus christlicher Hoffnung	• welche Erwartungshaltungen sich aus dem jüdischen Geschichtsverständnis im AT herausschälen lassen • wie diese Vorstellungen im NT als Reich-Gottes-Position fortgeführt wird • auf welche unterschiedliche Weise sich diese Zukunftsentwürfe in Geschichte und Gegenwart niederschlagen und auswirken • welche außerchristlichen Erwartungshaltungen hierzu in Konkurrenz treten • worin sich heute eschatologisches Gedankengut widerspiegelt … und wie damit umgegangen werden kann	• Eschatologische Verheißung und Erfüllung • (Reich-Gottes-Verkündigung Jesu)

Die Sinngebung menschlichen Daseins und verantwortlichen Handelns aus christlicher Motivation	• auf welche unterschiedlichen Weisen vom Menschen geredet wird und worin die biblischen Grundlagen des Redens von Existenz und Sinn des Menschen bestehen können • auf welche unterschiedlichen Weisen das Phänomen des Gewissens beschrieben wird • worin die Grundlagen verantwortlichen Handelns und Verhaltens des Menschen bestehen • welches die grundlegenden Gedanken von (mindestens) zwei unterschiedlichen neuzeitlichen ethischen Positionen sind und wie diese Postitionen beurteilt werden	• Mensch-Sein in heilsgeschichtlicher Sicht • Grundbegriffe, Modelle und Charakteristika christlicher Ethik • Handeln aus dem Glauben

Am Ende der gymnasialen Schulzeit sollen die Schülerinnen und Schüler dementsprechend die Kompetenzen erworben haben,

- religiöse Fragestellungen in der eigenen Lebenswelt und in gesellschaftlichen Kontexten wahrzunehmen,
- religiöse Phänomene methodisch angemessen zu erschließen,
- menschliche Grunderfahrungen in ihrer Offenheit auf Gott hin zu reflektieren und zu deuten,
- die kulturelle Bedeutung der jüdisch-christlichen Tradition zu kennen,
- Methoden der Schriftauslegung in Ansätzen exemplarisch zu verstehen,
- sich aufgrund eines vertieften Verständnisses der eigenen Konfession in der Vielfalt heutiger Denk- und Glaubensrichtungen zu orientieren,
- vom eigenen Glauben aus mit anderen christlichen Konfessionen und fremden Religionen und Weltanschauungen in einen Dialog zu treten, Differenzen zu erkennen und einen reflektierten Umgang mit ihnen zu lernen,
- in der christlichen Tradition Identifikationsangebote für die eigene Existenz zu erkennen,
- durch eine kritische Sichtung weltanschaulicher, religiöser und christlicher Werte und Normen zu eigenen begründeten persönlichen Entscheidungen und zu entsprechender Lebensgestaltung zu gelangen.

Angesichts dieser Zielsetzungen und Voraussetzungen will der vorliegende Band eine flankierende mediale Hilfestellung bieten. Als einziges Buch reicht er nicht aus. Deshalb gibt es neben neuen Textmedien auch zahlreiche Hinweise auf Materialien der Reihe AKZENTE RELIGION, die hinzugezogen werden sollten.
Wenn der Band bei aller Ausrichtung auf die bevorstehende Abiturprüfung auch zur persönlichen Beschäftigung mit Fragen des Glaubens und der Religion anregen könnte, wäre sein Zweck mehr als erfüllt.

Richard Artschwager, Question mark. Three periods, 1994.

1. Die christliche Antwort auf die Gottesfrage

1.1 Gottesbilder in der Exoduserzählung

1.1.1 »Du sollst dir kein Bildnis machen!« – Eine literarische Annäherung

In Andorra lebte ein junger Mann, den man für einen Juden hielt. Zu erzählen wäre die vermeintliche Geschichte seiner Herkunft, sein täglicher Umgang mit den Andorranern, die in ihm den Juden sehen: das fertige Bildnis, das ihn überall erwartet. Beispielsweise ihr Misstrauen gegenüber seinem Gemüt, das ein Jude, wie auch die Andorraner wissen, nicht haben kann. Er wird auf die Schärfe seines Intellektes verwiesen, der sich eben dadurch schärft, notgedrungen. Oder sein Verhältnis zum Geld, das in Andorra auch eine große Rolle spielt: Er wusste, er spürte, was alle wortlos dachten; er prüfte sich, ob es wirklich so war, dass er stets an das Geld denke, er prüfte sich, bis er entdeckte, dass es stimmte, es war so, in der Tat, er dachte stets an das Geld. Er gestand es; er stand dazu, und die Andorraner blickten sich an, wortlos, fast ohne ein Zucken der Mundwinkel. Auch in Dingen des Vaterlandes wusste er genau, was sie dachten: Sooft er das Wort in den Mund genommen, ließen sie es liegen wie eine Münze, die in den Schmutz gefallen ist. Denn der Jude, auch das wussten die Andorraner, hat Vaterländer, die er wählt, die er kauft, aber nicht ein Vaterland wie wir, nicht ein zugeborenes, und wie wohl er es meinte, wenn es um andorranische Belange ging, er redet in ein Schweigen hinein, wie in Watte. Später begriff er, dass es ihm offenbar an Takt fehlte, ja, man sagte es ihm einmal rundheraus, als er, verzagt über ihr Verhalten, geradezu leidenschaftlich wurde. Das Vaterland gehörte den anderen, ein für allemal, und dass er es lieben könnte, wurde von ihm nicht erwartet, im Gegenteil, seine beharrlichen Versuche und Werbungen öffneten nur eine Kluft des Verdachtes; er buhlte um eine Gunst, um einen Vorteil, um eine Anbiederung, die man als Mittel zum Zweck empfang auch dann, wenn man selber keinen möglichen Zweck erkannte. So wiederum ging es, bis er eines Tages entdeckte, mit seinem rastlosen und alles zergliedernden Scharfsinn entdeckte, dass er das Vaterland wirklich nicht liebte, schon das bloße Wort nicht, das jedes Mal, wenn er es brauchte, ins Peinliche führte. Offenbar hatten sie Recht. Offenbar konnte er überhaupt nicht lieben, nicht im andorranischen Sinn; er hatte die Hitze der Leidenschaft, gewiss, dazu die Kälte seines Verstandes, und diesen empfand man als eine immer bereite Geheimwaffe seiner Rachsucht; es fehlte ihm das Gemüt, das Verbindende; es fehlte ihm, und das war unverkennbar, die Wärme des Vertrauens. Der Umgang mit ihm war anregend, ja, aber nicht angenehm, nicht gemütlich. Es gelang ihm nicht, zu sein wie alle andern, und nachdem er es umsonst versucht hatte, nicht aufzufallen, trug er sein Anderssein sogar mit einer Art von Trotz, von Stolz und lauernder Feindschaft dahinter, die er, da sie ihm selber nicht gemütlich war, hinwiederum mit einer geschäftigen Höflichkeit überzuckerte; noch wenn er sich verbeugte, war es eine Art von Vorwurf, als wäre die Umwelt daran Schuld, dass er ein Jude ist –. Die meisten Andorraner taten ihm nichts. Also auch nichts Gutes.
Auf der einen Seite gab es auch Andorraner eines freieren und fortschrittlichen Geistes, wie sie es nannten, eines Geistes, der sich der Menschlichkeit verpflichtet fühlte: Sie achteten den Juden, wie sie betonten, gerade um seiner jüdischen Eigenschaften willen, Schärfe des Verstandes und so weiter. Sie standen zu ihm bis zu seinem Tode, der grausam gewesen ist, so grausam und ekelhaft, dass sich auch jene Andorraner entsetzten, die es nicht berührt hatte, dass schon das ganze Leben grausam war. Das heißt, sie beklagten ihn eigentlich nicht, oder ganz offen gesprochen: Sie vermissten ihn nicht – sie empörten sich

nur über jene, die ihn getötet hatten, und über die Art, wie das geschehen war, vor allem die Art. Man redete lange davon.

Bis es sich eines Tages zeigte, was er selber nicht hat wissen können, der Verstorbene: dass er ein Findelkind gewesen, dessen Eltern man später entdeckt hat, ein Andorraner wie unsereiner – man redete nicht mehr davon.

Die Andorraner aber, sooft sie in den Spiegel blickten, sahen mit Entsetzen, dass sie selber die Züge des Judas tragen, jeder von ihnen.

Du sollst dir kein Bildnis machen, heißt es, von Gott. Es dürfte auch in diesem Sinne gelten: Gott als das Lebendige in jedem Menschen, das was nicht erfassbar ist. Es ist eine Versündigung, die wir, so wie sie an uns begangen wird, fast ohne Unterschied wieder begehen – ausgenommen wenn wir lieben.

Aus: Max Frisch, Tagebuch 1946–49, © Suhrkamp Verlag, Frankfurt/M. 1950, S. 35 ff.

1. Arbeiten Sie die vermutete Intention des Textes heraus.
2. Erklären Sie anhand des Textes den Zusammenhang von Menschenbild und Gottesvorstellung.
3. Bewerten Sie den Satz: »Du sollst dir kein Bildnis machen.«

1.1.2 Vorweg: Der jüdische Kontext

1.1.2.1 Der Inhalt des Buches Exodus (Schmoth) – aus jüdischer Perspektive

Der inhaltliche Überblick über das Buch Exodus ist dem Band II des Werkes von Rabbiner W. G. Plaut »Tora in jüdischer Auslegung« entnommen:

Der Inhalt des Buchs Schmoth (Sefer Jeziath Mizrajim/Exodus)

Das Buch Exodus hat einen klar erkennbaren Aufbau. Es beginnt mit einer allgemeinen Beschreibung der Versklavung. Dann folgt eine Vorstellung der Personen und die Erzählung der Ereignisse der Befreiung. Anschließend berichtet es über den Weg zum Sinai und als Höhepunkt über die dortige Gottesoffenbarung. Es folgt eine Anzahl von Gesetzen, die Israels gesellschaftliches Zusammenleben regeln sollen. Schließlich befiehlt Gott, ein Wüstenheiligtum zu errichten und dieses wird – nachdem die Sünde des Volkes vergeben worden ist – schließlich vollendet. Im übertragenen Sinn wohnt Gott nun dauerhaft in Israels Mitte.

1] Prolog (Kapitel 1 und 2). Die Kinder von Jaakow/Jisrael, die sich in der ägyptischen Provinz Goschen angesiedelt hatten, sind zu einem großen Volk herangewachsen. Sie werden von einem Pharao versklavt, der nicht um die Dienste weiß, die Josef geleistet hatte. Sie schreien zu Gott um Hilfe. Gott bereitet die zukünftige Befreiung vor, indem er Mosche heranwachsen lässt. Mosche flieht aus dem Land, nachdem er einen Aufseher des Königs erschlagen hat.

2] Der Auftrag (3,19-7,13). In der Wüste offenbart sich Gott Mosche und beauftragt ihn mit seiner Mission. Mosche zögert. Doch als ihm schließlich Gottes Hilfe zugesichert wird, kehrt er nach Ägypten zurück. Dort weckt er zusammen mit seinem Bruder Aharon eine Vision der Freiheit in seinem Volk. Er fordert vom Pharao, Israel ziehen zu lassen. Der Pharao weigert sich; die Israeliten schwanken zwischen Hoffnung und Verzweiflung.

3] Kampf und Auszug (7,14-13,16). Durch eine Serie von Strafen oder Plagen wird die Haltung des Königs geschwächt. Als ihm schließlich sein Erstgeborener genommen wird, gibt er sich geschlagen. Der Gott Israels überwältigt den Gott Ägyptens. Die Geschichte erreicht in der schicksalhaften »Nacht des Wachens« ihren Höhepunkt. Allezeit soll

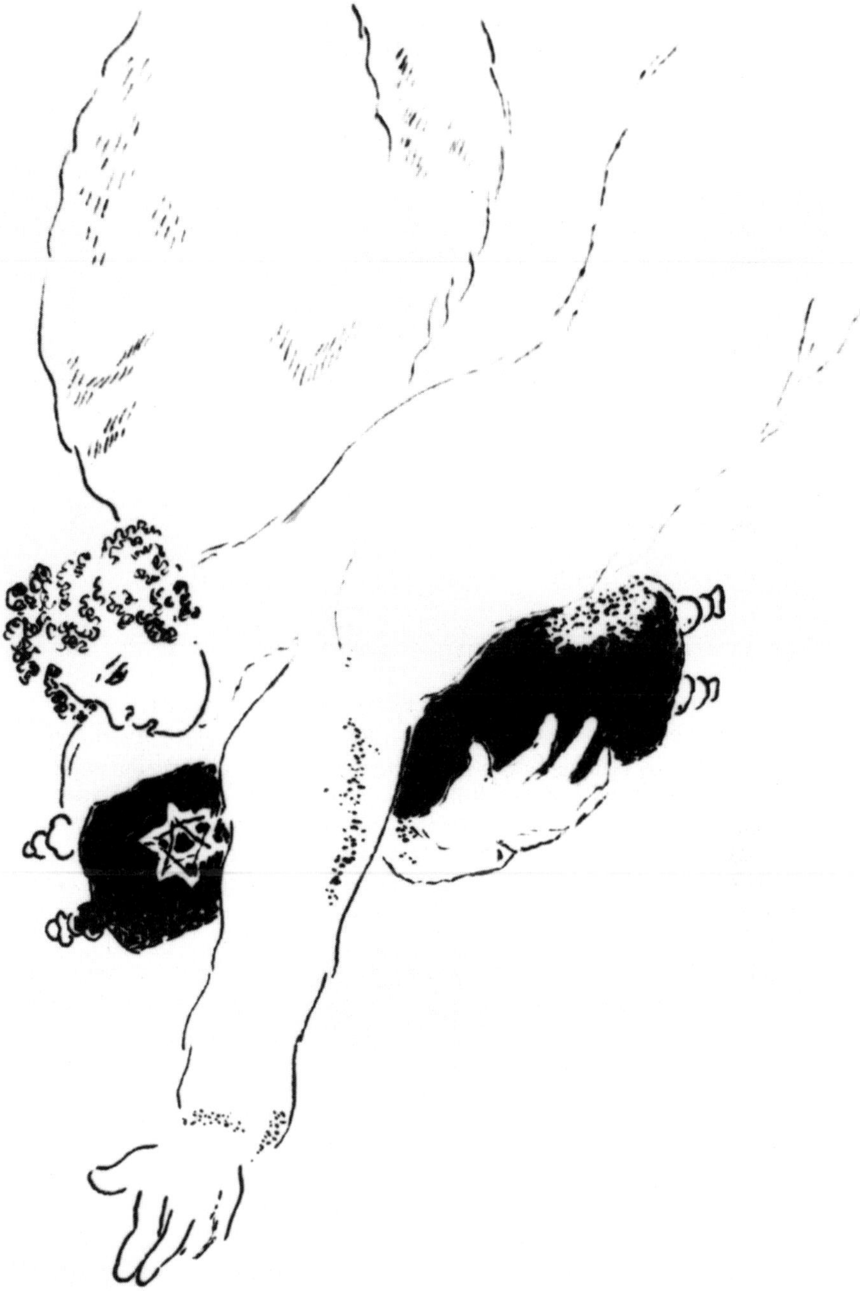

Marc Chagall, Der Engel mit der Thora (Ausschnitt), 1938.

Israel nun die Geschichte von der Befreiung erzählen und in der Feier des Pessachfestes neu erleben. Ein Volk ist geboren.

4] Der Weg zum Sinai (13,17-18,27). Gott führt die Kinder Jisraels nicht den direkten Weg nach Kanaan, sondern zum Schilfmeer, wo sie in wundersamer Weise vor ihnen nachsetzenden Truppen des Pharaos gerettet werden. Sie feiern ihre Errettung mit einem Sieges- und Danklied. Dann schlagen sie ihren Weg zum Sinai ein. Unmut breitet sich aus über die Verpflegung und Wasserversorgung. Das Volk beginnt, gegen Gott und seine menschlichen Repräsentanten zu murren. Obwohl seine unmittelbaren Bedürfnisse befriedigt werden, wird sich sein rebellischer Geist immer wieder melden. Die Israeliten kämpfen gegen Amalek und sind siegreich; die Erinnerung an diesen ersten Kampf prägt sich tief in ihr Bewusstsein ein. Jithro, Mosches Schwiegervater, kommt und gibt Mosche einen Rat zur Führung der Gemeinschaft.

5] Offenbarung und Gebot (19,1-20,18). Am Berg Sinai offenbart sich der Herr Israels seinem Volk unter Ehrfurcht gebietenden Zeichen und Erscheinungen. Die Zehn Gebote werden verkündet. Weil das Volk die Gegenwart Gottes nicht länger ertragen kann, wird Mosche nun Gottes Sprecher und der Verkünder seines Willens, Israels erster »Prophet«.

6] Gesetze (20,19-24,18). In vier Kapiteln findet sich eine große Anzahl verschiedener Rechtssatzungen und Bestimmungen. Die meisten sind kasuistisch formuliert, das heißt in Form konkreter Fallbeispiele. Mosche liest dem Volk dieses »Buch des Bundes« vor. Das Volk verspricht: »Alles, was der Ewige gesprochen, wollen wir tun und gehorchen.« Der Bund wird formell geschlossen und beide, Gott und Israel, gehören nun für immer zueinander.

7] Heiligtum und Dienst (25,1-31,18). Gott befiehlt nun den Bau des Heiligtums, damit er inmitten des Volkes wohnen kann. Bezal'el und Oholiaw werden dazu bestimmt, das Stiftszelt nach einem komplizierten und aufwändigen Entwurf herzustellen, der nun sehr ausführlich beschrieben wird.

8] Abfall und Zweiter Bund (32,1-40,38). Während Mosche auf dem Berg ist, wird das Volk zunehmend beunruhigt. In seiner Sorge bedrängt es Aharon, ein goldenes Kalb zu machen, damit Gottes Führung sichtbar in seiner Mitte sei. Mosche kehrt zurück und die Aufsässigen werden bestraft. Gott ist enttäuscht über Israel. Er will nur mit Mosche und seiner Familie einen neuen Anfang machen. Doch Mosche bringt ihn davon ab. Schließlich ist Gott versöhnt und ein neuer Bund wird geschlossen. Nun wird das Heiligtum errichtet – fast genau ein Jahr nach dem Auszug. (Von seiner Einweihung lesen wir später im Bd. IV, dem Buch Numeri.) Die erste und prägende Phase der Geschichte Israels ist nun zu Ende und mit ihr auch das Buch Exodus.

Aus: Die Tora. Bd. II. In jüdischer Auslegung, hg. v. W. Gunther Plaut, bearb. u. übers. v. Annette Böckler,

1.1.2.2 Gott und das jüdische Volk – Hintergründe aus jüdischer Sicht

Der Autor des folgenden Textes, Jonathan Magonet (geb. 1942), ist seit 1985 Direktor des Leo Baeck College für Jüdische Studien und die Ausbildung von Rabbinern in London. Er fühlt sich der Richtung des Progressiven Judentums zugehörig.

Wenn sonst nichts über das Judentum als religiöses System gesagt werden kann, eins ist gewiss und fundamental: der Glaube an den einen Gott. Nehmen wir nur das zentrale Bekenntnis des jüdischen Glaubens als Beispiel, das »Schma«, das mehrere Male am Tage im jüdischen Gebet und traditionell am Totenbett gesprochen wird: *»Schma Israel, Adonai Elohejnu, Adonai Echad.«* – »Höre Israel, der Ewige unser Gott, der Ewige ist Einer.«

(Dtn 6,4) Um dieses Bekenntnis zu verstärken, wird es einmal in den täglichen Gebeten durch einen Lobspruch eingeleitet, der mit unserer Aufgabe als Juden schließt, »Gottes Namen zu einen«, was wahrscheinlich bedeutet, die Einheit Gottes anzuerkennen und die Kenntnis von dieser Einheit in die Welt hineinzutragen.

Die Ursprünge dieser Gottesvorstellung sind unsicher. Die Hebräische Bibel nimmt diese Annahme als gegeben, zumindest scheint es so. Die gewaltige Eröffnung der Genesis zeigt diesen einen Gott, wie er nur ein Wort spricht, und dieses Wort wird in greifbare Wirklichkeit umgewandelt. »›Es werde Licht.‹ So wurde Licht« (Gen 1,3) trifft den Gedanken, nicht aber die außergewöhnliche Kürze und Kraft des Hebräischen, das diesen in zwei Worte bannt, die nur mit einem einzigen hinzugefügten Konsonanten wiederholt werden: »Jehi Or, Waje-hi Or.« Es bedarf nicht mehr als eines einfachen Atemausstoßes. Dem Einen Gott bereitet dies keine Mühe.

Nichtsdestoweniger kann man sich auch hier natürlich fragen, an wen Gott sich eigentlich wendet, wenn er ausruft: »Lasst uns Menschen machen (...)« (Gen 1,26). Ist dies das majestätische Wir? Oder wendet sich Gott an eine Art halbgöttliche Wesen, die zum königlichen Hof gehören, Wesen, die recht offen in Jesaja 6 und 1 Könige 22,19 ff. auftauchen? Sind es die Überbleibsel mythologischer Gestalten, die vor Israels Gottesvorstellung existierten – Götter und Mächte der altorientalischen Mythen? Gibt es anderswo in der Bibel Spuren der Götter Ägyptens, jenes anderen großartigen Zentrums der Kultur? Die Zehn Plagen, die »die Ägypter schlugen«, könnten auch auf Gottes Strafe an Ägypten »und seinen Göttern« (Num 33,4) zielen. Immerhin wird der Nil als Erster von Mose angegriffen, und seine Fluten verwandeln sich in Blut. Auch die anderen Plagen könnten ebenfalls direkt oder indirekt auf ägyptische Gottheiten abzielen.

Was sollen wir mit den verschiedenen Namen anfangen, unter denen Gott in diesen alten Geschichten bekannt ist? Betrachten wir den besonderen Namen für Gott, den Israel niemals aussprechen darf, noch detaillierter. Aus vier hebräischen Buchstaben gebildet, *Jud He Waw He*, ist er bekannt als »Tetragramm«: JHWH.

Vielleicht ist hier bereits ein Wort über den Umgang mit diesem Namen vonnöten. Es scheint, dass in früheren Zeiten der Name mit seinen richtigen Vokalen ausgesprochen wurde. Erst nach der Zerstörung des Ersten Tempels wurde ein Ersatzwort, »Adonai«, mit der Bedeutung »Herr« benutzt. Nur der Hohepriester sprach am Versöhnungstag, wenn er das Allerheiligste im Tempel betrat, den Namen in seiner korrekten Weise aus (Mischna Joma 6,2).

Der hebräische Bibeltext besteht nur aus Konsonanten – also könnte jedes Wort theoretisch in vielen Varianten ausgesprochen werden und in der Folge auch unterschiedliche Bedeutungen tragen. Tatsächlich machten jüdische Kommentatoren in ihren Auslegungen zum Text über Jahrhunderte vollen Gebrauch von dieser Flexibilität. Dennoch wurde ein System von Vokalzeichen eingeführt, das sich auf das traditionelle Textverständnis gründete, um das Lesen zu erleichtern. In einigen Fällen wollten die Rabbinen ein anderes Wort für das einsetzen, was im hebräischen Text steht –, an manchen Stellen zogen sie eine euphemistische Lesart einem besonders harten Wort vor oder änderten dort ein Wort, wo sie sahen, dass es durch die Überlieferung gegen seinen Sinn verstanden worden war. In solchen Fällen setzten sie unter die Konsonanten die Vokale des substituierten Wortes, und der Leser, der das System kannte, las es entsprechend. Eines der geläufigsten Beispiele dafür ist der vierlettrige Gottesname. Unter den Buchstaben *Jud He Waw He* fügten sie die Vokale des Wortes *Adonai*. Im Mittelalter jedoch glaubten die Christen, die die Hebräische Bibel studierten und die diese Praxis nicht kannten, dass die Vokale einfach die korrekte Aussprache zeigten, und so entstand der seltsame Name »Jehova«.

Im Lauf der Zeit wurden die Juden zunehmend sensibel für den möglichen Missbrauch

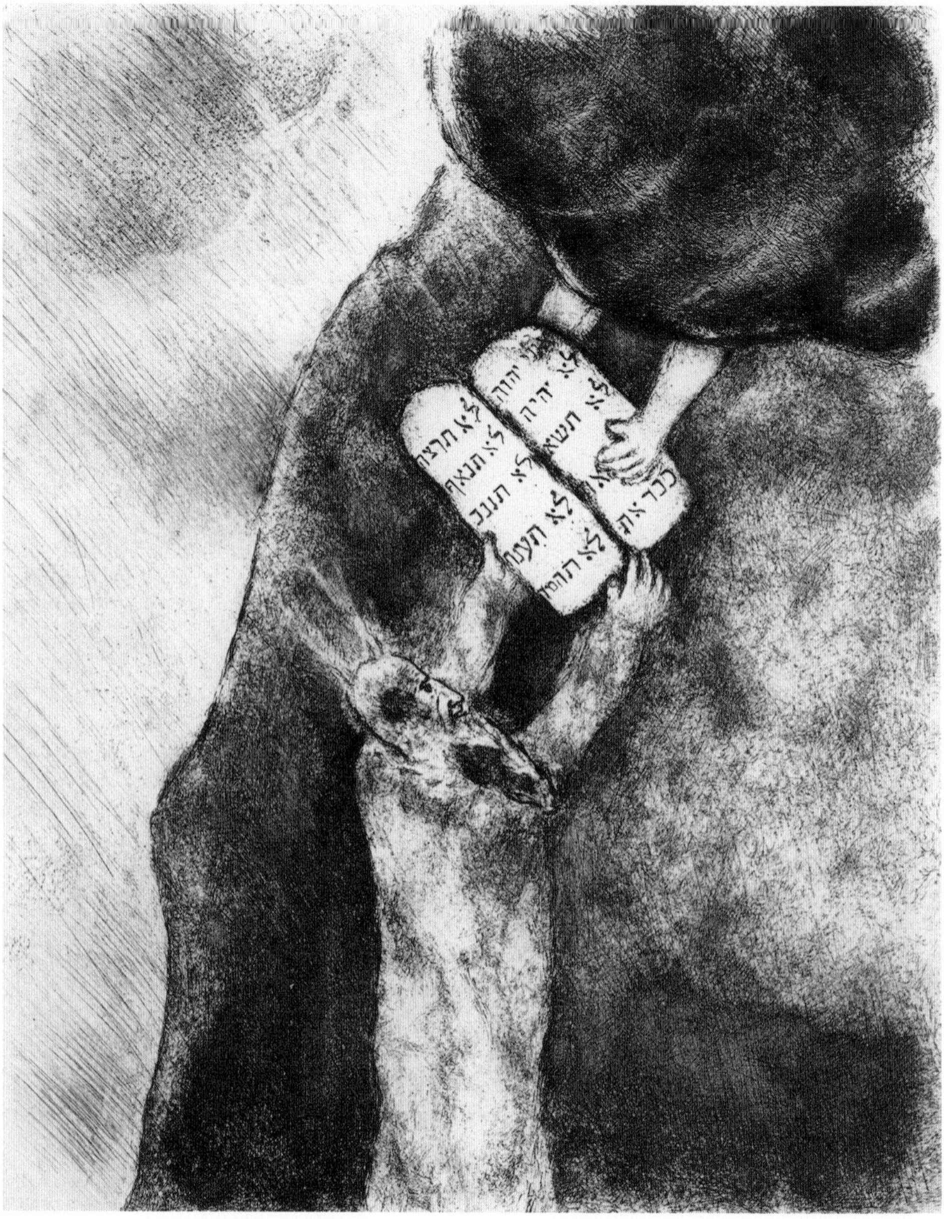

Marc Chagall, Mose empfängt die Tafeln des Gesetzes, 1956.

des göttlichen Namens und setzten *Haschem*, »der Name«, an die Stelle von *Adonai*, wenn sie ihn in einem anderen, nicht-liturgischen Kontext gebrauchten. Eine Tradition entstand, die auf Deuteronomium 12 basiert: Danach sollte der Name Gottes nicht zerstört werden, so er einmal niedergeschrieben war, und deshalb ließ man große Umsicht walten, um Texte zu bewahren, in denen der Name auftauchte. Alte Gebetbücher oder Dokumente, die den Gottesnamen enthielten, wurden in einem besonderen Teil der Synagoge, der *Genisa* (Aufbewahrung, Archiv), aufbewahrt oder in der Erde vergraben. Wenn man überhaupt den Namen Gottes aus einem bestimmten Grund schrieb, wurde nur einer der Buchstaben verwendet, beispielsweise der Buchstabe He, mit einem nachfolgenden Apostroph, um anzudeuten, welches Wort man meinte. Diese Vorsichtsmaßnahme beim Gebrauch des geschriebenen Namen Gottes erfasste sogar die Umgangssprache, und fromme Juden schreiben »G"tt«, obwohl die meisten religiösen Autoritäten keine Notwendigkeit dafür sehen.

Doch woher kommt der Name? Wenn man die ersten zwei Buchstaben des göttlichen Namens nimmt, *Ja*, so könnten sie einer Art Ruf entsprungen sein. Der gebräuchliche Text, der zum Verständnis des Namens herangezogen wird, ist aber zumeist die berühmte Geschichte vom »brennenden Dornbusch« in Exodus 3, wo Mose erstmals Gott begegnet. Als Mose Gott nach dem göttlichen Namen fragt, weicht Gott aus –, den Namen eines anderen zu kennen, impliziert in der biblischen Welt ein bestimmtes Maß an Kontrolle über die Person. Gottes Antwort: »Ich bin, der Ich bin« (Ex 3,14) bedeutet demnach: »Das betrifft nur mich!« Der hebräische Satz *Eheje ascher Eheje* basiert auf der »imperfekten« Form des Verbs *haja*, das »sein« bedeutet. Da *eheje* »ich bin«, »ich werde sein«, »ich soll sein«, »ich könnte sein« bedeuten kann, ist leicht zu ermessen, welche Schwierigkeiten sich bei der Auslegung dieses Satzes ergeben können. Sicher ist jedoch, dass der Name *J H W H*, wenigstens in dieser Volksetymologie, mit dem Verb »sein« verwandt ist. Alle, die in moderner Zeit versuchen, den Namen zu übersetzen und vom Ersatznamen »Herr« wegzukommen, haben das Thema »sein« auf verschiedene Weisen erforscht. Moses Mendelssohn (1729–86) führte den Begriff »der Ewige« in seiner deutschen Übersetzung der Bibel ein (1780–83) und begründete dies mit seinem philosophischen Verständnis von Gott als absolut vollkommenes Wesen. In ihrer deutschen Übersetzung der Hebräischen Bibel, die in den 1930er Jahren zu erscheinen begann, bevorzugten Martin Buber und Franz Rosenzweig ein »existenzielleres« Verständnis des Seins: »der Gegenwärtige«. Statt eines Namens schrieben sie »ER« oder »DU« je nach Kontext. In jüngerer Zeit, im Zuge einer feministischen Infragestellung der Sprache, ist auch der Gebrauch »Herr« hinterfragt worden. Der Terminus ist maskulinen Ursprungs und entspricht einem traditionellen Verständnis, wonach Macht und Autorität zwar von einem Gott verkörpert werden, der jenseits der Geschlechter steht, selbst aber männlich ist. Vor diesem Hintergrund erscheint der Sprachgebrauch von Buber und Rosenzweig unangemessen. Ich selbst – obwohl auch dies aus vielen Gründen unbefriedigend ist – verwende bei der Übersetzung des vierlettrigen Namens »der Ewige«.

› Skizzieren Sie Ursprung, Adressaten, Umgang, Herkunft und Übersetzungen der jüdischen Gottesvorstellungen!

Die biblische Vielfalt der Gottesnamen und ihre Hintergründe

Was ist jedoch mit den vielen anderen biblischen Bezeichnungen: *El, El Schaddai, El Eljon, El Brit, El Ro'i, El Olam, Adonai, JHWH Zewa'ot, Kedosch Israel, Pachad Jizchak, Awir Ja'akow* und dem Oberbegriff *Elohim*? Sehr wahrscheinlich bezeichneten viele von ihnen regionale Gottheiten, die von Israel in die eigene Gottesvorstellung integriert wurden. Die Geschichte von Abrahams Segen durch Melchisedek, den König von Salem (Jerusalem) und Priester El Eljons, zeigt, wie so ein Prozess abgelaufen sein kann (Gen 14,18-22).

Noch ein Wort zum Begriff *Elohim*. Dies scheint ein allgemeiner Begriff für »Gott« oder »Götter« zu sein (und auch »Mächte« und möglicherweise »Richter«). Wenngleich das Wort eine Pluralendung hat (*-im*), steht es doch in Verbindung mit einem Verb immer in der Einzahl, wenn es in der Bedeutung von »Gott des Universums« gebraucht wird, den Israel unter dem besonderen Namen *JHWH* kennt. Er wird auf verschiedene Arten in der Schrift gebraucht, oft in Verbindung mit *JHWH*, um verschiedene Aspekte des Göttlichen in einem bestimmten Kontext anzudeuten. Diese Unterscheidung von *Elohim* und *JHWH* war auch eines der zentralen Merkmale bei der Entwicklung der »Quellentheorie« über die Ursprünge der Hebräischen Bibel. Sie nimmt an, dass die beiden Namen Gottes verschiedene Traditionen unterschiedlicher Gruppierungen innerhalb der israelitischen Gesellschaft widerspiegeln. Durch eine ganze Reihe von Redaktoren sind sie unter besonderen sozialen oder politischen Bedingungen miteinander kombiniert worden. Gegenwärtige literarische Untersuchungen der Bibel haben bedeutende Fragen zur Legitimität einer solchen Unterscheidung aufgeworfen, aber in akademischen Kreisen scheint die Hypothese immer noch die Bibelstudien zu dominieren. Wir werden später sehen, wie die Rabbinen zwischen den beiden Namen unterschieden.

Angesichts dieser Vielzahl von Namen und der Schwierigkeit, seine Ursprünge oder Bedeutungen zu verstehen, ist es kein Wunder, wenn die Meinungen darüber auseinander gehen, wie Israel zu seiner Überzeugung gelangte, dass es nur einen Gott im gesamten Universum gibt.

Du sollst heute wissen und es in dein Herz aufnehmen, dass der Ewige Gott in den Himmeln droben und auf Erden herrscht – es gibt keinen anderen. (Dtn 4,39)

Entwickelte sich der Gedanke über einen Zeitraum? Wurde er von Mose aufgrund seiner ägyptischen Erziehung und Ausbildung eingeführt, oder erlernte dieser ihn von seinem Schwiegervater Jitro, dem Priester von Midian? Entstand er aus einer Art Monolatrie: Israels Gott, der einzige Gott für Israel, der nach und nach als der einzige Gott in der Welt angesehen wurde? Oder war es, wie manche anregen, eine revolutionäre Idee, die über Nacht geboren wurde und durch ihre schiere Einfachheit und allumfassende Kraft jeden Widerstand beiseite fegte?

Sicherlich nimmt die Hebräische Bibel in der Form, in der sie uns überliefert wurde, diesen Monotheismus als gegeben hin und scheint nicht weiter verlegen zu sein, selbst jene Texte und Erzählungen beizubehalten, die auf die rivalisierenden Götter und Idole verweisen, die unablässig versuchten, Israel in die Irre zu führen. Wenn wir die biblische Erzählung von der Entstehung Israels als Volk gelten lassen – Sklaven in Ägypten, Wanderer in der Wüste über eine Generation, Siedler in einem neuen Land, Flüchtlinge im Exil –, so müssen sie Gott in vielfacher Gestalt erfahren haben: die vielen göttlichen Wesen Ägyptens, der unsichtbare, mitwandernde Gott der Wüste, die Fruchtbarkeitsgötter und -göttinnen, denen an jedem erhöhten Ort und unter jedem belaubten Baum im Land, das sie betraten, gehuldigt wurde, die allmächtigen erobernden Götter Babylons und deren subtile Theologien. Ihr Gott musste all diese Eigenschaften umfassen und durchdringen, um in den unterschiedlichen Lebenswelten vorgefunden werden und alle Funktionen ausüben zu können.

Die Kämpfe, die dies bedeuten musste, werden in den biblischen Erzählungen und prophetischen Klagen offen und eindeutig beschrieben. Es ist tatsächlich erstaunlich, dass der Monotheismus sich angesichts der Popularität anderer Götter letztlich durchsetzte.

Die vielleicht bekannteste Unterscheidung, die die Rabbinen jemals vornahmen, ist die zwischen den beiden Namen Gottes, denen wir begegnet sind: *JHWH* und *Elohim*. Irgendwann im 2. Jahrhundert prägten sie zwei Begriffe, die die Namen unterschieden und auch die göttlichen Eigenschaften, für die sie standen. *JHWH*, so dachten sie, drückt *Midat haRachamim* aus – Gottes Mitleid –, während *Elohim* Gottes *Midat haDin* zeigt, seine strenge Gerechtigkeit. Die Welt existiert nur dank der Balance zwischen diesen beiden Eigenschaften Gottes. In einer bemerkenswerten rabbinischen Homilie (Bibelauslegung) wird diese Spannung erklärt:

Mit dieser Angelegenheit verhält es sich wie mit einem König, der ein paar leere Kelche hatte. Der König sprach: Wenn ich heißes Wasser in sie gieße, werden sie bersten. Wenn ich kaltes Wasser in sie gieße, werden sie brechen! Also vermengte der König kaltes und heißes Wasser, und er goss es hinein, und die Kelche waren unversehrt. So sprach auch Gott: »Wenn ich die Welt mit dem Attribut der Gnade erschaffe, wird die Sünde sich vervielfachen. Wenn ich sie mit dem Attribut der Gerechtigkeit schaffe, wie kann sie bestehen? Also werde ich sie mit beidem erschaffen, auf dass sie bestehe. (Genesis Rabba 12,15)

Aber die rabbinische Vorstellungskraft endete nicht bei den biblischen Vorgaben. Sie prägte zahlreiche Namen, mit denen sich die Rabbinen Gott zuwandten oder göttliche Eigenschaften beschrieben. Um nur einige aufzulisten: *Aw haRachamim,* »Vater (Quelle) der Gnade«, *Awinu schebaSchamaim,* »Unser Gott im Himmel«, *haKadosch Baruch hu,* »Der Heilige, gepriesen sei er«, *Ba'al haBait,* »Der Herr des Hauses«, *Mi scheamar wehaja haOlam,* »Der sprach und die Welt entstand«, *Melech Malchej haMlachim,* »Der König über den Königen der Könige«, d. h. Gott als Herrscher über alle zeitlichen Mächte, *Zur Olamim,* »Der Fels der Welten« oder einfach »Fels«. (Als etwas weniger ernst zu nehmende Anmerkung zu dieser feierlichen Auflistung: Anscheinend gab es eine riesige Debatte zwischen den Verfassern der Unabhängigkeitserklärung Israels, von denen einige religiös, andere jedoch weltlich waren, über die Frage, ob der Name Gottes darin erwähnt werden sollte oder nicht. Schließlich einigte man sich auf einen Kompromiss und schrieb *Zur Israel,* »Fels Israels«. Es funktionierte, weil die Religiösen dachten, der Ausdruck verweise auf Gott, während David Ben Gurion, der erste Premierminister, dachte, er sei gemeint.) *Ribon haOlamim* bedeutet »Herr der Welten« oder *Ribono schel Olam,* »Herr der Welt«. Letztere sind die Begriffe, die am allerhäufigsten verwendet werden, wenn man sich an Gott wendet. *Rachmana* oder *haRachaman* ist der »Allbarmherzige«, *Schechina,* die »Gottesgegenwart«, ist ein Terminus, der im kabbalistischen, jüdisch-mystischen Gedankengut entwickelt wurde und der auf das Innewohnen Gottes in der Welt hinweist. Später wurde er von der Frauenbewegung als ein Hinweis auf die weibliche Seite Gottes aufgegriffen.

Dieser letztere Name und die verbreitete Vorstellung von Gott als »Vater« deuten bereits auf einige der Probleme hin, die rund um das Geschlecht oder fehlende Geschlecht Gottes entstehen. Das Bild von Gott als Vater ist heute etwas problematisch. Freud hat uns gelehrt, die Beziehungen zwischen Eltern und Kindern mit anderen Augen zu betrachten; die Frauenbewegung hat Fragen zu Autorität und Macht der Väter in unserem Leben aufgeworfen, und demnach spiegelt die Bezeichnung »Vater« für Gott die Macht der Männer über die Frauen wider. Das rabbinische Judentum kennt keine solche Ambivalenz und beschreibt Gott oftmals als ein strenges, aber liebendes Elternteil. Ebenso ist die rabbinische Literatur voll von Geschichten über den König Gott und dessen problematische Beziehung zu einem ungeratenen Sohn Israel. Die Rabbinen spürten sehr stark, dass uns unsere Handlungen fortwährend von Gott entfernen. Glücklicherweise gibt es Wege der »Reue« (der hebräische Begriff *Teschuwa* bedeutet wörtlich »Rückkehr«), die immer wieder Versöhnung mit Gott ermöglichen. Wenn Gott auch »Richter« ist, ist er doch auf erstaunliche Weise zugänglich:

Wenn Israel in der Zukunft im Gerichtshof vor Gott – Gottes Heiligtum sei gepriesen! – stehen wird und sich vor dem Gericht fürchtet, dann werden die Dienstengel zu ihm sagen: »Fürchtet euch nicht vor dem Gericht! Seid ihr Gott nicht gut bekannt? Hat Gott nicht Bürgerrecht in eurer Stadt? Denn es heißt doch (Jes 45,13): Cyros wird meine Stadt bauen und meine Verbannten wird er freilassen.« Und außerdem werden sie zu ihnen sagen: »Fürchtet euch nicht vor dem Gericht! Seid ihr Gott nicht gut bekannt? Ist Gott nicht mit euch verwandt? Denn es heißt doch (Ps 148,14): Den Kindern Israels, dem Volk seiner Verwandtschaft.« Und außerdem werden sie zu ihnen sagen: »Seid ihr Gott nicht gut bekannt? Seid ihr nicht geschwisterlich verbunden? Denn es heißt doch (Ps 122,8): Für meinen Bruder und Freund. Ja, noch viel mehr als das, er ist für euch wie ein Vater und wie eine Mutter: Ist Gott nicht euer Vater? Hat nicht Gott euch geschaffen?« (Dtn 32,6) (Midrasch Tehillim 118,10 zu Ps 118,7)

Die Nachahmung Gottes

Einer der Zwecke, warum Gott unterschiedliche Eigenschaften zugeordnet werden, liegt darin, dass wir dafür verantwortlich sind, diese guten Eigenschaften nachzuahmen:

Unser Vater, unser König, die Angestellten eines Königs, welche Aufgabe fällt ihnen zu? – Den König nachzuahmen. (Jalkut Schimoni zu Levitikus)

Du wirst gnädig und gütig genannt – also sollten wir gnädig sein und großzügig allen geben. Wie Gott »barmherzig und gnädig« genannt wird, so sei auch du barmherzig und gnädig! Wie Gott – Gottes Heiligkeit sei gepriesen! – »gerecht« genannt wird (…), so sei auch du gerecht. Wie Gott – Gottes Heiligkeit sei gepriesen! – »treu« genannt wird (…), so sei auch du treu. (Sifre Ekew). (Zitiert nach Seder ha-Tefillot, Bd. 2, S. 605.)

»Du sollst nach dem Ewigen, Deinem Gott eifern« (Dtn 13,4). Wie aber kann ein Mensch nach Gott eifern, der ein verzehrendes Feuer ist? (Dtn 4,24) Es bedeutet, Gottes Eigenschaften nachzueifern – kleide den Nackten, besuche den Kranken, tröste den Trauernden, begrabe den Toten. (b. Sota 14a)

Aus: Jonathan Magonet, Einführung ins Judentum, a. d. Engl. v. Esther Kontarsky, Jüdische Verlagsanstalt Berlin, Berlin 2003, S. 24–29; 32–35

1. Stellen Sie dar, wie Jonathan Magonet die Quellenscheidung zwischen J (»Jahwist«) und E (»Elohist«) erklärt.
2. Überprüfen Sie, welche Schlussfolgerungen sich aus den Erläuterungen der Hintergründe biblischer Gottesvorstellungen ziehen lassen? Berücksichtigen Sie bei der Antwort auf diese Frage auch die Anmerkung von Edward Hayes Plumptre, die Jonathan Magonet in seinem Buch (S. 122–123) zitiert:

Wenn man sich an ein Buch wagt, das an bestimmten Stellen wie auch mit seiner allgemeinen Aussage so viele Schwierigkeiten bereitet, ist es naheliegend, sich erst einmal an Interpreten zu wenden, die zum selben Volk gehören und dieselbe Sprache sprechen wie der Autor. Wie verstanden sie diesen oder jenen Ausdruck? Was entnahmen sie dem Buch als seine bedeutendste Lehre? Und gleich diesen blicken wir natürlich zuallererst mit höchstem Interesse und voller Erwartung auf jenes Buch, das uns nicht den Ausdruck einer individuellen Meinung, sondern das kollektive Wissen Israels bietet. […] Was wir aber finden, erinnert eher an die Parabel vom Blinden, der den Blinden leitet, wodurch beide in den Graben fallen (Mt 15,14). Interpretationsregeln, die auch eine gänzlich andere Bedeutung zulassen können, Legenden von unbegreiflicher Extravaganz, die sämtliche Schranken der Glaubwürdigkeit sprengen. Eine absolute Unfähigkeit, zur wahren Bedeutung eines einzigen Absatzes oder auch nur eines Satzes zu gelangen – das etwa macht den Schatz des gesam-

melten Wissens aus, auf den wir so hoffnungsfroh geblickt haben. Aber anstelle eines »Schatzes« von »alten und neuen Dingen«, von Perlen und Edelsteinen, Silber und Gold der Weisheit aus der Vergangenheit finden wir uns in einem Altkleiderladen voller Reste und Flicken, voller Fetzen und Lumpen wieder. Während wir lesen, scheint es uns, als ob wir Fabeln alter Weiber lauschten und Träumen alter Männer. Unwillkürlich fragen wir uns: Können diese Männer bei Verstand gewesen sein? Lauschen wir nicht einer Auseinandersetzung wahnsinniger Kommentatoren? Bei anderen Erläuterungen trifft zu, dass sie »den Anschein einer entfernten Bedeutung erwecken«. Doch so konkret, dass sie sich in irgendeinen Sinn verirren, werden sie kaum jemals.

Hinweis für die Arbeit:
Der Schrifttext zum Dekalog befindet sich in: AKZENTE RELIGION 2: Wegweisungen – Auf der Suche nach gelingendem Leben, S. 7–13.
Die Perikope zur Namensoffenbarung befindet sich in: AKZENTE RELIGION 4: Spuren Gottes – Vom Unbedingten reden, S. 6–9.

1.1.3 Gottesbilder in der Exoduserzählung – ein christlicher Zugang

Der Bibelwissenschaftler Erich Zenger (geboren 1939) ist em. Professor für Exegese des Alten Testaments (Ersten Testaments) an der Universität Münster.

1.1.3.1 Das biblische Bilderverbot

Der »Widerspruch« ist »Methode«. Die kontrastiven Gottesaussagen dürfen nicht unbesehen nivelliert und harmonisiert werden. Sie müssen in »kontrastiver Exegese« interpretatorisch fruchtbar gemacht werden.
Dass kontrastive Gottesaussagen, so sehr sie einerseits den komplexen Entstehungsprozess eines Textes widerspiegeln, andererseits gerade in ihrer Spannung ernst genommen werden wollen, ist in der Erzählung Ex 3-4 von der »Gottesoffenbarung« an Mose gut ablesbar. Auch ich selbst habe mich in meinen früheren Arbeiten am exegetischen »Glasperlenspiel« beteiligt, das diesen Text in Vorlagen, Quellen, Bearbeitungen und Redaktionen zerlegte. »Im Prinzip« ist gegen das Bemühen, diesen Text als *vielschichtiges* Zeugnis der *geschichtlichen* Gott-Suche Israels zu begreifen, nichts einzuwenden. Aber die literarkritische Brille kann auch blind machen oder »Schichten« vorgaukeln, die es nur in der Phantasie des jeweiligen Exegeten gibt. Dass die kritische Exegese hier wieder vorsichtiger und zurückhaltender geworden ist, hat nicht nur mit der wissenschaftlichen Selbstkritik zu tun, die angesichts der wenig konsensfähigen Hypothesen bei vielen aufgebrochen ist. Die zunehmende Reserve gegen die »Textzerstörer« gründet auch in der Erkenntnis, dass manche Texte plötzlich und überraschend sich als viel weniger »geschichtet« erweisen, wenn man ihre Komplexität als intendierte Aussage erfasst. Dies ist beispielsweise bei Ex 3-4 der Fall. Dass hier – religionsgeschichtlich gesprochen – unterschiedliche Gottestraditionen nebeneinander stehen, ist unbestritten. Aber da der Text gerade einen narrativen Diskurs über »den Namen« Gottes, d. h. über die Erfahrbarkeit Gottes bieten will, ist es nicht verwunderlich, dass und wie hier mit dem Eigennamen JHWH und mit dem Gattungsbegriff »Gott« (Elohim) gespielt wird, dass der Text in der Schwebe lässt, ob Mose nur den brennenden Dornstrauch oder mitten im Dornstrauch »den Boten JHWHs« oder sogar JHWH selbst »sieht«, ob JHWH zu dieser »Offenbarung« eigens in den Dornstrauch »herabgestiegen« ist oder ob er schon an diesem Ort war, weil es doch

der »Gottesberg« ist – diese »Widersprüchlichkeiten« dürfen nicht vorschnell aufgelöst werden, wenn die sich in ihnen zeigende Gott-Suche Israels gehört werden soll. [...]
Das Bilderverbot schützt auch die biblischen Bildreden von Gott vor der Perversion in Irrbilder und Trugbilder einer Pseudoreligiosität und Polymythie, in denen der Mensch in den Bildern von Gott entweder nur sich selbst findet oder gar sich selbst in und an diese Bilder verliert, geblendet vom schönen Schein der Bilder oder erschlagen von ihrer Wucht.
Vor allem aber ist festzuhalten:

> Das Erste Testament als »das Buch, das das Bildermachen verbietet, lebt [ganz: E. Z.] von Bildern, von Sprachbildern, von Metaphern, Entwürfen, Träumen. Fragt man, wie beides zusammen geht, so bemerkt man, dass das theologische Gewicht beim Bilderverbot nicht auf dem *Bild,* sondern auf dem *Machen* liegt. Es geht um die Differenz zwischen Bildern, die man herstellt, und Bildern, die sich einstellen.« (Jürgen Ebach)

Fachtheologisch könnte man sagen: Das Bilderverbot schützt die Gottesbilder als gottgegebene Offenbarungsbilder (und damit vor dem Projektionsverdacht). Konkret heißt dies: Die Gottesbilder Israels legitimieren sich an den konstitutiven »Ur-Bildern« der Ursprungsgeschichte Israels. Sie bleiben verwiesen auf die Ur-Bilder des Sinai.
Betrachtet man die Tora (die Bücher Gen-Dtn), so fällt auf: Die Sinaigeschichten sind der Mittelpunkt der Tora, und am Sinai »haftet« gut die Hälfte der ganzen Tora. Der Sinai ist der »kanonische« Ort JHWHs; JHWH heißt in Ri 5,5 geradezu »der vom Sinai«. Der Sinai ist ein »theologischer« Ort. Vom Erzählzusammenhang her ist er buchstäblich Niemandsland. Er liegt außerhalb des Machtbereichs des Pharao. Und der Erzähler legt großen Wert darauf, dass Mose in Ex 3,1 auch das midianitische Weidegebiet verlässt, damit der Offenbarungsort des brennenden Dornstrauchs ebenfalls außerhalb der midianitischen Region liegt. Der Sinai ist und bleibt der »Offenbarungsberg« JHWHs par excellence, der auch außerhalb des judäischen/israelitischen Reiches liegt. Nur Elija wird noch einmal zu diesem Berg geschickt, aber nur um die bleibende Sonderrolle des Sinai/Horeb zu sanktionieren.

1. Erläutern Sie den Vorbehalt, den Erich Zenger gegenüber der historisch-kritischen Exegese formuliert!
2. Arbeiten Sie im folgenden Text stichwortartig die »drei Parameter« heraus, die nach Dtn 4 alles Sprechen von Gott bestimmen müssen.

Was Israel »am Sinai« und »vom Sinai« über die Gottesbilder lernen kann, hat die deuteronomistische Theologie der Exilszeit in *Dtn 4* zusammengefasst. Dieses Kapitel, das man geradezu als »Predigt« des Mose über das rechte Reden und Denken von Gott lesen kann, entwirft drei Parameter, an denen sich alles Reden von Gott messen lassen muss. Die drei Parameter, die im dreiteiligen Korpus dieser Rede des Mose (Dtn 4,9-14.15-22.23-3 l) entwickelt werden, sollen im Folgenden kurz erläutert und jeweils an einer biblischen Erzählung andeutungsweise konkretisiert werden.
Der *erste Abschnitt der Moserede (Dtn 4,9-14)* ruft die Israel als *qahal* »Versammlung« (»Kirche«) konstituierende Gottesbegegnung am Horeb (deuteronomistische Bezeichnung des Sinai) in Erinnerung. Alle Theophaniephänomene der Tradition werden zu einer gewaltigen »Schau« gebündelt: »Ihr wart herangekommen und standet unten am Berg, und der Berg brannte: Feuer, hoch bis in den Himmel hinauf, Finsternis, Wolken und Dunkel« (4,11). Aber all dies sollte nur bereitmachen für das Eigentliche: »JHWH sprach zu euch mitten aus dem Feuer. Ihr hörtet den Schall/die Stimme der Worte. Eine Gestalt habt ihr nicht gesehen. Ihr habt nur den Schall/die Stimme gehört. JHWH offen-

barte euch seinen Bund, er gebot euch, ihn zu tun – die Zehn Gebote!« (4,12 f.). Dass sie keinerlei göttliche Gestalt sahen, sollte sie davor bewahren, sich in das Schauen von Bildern zu verlieren – und dadurch Gott und sich selbst zu verlieren. Nicht auf das Feuer kommt es an, sondern auf das, was in der Mitte des Feuers ist: »mitten aus dem Feuer« hörten sie den Befreier-Gott, der sie aufforderte, die Zehn Gebote »zu tun«. Alle Bilder, die diesen »Schall der Worte« zudecken und nicht zum Eigentlichen, zum Hören und Tun der Gebote der Gottes- und der Nächstenliebe, disponieren und hinführen, sind »Götzenbilder«! Das biblische Gottesvolk ist nicht eine Gemeinde von Voyeuren, sondern von Hörern und Tätern »der Zehn Worte«! Der Sinaigott dispensiert seine Verehrer/innen davon, alle Einzelheiten seines Gott-Seins »mit den Augen« identifizieren zu müssen. Er will nicht eine Gemeinschaft von Menschen, die sich meditationsversunken von einer (pseudo)religiösen Bilderwelt vom Eigentlichen ablenken lassen: Söhne und Töchter, d. h. Abbilder Gottes und Geschwister Jesu sind nur die, die seine Worte *hören* und *tun* (vgl. Mt 5,45; 7,21; 12,46-50).

Dass das biblische Bilderverbot den Vorrang des Hörens und Tuns einschärft, ist in jener Sinaigeschichte konkretisiert, in der Mose dem JHWH zwei Bitten vorträgt: »Lass mich doch deinen Weg erkennen!« und »Lass mich doch deine Herrlichkeit/dein Angesicht sehen!« (vgl. Ex 33,13.18). Die Antwort des Sinaigottes ist unmissverständlich: »Du kannst mein Angesicht nicht sehen. Mein Angesicht kann niemand sehen. Nur meinen Rücken kannst du sehen!« (vgl. Ex 33,20.23).

Das ist *auch* eine Aussage über *alle* unsere Gottesbilder: Es sind höchstens Bilder über den »Rücken« Gottes. Was dies meint, erzählt dann die Fortsetzung der Geschichte: »JHWH ging an Mose vorüber, und JHWH rief: JHWH ist ein barmherziger (Konnotation des hebräischen Wortes *rachum:* mütterlicher) und gnädiger (Konnotation des hebräischen Wortes *chanun:* väterlicher) Gott, großzügig und übervoll an Güte und Treue ...« (Ex 34,6). Das ist die Herrlichkeit JHWHs, um deren Offenbarung Mose gebeten hatte. Sie ist nicht durch Bilder, sondern durch Worte (und Taten) mitteilbar. Mose schaut sie nicht, sondern er *hört* sie nur. Dass er sie vom Sinaigott hört, als dieser an ihm vorüberzieht und Mose nur (noch) den Rücken des entschwindenden Gottes schaut, ist zugleich die Erfüllung der ersten Bitte des Mose: Der Weg JHWHs ist Barmherzigkeit, Güte und Treue. Wer seine Herrlichkeit »sehen« will, muss sich am Rücken dieses Gottes orientieren. Den Rücken eines anderen, der vorübergeht, sieht vor allem der, der hinter diesem anderen hergeht – der ihm nachfolgt und so handelt wie jener! Das ist die Gotteswahrheit dieser biblischen Erzählung: Gott »schaut«, wer seine Worte hört und tut. Alle »Gottesbilder« müssen durch das Feuer dieser Worte gehen: »Es ist dir gesagt worden, Mensch, was gut ist und was JHWH von dir erwartet. Nichts anderes als dies: Recht tun, Güte und Treue lieben, in Demut den Weg gehen mit deinem Gott« (Mi 6,8).

Der *zweite Abschnitt (Dtn 4,15-22)* deckt mit der Erinnerung daran, »dass ihr an dem Tag, da JHWH am Horeb mitten aus dem Feuer zu euch redete, keine (Gottes-)Gestalt gesehen habt« (Dtn 4,15), den unüberbrückbaren Graben auf, der den biblischen Gott von allen Göttern, von denen man Kultbilder machen kann, trennt. »Kein Abbild eines männlichen oder weiblichen Wesens, kein Abbild irgendeines Tieres, das auf der Erde lebt, kein Abbild irgendeines gefiederten Vogels, der am Himmel fliegt, kein Abbild irgendeines Tieres, das am Boden kriecht, und kein Abbild irgendeines Meerestieres im Wasser unter der Erde« (Dtn 4,16-18), auch kein Abbild der Sonne, des Mondes und der Sterne (vgl. Dtn 4,19) können das Proprium JHWHs unverwechselbar darstellen: »Euch hat JHWH genommen und aus dem Schmelzofen, aus Ägypten, herausgeführt (befreit), damit ihr sein Volk, sein Erbbesitz werdet – wie ihr es heute seid!« (Dtn 4,20). Von diesem fundamentalen Geschehen »bis heute« muss zuallererst und immerfort erzählt werden. Im

Erzählen wirken die, denen diese Gotteswahrheit gilt, selbst daran mit, dass sie »wahr« wird. Wer die Botschaft vom befreienden Gott als eine »heute« geltende Botschaft erzählt, bleibt nicht in der Distanz des Beobachters von Bildern, aber auch nicht in der versklavenden Demütigung dessen, der sich vor den Bildern niederwirft (vgl. Dtn 4,19), sondern begibt sich im Erzählen auf den Weg der Befreiung!

Dass Bilder im Horizont der Bibel nur im Zusammenhang mit dem Wort »wahr« sind und dass sie durch das Erzählen der biblischen Geschichten davor geschützt werden müssen, zu verführerischen Traum- und Trugbildern (vgl. Dtn 4,19) missbraucht zu werden, lässt sich an der »Bildgeschichte« Ex 3 verdeutlichen, die am Beginn der biblischen Exodusgeschichten steht. Als JHWH dem Mose im Bild des brennenden, aber nicht verbrennenden Dornbuschs erscheint, eröffnet ihm die aus dem Feuer ertönende Stimme das Geheimnis dieser »großen Schauung« (Ex 3,4). Erst als Mose die Gottesworte hört, fängt er an, das Bild zu begreifen, das die Botschaft abbildend unterstreicht und darstellt. Gewiss gilt: The Medium is the Message!, aber die Ambivalenz des Bildes (die sich im Übrigen nochmals in der Auslegungsgeschichte von Ex 3,1-6 widerspiegelt) wird erst durch die aus dem Feuer zu hörende Gottesrede genommen: »Ich habe die Unterdrückung meines Volkes gesehen … und ich bin (in das Feuer des Dornbuschs) herabgestiegen, um es herauszureißen und hinaufzuführen …« (Ex 3,7 f.). Das ist auch die Botschaft, die Mose dem Volk überbringen soll; er soll ihnen nicht das »Bild« überbringen, sondern die *Worte* Gottes (vgl. die mehrmaligen Zitate von Gottesworten in Ex 3). Was Gott geredet hat, soll er erzählen. Das »Bild«, das er geschaut hat, soll ihn die Worte tiefer be- und ergreifen lassen. Das »Bild« von Ex 3 ist wichtig, aber es bleibt dem Wort untergeordnet.

Das Bild vom brennenden, aber nicht verbrennenden Dornbusch ist im Horizont der Erzählung zu deuten. Es ist nach der jüdischen Tradition ein Bild über JHWH *und* über Israel. So sieht z. B. Philo in dem niedrigen Dornbusch ein Bild des erniedrigten und schwachen Israel in Ägypten, das zwar im Feuer der Unterdrückung durch Pharao stand, aber doch nicht vernichtet wurde. Zugleich ist dies ein Bild für JHWH: »Der Heilige, gelobt sei er, sprach zu Mose: Fühlst du nicht, dass ich leide, sooft Israel leidet? So wisse denn von dem Orte aus, von dem ich zu dir spreche – vom Dornbusch –, dass ich an ihrem Leiden teilhabe« (Exodus-Rabba). Dass das Feuer brennt, aber nicht zerstört, ist nach dem Buch Zohar, dem im 14. Jh. entstandenen Hauptwerk der Kabbala, ein Bild für die Barmherzigkeit und Güte des befreienden Gottes. Insofern der Dornbusch, der im Hebräischen s^{e}nä heißt, lautlich auf den Berg Sinai anspielt, handelt es sich schließlich um ein Hör-Bild: Der im brennenden s^{e}nä erscheinende Befreiergott ist der sein Volk im »Sinaifeuer« durch die Zehn Gebote läuternde und befreiende JHWH.

Die biblischen Bilder von Gott werden erst wahr, wenn die Geschichten erzählt werden, die mit ihnen verbunden sind und denen sie dienen. Ob ein Bild »Mutter mit Kind« Isis und Horus, JHWH und sein Volk, Maria und Jesus, die Muse und den Dichter usw. darstellen soll, können die Titel der Bilder anzeigen, die der Maler ihnen gibt. Dass die biblischen Bilder zur Verlebendigung der Gotteswahrheit werden, verlangt noch mehr: den Kommentar glaubender Menschen!

Der *dritte Abschnitt der Moserede (Dtn 4,23-31)* setzt abermals beim Bilderverbot ein und deutet es als Wächter des tiefsten Wesens des biblischen Gottes und seines Bundes: »Vergesst nicht den Bund, den JHWH, euer Gott, mit euch geschlossen hat. Ihr sollt euch kein Gottesbildnis machen, das irgendetwas darstellt, was JHWH, dein Gott, dir verboten hat. Denn JHWH, dein Gott, ist ein verzehrendes Feuer. Er ist ein eifernder Gott« (Dtn 4,23 f.). Dies ist eine Aussage über Gottes spannungsreiche Liebe, in der er nicht neutral bleiben kann gegenüber dem Bösen und gegenüber denen, die Böses wirken, in der er aber zugleich und noch mehr radikal gut und barmherzig ist. Er ist der Gott, der alles und

alle auf-richten will, weil er ein Liebhaber des Lebens und nicht des Todes ist (vgl. Weish 11,26). Weil er Gott ist und nicht ein Mann (vgl. Num 23,19; 1 Sam 15,29; Hos 11,9), hält er sogar das verdiente Strafgericht zurück, weil seine mütterliche Liebe unvorstellbar groß ist (vgl. auch Gen 8,21 mit Gen 6,5 f.). Mit dem Hinweis auf die Sündengeschichte des Gottesvolks und auf die mitten in ihr »aufscheinende« Liebe des (wider alle Vernunft) die Sünde vergebenden Gottes stößt die Moserede auf den tiefsten Grund des Bilderverbots vor: Gottesbildnisse würden den biblischen Gott festlegen; sie würden ihn jener Freiheit und Spontaneität berauben, welche die Liebe braucht, die für Überraschungen immer wieder gut ist. Die größte dieser Überraschungen aber lautet: »JHWH, dein Gott, ist ein barmherziger Gott. Er lässt dich nicht fallen und gibt dich nicht dem Verderben preis und vergisst nicht den Bund mit deinen Vätern, den er geschworen hat« (Dtn 4,31).
Das Bilderverbot schützt die Bilder als offene Symbole für Gottes alles Denken übersteigende Liebe. Die »Bilder« haben nur eine relative und situative Wahrheit. Sie sind bezogen auf konkrete Menschen und konkrete Kontexte. Sie wollen weder Gott festlegen noch Menschen erschlagen. Bilder, die in bestimmten Situationen wahr sind, sind dies in anderen Situationen nur bedingt oder überhaupt nicht.

Aus: Erich Zenger, Am Fuß des Sinai. Gottesbilder des Ersten Testaments, ppb-Ausgabe, Patmos Verlag, Düsseldorf 1998, S. 61/62; 91–97

1. Erläutern Sie, wie Zenger den Sinn des biblischen Bilderverbotes versteht.
2. Erörtern Sie, welche Konsequenzen sich für das Glaubensleben von Christen aus den Ausführungen von Zenger ergeben können.

1.1.3.2 »Hör-Bilder am Fuß des Sinai«

»Die Stimmen«, die Israel am Fuß des Sinai *»schaute«* (Ex 20,18), waren die Zehn Gebote. Die Zehn Gebote aber waren die Worte, die sich als »der Sinn« der polyphonen Gottesbilder einstellten, unter denen JHWH oben auf dem Sinai gegenwärtig wurde (Ex 19). Diese Eigenart der biblischen Gottesbilder möchte ich evozieren (hervorrufen), wenn ich sie als »Hör-Bilder am Fuß des Sinai« bezeichne.
Ex 19-20 erzählt die Theophanie JHWHs am Sinai mit einer Fülle sich überlagernder »Bildwelten«. Mit der Brille der Religionsgeschichte lassen sich hier Traditionen eines Sturm- und Wettergottes (Wolke, Donner, Blitz), eines Kampf- und Kriegsgottes (aufsteigende Rauchsäule) und eines Vulkangottes (Beben, Feuer) ausmachen. Aber auch Elemente aus kultischen Ritualen und Vorstellungen (besondere Riten der Vorbereitung, Kommen Gottes »am dritten Tag«, Blasen des Schofar = Widderhorn = »Posaune«, Abgrenzung des »Offenbarungsberges«). Die literarkritische Forschung hat diese unterschiedlichen Traditionen zu trennen versucht und Theorien über verschiedene »Textschichten« entwickelt. Wir wollen dies einmal alles beiseite lassen und die Erzählung auf jene überraschende Pointe hin hören, auf die sie zuläuft. [...]
Die gewaltige Inszenierung der »eigentlichen« Offenbarungsszene, deren Neueinsatz in 19,16 mit der Zeitangabe »am dritten Tage« markiert ist und deren Steigerung durch verstärkende Wiederholungen (19,18.19a ist teilweise wörtliche Wiederholung von 19,17, steigert aber durch »sehr«) herausgearbeitet wird, kippt an ihrem dramaturgischen Höhepunkt unvermittelt (auch im hebräischen Text syntaktisch auffallend!) in die hochtheologische, aus der Bildwelt »ausbrechende« Erzählung um: »Mose redete und Gott gab ihm Antwort im Schall/in einer Stimme.« Es ist wie bei Elija am Horeb: Die vielen Bilder verdichten sich im Hören, und zwar »der Stimme«. Ex 19,16-19 ist ein »Hör-Bild«:

16 Es war am dritten Tage, als es Morgen wurde:
Es waren Donnerschallen und Blitze und schweres Gewölk über dem Berg,

und es war sehr starker Schall des Schofar (der Posaune).
Alles Volk, das im Lager war, bebte.
[17] Mose führte das Volk heraus aus dem Lager, Gott entgegen,
und sie stellten sich auf am Fuß des Berges.
[18] Und der Berg Sinai rauchte all,
denn JHWH war auf ihn herabgestiegen im Feuer;
und sein Rauch stieg auf, wie der Rauch aus einem Schmelzofen,
und der ganze Berg bebte sehr.
[19] Und der Schall des Schofar (der Posaune) wurde immer stärker –
Mose redete
und Gott gab ihm Antwort in einer Stimme.

Vom Erzählzusammenhang her steht Mose hier zusammen mit dem Volk »am Fuß des Sinai«. Über den Inhalt des Gesprächs zwischen Gott und Mose sagt der Text nichts. Darauf kommt es zunächst auch gar nicht an. Die ganze Phantasie, die der Erzähler wecken will, zielt auf die Imagination des eigentlich Nicht-Vorstellbaren, nämlich dass der unsichtbare Gott sichtbar wird. Und nachdem die alles Gewöhnliche durchbrechenden »Theophaniebilder« aufgeboten sind und wir als Leser/Hörer die gewaltigen Gottesbilder in unserem Herzen geweckt haben, hält die Erzählung plötzlich an – und wir hören, dass Mose und Gott miteinander reden. Damit wir ja »hören« und begreifen, dass »Offenbarung« Durchbrechung und Unterbrechung der Welt »mitten in der Welt« ist, wird *so* erzählt: Religion ist Unterbrechung und Zäsur.

Der eigentliche Erzählfaden geht dann in Ex 20,1 weiter. Dazwischen wird in Ex 19,20-25 fast in der Art eines rabbinischen Streitgesprächs, wie man sie im Midrasch findet, darüber verhandelt, dass der Ort, an dem Gott sich *offenbart,* ein *besonders* heiliger Ort ist – so heilig, dass er sogar den berufsmäßig für heilige Orte zuständigen Priestern nicht *per se* zugänglich ist. Nach diesem Zwischenspiel sind wir als Leser/Hörer nun bereit, »die Stimme« des Sinaigottes zu hören. Und er redet klar und unmissverständlich – wie ein Mensch und in der Sprache der Menschen. Aber damit wir diese menschliche Sprache doch als Gottes Sprache hören, schreckt uns der Erzähler am Ende der Gottesrede in Ex 20,18-21 plötzlich wieder mit den Theophaniebildern auf, mit denen er begonnen hatte:

[18] Und alles Volk *sah* das Donnerschallen,
das Fackelngeleucht,
den Schall des Schofar (der Posaune),
den rauchenden Berg,
das Volk sah, sie schwankten, standen von fern.
[19] Sie sprachen zu Mosche
Rede du mit uns, wir wollen hören,
aber nimmer rede mit uns Gott, sonst müssen wir sterben.
[20] Mosche sprach zum Volk: Fürchtet euch nimmer!
denn um des willen, euch zu prüfen, ist Gott gekommen,
um des willen, dass seine Furcht euch überm Antlitz sei,
damit ihr vom Sündigen lasset.
[21] Das Volk stand von fern, Mosche aber trat zu dem Wetterdunkel, wo Gott war.

Dass das Herabsteigen Gottes auf den Sinai als Selbst-Mitteilung JHWHs ein alles menschliche Vorstellungsvermögen übersteigendes Geschehen ist, wollen die biblischen Hör-Bilder einschärfen. Sie sind ein Einspruch gegen die im Christentum allzu geheimnisleer gewordene Rede von Jesus, dem »sichtbar« gewordenen Gott.

Der vielleicht bedeutendste Gelehrte des Judentums, Rabbi Mosche ben Maimon (Maimonides), ein Zeitgenosse des Thomas von Aquin, entwickelt in seinem Werk »Moreh

Nebukim« (Führer der Verwirrten) eine philosophische Gotteslehre. Er reflektiert auch über die Frage, was bzw. wie sich Gott am Sinai geoffenbart habe, und gibt darauf folgende – auch für die christliche Theologie bedenkenswerte – Antwort:

> »Aus der Schrift und aus den Worten der Lehrer geht hervor, dass die Versammlung Israels bei jener Erscheinung (Gottes am Sinai) nur einmal einen Schall gehört hat, und der enthielt den Anspruch, den Mosche und *ganz* Israel von Gott empfingen, nämlich: ›Ich bin der Herr, dein Gott‹ und ›Du sollst keine Götter neben mir haben!‹ Erst unser Lehrer Mosche allerdings machte ihnen das verständlich, indem er es mit artikulierten und vernehmlichen Lauten aussprach. Das haben ja auch die Lehrer (der Tradition) erwähnt und sich dabei auf den Ausspruch der Schrift gestützt: ›*Eines* hat Gott gesagt, *zweierlei* habe ich gehört‹ (Psalm 62,12).«

Die »Offenbarung« Gottes selbst ist also nur »die Stimme« des Schalls (vgl. Ex 19,19b), der in diese Welt hereindringt (vgl. auch Ps 19; 29) – und der nach »Übersetzung«/Interpretation verlangt.

Ganz beheimatet in dieser denkerischen Tradition schreibt Franz Rosenzweig im Jahre 1925 an seinen Freund Martin Buber:

> »Offenbarung … hat unmittelbar nur sich selbst zum Inhalt, mit ›Er stieg herab‹ (Ex 19,20) ist sie eigentlich schon fertig, schon mit ›Er redete‹ (Ex 20,1) fängt die Interpretation an, geschweige denn mit ›Ich‹ (bin der Herr, dein Gott: Ex 20,2). Aber wo hört diese ›Interpretation‹ auf, legitim zu sein? Das würde ich nie mit einem Satz zu sagen wagen, sondern hier beginnt das Zeugnisrecht, das positive und negative, der Erfahrung.«

Die biblischen Gottesbilder sind von dieser »theologia negativa« her in einem ganz fundamentalen Sinn »Hör-Bilder vom Fuß des Sinai«: Israel hörte und hört (staunend und wartend), dass JHWH »herabsteigt« – und hält dieses Wissen in unendlich vielen Bildern und Erzählungen lebendig und lebt selbst von diesen Bildern. Denn Israel gibt es nur, weil es »die Stimme« hört.

Aus: Erich Zenger, Am Fuß des Sinai. Gottesbilder des Ersten Testaments, ppb-Ausgabe, Patmos Verlag, Düsseldorf 1998, S. 102–104; 108/109

1. Arbeiten Sie heraus, was Zenger unter »Hör-Bildern« versteht.
2. Erklären Sie, inwiefern nach Zenger erst ein sich im »hörenden Herzen« einstellendes Gottesbild wahr und echt ist.
3. Erörtern Sie, was Dtn 6,4 (»Höre Israel! JHWH [ist] unser Gott. JHWH [ist] einzig.«) mit dem von Zenger zu den Gottesbildern Dargestellten zu tun hat.

1.1.4 Pluralität und Multiperspektivität der Gottesbilder

Die traditionelle Redeweise, die Bibel sei »Gotteswort in Menschenwort«, müsste theologisch richtiger lauten, sie sei »Gotteswort in Menschen*wörtern*«. Was die rabbinische Theologie mit ihrer Auslegung von Ps 62,12 meint, nämlich dass das »*eine* Gotteswort« nur in den (nicht beliebig!) vielen Ausformungen der menschlichen Wörter der Bibel (schriftliche Tora) vorliegt, die ihrerseits wieder der Auslegung in menschlicher Sprache bedürfen (mündliche Tora), hat in ganz ähnlicher Weise auch die christliche Theologie formuliert – sogar teilweise in Aufnahme ersttestamentlicher Sprache. […]

Die Gottesbilder des Ersten Testaments konstituieren eine Bildwelt und eine Zeichenwelt, die uns eine orientierende und motivierende Lebenswelt sein will.

Zwar sind wir (nicht zuletzt von unserer begrifflichen Theologie her) versucht, die anthropomorphen (und häufig andromorphen) Gott-Metaphern höher zu werten als die Metaphern aus der Erfahrung der Natur oder der (materiellen) Kultur. Dass Gott Quelle und Fluss ist, die das Land bewässern und dem Boden Wachstum geben, dass Gott Sonne ist, die das Dunkel/den Tod/das Unheil vertreibt und Licht/Leben/Gerechtigkeit schenkt, dass Gott schützende Stadt und Zufluchtsburg einer Gemeinschaft ist, dass Gott Vogel ist, der mit seinen Flügeln schützt, dass Gott ein Rundschild und ein Setzschild ist, die vor feindlichen Speeren schützen, dass er Löwe ist, der erschreckt und auf Beute aus ist – dies sind Gott-Metaphern, die die Gotteswahrheit nicht weniger benennen als die von uns privilegierten anthropomorphen Metaphern.

Auch das außergewöhnlich farbige Spektrum der Handlungs- und Gemütsverben, die die Bibel mit Gott in Zusammenhang bringt, darf nicht nivelliert werden – auch wenn diese Aspekte der Gotteserfahrung und der Gotteshoffnungen in unserer Dogmatik nicht vorkommen. Dass Gott sieht, hört, isst und trinkt, redet und denkt, kommt, hilft, rettet, erwählt, liebt, tröstet, zürnt, schafft, zerstört, pflanzt, kämpft, lacht und weint, gütig und barmherzig ist, schlägt und heilt, einreißt und aufbaut, sammelt und zerstreut, bereut und umkehrt, als Frau Weisheit erotisiert und nach Liebe verlangt – all dies sind Aspekte einer Gottesrede, die Gott so mit den Lebenszusammenhängen verbinden, dass die Dialektik gewahrt bleibt, die in der Namenstheologie von Ex 3,14 festgeschrieben ist, deren Multiperspektivität sich so andeuten lässt:

(1) Aspekt der Geschichte: »Ich bin so bei euch da, dass ich meine eigene Geschichte an eure Geschichte gebunden habe und mein Leben mit euch zusammen lebe.«

(2) Aspekt der Treue: »Ich bin so bei euch da, dass allen Störungen und Gefährdungen unserer gemeinsamen Geschichte zum Trotz ich bei euch bleibe.«

(3) Aspekt der Lebendigkeit: »Ich bin so bei euch da, dass ich eure (positiven und negativen) Festlegungen transzendiere.«

Gerade den Aspekt der Transzendenz der Gottesbilder, wodurch sie vor ideologisch-fundamentalistischen und wörtlich-biblizistischen Missverständnissen bewahrt werden sollen, hat die jüdische Tradition mit der Vermeidung des Aussprechens des Gottesnamens JHWH noch verstärkt. Wenn die Grammatiker den in der masoretischen Überlieferung der hebräischen Bibel zur Vermeidung der Aussprache des Gottesnamens angebrachten Lesehinweis »das *Qere*« (»lese«, »rufe«) nennen, das an die Stelle »des *Ketib*« (»das Geschriebene«) tritt, und vor allem wenn dafür das Wort *Ha-Schem,* »der Name«, gewählt wird, so wird damit auf eine außerordentlich wichtige Eigenart *aller* biblischen Gottesaussagen aufmerksam gemacht: Das *Subjekt* dieser Aussagen ist *nicht* nach Art der Aussagen, die von Lebewesen und Gegenständen unserer Welt gemacht werden können. Gott als Subjekt des Vater- und Mutter-Seins, des König- und Kämpferseins, als rettender, befreiender, drohender, tröstender und liebender Gott ist weder geschlechtlich (weder Mann noch Frau) noch biographisch (weder alt noch jung) noch soziologisch noch ethnisch noch … bestimmt – »Gott« ist Name der uns umfassenden, belebenden, fordernden und heilenden Wirklichkeit, die sich für uns in der Geschichte Israels und in der Jesusbewegung so konkretisiert hat, dass die dabei entstandenen »Hör-Bilder« die normativen und formativen Erlebnis-Vorgaben sind, die den Weg Israels und der Kirche als »mitgehender Anfang« begleitet haben und geleiten sollen.

Aus: Erich Zenger, Am Fuß des Sinai. Gottesbilder des Ersten Testaments, ppb-Ausgabe, Patmos Verlag, Düsseldorf 1998, S. 109; 120–122

›

1. Stellen Sie dar, warum nach Zenger eher von »Gotteswort in Menschen*wörtern*« als von »Gotteswort in Menschenwort« geredet werden soll.
2. Erklären Sie, wie Zenger Ex 3,14 interpretiert.
3. Entfalten Sie, wie er den jüdischen Umgang mit dem Namen Gottes sieht.
4. Nehmen Sie Stellung zu seinen Vorstellungen?

1.1.5 Exodus – Zusammenfassende Darstellung aus christlicher und feministischer Sicht durch die Theologin Susanne Scholz

Der Begriff »Exodus« ist die latinisierte Form des griechischen Substantivs »exodos«, das »Auszug« bedeutet und beispielsweise dem englischen Wort »exit« (Ausgang) zugrunde liegt. In der christlichen Tradition wird »das Zweite Buch Mose« auch »Exodus« genannt. In der jüdischen Tradition wird das Buch Exodus nach dem ersten Substantiv in Ex 1,1 benannt (»ha-Schemot«; hebräisch »die Namen«). Das Buch Exodus erzählt in vierzig Kapiteln von der Versklavung und Befreiung der Israeliten aus Ägypten. Die vierzig Kapitel gliedern sich in einen ersten Teil (Ex 1,1-18,27), der die »Einsetzung von Mose als Anführer des Volkes Israel« beschreibt, und in einen zweiten Teil (Ex 19,1-40,38), der die »Anerkennung Gottes als Erretter des Volkes Israel« hervorhebt.

Diese literarische Grobgliederung betont die androzentrische (männerzentrierte) Perspektive der Erzählung. Mose und Gott sind unumstrittene Autoritäten, denen sich die Israelit/inn/en unterzuordnen haben. Im ersten Teil sind viele der bekannten Einzelerzählungen zu finden, wie zum Beispiel die Geburt des Mose und seine Errettung durch die Tochter des Pharaos (2,1-10), die Geschichte vom brennenden Dornbusch (3,1-6), die von Gott gesandten Plagen Ägyptens (7,14-11,42) und die Spaltung des Schilfmeeres (14,1-31). Einige Kapitel enthalten Frauengestalten wie Schifra und Pua (1,15-22), Pharaos Töchter (2,1-10), Zippora und ihre Schwestern (2,16-22) und Mirjam (15,20-21). Die Frauen kümmern sich immer nur um das Wohlergehen von Männern oder männlichen Kindern, so dass das Exodusbuch kaum aus feministischer Sicht bearbeitet wurde.

Die feministische Exegese stellt die Frage, warum Frauen in diesem androzentrischen Erzählrahmen nicht als eigenständige Charaktere wichtig sind. Veranschaulicht die Exodusgeschichte, wie eine Geschlechter diskriminierende Gesellschaftsstruktur abgeschafft werden kann? Die historisch-kritische Bibelwissenschaft hat seit dem 19. Jh. erwiesen, dass das in der Bibel beschriebene Exodusereignis geschichtlich so nicht stattgefunden hat. Ein Versuch, dennoch einen historischen Kern zu erhalten, wurde besonders Mitte des 20. Jh. populär, nach dem nicht das Volk Israel aus Ägypten entfloh, sondern nur eine so genannte »kleine Exodusgruppe«. Eines der größten Probleme besteht darin, dass der Auszug der Israeliten und Israelitinnen oder einer vergleichbaren Bevölkerungsgruppe in keiner altorientalischen Quelle erwähnt wird. Dennoch schlagen einige das 13. Jh. v. Chr. als ein mögliches Datum für einen historischen Exodus aus Ägypten trotz der bedeutend späteren Niederschrift des Buches vor. Die Historizität des Mose ist daher aus historisch-wissenschaftlicher Sicht zu verneinen. Zudem werden viele Texte heute zeitlich sehr viel später angesetzt. Deshalb verlagert sich in der Exegese die Fragestellung zunehmend auf die literarische Komposition und theologische Aussagekraft des Exodusbuches. Der Exodus wird im Exil als ein Modell entworfen, das das angemessene Verhalten gegenüber Gott ohne Land und Tempel beschreibt und Hoffnung auf Rückkehr gewährt.

Der Exodus wird unzählige Male in der Bibel erwähnt. Zu den eindrucksvollsten Belegen gehören das so genannte »geschichtliche Credo« in Dtn 6,20-25 (vgl. auch Dtn 26,5-9; Jos 24,2-13), die metaphorisch-prophetische Vergewaltigungsrede Gottes in Ez 23,1-44 (besonders Ez 23,9-10.22-31) und die Verheißung eines erneuerten Sinaibundes in Jer 31,31-34 (vgl. auch Hebr 8,10). In Mi 6,3-4 werden neben Mose auch Aaron und Mirjam als Anführer/innen beim Auszug aus Ägypten genannt. Ein neutestamentlicher Bezug auf Mose findet sich in der Geschichte von der Verklärung Jesu (Mt 17,1-12 par). Die Exodusereignisse werden in Hebr 11,23-29 zusammengefasst, wobei besonders die Rolle von Mose hervorgehoben wird.

Die Exodusgeschichte ist der Opfer-Täter/innen-Diskussion ganz besonders nützlich, da die Geschichte das so genannte »Exodussyndrom« deutlich widerspiegelt. Die Opfer, nämlich die versklavten Israelit/inn/en, werden nach der Wüstenwanderung zu Tätern und Täterinnen, da sie dann das verheißene Land mit Gewalt erobern (vgl. das Josuabuch). Somit beschreibt die biblische Exodusgeschichte eine Beziehungsdynamik, die sich in individuellen und kollektiven Befreiungsbewegungen immer wieder als ein Grundproblem erweist.

Aus: Susanne Scholz, Exodus, in: Ulrike Bechmann/Monika Fander [Hrsg.] Grundbegriffe zum Alten und Neuen Testament. 99 Wörter Theologie konkret, Don Bosco, München 2003, S. 88/89, © Autorin.

1.2 Religionskritische Erklärungen der Rede von Gott: Freuds psychoanalytische Erklärung menschlicher Gottesvorstellung

Hinweis zur Arbeit:
Um den Ansatz der Religionskritik Freuds in der wirkungsgeschichtlichen Folge von Ludwig Feuerbach zu verstehen, ist es zu empfehlen, den Ansatz Feuerbachs vorab zu klären. Texte und Materialien zur Thematik »Gott: Illusion oder Wirklichkeit?« finden Sie in AKZENTE RELIGION 4: Spuren Gottes – vom Unbedingten reden, S. 35–45.

1.2.1 Hinführung: »Gottesvergiftung« – Der Psychoanalytiker Tilmann Moser über sein Verhältnis zu Gott

Der Psychoanalytiker Tilmann Moser (geb. 1938) beschreibt in seinem Buch »Gottesvergiftung« den Prozess seiner religiösen Entwicklung. Es war der übermächtige Gott, der sein Selbstwertgefühl beeinträchtigte. Der Gottesglaube wird zur seelischen »Vergiftung«.

Neulich war ich auf einem gruppentherapeutischen Training, und es ging um das Ausmaß von Hemmungen, das jeder mit sich herumträgt. Da fragte der Trainer, welche Sätze uns in unserem Leben am meisten eingeschüchtert hätten. Weißt du, was bei mir zum Vorschein kam als die mich domestizierende, einengende, schachmatt setzende stereotype Phrase: Was wird der liebe Gott dazu sagen? Durch diesen Satz war ich früh meiner eigenen inneren Gerichtsbarkeit überlassen worden. Im Grunde mussten die Eltern gar nicht mehr sehr viel Erziehungsarbeit leisten. Der Kampf um das, was ich tun und lassen durfte, vollzog sich nicht mit ihnen als menschliche Instanz, mit der es einen gewissen Verhandlungsspielraum gegeben hätte, sondern die Selbstzucht, wie das genannt wurde, war mir überlassen, oder besser, der rasch anwachsenden Gotteskrankheit in mir.
Du hast mir dann kaum noch Chancen gelassen, mit mir selbst ein auskömmliches Leben zu führen. Weißt du, welches Wort mich mit einer abenteuerlich tiefen Angst erfüllt hat? Aussätzigkeit. Dir ist es doch tatsächlich gelungen, dass ich mich wegen meiner kleinen Durchschnittssünden jahrelang aussätzig fühlte. Und die Aussätzigen auf den biblischen Bildern wurden isoliert, an langen Stangen ließ man ihnen die Mahlzeiten reichen, sie mussten mit Klappern herumlaufen, damit niemand durch sie angesteckt wurde.
Über seelische Vorgänge, gar über Ängste, wurde in unserer Familie nicht geredet. So war ich deinem Wüten in mir ausgeliefert und hatte nicht einmal den Gedanken daran, dass es irgendwo Entlastung geben könnte. Dein Hauptkennzeichen für mich ist Erbarmungslosigkeit. Du hattest so viel an mir verboten, dass ich nicht mehr zu lieben war. Deine Bedingungen waren zu hoch für mich, und niemand hat sie gemildert, weil von einem bestimmten Punkt an nicht mehr davon die Rede war. Ich habe dich flehentlich gebeten,

mich auf die Seite der Schafe zu nehmen, doch ich wusste, dass ich zu den Böcken gehörte. Es war mir als Kind so selbstverständlich, dass die Welt, die jetzige und die spätere, aus Geretteten und aus Verdammten bestand; das Fürchterliche war nur, dass ich, wie es auf manchen Bildern zu sehen ist, immer über dem Abgrund der Verdammnis hing und niemals wusste, wie lange der schmale Steg noch halten würde, der mich trug. Als im Religionsunterricht die Prädestinationslehre besprochen wurde, nach der es durch deinen unerforschlichen Ratschluss den Menschen von Anbeginn an bestimmt ist, ob sie zu den Geretteten oder den Verdammten gehören, überfiel mich eine entsetzliche Lähmung, weil alles ausweglos erschien. Mich faszinierte es, wie viele Mittel meinen katholischen Schulfreunden gelassen wurden, um sich doch noch zu retten, um Ablass zu erhalten. Ich lauschte oft atemlos ihren Berechnungen, wenn sie vor und nach der Kommunion ihre Sünden und die Strafen und die Wiedergutmachungsforderungen berechneten und wenn ihnen die Lage nicht aussichtslos erschien.
Ich habe dich, wie es mir deine Diener nahe legten, angestaunt ob deiner Güte, Abraham den Isaak nicht schlachten zu lassen. Du hättest es ja so leicht fordern können, er hätte es für dich getan, und mit dem Rest von Menschenwürde in deinem auserwählten Volk hätte es nur noch ein wenig fürchterlicher ausgesehen. Oder hast du vielleicht nur ein unverschämtes Glück gehabt, dass dir in letzter Sekunde die Idee kam, einen Engel an den Ort des geplanten Gemetzels zu schicken? Vielleicht wären dem guten Abraham doch noch Zweifel an den Vorteilen seiner privilegierten Beziehung zu dir gekommen, wenn ihn erst Isaaks Blut bespritzt hätte? Bei deinem eigenen Sohn warst du dann ungenierter und hast deinem Sadismus freien Lauf gelassen. Man hat mir weismachen wollen, dass du mit seiner Opferung am Kreuz den neuen Bund der Liebe hast einläuten wollen. Und wiederum habe ich versucht, auf allgemeine Aufforderung hin, dich anzustaunen, weil du für mich armen Sünder deinen einzigen Sohn geopfert hast. Das macht natürlich Eindruck. Wie schlecht muss ich sein, dass es einer solchen Inszenierung bedarf, um mich zu erlösen! Seltsam, seltsam – keiner von den Predigern hat je Verdacht geschöpft, dass vielleicht nicht mit uns, sondern mit dir etwas nicht stimmt, wenn du vor lauter Menschenliebe deinen Sohn schlachten lassen musstest. Und uns gibst du ihn dann zu trinken und zu essen, wie es heißt, zur Versöhnung. Ich weiß, du hast nach mageren Jahren zur Zeit eher wieder Hochkonjunktur, und es könnte unfair scheinen, gerade jetzt mit dir eine kleine Abrechnung zu halten. Ich kann aber nichts dafür, wenn ich so unerhört lange gebraucht habe, dich zu durchschauen. Wie gesagt, ich hielt dich für verwest, bis ich entdeckte, dass du als Krankheit in mir weiterlebst.

Aus: Tilmann Moser, Gottesvergiftung, © Suhrkamp Verlag, Frankfurt/M. 1980, S. 16 f.

›
1. Beschreiben Sie, wie Tilmann Moser in seiner Kindheit »Gott« erlebt hat, und erläutern Sie, wie er sein Gottesbild in seinem Text sprachlich gestaltet hat.
2. Setzen Sie sich inhaltlich mit dem auseinander, was der Autor – innerhalb seines Gottesbildes – »Gott« vorwirft.
3. Rund ein viertel Jahrhundert nach Mosers »Gottesvergiftung« hat der Autor eine Schrift mit dem Titel »Von der Gottesvergiftung zu einem erträglichen Gott« (2003) veröffentlicht. Überraschend schlägt Moser nun gemäßigtere Töne an. Ausgehend von seinen Praxiserlebnissen mit Patienten sucht er ein neues, für ihn tragbareres Fundament der Religiosität. Er findet es in einem »freundlichen Gottesbild« und der »Fähigkeit zur Andacht«. Beides – so seine Erkenntnis – könne im Leben Nutzen bringen, sogar dabei helfen, seelische und körperliche Gebrechen zu vermeiden. Unversöhnlich zeigt sich Moser dagegen weiterhin, wenn Glaube dazu missbraucht wird, die Psyche der Menschen einzuschnüren. In dieser Hinsicht schätzt er viele christliche Dogmen

Johannes Muggenthaler, Wie sich das Schaf das Paradies vorstellt,
2 Farbfotografien, 1990.

weiterhin als problematisch ein. Als Anhänger Sigmund Freuds sieht er eine Reihe von zentralen Aspekten des Christentums wie die Betonung des Kreuzestodes oder die Rede von Schuld und Sühne ausgesprochen negativ. (Anm. des Hrsg.: siehe zu dieser Fragestellung 2.2 in diesem Buch.) Eine Patentantwort, wie eine moderne, menschengerechte Kirche diese Spannung auflösen könnte, hat aber auch Moser nicht parat. »Vielleicht bringt uns die Diskussion einige Schritte weiter«, hofft er.
Vergleichen Sie die neue Position Mosers mit seiner früheren und überprüfen Sie mögliche Konsequenzen, die sich aus der Wandelbarkeit von Gottesbildern ergeben.

1.2.2 »Übertragung« – ein wesentlicher Grundbegriff der Psychoanalyse Sigmund Freuds

Eine Erörterung der Psychoanalyse stößt im Rahmen des Religionsunterrichts schnell an Grenzen, da das komplexe Themenfeld ja noch nicht einmal hinsichtlich des theoretischen, geschweige denn des therapeutischen Rahmens angemessen zur Sprache gebracht werden kann. Dennoch wird – aus psychoanalytischer Sicht kaum vertretbar – die Darstellung hier auf Weniges perspektivisch reduziert. Der jüdische Psychoanalytiker Erich Fromm (1900–1980) erläutert, was Freud neben seiner Entdeckung des »Unbewussten« und des »Widerstandes« mit dem zentralen Begriff der »Übertragung« meint. Seine Ausführungen sind einem Vortrag entnommen, den er für Nicht-Psychologen gehalten hat. Aus der Erläuterung des Übertragungsbegriffes wird unter anderem deutlich, wie Freud auf der Einschätzung Feuerbachs fundiert.

Im engeren Sinn hat Freud damit gemeint, dass der Patient den Analytiker erlebt als eine Person der frühen Kindheit, also als den Vater oder die Mutter, und dass seine Reaktion gegenüber dem Analytiker im Grunde genommen gar nicht dem Menschen entspricht, der ihm real gegenüber oder der hinter ihm sitzt, sondern dass er in ihm einen anderen (eben den Vater oder die Mutter oder einen Großvater) erlebt, wie er für ihn als Kind eine Bedeutung gehabt hat. Ich will nur ein kleines Beispiel erzählen, das das recht drastisch zeigt. Ein Analytiker erzählte mir einmal von einer Patientin, die ihn schon drei

Wochen lang gesehen hatte. Nach dieser Zeit guckte sie ihn, gerade als sie aus dem Zimmer gehen wollte, genau an und sagte: »Was? Sie haben ja gar keinen Bart?« Der Analytiker hat nie einen Bart getragen. Sie hat für drei Wochen geglaubt, dass er einen Bart hat, weil ihr Vater einen Bart hatte. Dieser Mann, dieser Analytiker war ein X, war nicht dieser reale Mensch, sogar visuell gesehen, sondern er war der Vater, so dass das zu der Illusion geführt hat, er trage einen Bart.

Aber der Begriff der Übertragung hat eine Bedeutung, die weit über das hinausgeht, was man in der psychoanalytischen Therapie beobachten kann. Ganz allgemein gesehen ist vielleicht die Übertragung eine der wichtigsten Ursachen für menschliche Irrtümer und Konflikte in der Einschätzung der Wirklichkeit. In der Übertragung sehen wir die Welt durch die Brille unserer Wünsche und Ängste und verwechseln Illusion mit Realität. Wir sehen andere Menschen nicht so, wie sie wirklich sind, sondern wie wir uns wünschen oder wie wir fürchten, dass sie seien. Diese Illusion vom andern Menschen nimmt den Platz seiner Realität ein. Wir erkennen ihn nicht, wie er ist, sondern nur, wie er uns erscheint, und wir verhalten uns zu ihm nicht als zu einem realen, eigenständigen Menschen, sondern als zu einem Produkt unserer Phantasie.

Ich will nur ein paar Beispiele zur Erläuterung anbieten. Man stelle sich vor: zwei Menschen verlieben sich. Das kommt ja jetzt weniger vor als früher, weil es für alles einfachere Methoden gibt – aber darüber will ich nicht reden. Nehmen wir also an, es ereignet sich, dass Menschen sich wirklich verlieben. Sie sind dann ganz erfüllt von der Schönheit, den Tugenden, den guten Eigenschaften des andern und fühlen sich mächtig angezogen. Manchmal führt das zur Heirat, und dann nach einem halben Jahr entdeckt man: das ist ja gar nicht der Mensch, in den man sich verliebt hatte; das ist ein ganz anderer Mensch. Man hatte sich verliebt in ein Phantom, in einen Gegenstand der Übertragung, weil man in diesem anderen Menschen nur das gesehen hatte, was man sehen wollte, vielleicht mütterliche, vielleicht väterliche Züge, vielleicht Güte, Gescheitheit, Ehrlichkeit. Und man hat nicht bemerkt, dass das eine Illusion ist. Man hasst dann häufig den anderen Menschen, weil man glaubt, dass er einen enttäuscht habe; in Wirklichkeit hat man sich selber getäuscht, weil man nicht die Realität, sondern die Illusion im Blick hatte. Aber das muss nicht so sein, das sollte nicht so sein. Und es würde nicht so sein, wenn die Menschen lernen würden, die Übertragung zu verstehen.

Das Gleiche gilt auch von einem andern Gebiet, nämlich dem der Politik. Man halte sich einmal die Begeisterung, den Enthusiasmus vor Augen, den Millionen von Menschen für Führer haben (das hat es nicht nur in Deutschland, sondern auch in anderen Ländern gegeben). Manchmal waren die Führer schlecht, manchmal waren sie auch gut. (Doch das ist nicht die entscheidende Frage, obwohl diese Frage sehr wichtig ist.) Viel erheblicher ist die Tatsache, dass man sehen kann, dass die meisten Menschen – und wir können sogar sagen: Gott sei Dank, obwohl dieser Zug, von dem ich spreche, höchst gefährlich ist – eine tiefe Sehnsucht haben nach einem, der da kommt und heilt, nach einem, der die Wahrheit spricht, nach einem, der Sicherheit bietet, nach einem, der führt, nach einem, der es gut meint. Und wenn einer kommt, der es versteht, sich als dieser, der es gut meint, aufzuspielen, dann übertragen sie ihre Erwartung auf ihn und glauben, dass er der Retter, der Heiland, der Erlöser ist – selbst wenn er in Wirklichkeit ein Zerstörer ist, der sie und ihr Land ins Unglück bringt. Diese großen Erwartungen werden oft auch von kleinen Führern genutzt. Viele Politiker, die einen Eindruck machen, weil sie im Fernsehen schön wirken, weil sie den Leuten nach dem Munde reden, weil sie kleine Kinder küssen und weil sie die Illusion scheinbar bestätigen, einen Menschen zu finden, der es gut meint, der wenigstens die Kinder gern hat, also nicht alle hassen kann, bedienen sich ganz planmäßig der Übertragungsneigung der Menschen und bauen ihre Erfolge darauf auf.

Alles das würde nicht vorkommen, wenn die Menschen mehr verstünden von der Übertragung, wenn sie sich mehr Mühe gäben zu unterscheiden, wo sie Dinge mit der Prägung durch ihre eigene Erwartung und wo sie sie unvoreingenommen sehen, und wenn sie endlich versuchten, kritisch zu sein. Manchmal sind unwichtige kleine Handlungen weit aufschlussreicher als das, was die Menschen so betonen, und als die großen Reden, die sie halten. Würde man das künftig besser durchschauen, so könnten sowohl die Liebe, die Ehe wie auch das politische Leben ganz wesentlich von einer Plage, von einem Fluch befreit werden – von dem Fluch der Verwechslung zwischen fiktivem Bild und Wirklichkeit.

Das ist allerdings nicht einfach zu lernen. Es erfordert ein Studium, Praxis jeden Tag. Jedermann hat das Laboratorium – wie ich schon sagte – zu Hause, bei sich, in seinem täglichen Umgang. Beobachten Sie sich, beobachten Sie Ihre Mitmenschen. Und im Übrigen hat das Fernsehen hier einen großen Vorteil – neben den vielen Nachteilen, die es hat –: es verrät recht genau Eigenschaften vom andern Menschen, weil wir das Gesicht, die Gesten und den Ausdruck so unerbittlich beobachten können; wir können eine Menge erfahren über den politischen »Führer«, wenn er im Fernsehen spricht und wir ihn dort sehen. Aber wir werden eben nur eine Menge erfahren, wenn wir wissen, wie man richtig beobachtet. Mit alledem möchte ich andeuten, dass die Erkenntnis der Übertragung in persönlichen ebenso wie in politischen Beziehungen von entscheidender Wichtigkeit für eine Verbesserung des politischen und persönlichen Lebens der Menschen sein könnte.

Aus: Erich Fromm, Einleitung, in: Hans-Jürgen Schultz (Hrsg.), Psychologie für Nichtpsychologen, © Kreuz Verlag, Stuttgart 1974, S. 24–26

1. Erläutern Sie, wie Erich Fromm den Freudschen Begriff der »Übertragung« versteht.
2. Erarbeiten Sie mögliche Konsequenzen für jemanden, der seine Vorstellungen von Gott als »Übertragungen« deutet.
3. Erörtern Sie, ob es legitim ist, Gott als Objekt von Übertragungen zu sehen.

1.2.3 Die Religionskritik von Sigmund Freud – Aus seinen Werken

1. Arbeiten Sie aus den folgenden Text-Auszügen von Freud die jeweilige Grundaussage heraus, indem Sie diese grafisch in einer Skizze darstellen.
2. Setzen Sie sich sodann mit den angeführten Argumenten auseinander.

1.2.3.1 Psychologische Bedeutung religiöser Vorstellungen

Welches ist also die psychologische Bedeutung der religiösen Vorstellungen? Als was können wir sie klassifizieren? (...)

Es sind Lehrsätze, Aussagen über Tatsachen und Verhältnisse der äußeren (oder inneren) Realität, die etwas mitteilen, was man selbst nicht gefunden hat, und die beanspruchen, dass man ihnen Glauben schenkt. (...) Wenn wir die Frage aufwerfen, worauf sich ihr Anspruch gründet, geglaubt zu werden, erhalten wir drei Antworten, die merkwürdig schlecht zusammenstimmen. Erstens, sie verdienen Glauben, weil schon unsere Urväter sie geglaubt haben, zweitens besitzen wir Beweise, die uns aus eben dieser Vorzeit überliefert sind, und drittens ist es überhaupt verboten, die Frage nach dieser Beglaubigung aufzuwerfen. (...)

Es hilft nicht viel, wenn für ihren Wortlaut *(gemeint sind die Schriften, in denen die Beweise niedergelegt sind, Anm. des Hrsg.)* oder auch nur für ihren Inhalt die Herkunft von göttlicher Offenbarung behauptet wird, denn diese Behauptung ist bereits selbst ein

Johannes Muggenthaler, Wie sich der Wolf das Paradies vorstellt, 2 Farbfotografien, 1990.

Stück jener Lehren, die auf ihre Glaubwürdigkeit untersucht werden sollen, und kein Satz kann sich doch selbst beweisen. So kommen wir zu dem sonderbaren Ergebnis, dass gerade diejenigen Mitteilungen unseres Kulturbesitzes, die die größte Bedeutung für uns haben könnten, denen die Aufgabe zugeteilt ist, uns die Rätsel der Welt aufzuklären und uns mit den Leiden des Lebens zu versöhnen, dass gerade sie die allerschwächste Beglaubigung haben. (...)

Man muss fragen, worin besteht die innere Kraft dieser Lehren, welchem Umstand verdanken sie ihre von der vernünftigen Anerkennung unabhängige Wirksamkeit? Ich meine, wir haben die Antwort auf beide Fragen genügend vorbereitet. Sie ergibt sich, wenn wir die psychische Genese der religiösen Vorstellungen ins Auge fassen. Diese, die sich als Lehrsätze ausgeben, sind nicht Niederschläge der Erfahrung oder Endresultate des Denkens, es sind Illusionen, Erfüllungen der ältesten, stärksten, dringendsten Wünsche der Menschheit; das Geheimnis ihrer Stärke ist die Stärke ihrer Wünsche. (...)

Wenn ich sage, das alles sind Illusionen, muss ich die Bedeutung des Wortes abgrenzen. Eine Illusion ist nicht dasselbe wie ein Irrtum, sie ist auch nicht notwendig ein Irrtum. Die Meinung des Aristoteles, dass sich Ungeziefer aus Unrat entwickle, an der das unwissende Volk noch heute festhält, war ein Irrtum. (...) Dagegen war es eine Illusion des Kolumbus, dass er einen neuen Seeweg nach Indien entdeckt habe. Der Anteil seines Wunsches an diesem Irrtum ist sehr deutlich. Als Illusion kann man die Behauptung gewisser Nationalisten bezeichnen, die Indogermanen seien die einzige kulturfähige Menschenrasse, oder den Glauben, den erst die Psychoanalyse zerstört hat, das Kind sei ein Wesen ohne Sexualität. Für die Illusion bleibt charakteristisch die Ableitung aus menschlichen Wünschen, sie nähert sich in dieser Hinsicht der psychiatrischen Wahnidee, aber sie scheidet

sich, abgesehen von dem komplizierteren Aufbau der Wahnidee, auch von dieser. An der Wahnidee heben wir als wesentlich den Widerspruch gegen die Wirklichkeit hervor, die Illusion muss nicht notwendig falsch, d. h. unrealisierbar oder im Widerspruch gegen die Realität sein. (...)
Wir heißen also einen Glauben Illusion, wenn sich in seiner Motivierung die Wunscherfüllung vordrängt, und sehen dabei von seinem Verhältnis zur Wirklichkeit ab, ebenso wie die Illusion selbst auf ihre Beglaubigungen verzichtet. (...) Es liegt nicht im Plane dieser Untersuchung, zum Wahrheitswert der religiösen Lehren Stellung zu nehmen. Es genügt uns, sie in ihrer psychologischen Natur als Illusionen erkannt zu haben.

Sigmund Freud, Die Zukunft einer Illusion, GW XIV, S. Fischer Verlag, Frankfurt a. M., S. 346 ff., S. 105 ff.

1.2.3.2 Religion als Vaterkomplex und infantile Wunschvorstellung

Die Psychoanalyse hat uns den intimen Zusammenhang zwischen dem Vaterkomplex und der Gottesgläubigkeit kennen gelehrt, hat uns gezeigt, dass der persönliche Gott psychologisch nichts anderes ist als ein erhöhter Vater, und führt uns täglich vor Augen, wie jugendliche Personen den religiösen Glauben verlieren, sobald die Autorität des Vaters bei ihnen zusammenbricht.
Im Elternkomplex erkennen wir so die Wurzel des religiösen Bedürfnisses; der allmächtige, gerechte Gott und die gütige Natur erscheinen uns als großartige Sublimierungen von Vater und Mutter, vielmehr als Erneuerungen und Wiederherstellungen der frühkindlichen Vorstellungen von beiden. Die Religiosität führt sich biologisch auf die lang anhaltende Hilflosigkeit und Hilfsbedürftigkeit des kleinen Menschenkindes zurück, welches, wenn es später seine wirkliche Verlassenheit und Schwäche gegen die großen Mächte des Lebens erkannt hat, seine Lage ähnlich wie in der Kindheit empfindet und deren Trostlosigkeit durch die regressive Erneuerung der infantilen Schutzmächte zu verleugnen sucht. Der Schutz gegen neurotische Erkrankung, den die Religion ihren Gläubigen gewährt, erklärt sich leicht daraus, dass sie ihnen den Elternkomplex abnimmt, an dem das Schuldbewusstsein des Einzelnen wie der ganzen Menschheit hängt, und ihn für sie erledigt, während der Ungläubige mit dieser Aufgabe allein fertig werden muss.

Sigmund Freud, GW VIII, S. 127 ff.

In meiner Schrift »Die Zukunft einer Illusion« handelte es sich weit weniger um die tiefsten Quellen des religiösen Gefühls, als vielmehr um das, was der gemeine Mann unter seiner Religion versteht, um das System von Lehren und Verheißungen, das ihm einerseits die Rätsel dieser Welt mit beneidenswerter Vollständigkeit aufklärt, anderseits ihm zusichert, dass eine sorgsame Vorsehung über sein Leben wachen und etwaige Versagungen in einer jenseitigen Existenz gutmachen wird.
Diese Vorsehung kann der gemeine Mann sich nicht anders als in der Person eines großartig erhöhten Vaters vorstellen. Nur ein solcher kann die Bedürfnisse des Menschenkindes kennen, durch seine Bitten erweicht, durch die Zeichen seiner Reue beschwichtigt werden. Das Ganze ist so offenkundig infantil, so wirklichkeitsfremd, dass es einer menschenfreundlichen Gesinnung schmerzlich wird, zu denken, die große Mehrheit der Sterblichen werde sich niemals über diese Auffassung des Lebens erheben können. – (...) Wir kehren zum gemeinen Mann und zu seiner Religion zurück, der einzigen, die diesen Namen tragen sollte.

Sigmund Freud, Das Unbehagen in der Kultur, 1930, GW XIV, S. 431 f., S. 72 f.

1.2.3.3 Fragwürdigkeit der sozialen Bedeutung der Religion

(...) die Religion hat der menschlichen Kultur offenbar große Dienste geleistet, zur Bändigung der asozialen Triebe viel beigetragen, aber nicht genug. Sie hat durch viele Jahrtausende die menschliche Gesellschaft beherrscht; hatte Zeit zu zeigen, was sie leisten kann. Wenn es ihr gelungen wäre, die Mehrzahl der Menschen zu beglücken, zu trösten, mit dem Leben auszusöhnen, sie zu Kulturträgern zu machen, so würde es niemand einfallen, nach einer Änderung der bestehenden Verhältnisse zu streben. (...)
Wenn die Leistungen der Religion in Bezug auf die Beglückung der Menschen, ihre Kultureignung und ihre sittliche Beschränkung keine besseren sind, dann erhebt sich doch die Frage, ob wir ihre Notwendigkeit für die Menschheit nicht überschätzen und ob wir weise daran tun, unsere Kulturforderungen auf sie zu gründen. (...)
Wenn die Kultur das Gebot aufgestellt hat, den Nachbar nicht zu töten, den man hasst, der einem im Wege ist oder dessen Habe man begehrt, so geschah es offenbar im Interesse des menschlichen Zusammenlebens, das sonst undurchführbar wäre. (...)
Diese rationelle Begründung des Verbots zu morden teilen wir aber nicht mit, sondern wir behaupten, Gott habe das Verbot erlassen. (...) Indem wir so verfahren, umkleiden wir das Kulturverbot mit einer ganz besonderen Feierlichkeit, riskieren aber dabei, dass wir dessen Befolgung von dem Glauben an Gott abhängig machen. Wenn wir diesen Schritt zurücknehmen, unseren Willen nicht mehr Gott zuschieben und uns mit der sozialen Begründung begnügen, haben wir zwar auf jene Verklärung des Kulturverbots verzichtet, aber auch seine Gefährdung vermieden. (...)
Mit der beanspruchten Heiligkeit würde auch die Starrheit und Unwandelbarkeit dieser Gebote und Gesetze fallen. Die Menschen könnten verstehen, dass diese geschaffen sind, nicht so sehr, um sie zu beherrschen, sondern vielmehr um ihren Interessen zu dienen, sie würden ein freundlicheres Verhältnis zu ihnen gewinnen, sich anstatt ihrer Abschaffung nur ihre Verbesserung zum Ziel setzen. Dies wäre ein wichtiger Fortschritt auf dem Wege, der zur Versöhnung mit dem Druck der Kultur führt.

Sigmund Freud, Die Zukunft einer Illusion, GW XIV, S. 360 f., 363 ff.

1.2.3.4 Die Überwindung der Religion

Ein Psychologe, der sich nicht darüber täuscht, wie schwer es ist, sich in dieser Welt zurechtzufinden, bemüht sich, die Entwicklung der Menschheit nach dem bisschen Einsicht zu beurteilen, das er sich durch das Studium der seelischen Vorgänge beim Einzelmenschen während dessen Entwicklung vom Kind zum Erwachsenen erworben hat. Dabei drängt sich ihm die Auffassung auf, dass die Religion einer Kindheitsneurose vergleichbar sei, und er ist optimistisch genug anzunehmen, dass die Menschheit diese neurotische Phase überwinden wird, wie so viele Kinder ihre ähnliche Neurose auswachsen. Diese Einsichten aus der Individualpsychologie mögen ungenügend sein, die Übertragung auf das Menschengeschlecht nicht gerechtfertigt, der Optimismus unbegründet; ich gebe Ihnen *(Freud stellt sich einen Gesprächspartner und Verteidiger der Religion vor, Anm. d. Hrsg.)* alle diese Unsicherheiten zu. (...) Die Religion wäre die allgemein menschliche Zwangsneurose, wie die des Kindes stammte sie aus dem Ödipuskomplex, der Vaterbeziehung. Nach dieser Auffassung wäre vorauszusehen, dass sich die Abwendung von der Religion mit der schicksalsmäßigen Unerbittlichkeit eines Wachstumsvorgangs vollziehen muss und dass wir uns gerade jetzt mitten in dieser Entwicklungsphase befinden.
(...) Es gibt keine Instanz über der Vernunft. (...) Die wissenschaftliche Arbeit ist aber

für uns der einzige Weg, der zur Kenntnis der Realität außer uns führen kann. (...) Wir glauben daran, dass es der wissenschaftlichen Arbeit möglich ist, etwas über die Realität der Welt zu erfahren, wodurch wir unsere Macht steigern und wonach wir unser Leben einrichten können. Wenn dieser Glaube eine Illusion ist, dann sind wir in derselben Lage wie Sie, aber die Wissenschaft hat uns durch zahlreiche und bedeutsame Erfolge den Beweis erbracht, dass sie keine Illusion ist. (...) Ich weiß, wie schwer es ist, Illusionen zu vermeiden; vielleicht sind auch die Hoffnungen, zu denen ich mich bekannt, illusorischer Natur. Aber einen Unterschied halte ich fest. Meine Illusionen – abgesehen davon, dass keine Strafe darauf steht, sie nicht zu teilen – sind nicht unkorrigierbar wie die religiösen, haben nicht den wahnhaften Charakter. Wenn die Erfahrung – nicht mir, sondern anderen nach mir, die ebenso denken – zeigen sollte, dass wir uns geirrt haben, so werden wir auf unsere Erwartungen verzichten. (...) die Stimme des Intellekts ist leise, aber sie ruht nicht, ehe sie sich Gehör geschafft hat. Am Ende, nach unzählig oft wiederholten Abweisungen, findet sie es doch. Dies ist einer der wenigen Punkte, in denen man für die Zukunft der Menschen optimistisch sein darf. (...) Der Primat des Intellekts liegt gewiss in weiter, weiter, aber wahrscheinlich doch nicht in unendlicher Ferne.

Sigmund Freud, Die Zukunft einer Illusion, GW XIV, S. 360 f., 363 ff.

1.2.4 Anmerkungen zu Freud in der Tradition der Religionskritik Feuerbachs

Im folgenden Text nimmt der Theologe und Religionsphilosoph Hans Küng (geb. 1928) Stellung zu den Argumenten der Religionskritik von Freud.

Die entscheidenden Argumente für seinen persönlichen Atheismus hat Freud im Wesentlichen von Feuerbach und dessen Nachfolgern übernommen: »Ich habe bloß – dies ist das einzig Neue an meiner Darstellung – der Kritik meiner großen Vorgänger etwas psychologische Begründung hinzugefügt«, sagt Freud bescheiden und richtig zugleich. Schon bei Feuerbach, so sahen wir, findet sich eine psychologische Begründung des Atheismus: Wünsche, Phantasie oder Einbildungskraft sind für die Projektion des Gottesgedankens und der ganzen religiösen Schein- oder Traumwelt verantwortlich. Wie schon die Opiums-Theorie von Marx, so gründet auch die Illusions-Theorie Freuds in der Projektions-Theorie Feuerbachs. Neu ist im Wesentlichen nur Freuds psychoanalytische Vertiefung. Aber das bedeutet nun für die Kritik des Freudschen Atheismus: Die Gründe, die gegen Feuerbachs (und Marx') Atheismus, insbesondere gegen seine psychologischen und geschichtsphilosophischen Beweisgänge angeführt werden mussten, treffen auch für den Atheismus Freuds zu. Und insofern sich der Atheismus Feuerbachs (...) als eine letztlich nicht stringent begründete Hypothese erwiesen hat, muss nun auch der Atheismus Freuds als eine letztlich nicht stringent begründete Hypothese erscheinen. (...)
Es sei dies aber doch kurz im Hinblick auf Freuds zentrale religionskritische Aussage konkretisiert: »Die religiösen Vorstellungen sind Erfüllung der ältesten, stärksten, dringendsten Wünsche der Menschheit«? Ganz richtig, so kann auch der Gottesgläubige sagen. Und zugleich wird er zugeben: (...) Gewiss kann Religion, wie Freud aufzeigt, Illusion, Ausdruck einer Neurose und psychischer Unreife (Regression), sein. Aber: sie muss es nicht. Gewiss enthält alles menschliche Glauben, Hoffen, Lieben – auf einen Menschen, eine Sache oder auf Gott bezogen – ein Moment der Projektion. Aber: deshalb muss ihr Objekt nicht nur Projektion sein.
Gewiss kann der Glaube an Gott stark von der Einstellung des Kindes zum Vater beein-

flusst sein. Aber: deshalb kann Gott doch existieren. Also: Nicht dass der Gottesglaube psychologisch erklärt werden kann, ist das Problem. Psychologie oder nicht Psychologie ist hier eine falsche Alternative. Psychologisch gesehen weist der Gottesglaube immer Strukturen und Gehalte einer Projektion auf oder kann als reine Projektion verdächtigt werden. Auch jeder Liebende projiziert notwendig sein eigenes Bild auf seine Geliebte. Aber heißt das, dass seine Geliebte nicht existiert oder nicht doch wesentlich so existiert, wie er sie sieht und sich denkt? Kann er sie mit seinen Projektionen nicht vielleicht sogar tiefer erfassen als der, der sie als neutraler Beobachter von außen zu beurteilen versucht? Das Faktum der Projektion also entscheidet nicht über Existenz oder Nicht-Existenz des Objekts, auf das sie sich bezieht.
Und hier hat auch der Freudsche Schluss vom Anomalen auf das Normale, vom Neurotischen auf das Religiöse bei aller Berechtigung seine entschiedenen Grenzen. Religion ist menschliches Wunschdenken? Und deshalb darf Gott nur ein menschliches Wunschgebilde, eine infantile Illusion oder gar nur eine neurotische Wahnidee sein? Dem Wunsch nach Gott, so argumentierten wir schon gegen Feuerbach, kann durchaus ein wirklicher Gott entsprechen. Diese – noch eingehend zu diskutierende – Möglichkeit hat auch Freud nicht ausgeschaltet. Und warum sollte man das Wunschdenken ganz allgemein disqualifizieren? Ist Wünschen nicht ganz und gar menschlich, Wünschen im kleinen wie im großen, Wünschen in Bezug auf die Güter dieser Erde, die Mitmenschen, die Welt und vielleicht doch auch – Gott? Freilich steht es schlimm um einen religiösen Glauben, wenn er keine echten Gründe hat oder in einer psychoanalytischen Behandlung keine Gründe übrigbleiben; das wäre, auch wenn er sich noch so fromm gebärdet, ein unreifer, infantiler, unter Umständen gar neurotischer Glaube. Aber ist ein Glaube schon darum schlecht und spricht es schon gegen seine Wahrheit, weil in ihm – wie doch auch in der Psychoanalyse! – alle möglichen triebhaften Motive, libidinösen Neigungen, psychodynamischen Mechanismen, bewusste und unbewusste Wünsche mitspielen?

Aus: Hans Küng, Existiert Gott?, München 1981, S. 338 f.

1. Formulieren Sie die Hauptaussagen des Textes.
2. Untersuchen Sie die Schlüssigkeit der Argumentation Küngs.
3. Bewerten Sie Küngs Ausführungen zu Freuds Religionskritik.

1.2.5 Zusammenfassender Überblick: Gilt die Religionskritik Freuds noch?

Die folgenden Aussagen des Theologen und Religionsphilosophen Hans Küng (geb. 1928) zeigen, dass die moderne christliche Theologie die Religionskritik zur Kenntnis nimmt. Küng, der selbst auch durch kirchenkritische Äußerungen bekannt wurde, weist aber den Ausschließlichkeitsanspruch der Kritiker seinerseits deutlich zurück.

Ich gebe zu: Mit vollem Recht kritisierte Sigmund Freud Machtarroganz und Machtmissbrauch der Kirchen, kritisierte er die Fehlformen der Religion, Realitätsblindheit, Selbsttäuschungen, Fluchtversuche und Verdrängung der Sexualität, kritisierte er aber auch ganz direkt das traditionelle autoritäre Gottesbild. In der Tat wird hinter der Ambivalenz dieses Gottesbildes sehr oft das ins Metaphysische, ins Jenseits oder in die Zukunft projizierte eigene frühkindliche Vater- oder Mutterbild sichtbar. Und selbst heute noch wird manchmal in religiösen Familien der strafende Vater-Gott von Eltern als Erziehungsinstrument zur Disziplinierung der Kinder missbraucht, mit langfristigen negativen Folgen für die Religiosität der Heranwachsenden. Der Gottesglaube erscheint so als Rückwendung zu infantilen Strukturen, als Regression auf kindliches Wünschen.

In der Zwischenzeit hat sich freilich erwiesen,

- dass nicht nur die Sexualität, sondern auch die Religiosität verdrängt werden kann,
- dass die ältesten, stärksten, dringendsten Wünsche der Menschheit, die Freud zufolge die Stärke der Religion ausmachen, besser nicht als reine Illusionen abqualifiziert werden sollten;
- dass in einer Zeit allgemeiner Orientierungs- und vielfacher Sinnlosigkeit gerade der Gottesglaube zu definitiver Sinnerfüllung im Leben und auch im Sterben verhelfen kann, aber auch zu unbedingten ethischen Maßstäben und zu einer geistigen Heimat.

So kann denn der Gottesglaube nicht zuletzt im psychischen Bereich statt einer versklavenden eine befreiende, statt einer schädigenden eine heilende, statt einer labilisierenden eine echt stabilisierende Funktion haben.

Damit dürfte deutlich geworden sein: Wer heute an Gott glaubt – zunächst allgemein umschrieben als transzendentimmanente, allumgreifend allesdurchwaltende wirklichste Wirklichkeit im Menschen und in der Welt –, der braucht weder ins Mittelalter noch in die Reformationszeit noch in die eigene Kindheit zurückzufallen, der kann durchaus Zeitgenosse unter Zeitgenossen sein – gerade heute, im schmerzhaft langsamen Übergang zu einer nach-modernen Weltepoche.

Meine Antwort also auf die moderne Religionskritik zusammengefasst: Der Gottesglaube war und ist gewiss oft autoritär, tyrannisch und reaktionär. Er kann Angst, Unreife, Engstirnigkeit, Intoleranz, Ungerechtigkeit, Frustration und soziale Abstinenz produzieren, kann geradezu Unmoral, gesellschaftliche Missstände und Kriege in einem Volk oder zwischen Völkern legitimieren und inspirieren. Aber:

Der Gottesglaube konnte sich gerade in den letzten Jahrzehnten wieder zunehmend als befreiend, zukunftsorientiert und menschenfreundlich erweisen: Gottesglaube kann Lebensvertrauen, Reife, Weitherzigkeit, Toleranz, Solidarität, kreatives und soziales Engagement verbreiten, kann geistige Erneuerung, gesellschaftliche Reformen und den Weltfrieden fördern.

Aus: Hans Küng, Credo. Das apostolische Glaubensbekenntnis, München 1992, S. 23 f.,

1.3 Religionskritik: Friedrich Nietzsche (nur katholisch/Leistungskurs)

1.3.1 Zur Biographie

Der folgende Text wurde von Norbert Tholen verfasst, der als Philosophielehrer an einem Gymnasium in Mönchengladbach gearbeitet hat.

Nietzsche wurde am 15. Oktober 1844 in Röcken bei Leipzig als erstes Kind des evangelischen Pfarrers Karl Ludwig Nietzsche und seiner Frau Franziska, die ebenfalls aus einem Pfarrhaus stammte, geboren. Seine Schwester Elisabeth wurde 1846 geboren, ein jüngerer Bruder wurde nur wenige Monate alt; 1849 starb ein Vater, bald darauf zog die Familie nach Naumburg.
1854 ging er auf das Gymnasium in Naumburg, ab 1858 besuchte er die Fürstenschule Schulpforta, ein altsprachliches Elitegymnasium. 1864 begann er in Bonn das Studium der klassischen Philologie (Griechisch, Latein), 1865 ging er zum Studium nach Leipzig; dort zeigte er sich von Schopenhauers Philosophie fasziniert. 1868 lernte er Richard Wagner kennen, dessen Musik er einige Jahre außerordentlich schätzte. Im darauf folgenden Jahr erhielt er einen Ruf an die Universität Basel, wo er klassische Philologie las und nebenher noch acht Wochenstunden an einem Gymnasium unterrichtete. Mehrere Jahre war er mit Wagner und dessen Frau Cosima eng befreundet. In Basel wandte er sich immer stärker der Philosophie zu.
1873 begann sein Leiden: Kopf- und Augenschmerzen, auch Magenbeschwerden, die ihn oft tagelang an der Arbeit hinderten; 1876 nahm er ein Jahr Urlaub von der Universität, 1879 schließlich den Abschied. Von da an lebte er monatelang abwechseln in Naumburg, Venedig, Marienbad, Genua und im Engadin (Sils Maria), wo er sich der Landschaft verwandt fühlte. Später war er auch öfter in Nizza. Im Jahr 1882 machte er den vielleicht einzigen Versuch, in Lou Andreas-Salomé eine Frau für sich zu finden; insgesamt war er den Frauen gegenüber eher gehemmt und ungeschickt, während er mit vielen Männern befreundet war. Am 3. Januar 1889 brach er in Turin geistig verwirrt zusammen; seit 1890 wurde er in Naumburg von der Mutter, ab 1897 von seiner Schwester in Weimar gepflegt, bis er am 25. August 1900 verstarb.
In seinem Buch »Die fröhliche Wissenschaft« (1882) stellt er sich selber so vor (Vorspiel, 62. Gedicht: Ecce homo):

»Ja! Ich weiß, woher ich stamme!
Ungesättigt gleich der Flamme
Glühe und verzehr' ich mich.
Licht wird Alles, was ich fasse,
Kohle Alles, was ich lasse:
Flamme bin ich sicherlich.«

Diese sechs Verse sagen über ihn vielleicht genauso viel wie die Daten seines äußeren Lebens. Er hatte sich frühzeitig vom evangelischen Christentum seines Elternhauses abgewandt und erkannt, dass die europäische Kultur – Religion, Moral, Wissenschaft – brüchig geworden war und nicht mehr trug. Zunächst glaubte er, in der griechischen Kunst der Antike (»Die Geburt der Tragödie aus dem Geist der Musik«, 1872) und in Richard Wagners Musik etwas zu finden, das dem menschlichen Leben neuen Glanz verleihen könnte; doch bald wurde er sich seines Irrtums bewusst und wandte sich der Philosophie zu – aber einer eigenen neuen Philosophie, deren erstes Ergebnis das Buch »Menschliches, Allzumenschliches« (1878) ist. [...] Es ist »Ein Buch für freie Geister«

(Untertitel), genau hundert Jahre nach dem Tod Voltaires erschienen und dessen aufklärerischem Geist verpflichtet.

1866 hat Nietzsche eine neue Vorrede zu seinem Buch geschrieben und zu erklären versucht, was ihn zum und beim Denken bewegt hat. Nietzsche hoffte, eine Gemeinschaft freier Geister zu finden oder zu schaffen, und wurde darin bitter enttäuscht – seine große »Loslösung« von der europäischen Tradition war für beinahe alle Zeitgenossen zu radikal; als Denker blieb er einsam. Wer die eigene Tradition und die zeitgenössischen Ideen aufarbeitet – Stichwort: Nihilismus –, findet keine ausgetretenen Wege mehr vor, sondern betritt Neuland. Er muss *»auf den Versuch* hin leben und sich dem Abenteuer anbieten« (Vorrede, 4.). Dabei hat Nietzsche eine neue Lebensquelle gefunden: »Fast ist ihm zu Muthe, als ob ihm jetzt erst die Augen für das *Nahe* aufgiengen.« (Vorrede, 5.).

In diesem Geist hat er im Jahr 1879 »Vermischte Meinungen und Sprüche« veröffentlicht, 1880 dann »Der Wanderer und sein Schatten«, der Titel deutet an, wie einsam Nietzsche sich gefühlt hat. Die beiden Bücher sind später als zweiter Band zu »Menschliches, Allzumenschliches« gezählt worden. In dieser Phase seines Schaffens schrieb er auch »Morgenröthe. Gedanken über die moralischen Vorurtheile« (1991) und »Die fröhliche Wissenschaft« (1882). Danach arbeitete er am »Zarathustra«, um 1886/87 wieder zwei große Aphorismenbände zu publizieren, »Jenseits von Gut und Böse« und »Zur Genealogie der Moral«. Die folgenden Bücher hat er zum Teil nicht mehr selbst veröffentlicht. – Nietzsches Impulse lebten in der Lebens- und Existenzphilosophie fort, zum Teil auch in der Sprachphilosophie und der Anthropologie Arnold Gehlens.

Aus: Norbert Tholen, Kennen Sie Nietzsche?, © Deutscher Taschenbuch Verlag, München 1997, S. 7–9

1. Fassen Sie die biografischen Stationen der Entwicklung Nietzsches in einer Tabelle zusammen.
2. Setzen Sie sich mit Nietzsches Kritik am Christentum auseinander, wie sie im folgenden Textauszug zum Ausdruck kommt.

Christentum als Altertum. – Wenn wir einen Sonntagmorgens die alten Glocken brummen hören, da fragen wir uns: Ist es nur möglich! Dies gilt einem vor zwei Jahrtausenden gekreuzigten Juden, welcher sagte, er sei Gottes Sohn. Der Beweis für eine solche Behauptung fehlt. – Sicherlich ist innerhalb unserer Zeiten die christliche Religion ein aus ferner Vorzeit hereinragendes Altertum, und dass man jene Behauptung glaubt – während man sonst so streng in der Prüfung von Ansprüchen ist –, ist vielleicht das älteste Stück dieses Erbes. Ein Gott, der mit einem sterblichen Weibe Kinder erzeugt; ein Weiser, der auffordert, nicht mehr zu arbeiten, nicht mehr Gericht zu halten, aber auf die Zeichen des bevorstehenden Weltunterganges zu achten; eine Gerechtigkeit, die den Unschuldigen als stellvertretendes Opfer annimmt; jemand, der seine Jünger sein Blut trinken heißt; Gebete um Wundereingriffe; Sünden an einem Gott verübt, durch einen Gott gebüßt; Furcht vor einem Jenseits, zu welchem der Tod die Pforte ist; die Gestalt des Kreuzes als Symbol inmitten einer Zeit, welche die Bestimmung und die Schmach des Kreuzes nicht mehr kennt –, wie schauerlich weht uns dies alles, wie aus dem Grabe uralter Vergangenheit, an! Sollte man glauben, dass so etwas noch geglaubt wird?

Aus: Friedrich Nietzsche, Menschliches, Allzumenschliches, 1878, Nr. 113

1.3.2 Aus Werken Friedrich Nietzsches

(Die Textauswahl folgt dem Theologen Alfred Läpple)

Der »Tod Gottes«

Nietzsche ist einen weiten Weg gegangen von der gelebten Frömmigkeit seiner Jugend bis zum fanatischen, atheistischen Protest seiner Spätzeit: vom Pastorensohn zum Antichristen. Zum Abitur im Jahre 1864 hat Nietzsche sein Gedicht »Dem unbekannten Gott« verfasst, in dem bereits erste Signale kommender Entscheidungen hörbar werden:

»Noch einmal, eh ich weiterziehe
und meine Blicke vorwärts sende,
heb' ich vereinsamt meine Hände
zu dir empor, zu dem ich fliehe,
dem ich in tiefster Herzenstiefe
Altäre feierlich geweiht,
dass allezeit
mich deine Stimme wieder riefe.

Darauf erglüht tief eingeschrieben
das Wort: Dem unbekannten Gotte.
Sein bin ich, ob ich in der Frevler Rotte
auch bis zur Stunde bin geblieben:
Sein bin ich – und ich fühl die Schlingen,
die mich im Kampf darniederziehn
und mag ich fliehn,
Mich doch zu seinem Dienste zwingen.

Ich will dich kennen, Unbekannter,
Du tief in meine Seele Greifender,
mein Leben wie ein Sturm Durchschweifender,
du Unfassbarer, mir Verwandter!
Ich will dich kennen, selbst dir dienen.«

Von größter Bedeutung war für Nietzsche die Lektüre der Schriften Schopenhauers während seiner Leipziger Studentenjahre. In Hegel sah Nietzsche nichts anderes als einen hinterlistigen Theologen, der durch seine Philosophie des Absoluten nur eine *»letzte Verzögerung des ehrlichen Atheismus«* bewirkt hat. *Schopenhauer* aber, so meinte Nietzsche, sei »der erste eingeständliche und unbeugsame Atheist, den die Deutschen gehabt haben«. Nietzsche gesteht unumwunden: *»Der Atheismus war das, was mich zu Schopenhauer führte.«* Was in Nietzsche sichtbar wird, ist nicht bloß seine persönliche Auseinandersetzung mit dem Gottesthema. »Der von den Mächten bis ins Innerste geschüttelte Nietzsche ist vor allem als ein bestürzendes Kapitel aus der religiösen Seelengeschichte des modernen Menschen zu verstehen« (Walter Nigg).

Der tolle Mensch

(Aus: »Die FröhlicheWissenschaft«)

»Habt ihr nicht von jenem tollen Menschen gehört, der am hellen Vormittag eine Laterne anzündete, auf den Markt lief und unaufhörlich schrie: ›Ich suche Gott! Ich suche Gott!‹ – Da dort gerade viele von denen zusammenstanden, welche nicht an Gott glauben, so erregte er ein großes Gelächter. Ist er denn verloren gegangen?, sagte der eine. Hat er sich ver-

laufen wie ein Kind?, sagte der andere. Oder hält er sich versteckt? Fürchtet er sich vor uns? Ist er zu Schiff gegangen? Ausgewandert? – So schrien und lachten sie durcheinander. Der tolle Mensch sprang mitten unter sie und durchbohrte sie mit seinen Blicken. ›Wohin ist Gott?‹, rief er, ›ich will es euch sagen! Wir haben ihn getötet – ihr und ich! Wir alle sind seine Mörder! Aber wie haben wir dies gemacht? Wie vermochten wir das Meer auszutrinken? Wer gab uns den Schwamm, um den ganzen Horizont wegzuwischen? Was taten wir, als wir diese Erde von ihrer Sonne losketteten? Wohin bewegt sie sich nun? Wohin bewegen wir uns? Fort von allen Sonnen? Stürzen wir nicht fortwährend? Und rückwärts, seitwärts, vorwärts, nach allen Seiten? Gibt es noch ein Oben und ein Unten? Irren wir nicht wie durch ein unendliches Nichts? Haucht uns nicht der leere Raum an? Ist es nicht kälter geworden? Kommt nicht immerfort die Nacht und mehr Nacht? Müssen nicht Laternen am Vormittage angezündet werden? Hören wir noch nichts von dem Lärm der Totengräber, welche Gott begraben? Riechen wir noch nichts von der göttlichen Verwesung – auch Götter verwesen! Gott ist tot! Gott bleibt tot! Und wir haben ihn getötet! Wie trösten wir uns, die Mörder aller Mörder? Das Heiligste und das Mächtigste, was die Welt bisher besaß, es ist unter unseren Messern verblutet – wer wischt dies Blut von uns ab? Mit welchem Wasser könnten wir uns reinigen?‹ … Hier schwieg der tolle Mensch und sah wieder seine Zuhörer an; auch sie schwiegen und blickten befremdet auf ihn. Endlich warf er seine Laterne auf den Boden, dass sie in Stücke sprang und erlosch. ›Ich komme zu früh‹, sagte er dann, ›ich bin noch nicht an der Zeit. Dies ungeheure Ereignis ist noch unterwegs und wandert – es ist noch nicht bis zu den Ohren der Menschen gedrungen. Blitz und Donner brauchen Zeit, das Licht der Gestirne braucht Zeit, Taten brauchen Zeit, auch nachdem sie getan sind, um gesehen und gehört zu werden. Diese Tat ist ihnen immer noch ferner als die fernsten Gestirne – und doch haben sie dieselbe getan!‹

Man erzählte noch, dass der tolle Mensch desselbigen Tages in verschiedene Kirchen eingedrungen sei und darin sein Requiem aeternam deo angestimmt habe. Hinausgeführt und zur Rede gesetzt, habe er immer dies entgegnet: ›Was sind diese Kirchen noch, wenn sie nicht die Grüfte und Grabmäler Gottes sind?‹

Wer ist dieser tolle Mensch? Martin Heidegger hat geschrieben: *»Der tolle Mensch ist … derjenige, der Gott sucht, indem er nach Gott schreit. Vielleicht hat da ein Denkender wirklich de profundis geschrien?«*

Der europäische Atheismus

(Aus: »Die Fröhliche Wissenschaft«)

»Das größte Ereignis – dass Gott tot ist, dass der Glaube an den christlichen Gott unglaubwürdig geworden ist – beginnt bereits seine ersten Schatten über Europa zu werfen. Für die wenigen wenigstens, deren Augen, deren Argwohn in den Augen fein genug für dieses Schauspiel ist, scheint eben irgendeine Sonne untergegangen, irgendein altes, tiefes Vertrauen in Zweifel umgedreht: Ihnen muss unsere alte Welt täglich abendlicher, misstrauischer, fremder, ›älter‹ erscheinen. In der Hauptsache aber darf man sagen: Das Ereignis selbst ist viel zu groß, zu fern, zu abseits vom Fassungsvermögen vieler, als dass auch nur seine Kunde schon angelangt heißen dürfte; geschweige denn, dass viele bereits wüssten, was eigentlich sich begeben hat – und was alles, nachdem dieser Glaube untergraben ist, nunmehr einfallen muss, weil es auf ihn gebaut, an ihn gelehnt, in ihn hineingewachsen war: zum Beispiel unsere ganze europäische Moral. Diese lange Fülle und Folge von Abbruch, Zerstörung, Untergang, Umsturz, die nun bevorsteht: Wer erriete schon heute genug davon, um den Lehrer und Vorausverkünder dieser ungeheuren Logik von Schrecken abgeben zu müssen, den Propheten einer Verdüsterung und Sonnenfinsternis, deren gleichen es wahrscheinlich noch nicht auf Erden gegeben hat.«

Nietzsche will die tatsächliche Glaubenssituation des modernen Europäers bloßlegen: Gott ist verschwunden. Nietzsche will, dass der europäische Mensch offen seine Zerbrochenheit, seine religiöse Armseligkeit erkennt und seinen »ehrlichen Atheismus« eingesteht.

Aber derselbe Nietzsche weist seine Zeitgenossen auch auf die ungeheuren Konsequenzen hin, die mit dem Ereignis der Gottesfinsternis sich verbinden.

Im Horizont des Unendlichen

(Aus: »Der Fröhliche Weinberg«)

»Wir haben das Land verlassen und sind zu Schiff gegangen! Wir haben die Brücke hinter uns – mehr noch, wir haben das Land hinter uns abgebrochen! Nun, Schifflein! Sieh dich vor! Neben dir liegt der Ozean: Es ist wahr, er brüllt nicht immer, und mitunter liegt er da wie Seide und Gold und Träumerei der Güte. Aber es kommen Stunden, wo du erkennen wirst, dass er unendlich ist und dass es nichts Furchtbareres gibt als Unendlichkeit. O des armen Vogels, der sich frei gefühlt hat und nun an die Wände dieses Käfigs stößt! Wehe, wenn das Landheimweh dich befällt, als ob dort mehr Freiheit gewesen wäre, – und es gibt kein ›Land‹ mehr!«

Nietzsche bohrt noch tiefer und fragt: Kann der Mensch ohne Gott leben?

»Du wirst niemals mehr beten, niemals mehr anbeten, niemals mehr in endlosem Vertrauen ausruhen – du versagst es dir, vor einer letzten Weisheit, letzten Güte, letzten Macht stehenzubleiben und deine Gedanken abzuschirren – du hast keinen fortwährenden Wächter und Freund für deine sieben Einsamkeiten – du lebst ohne den Ausblick auf ein Gebirge, das Schnee auf dem Haupte und Gluten in seinem Herzen trägt –, es gibt für dich keinen Vergelter, keinen Verbesserer letzter Hand mehr, was geschieht, keine Liebe in dem, was dir geschehen wird –, deinem Herzen steht keine Ruhestatt mehr offen, wo es nur zu finden und nicht mehr zu suchen hat –, du wehrst dich gegen irgendeinen letzten Frieden: – Mensch der Entsagung, in alledem willst du entsagen? Wer wird dir die Kraft dazu geben? Noch hat niemand diese Kraft!«

Nietzsches eigene Existenz steht angesichts der Gottesfrage in der Krisis. *»Man muss das Verhängnis aus der Nähe gesehen haben, man muss es an sich erlebt, man muss an ihm fast zugrunde gegangen sein, um hier keinen Spaß mehr zu verstehen.«* Er ist empört über das Scheinchristentum seiner Zeit, das ihn zu den Worten hinreißt: »... *im Grunde gab es nur einen Christen, und der starb am Kreuz.«* Nietzsche ist während seines ganzen Lebens mit Gott nicht »fertig« geworden. Noch in seinen Spätschriften muss er gestehen: »... *der alte Gott lebt wieder, o Zarathustra, du magst reden, was du willst.«* Selten hat ein Mensch erschütternder als Nietzsche aus der Einsamkeit seines Herzens aufgeschrien: *»Da es keinen Gott mehr gibt, ist die Einsamkeit nicht mehr zu ertragen.«* Gott blieb das aufrüttelnde und beunruhigende Thema seines Lebens.

Nietzsche, der Denker zwischen Sehnsucht und Enttäuschung, spricht ein fanatisches Nein gegen Gott aus, um dann doch in der Heimlichkeit des Herzens zu gestehen: »... *o Zarathustra, du bist frömmer als du glaubst mit einem solchen Unglauben.«*

Die Standortbestimmung: Der Nihilismus

Das Wort »Nihilismus«, das F. H. Jacobi (Werke II, 44) 1799 in die Philosophensprache eingeführt hatte, gehört zu den Lieblingsworten Nietzsches. Der Nihilismus, »dieser unheimlichste aller Gäste«, ist für Nietzsche der völlige Bankrott des religiösen, sittlichen und philosophischen Lebens. Nach Nietzsche ist der Nihilismus die notwendig letzte Konsequenz des europäischen Gottesmordes. *»Wahrlich, zum Sterben wurden wir schon zu müde; nun wachen wir noch und leben fort – in Grabkammern!«*

Wer das Schrifttum Nietzsches überblickt, wird erkennen, Nietzsche ist stärker in der Kritik anderer als im Aufbau eines eigenen Systems. Viele Probleme werden nur andiskutiert, nicht gelöst. Eines wird aber immer deutlicher, je größer der zeitliche Abstand von ihm wird: Nietzsches Bedeutung liegt in der geistig-religiösen Standortbestimmung des 19. und auch des 20. Jahrhunderts. Wer sich daher über die geistesgeschichtliche Situation Klarheit verschaffen will, muss Nietzsche begegnen.

Aus: Alfred Läpple, Der Weg des Denkens, Verlag Ludwig Auer, Donauwörth ^{3}1980, S. 254–261

1. Erarbeiten Sie die Grundideen Nietzsches aus den Textauszügen.
2. Erläutern Sie Nietzsches Rede vom »Tod Gottes« und setzen Sie sich damit auseinander.
3. Interpretieren Sie das folgende Gedicht von Wilhelm Weischedel, das die Philosophie Nietzsches zum Gegenstand hat.

Nietzsche
Vom Nihilismus Friedrich Nietzsche kündet,
den er in seiner Zeitepoche findet.
Denn alles das, was man bis jetzt verehrte,
enthüllt sich nunmehr als zerbrochne Werte.
Der Nihilismus zeigt die größte Not
der Menschheit im Gedanken: Gott ist tot.
Der Mensch jedoch hat längst noch nicht erfasst,
was jener schaurig unheimliche Gast
bedeutet; er hat noch Illusionen
vom Glück; er denkt nur in Schablonen.
Doch Nietzsche will sich nicht darein verlieren,
den Nihilismus zu analysieren.
Er will durchleben ihn und überwinden,
das Menschentum an neue Werte binden,
die aus dem Leben kommen und entspringen
und die ans Licht den Übermenschen bringen.
Der Wille ist es, der das Neue schafft.
Der Mensch, die Welt, sind Bündel nur von Kraft,
die alles auflöst und es neu kreiert;
von ihr wird das Geschehen dirigiert.
Doch über allem hängt als Wolke schwer
das Weltgeschick: die ew'ge Wiederkehr.

Aus: Wilhelm Weischedel, Auch eine Philosophiegeschichte, Wissenschaftliche Buchgesellschaft, Darmstadt 1975, S. 38

1.3.3 Religionskritik Nietzsches – Zusammenfassender Kommentar

Schon vor Nietzsche haben andere die Vision des Gottes beschworen, der gestorben ist. Dieses Motiv klingt bereits bei Jean Paul an in seiner »Rede des toten Christus vom Weltgebäude herab«, wenngleich dieser Albtraum am Ende der befreienden Einsicht weichen muss, dass die Seele Gott wieder anbeten kann. Bei Heinrich Heine stoßen wir 1843 in der »Revue des deux Mondes« auf das gleiche Bild vom sterbenden Gott. Erst heute werden wir jedoch der ganzen Bedeutungstiefe dieser prophetischen Worte inne. Nietzsche selbst hatte noch das Gefühl, seiner Zeit voraus zu sein, er empfand sich als einsamer

Rufer in der Wüste. Inzwischen hat dieser Gedanke wie ein Fanal gezündet und einer ganze Epoche sein geistiges Siegel aufgeprägt. Nietzsche bezeichnet den Menschen als Vollstrecker dieses geistesgeschichtlich so bedeutsamen Todesurteils: An die Stelle eines jenseitigen, überweltlichen ewigen Wesens hat sich der Mensch gesetzt, der sich auf dem Wege zum Übermenschen befindet. Nach der Absetzung Gottes scheint der Horizont menschlichen Schöpfertums freigeworden zu sein, der Mensch tritt heraus aus der entwürdigenden Abhängigkeit von einem höheren Wesen und kann hinausfahren auf das offene Meer, das noch nie so offen vor ihm dalag. (Der Horizont und das Meer sind Bildworte, die auf die entschränkte Freiheit des Menschen hinweisen sollen.) Dieser neue Mensch darf sich nicht durch Beten und Mitleiden auszeichnen, sondern durch eine unbegrenzte Schaffenskraft und Härte. Was in der »Fröhlichen Wissenschaft« bereits anklingt, wird im »Zarathustra« wieder aufgegriffen und in vielfältige verschlüsselte Bilder gekleidet. Der demütige, zum Leiden entschlossene gehorsame Glaube wird abgelöst durch den Willen zur Macht, der alle überkommenen Werte umwertet. Steht am Ende dieses Prozesses aber nicht der Nihilismus, worauf Dostojewski und Heidegger hingewiesen haben? Dostojewski hat in seinem dichterischen Werk in den Gestalten des Iwan Karamasoff und Kirilloff ein Abbild des Zarathustra gezeichnet, zugleich hat er aber auch die Konsequenzen aufgezeigt, die sich daraus ergeben, wenn ein Gott sterben muss, damit der Mensch lebe. »Wenn Gott nicht existiert, ist alles erlaubt; wenn Gott nicht existiert, dann ist alles einerlei.« Er schildert die Grausamkeit und Unmenschlichkeit, die sich dann auf der Erde ausbreiten werden, wenn alles in die Hand des Menschen gelegt ist. Er fragt, woher der Mensch dann noch die Kraft zur Liebe nehmen will, wenn Gott ein für allemal gestorben ist.

Bemerkenswert erscheint es, dass der Mensch, so wie ihn Nietzsche sich erträumt, ohne mitmenschliche Bezüge als ein einsames Wesen geschildert wird, so dass man schon von einem »Humanismus ohne den Mitmenschen« gesprochen hat (K. Barth). Drückt sich in dieser Kommunikationslosigkeit nicht eine Folge der Gottlosigkeit aus? »Niemand ist im All so sehr allein als ein Gottesleugner«, sagt Jean Paul.

Nietzsches Wort vom Tode Gottes hat eine unterschiedliche Deutung erfahren bis hin zu einer Abschwächung seines radikalen Ansatzes. Es gibt gegenwärtig eine Reihe von Interpreten, die darin vornehmlich eine Absage an den platonischen Idealismus erblicken und an eine bestimmte metaphysische Vorstellung von Gott als dem höchsten Gut, das der Garant der bestehenden und unverrückbaren Ordnung des Seins und der Werte ist (Heidegger, Biser, Welte u. a.). Soweit Nietzsches Vorwurf sich gegen den Einbruch platonisch dualistischen Denkens in die christliche Gottesvorstellung richtet, wird er in uns einen Verbündeten finden. Zu Recht betont Nietzsche die vitalen Werte im Menschen und bekennt sich zu den schöpferischen Kräften des Menschen, der der Erde treu bleiben soll. Wir können auch seinen leidenschaftlichen Protest verstehen, der sich dagegen richtet, Gott als Alibi zu benutzen für unseren mangelnden irdischen Einsatz und für unser Versagen gegenüber den Aufgaben in der Welt. Werden wir aber mit dieser Auslegung schon der eigentlichen Intention Nietzsches gerecht? Richtet sich nicht die Spitze seines Denkens gegen das Herzstück jeglichen Glaubens und jedweder Theologie? Mit der Proklamation des Todes Gottes ist wohl mehr gemeint als lediglich eine Absage an eine bestimmte geschichtlich überlieferte Gottesvorstellung, die durch eine andere ersetzt werden könnte, die dem Wesen biblischer Überlieferung eher gerecht würde. Bei Nietzsche nimmt der Mensch bewusst die frei gewordene Stelle Gottes ein und beansprucht für sich all die Prädikate, die ehedem Gott zuerkannt wurden.

Aus: Ralph Sauer, Die Herausforderung des Atheismus, J. Pfeiffer, München 1970, S. 61–64

1.4 Die Theodizee-Frage: Auszüge aus dem Buch Hiob und ihre Aufnahme in der theologischen Sicht von dem im Leid solidarischen Gott

Hinweis zur Arbeit:
Auszüge aus dem Buch Hiob und zur Hiobrezeption sind zu finden in:
AKZENTE RELIGION 4: Spuren Gottes – Vom Unbedingten reden, S. 73–85

Dorothea Lange, Heimatlose Mutter, 1936.

1.4.1 Die Theodizee, die Rechtfertigung Gottes angesichts des Leidens durch Gottfried Wilhelm Leibniz

Der Theologe Hans Küng gibt einen Überblick über das, was Leibniz mit seiner Schrift zur Theodizee zu sagen hat.

Gottfried Wilhelm Leibniz hat in seinen »Essais de Théodicée sur la bonté de Dieu, la liberté de l'homme et l'origine du mal« (veröffentlicht 1710) der »Rechtfertigung Gottes« nicht nur den Namen (Theo-dizee) gegeben. Er hat zugleich den klassisch gewordenen Entwurf einer Theodizee geistvoll durchgeführt. Dieser tief in der großen europäischen Tradition wurzelnde Geist konnte dabei auf die Argumente zurückgreifen, die schon die Kirchenväter, stoische und neuplatonische Gedanken benutzend, zur Beantwortung dieser »häufig besprochenen Frage« (Basilius) erarbeitet und die die Scholastiker, insbesondere Thomas von Aquin, ausgebaut hatten. Immer war von den christlichen Denkern daran festgehalten worden: dass einerseits Welt und Mensch das gute Werk des vollkommen guten Gottes sind, der auf keinen Fall als Urheber des Bösen angesehen werden kann; dass andererseits der Ursprung des Bösen nicht in ein böses, widergöttliches Urprinzip verlegt werden darf; dass vielmehr das Böse seinen Ursprung in der menschlichen Sünde, in dem gegen Gottes Willen frei das Böse wählenden Willen des gut geschaffenen Menschen habe; dass es also keine eigene Substanz besitze, sondern nur der Mangel an Gutem sei, welcher nicht eine im eigentlichen Sinn effiziente, sondern nur eine defiziente Ursache voraussetze. Mit anderen Worten: Gott will das Böse nicht; er *ist* der unendlich Gute, Gerechte und Heilige! Gott will aber das Böse auch nicht nicht; sonst gäbe es in der Tat keine Schlechtigkeit in dieser Welt! Sondern Gott lässt das Böse zu: nec vult, nec non vult, sed permittit! Warum? Als Mittel zur Erziehung und zur Strafe, wie schon Origenes gegen Celsus ausführte. Als Moment im Plan der göttlichen Weltordnung, die in jedem Fall eine Abstufung und Beschränkung der Vollkommenheit verlangt und deren voller Sinn erst in der Zukunft offenbar werden wird. »Die Herrlichkeit der Weltordnung strahlt noch glänzender hervor, wenn auch das Böse in ihr sich vorfindet und dem Guten dienen muss« (Augustinus).

Diese Theodizee, diese Rechtfertigung Gottes gegenüber der Anklage wegen des Leides und Übels der Welt hat Leibniz umfassend und glanzvoll zu einer Kosmodizee, zu einer Rechtfertigung der Welt ausgestaltet. Dieser geniale Philosoph und Theologe, Philologe, Historiker, Jurist, Politiker, Mathematiker, Physiker, Erfinder und Organisator war wahrhaftig nicht der Vertreter jenes seichten, oberflächlichen Optimismus und Eudaimonismus, den die Popularphilosophie der Aufklärung aus seiner Theodizee herausgelesen hat. Er war Realist genug, um das Leid und Übel in der Welt nicht zu übersehen. Die Welt war für ihn keine absolut vollkommene oder absolut gute. Aber Leibniz war getragen von einem unbesiegbaren Vertrauen in den guten Gott. Das hat ihn dazu geführt, nicht nur Gott als den absolut Vollkommenen und Guten, sondern zugleich die Welt als die beste aller möglichen Welten, die Gott hat schaffen können, zu rechtfertigen …

Selbstverständlich hat Leibniz den Einwand vorausgesehen, dass Gott vielleicht doch auch eine Welt ohne Sünde und ohne Leid hätte schaffen können. »Aber was ich bestreite, ist, dass sie dann *besser* wäre! Wissen muss man, dass in jeder möglichen Welt alles miteinander *in Verbindung* steht: Jedes *Universum* ist gleich dem Ozean, ein zusammenhängendes Ganzes; die geringste Bewegung breitet sich in beliebiger Entfernung aus, wenn sie auch schwächer und schwächer wird entsprechend dieser Entfernung. So hat Gott ein für allemal alles im Voraus geregelt, da er die Gebete, die guten und schlechten Handlungen und alles andere voraussah; und jedes Ding hat vor seiner Existenz *idealiter* zu dem Entschluss beigetragen, der über das Dasein aller Dinge gefasst wurde. Darum kann in der Welt nichts ohne Schaden an seiner Wesensart, oder (wie bei einer Zahl), wenn man will, an seiner *numerischen Individualität* verändert werden. Wenn somit das geringste Übel, das in der Welt eintrifft, fehlte, es wäre nicht mehr diese Welt, die, alles in allem, von dem sie auswählenden Schöpfer als die beste befunden worden ist.«

In eingehenden Analysen, auf die hier nicht des Näheren einzugehen ist, setzt sich Leibniz mit den verschiedenen Arten des Übels auseinander:

1. Das *metaphysische* Übel oder die Endlichkeit und Beschränktheit jeglichen Geschöpfes: Solches Übel ist notwendig gegeben mit der Existenz der Welt, die in jedem Fall immer nur aus endlichen, d. h. beschränkten und unvollkommenen Wesen bestehen kann. Sollen nun diese endlichen Wesen in harmonischer Ordnung sämtliche Stufen des Seins ausfüllen, müssen die Unvollkommenheiten in der Welt verschieden auf die verschiedenen Wesen verteilt sein. Niemand hat sich zu beklagen über die Stufe, die gerade er in der Harmonie des Ganzen einnimmt.

2. Das *physische* Übel oder der Schmerz: Solches Übel ist notwendig gegeben mit der Existenz der Materie, der Leiblichkeit und ihren – notwendig nicht nur lustbetonten, sondern auch schmerzvollen – Empfindungen. Der Platz, den der Einzelne im großen Ganzen einnimmt, bestimmt ihm auch das zu ertragende Maß der Übel. Schmerzen – ihre Zahl ist kleiner als die im Alltag als selbstverständlich meist übersehenen Annehmlichkeiten und Freuden – sind heilsam als Strafe oder als Erziehungsmittel. Erträglich sind sie, wenn sie angenommen werden mit Vernunft, mit Geduld und im Vertrauen darauf, dass auch sie den Menschen zum Besten gereichen.

3. Das *moralische* Übel oder das Böse: Es ist notwendig gegeben mit der Selbstbestimmung, Freiheit und somit Moralität geschaffener Geister. Auch das Böse – ein Mangel, nicht etwas Positives – beruht auf der nun einmal unvermeidlichen Unvollkommenheit endlicher Geschöpfe. Insofern aber ohne das Böse auch das Gute nicht wäre, ja, insofern durch das Böse oft das Gute vermehrt wird, ist selbst das Böse um der Harmonie des Ganzen willen von Gott zwar nicht gewollt, wohl aber zugelassen.

Von dieser Grundposition her versucht Leibniz geduldig, auf alle die einzelnen Schwierigkeiten, die sich von der Existenz des Übels gegen Gottes Weltherrschaft ergeben, Antwort zu geben. In unerschütterlichem Vertrauen auf Gottes Güte und den guten Sinn aller Wirklichkeit ist er davon überzeugt, dass trotz allem bösen Anschein Gott alles »sehr gut«, optime, allerbestens geschaffen, geplant und eingerichtet hat. Selbst Missgeburten, das Leid und das Böse tragen einen guten Sinn in sich. Selbst aus dem Bösen wird durch Gottes gutes Walten das Bessere, das Vollkommenere. Durch alle Beschränktheit, allen Schmerz und alles Böse hindurch obsiegt Gottes unbegreifliche Weisheit, Macht und Güte. […] Aber schon David Hume und Voltaire haben sich von der Theodizee Leibnizens nicht belehren lassen, und achtzig Jahre später – das Ende der Aufklärung war hereingebrochen – erscheint des späten Immanuel Kant Werk zur Theodizee mit dem aufschlussreichen kühlen Titel »Über das Misslingen aller philosophischen Versuche in der Theodizee« (1791). Und in der Tat, die Frage lässt sich hier nicht unterdrücken: Gegen die scharfe Logik und das umfassende System der Leibnizschen Theodizee wird man zwar nicht so leicht ankommen, aber treffen denn alle diese Argumente existenziell? Vermögen sie den unter dem Leid fast erdrückten leidenden Menschen wahrhaft zu überzeugen? Etwa wenn ihm durch Krankheit, Tod oder durch Untreue ein geliebter Mensch für immer genommen wird? Nehmen sie nicht nur seinen Verstand, sondern auch sein Herz gefangen? Kann diese Theodizee den im Leid verzweifelten Menschen Trost und Kraft zum Ertragen geben?

Aus: Hans Küng, Gott und das Leid, Benziger Verlag, Zürich – Einsiedeln – Köln, 3. Auflage 1969, S. 10–18, © beim Autor

1. Geben Sie den Gedankengang des Textes wieder.
2. Erläutern Sie, was das Buch Hiob mit der Theodizee-Frage von Leibniz zu tun hat.
3. Beurteilen Sie, ob die Überlegungen von Leibniz Ihrer Auffassung nach überzeugend sind.

1.4.2 Leiden – Die Theologin Dorothee Sölle über das Mitleid Gottes

Dorothee Sölle war eine Vertreterin politischer Theologie. Sie hat gesellschaftskritische und zugleich spirituelle Bücher verfasst.
Zu Beginn ihres Textbeitrages über Hiob aus ihrem Buch »Leiden« greift sie auf die Rede von Gott aus dem Buch Exodus zurück, um sodann die Erfahrungen Hiobs mit Gott davon abzugrenzen. Dieser setzt sich mit dem Bild Gottes als Tyrannen, der ihn prüfen will, auseinander.

1.4.2.1 Hiob ist stärker als Gott

Hiob nimmt Gott bei seinen eigenen Worten, die den Menschen als Herren über die Schöpfung, als Krone der Schöpfung darstellten, und konfrontiert sie mit der Realität. In Wahrheit ist er ein wehrloses Objekt des Prüfenden, eine »Zielscheibe« (7,20) für die »Pfeile« voller Gift (6,4). Der tyrannische Charakter Gottes erscheint in einer Reihe von Bildern: Gott jagt den Menschen wie der Löwe das Wild (9,16), er erlegt ihm Frondienst (10,17) auf wie einst Pharao in Ägypten, er ist der Treiber der Gefangenen und der Herr über Knechte (3,18 f.), sein Handeln wird benannt mit Ausdrücken wie: unterdrücken (10,3), verwerfen (10,3), vernichten (10,8), niederreißen (16,13), einkerkern, irreführen, zu Toren machen (12,14 ff.); er ist es, der den Mennschen »überwältigt« und »sein Antlitz« entstellt (14,20).
Eine Prüfung dieser Art kann nur aus der Willkür eines Tyrannen kommen; die Sinnlosigkeit der Prüfung steht von vornherein fest, der allwissende Gott weiß auch, dass Hiob schuldlos ist (10,6 f.), und brauchte dem nicht nachzuforschen.
Hiob lässt sich nicht ein auf das tyrannische Modell der Prüfung, in dem der Machtlose die Bedingungen vom Mächtigen zudiktiert bekommt. Er besteht gegen das Spiel, das Gott mit ihm treibt, auf Recht und verlangt Gerechtigkeit. Der Gott des Exodus redete mit Mose »wie ein Mann mit seinem Freund« (2. Mose 33,11). Hiob besteht auf dem gleichen Recht, aber es wird ihm verweigert.
Die zweite mögliche Rolle wird Gott von den Freunden Hiobs zugedacht, und sie versuchen, diesen Gott Hiob selber glaubhaft zu machen. Es ist die des Strafenden, der die Verfehlungen der Menschen unnachsichtlich rächt. Die Freunde denken, ähnlich wie Calvin, das Leiden müsse auf Verfehlung zurückgeführt werden. »Besinne dich doch: Wer verdarb je unschuldig, wo wurden Gerechte vernichtet?«, und geradezu unerträglich naiv weiter: »Soviel ich gesehen: Die Unrecht pflügen und Unheil säen, die ernten es auch« (Hiob 4,7 f.).
Dass Gott den Frommen nicht verwirft (8,20), steht für sie fest, es ist mit Gottes Gerechtigkeit gegeben. Folglich muss das Leiden auf Unrecht des Menschen zurückzuführen sein, und wo dieses nicht sichtbar ist, da muss man es suchen – in sich selber, durch Selbsterforschung oder mit Hilfe anderer. Aber Hiob lässt sich eben seine Unschuld nicht ausreden, er besteht darauf, einen Rechtsstreit mit Gott zu führen, in dem seine Unschuld klargestellt würde. Zugleich weiß er, wie sinnlos diese Annahme ist, dass Gott sich dem gerechten Gericht unterordnen würde: »Ich soll ja nun einmal schuldig sein, warum denn mühe ich mich umsonst?« Und in einem der Bilder, die das ganze Ausmaß des Unglücks,

das sich zurückwendet gegen das eigene Ich und den Menschen sich selber zum Ekel macht: »Wenn ich mich schon wasche mit Schnee und mit Lauge reinige meine Hände, dann würdest du mich in Unrat tauchen, dass meine Kleider vor mir einen Abscheu hätten« (9,29 ff.). Gott ist nach Hiobs Einsicht der, der Schuldlose wie Schuldige vernichtet (9,22); das Wissen davon, im Recht zu sein (13,18), besagt demgegenüber nichts. Das Wesen Gottes ist »Gewalt« und nicht »Recht«, er beugt das Recht und herrscht mit bloßer Gewalt (19,6 f.).

Eigentlich müsste nach der Eindeutigkeit dieser Absage das Dogma vom Strafcharakter des Leidens für immer verstummt sein. Es ist fast unbegreiflich, dass es sich durch die Jahrtausende im Rahmen derselben Kultur, die die Hiobdichtung hervorgebracht hat, erhalten und immer wieder erneuert hat. Die Freunde Hiobs sterben nicht aus.

Die einfachste Erklärung dafür scheint mir das von Simone Weil beobachtete Phänomen zu geben, dass die Menschen sich von Natur aus dem Unglück gegenüber so verhalten wie die Hühner, die sich mit Schnabelhieben auf ein verwundetes Huhn stürzen. Jedermann »verachtet die Unglücklichen mehr oder weniger, obgleich fast niemand sich dessen bewusst ist«.

Die Idee des Strafleidens ist nur die theologische Hypostase dieser Verachtung. In ihrer bei Hiobs Freunden auftauchenden Gestalt hat sie alle Wahrheit verloren, nämlich die aus der prophetischen Tradition stammende Funktion der Strafdrohung, die aber nicht orakelhaft sicher eintritt, sondern abhängig bleibt von dem Verhalten der Bedrohten. Zurück bleibt das stupid wiederholte: Leiden ist Strafe für Schuld. Elihu versteigt sich sogar bis zum offen sadistischen Wunsch: »Ach, würde doch Hiob fort und fort geprüft, weil er entgegnet nach Art der Frevler« (34,36). So sind die »Freunde« in der Tat eher Freunde des Leidmachers als Freunde des Opfers. Das entspricht den Instinkten: der Abwehr, der Abgrenzung, der Angst vor Ansteckung, vor Befleckung – Gesetze unseres Empfindungsvermögens übrigens, denen der Unglück-Leidende ebenso unterliegt wie die Betrachter. »Diese Verachtung, dieser Abscheu, dieser Hass kehren sich bei dem Unglücklichen gegen ihn selber, dringen in das Innerste der Seele ein…« Daher beteuert Hiob seine Unschuld mit solchen Schreien der Verzweiflung, »weil es ihm selbst nicht mehr gelingt, daran zu glauben, weil er in seiner Seele die Partei der Freunde ergreift«. Das Bewusstsein der Unschuld wird im Leiden »zu einer abstrakten, einer toten Erinnerung«. In den Berichten derer, die über lange Zeit verhört und gefoltert wurden, gibt es ähnliche Erfahrungen der Selbstzerstörung, des Selbsthasses und Ekels. Das Unglück besudelt alles, was der Mensch ist, Gott würde Hiob aufs Neue »in Unrat tauchen« (9,31). Entsprechend ist »das Mitleid mit dem Unglücklichen eine Unmöglichkeit. Wenn es sich wahrhaft ereignet, ist es ein Wunder, staunenswürdiger als das Wandeln auf dem Wasser, die Heilung der Kranken und sogar die Auferweckung eines Toten.« Man muss die Erfahrungen, die Simone Weil als Fabrikarbeiterin in den dreißiger Jahren gemacht hat, dazunehmen; sie hat die »Condition ouvrière« als die Lage Hiobs verstanden.

Hiob kann nicht mehr darauf hoffen, Gott in einen Rechtsstreit zu bringen, er hat, wie in politischen Säuberungsprozessen des 20. Jahrhunderts, die »Klageschrift«, die sein Widersacher schrieb (31,35), nicht in Händen. Gott hat ihm sein »Recht genommen« (27,2). Er klagt nicht nur für sich persönlich, sondern er stellt die alte Frage, warum es den Gottlosen so gut geht (21,7), verschärft und neu als Theodizee-Frage, warum der Allmächtige das Unrecht duldet (24,12). Warum er das Leiden der Unterdrückten und Ausgebeuteten mitansieht, ohne einzugreifen.

Diese Frage ist in der »Brautzeit Israels« nicht gestellt worden, der Gott des Exodus war selber die Antwort auf die Erfahrung der Unterdrückung. Ist sie aber einmal radikal gestellt, so lässt sich im Rahmen des Gottesverständnisses, in dem Gerechtigkeit und All-

macht zusammengedacht sind, keine Antwort geben. Hiob ist stärker als Gott: Hiobs Denken muss zum Atheismus führen, aus moralischen Gründen.
Aber neben der Rolle des gerecht Strafenden wird Gott noch eine dritte Rolle im Buch Hiob zugewiesen. Schon die Freunde vermischen ja das Strafargument, das immerhin Einsicht in die begangene Schuld voraussetzt, mit dem der bloßen Unterwerfung. Angesichts der absoluten Reinheit Gottes kann ein Mensch nicht »rein« sein (4,17). Gott traut nicht einmal seinen Engeln und Dienern (4,18; 15,15), »rein« sind nicht einmal Sonne und Mond (25,5) – wie dann der Mensch, der nun konsequent »Made« und »Wurm« genannt wird! Die Aufforderung zur Unterwerfung steht also in einem nicht gerade von der »frohen« Botschaft erleuchteten Zusammenhang des anthropologischen Pessimismus. So redet der mild-klerikale Eliphas Hiob väterlich zu: »Befreunde dich doch mit ihm und halte Frieden! (Mit dem, den Hiob zuvor einen Mörder, der Schuldlose wie Schuldige umbringt, genannt hat! 9,22) Nimm doch Belehrung an … Wenn du dich zum Allmächtigen bekehrst in Demut, das Unrecht fernhältst deinem Zelte … ja, dann wirst du dich am Allmächtigen erfreuen« (22,21 ff.). Empfohlen wird Hiob: die Augen niederzuschlagen, zu bitten; und in den Elihureden ganz unverhüllt: zu »gehorchen und sich zu unterwerfen« (36,11). Wohl ist in den Reden der Freunde die brutale Macht immer noch bemäntelt durch die vorausgesetzte und betonte Gerechtigkeit Gottes. In den Antworten aber, die Gott selber schließlich dem Hiob gibt, spielt sie substanziell keine Rolle mehr. Es sind Antworten auf einer völlig anderen Ebene, nämlich der der Natur. »Wo warst du, als ich die Erde gründete?« (38,4), fragt Gott den Hiob und bietet ihm dann in siebzig weiteren Fragen aus dem Bereich der Wunder der Natur eine erhabene Demonstration der Macht des Schöpfers und der totalen Unwichtigkeit des Menschen. Neben den Beispielen der Kosmogonie erscheinen krude und sinnlose aus der Tierwelt – und selbst wenn die Hym-

nen auf Behemoth, das Nilpferd, und den Leviathan, den Meerdrachen, spätere Einschübe sind, so passen sie doch gut ins Bild dieses Gottes, der zwar den Ozean, als er aus seiner Mutter Schoß hervorkam, in Windeln wickelte (38,8 f.), der Tau und Blitze sendet und die Bande des Siebengestirns knüpft (38,31), der aber auf das menschliche Leiden keine Antwort weiß als die der Unterwerfung. Was ist der Mensch, gemessen an Ozeanen und Sternwelten, an den erhabenen Erscheinungen der Meteorologie, an der Dauer der Natur! Ein Nichts, ein Sandkorn, ein Wesen, das einfach wegen seiner Unbedeutung, seiner kosmischen Nebensächlichkeit kein Recht hat.

Dieser Gott ist ein Naturdämon, der mit dem Gott des Exodus und dem der Propheten nichts zu tun hat. Den Propheten haben nicht die Untiefen der Meere, sondern das Recht, das wie Wasser fließt, einst Gott offenbart. Selbst der Gott der Schöpfungsgeschichten mit ihrer eindeutigen Theologie auf den Menschen hin, auf das menschliche Reich hin hat hier nichts zu suchen. Dass Hiob sich am Schluss des Buches diesem jenseits von Gut und Böse angesiedelten Machtwesen unterwirft, ist unglaubhaft, weil es unerträglich ist. Ernst Bloch versucht, die Gewitterszene, die mit Hiobs Konformismus endet, zu verstehen als »Deckung der Häresien, auf deren Bekundung es vor allem ankam«.

Dann erhebt sich aber die Frage nach einer anderen, einer vierten Deutung Gottes, die den »Aufruhr« Hiobs, seine Rebellion (23,2), ernst nimmt und ein anderes Verständnis Gottes aus ihr entwickelt. Diese Deutung knüpft an eine im Text verderbte und umstrittene Stelle an, als Hiob von dem »goel« als Zeugen seiner Unschuld und Schuldbefreier spricht (19,25). Das Wort goel, in der Tradition meist mit redemptor, Erlöser, übersetzt, hat die Bedeutung »Anwalt« oder, archaischer, die von »Bluträcher«. Hiob appelliert gegen den Mördergott, der das Recht bricht, an einen andern Gott. »O Erde, decke mein Blut nicht zu, mein Schreien finde keine Ruhstatt! Schon jetzt, siehe, lebt im Himmel mir ein Zeuge, mir ein Mitwisser in der Höhe« (16,18 f.). Diese Stelle wird noch überboten durch die vom Bluträcher, der am Leben ist, vom Zeugen der Unschuld und dem Schuldbefreier, den Hiob mit eigenen Augen sehen wird (19,25 ff.). Dieser Helfer, dieser wahre Freund sprengt alle im Buch Hiob angebotenen Gottesrollen: Er ist weder der willkürliche Prüfer noch der seine absolute Reinheit durch Besudeln wahrmachende Rächer, noch der Herr der Sterne, Meere und Wolken, das »vorgezeigte bloße Tremendum der Natur«. Blochs Deutung folgend, muss man hier den »Auszug des Menschen aus Jahwe« – als Gegenteil aller Theodizee – konstatieren. Hiob vertraut auf den Gott, der aus den ägyptischen Leiden herausführte: Der Gott, den er erfährt, ist nur ein anderer Pharao. »Doch Hiob ist gerade fromm, indem er nicht glaubt«, was im Zusammenhang nur heißen kann: sich nicht unterwirft, sondern weiter auf einen anderen wartet.

Dann aber ist der Ruf Hiobs nach dem Anwalt, dem Erlöser, dem Bluträcher und Blutstiller nur zu verstehen als der unbeantwortete Schrei der vorchristlichen Welt, die ihre Antwort findet in Christus. Hiob ist stärker als der alte Gott. Nicht der Leidmacher, nur der Leidende kann Hiob antworten. Nicht der Jäger, sondern das Wild.

Aus: Dorothee Sölle, Leiden, © Kreuz-Verlag, Stuttgart 1973/2003, S. 129–135

1. Arbeiten Sie die Struktur des vorliegenden Kapitels aus dem Buch »Leiden« von Dorothee Sölle heraus.
2. Weisen Sie nach, welche Rolle bei Sölle der Bezug zur Exoduserzählung spielt.
3. Erklären Sie, wie Sölle die Hiobgestalt in der Auseinandersetzung mit dem Leiden betrachtet.
4. »Hiob ist stärker als der alte Gott.« Interpretieren Sie diese Sentenz von Dorothee Sölle und beurteilen Sie, ob darin ein antijüdisches Klischee zum Ausdruck kommt.

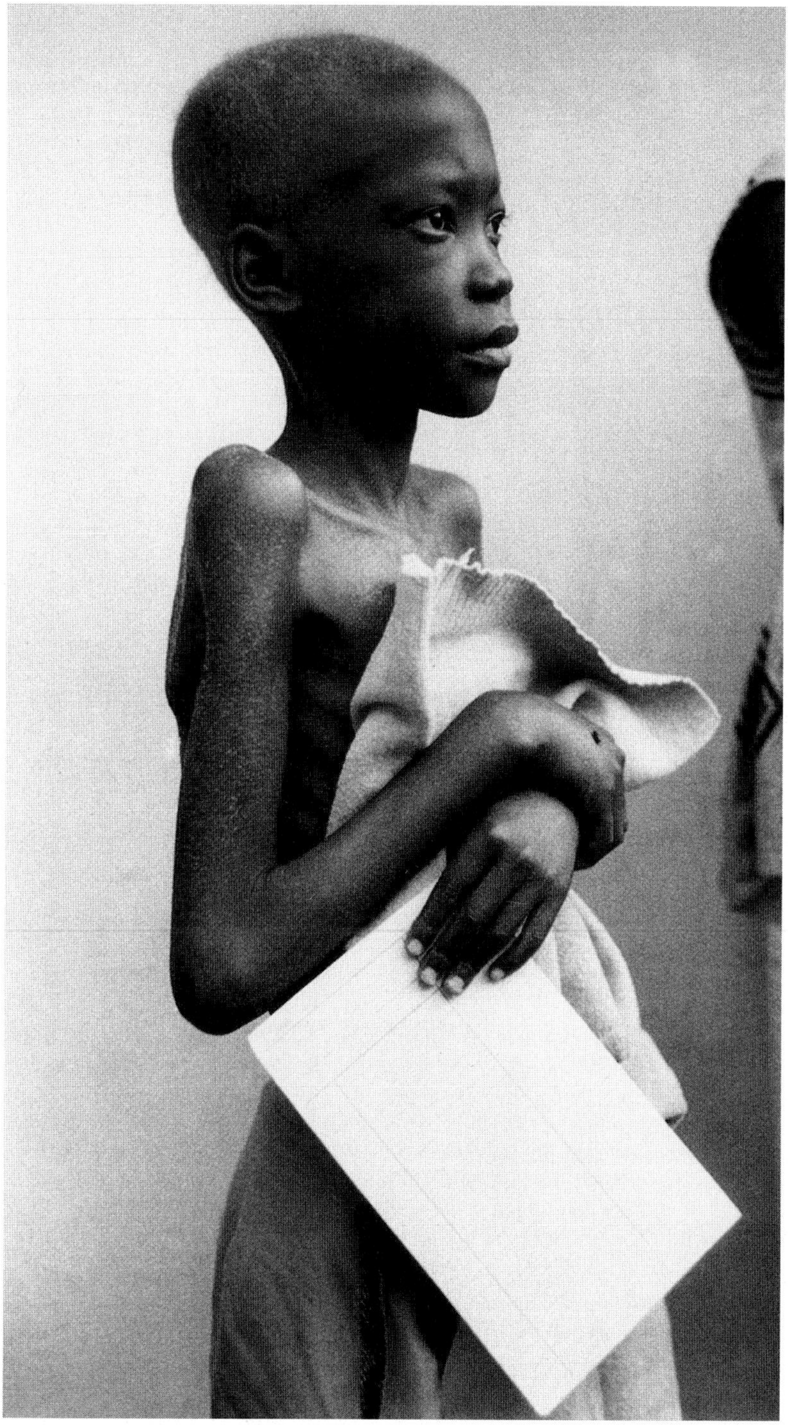

Marc Riboud, Hunger im Kongo, 1961.

1.4.2.2 Das Kreuz

Nach Ausführungen über Hiob denkt Dorothee Sölle im weiteren Verlauf ihres Buches »Leiden« über die Hoffnungsstruktur des christlichen Glaubens angesichts von sinnlosem Leiden nach. Ihre Überlegungen eröffnen eine weiterführende Sichtweise.

Wie kann Hoffnung angesichts des sinnlosen Leidens ausgesprochen werden?

Ich gehe von einer Geschichte aus, die E. Wiesel, ein Überlebender von Auschwitz, in seinem Buch »Night« berichtet.

»Die SS erhängte zwei jüdische Männer und einen Jungen vor der versammelten Lagermannschaft. Die Männer starben rasch, der Todeskampf des Jungen dauerte eine halbe Stunde. ›Wo ist Gott? Wo ist er?‹, fragte einer hinter mir. Als nach langer Zeit der Junge sich immer noch am Strick quälte, hörte ich den Mann wieder rufen: ›Wo ist Gott jetzt?‹ Und ich hörte eine Stimme in mir antworten: ›Wo ist er? Hier ist er … Er hängt dort am Galgen …‹«

Es ist schwer, über diese Erfahrung zu sprechen. Der Weg, der von der Frage zur Antwort führt, ist ja nicht, indem man ihn theologisch reflektiert, auch schon gegangen. Die Reflexion steht in der Gefahr, diesen Weg selber zu verfehlen, weil sie, an andere Situationen gebunden, die Frage nicht ermessen kann.

Innerhalb des jüdischen religiösen Denkens lässt sich die Antwort, die hier gegeben wird, auf die Schekhinah, die »einwohnende Gegenwart Gottes in der Welt«, deuten. Nach kabbalistischer Lehre lässt Gott die leidende und erlösungsbedürftige Welt nach dem Fall nicht allein, seine Herrlichkeit »steigt selber zur Welt nieder, geht ein in sie, ins ›Exil‹, wohnt ihr ein, wohnt bei den trüben, den leidenden Geschöpfen, inmitten ihrer Makel«. In seiner entäußerten, erniedrigten Gestalt teilt Gott das Leiden seines Volkes im Exil, im Gefängnis, im Martyrium. Wandernd, irrend, verstreut weilt seine Einwohnung bei den Dingen und wartet auf die Erlösung Gottes durch die Kreatur. Gott leidet, wo Menschen leiden, Gott muss erlöst werden vom Schmerz. »Nicht zum Schein ist Gott in seiner Welteinwohnung ins Exil gegangen; nicht zum Schein erleidet er in seiner Einwohnung das Schicksal seiner Welt mit.« So kann man sagen, dass Gott in seiner Gestalt der Schekhinah in Auschwitz am Galgen hängt und darauf wartet, »dass von der Welt aus die anfangende Bewegung auf die Erlösung zu geschehe«. Nicht von außen oder von oben kommt die Erlösung den Menschen zu. Gott will den Menschen brauchen, um an der Vollendung seiner Schöpfung zu arbeiten. Eben darum muss Gott auch mit ihm leiden.

Innerhalb der christlichen Tradition gedeutet, ist es Christus, der hier leidet und stirbt. Man muss sich dann allerdings der Frage stellen, was eine solche Deutung bewirkt, die Christus in Beziehung setzt zu den in Auschwitz Vergasten und den in Vietnam mit Napalm Verbrannten. Wo immer sie Unvergleichbares vergleicht – wie den römischen Justizmord an einem religiösen Führer des 1. Jahrhunderts und den faschistischen Genocid im 20. –, da begeht sie auf eine sublime Weise Entschärfung, ja Rechtfertigung. Der Gesichtspunkt des Vergleichs ist nicht die Zahl der Opfer und die Art der Tötung: Eine fünfzigjährige Akkordarbeiterin hängt nicht weniger am Kreuz als Jesus, nur länger. Das Einzige, was in Beziehung gesetzt werden kann, ist das Verhältnis des Menschen zum ihm angetanen Leiden, sein Lernen, seine Veränderung. Das Recht einer christlichen Deutung kann sich nur so herausstellen, dass sie das, was die Geschichte aus Auschwitz enthält, unterstützt und es klarer macht.

In Jesu Passionsgeschichte wird eine entscheidende Wendung vollzogen: die Wendung von der Bitte, verschont zu bleiben, zu dem verzweifelt klaren Bewusstsein, es nicht zu werden. Der Weg von Gethsemane nach Golgatha ist der Abschied von der (narzisstischen) Hoffnung. Es ist dieselbe Wendung, die in der Geschichte aus Auschwitz geschieht: Der Blick wird von dem allmächtigen Vater fortgelenkt, auf den Leidenden selber hin.

Aber nicht so, dass dieser Leidende nun alles allein auszuhalten hat. Die Substanz der Passionsgeschichte Jesu ist die Aussage, dass dieser, den Gott verlassen hat, selber Gott wird. Jesus stirbt nicht als ein Kind, das weiter auf den Vater wartet. Das Eli eli ... ist ein Schrei des Erwachsenwerdens, der Schmerz dieses Schreis der einer Geburt. Wenn die Religion, die man soziologisch als das Bündel von Absicherungsmechanismen gegen Enttäuschung fassen kann, das Festhalten an dem Vater verinnerlicht, dann erfüllt »der Glaube etwas von jener Aufgabe, die Freud jedem zuschreibt, der es unternimmt, auf den Vater zu verzichten«.

Die Aufgabe, auf den Vater zu verzichten, wird auch in der überlieferten Geschichte aus Auschwitz geleistet, allerdings in einer anderen Art als in der mythischen Geschichte von Tod und Auferstehung Christi. Die mythische Geschichte erscheint hier zerstückelt, in einzelne Stimmen zerlegt. Was Jesus als einer erfährt, wird hier auf drei Menschen verteilt. Der Mann hinter dem Erzähler schreit, wie Jesus schrie; der Junge stirbt, wie Jesus starb; und der Erzähler hört eine Stimme, die ihm sagt, wo Gott ist, oder richtiger, wer Gott ist: eben der Gehängte. Aber während Jesus in einer Person die Frage, das Opfer und die Antwort ist, zerfällt in dieser Geschichte alle Kommunikation: Der Frager bekommt die Antwort nicht, den Sterbenden erreicht die Botschaft nicht, und – was schwer erträglich ist – der Erzähler bleibt mit seiner Stimme allein.

Der entscheidende Satz, dass Gott »dort am Galgen« hängt, hat zwei Bedeutungen. Erstens ist es eine Aussage über Gott. Gott ist kein Henker – und kein allmächtiger Zuschauer (was auf dasselbe hinausliefe). Gott ist nicht der mächtige Tyrann. Zwischen den Leidenden und den Leidmachern, zwischen Opfern und Henkern ist »Gott«, was immer Menschen mit diesem Wort denken, auf der Seite der Leidenden. Gott ist auf der Seite der Opfer, er wird gehängt.

Zweitens ist es eine Aussage über den Jungen. Wenn es nicht zugleich eine Aussage über den Jungen ist, dann bleibt die Geschichte unwahr, und man kann auch auf die erste Aussage verzichten. Aber wie lässt sich die Aussage über den Jungen ohne Zynismus machen? »Er ist bei Gott, er ist auferstanden, er ist im Himmel.« Solche traditionellen Sätze sind fast immer klerikale Zynismen mit hohem Apathiegehalt. Manchmal stammelt einer solche Sätze auch der Wahrheit nach, wie ein Kind etwas Unverständliches nachplappert, im Vertrauen auf den Vorsager und die ihm noch untrügliche Sprache. Das ist immer noch möglich, nur zerstört es auf die Dauer die, die es tun, weil Glaubenlernen auch Sprechenlernen bedeutet und es theologisch notwendig ist, das Gehäuse unserer vorgegebenen Sprache zu transzendieren. Welche Sprache ist überhaupt möglich, um das von der klassischen Theologie behauptete Leben für alle nicht nur festzuhalten, sondern erst in Befreiungssprache zu übersetzen? Wir müssten lernen, in dem Satz »Hier ist Er, er hängt dort am Galgen« das Bekenntnis des römischen Hauptmanns zu hören: »Wahrlich dieser ist Gottes Sohn gewesen.« Alle, jeder einzelne von den sechs Millionen ist Gottes geliebter Sohn gewesen. Anders als so hat sich auch damals Auferstehung nicht vollzogen. Gott ist nicht im Himmel, er hängt am Kreuz. Die Liebe ist nicht überirdische, eingreifende, sich behauptende Macht – und das Kreuz zu meditieren kann heißen, von diesem Traum Abschied zu nehmen.

Gerade die, die die Stärke der Schwachen im Leiden erfahren, die das Leiden einbeziehen in ihr Leben, denen das höchste Ziel nicht mehr ist, leidfrei durchzukommen, gerade sie sind da für die andern, die ungefragt im sinnlosen Leben gekreuzigt werden. Eine andere Rettung, wie die Sprache der Metaphysik sie versprechen konnte, ist nicht mehr möglich; der Gott, der leiden macht, ist auch durch spätere Aufhebung des Leidens nicht zu rechtfertigen. Kein Himmel kann so etwas wie Auschwitz wiedergutmachen. Wohl aber hat der Gott, der nicht ein höherer Pharao ist, sich gerechtfertigt: im Mitleiden, im Mitsterben am Kreuz. Gott hat keine anderen Hände als die unseren. Auch »die Zukunft«, die heute oft das mythische Wort »Himmel« übersetzen soll, kann daran nichts ändern, dass der Junge in Auschwitz so sterben musste [...]

Die Bedeutung, die der Satz, dass es Gott ist, der dort am Galgen hängt, für den Jungen hat, geht nicht über die Bedeutung, die er für uns hat, hinaus. Gott hat keine anderen Hände als die unseren, die für andere Kinder handeln können.

Man kann einwenden, dass in diesem Gedanken auch noch die Toten für die Lebenden »verwertet« werden. Sie sollen uns helfen, sie sollen uns ändern. Das trifft wohl zu – aber ist ein anderes Verhältnis zu den Toten denkbar? Hat nicht alles Andenken, alles Beten für sie, alles Essen zu ihrem Gedächtnis diesen Charakter, dass wir die Toten »brauchen« im doppelten Sinn von: ihrer bedürfen und von ihnen Gebrauch machen? Sie sind uns entrückt und diesem Gebrauch gegenüber wehrlos; aber es gibt keine andere Möglichkeit für uns, sie zu lieben, als dass wir sie in die Arbeit unseres Lebens einbeziehen. Es gibt keine andere Möglichkeit – und vielleicht bezeichnet das eine im Leben nicht aufhebbare Schuld, die wir ihnen gegenüber haben –, als von ihnen zu zehren. Wir können sie durch unser Verhalten nachträglich zu »des Teufels Märtyrern« machen, die den ewigen Kreislauf des Unrechts unter der Sonne bestätigen und uns zum Verstummen bringen; wir können sie auch zum Lobe Gottes gebrauchen.

In diesem Sinne sind die, die umsonst und ohne Furcht leiden, angewiesen auf die andern, die in der Übereinstimmung mit der Gerechtigkeit leiden. Gäbe es niemanden, der »ich sterbe, aber ich werde leben« sagte, niemanden, der »Ich und der Vater sind eins« sagte, so wäre auch für die stumm und hoffnungslos Leidenden keine Hoffnung. Alles Leiden wäre dann sinnloser, zerstörender, nicht zu bearbeitender Schmerz, alle Traurigkeit wäre »von der Welt« und zum Tode führend. Wir wissen aber von Menschen, die anders gelebt und anders gelitten haben. Es gibt eine Geschichte der Auferstehungen, die stellvertretende Bedeutung hat. Die Auferstehung von Menschen ist kein Sonderprivileg für sie selber – auch dann nicht, wenn sie Jesus von Nazareth heißen. Sie enthält in sich die Hoffnung für alle, für das Ganze.

Aus: Dorothee Sölle, Leiden, © Kreuz-Verlag, Stuttgart 1973/2003, S. 163–169

1. Geben Sie den Gedankengang des vorliegenden Textes wieder!
2. Erörtern Sie nun die Frage, ob Dorothee Sölle ein antijüdisches Klischee bedient (vgl. Aufgabe 4 zum vorherigen Textauszug).
3. Überprüfen Sie die Argumentation Sölles im Blick auf ihre Überzeugungskraft, wenn sie einem mitten im Leiden Befindlichen vorgetragen wird.
4. Entwerfen Sie Perspektiven im Blick auf Möglichkeiten der konkreten Leidbewältigung.

1.4.2.3 »Wo Gott ist? – bei den Leidenden!« – Streitbare Gedanken des Pfarrers und Dichters Kurt Marti im Gespräch mit einem Agnostiker

Der Agnostiker Robert Mächler hat sich auf das Gespräch mit dem Schweizer Theologen Kurt Marti eingelassen. In Briefform gehen die beiden auf die Fragen und Einwände zur jeweiligen Gegenposition ein. Der folgende Textauszug ist so als Dialogbeitrag aus der christlichen Glaubenssicht verfasst.

Einverstanden: Eine Person kann nicht ein Begriff, ein Begriff nicht eine Person sein, wobei offen bleiben mag, was, auf Gott angewendet, »Person« denn überhaupt bedeutet.

Gerade, weil ich Ihnen hier beipflichte, muss ich Ihnen andererseits so entschieden widersprechen, wenn Sie unablässig Gott unter den a-personalen Begriff »Allmacht« subsumieren wollen und damit sein Person-Sein in einem generalisierenden Prinzip untergehen lassen. Ich jedenfalls verstehe die Macht, die Gott zweifellos hat, nur von seiner Person her – und nicht die Person von einem frei konstruierten Machtbegriff her. Hierbei ist es für mich nicht nebensächlich, sondern fundamental, dass dieser Gott auf Seiten der Bedrängten, der Schwachen und Unterdrückten steht. Diese Botschaft von der Solidarität Gottes mit den »Mühseligen und Beladenen« ist mitnichten nebulös. Sie ist jedoch – nur allzu oft! – vernebelt und pervertiert worden.

Sollte sich der alttestamentliche Gottestitel »Herr der Heerscharen« in Israels Frühzeit einmal auf dessen gegen feindliche Übermacht (Ägypter, Philister usw.) kämpfende »Heerschar« bezogen haben – was nicht mehr sicher auszumachen ist –, so bezeugt er die Erfahrung, dass es eine Gegengewalt gegen die Gewalt der Gewalthaber und zugunsten der Gewalt Leidenden gibt, die im rationalen Kräftekalkül der Generäle und Politiker nicht enthalten sein kann. Und für diese nicht einplanbare, nicht manipulierbare Gegengewalt ist »Herr der Heerscharen«, wenn Sie so wollen, ein mythologisches Bild. Am häufigsten (247-mal) kommt dieser Gottestitel bei den Propheten vor, »in deren Drohworten man alles andere erwartet als eine Anspielung auf die Verbundenheit Jahwes mit den Heerscharen Israels. Deshalb haben andere das Zebaoth (= Heerscharen) auf die himmlischen Wesen oder auf die Sterne bezogen.« (Gerhard von Rad) Ihre Behauptung, der »Herr der Heerscharen« kämpfe nicht für Machtlose, Macht-Unterlegene, ist schlicht unrichtig.

Mit Recht fragen Sie aber: Wie jedoch steht es zum Beispiel mit den Hexenverbrennungen? Man könnte fortfahren: und mit dem Genozid an den Indianern? Und mit den Judenpogromen? Was hat Gott »Reelles« dagegen getan? Mit dieser Frage manövrieren Sie mich in eine unmögliche Rolle, nämlich in die eines Advokaten Gottes. Die Geschichte zeigt, dass niemand verhängnisvoller und fataler gewirkt hat als die Sippschaft der Verteidiger Gottes. Mit ihnen verglichen sind die »advocati diaboli« sympathische Unschuldslämmer.

Vorerst kann ich deshalb nur sagen: Für mich lebt Gott nicht außerhalb der Menschen und ihrer Leiden in einem leidfreien Himmel, als Zuschauer, Voyeur gar, oder als »Kosmopolizist« (J. M. Lochman), der gelegentlich mit Blitz und Strafe ein bisschen eingreift, von außen und oben her. Das sind mythologische Vorstellungen, die einst sinnvoller Ausdruck eines Weltverständnisses waren, das heute nicht mehr vollziehbar ist, auf das Sie jedoch alle Christen unentwegt festnageln wollen.

Auf die Frage »Wo ist Gott?« lautet meines Erachtens die klare Antwort des Evangeliums: bei den Leidenden! Darum das Kreuz, an dem Gottes Wortführer stirbt, ohne dass »etwas Reelles« sein Ende verhindert. Dorothee Sölle formuliert pointiert: »Gott ist nicht im Himmel, er hängt am Kreuz.« Sie meint ausdrücklich: an *jedem* Kreuz, nicht nur an dem Jesu! Und das, so scheint mir, ist die Antwort auf die offen gebliebenen Fragen Hiobs und des Alten Testamentes insgesamt. Und nochmals Sölle: »Das Kreuz ist keine theologische Erfindung, sondern die tausendfach gegebene Antwort der Welt auf die Versuche der Befreiung.« Auch den »Hexen« (waren das nicht zum Teil Pionierinnen der Frauenbefreiung und Vertreterinnen eines Untergrund-Christentums?) ist diese Antwort zuteil geworden – und zwar von Christen! Insofern sind die Hexen Schwestern Jesu gewesen und ist »Hexenjagd« (auch moderner Art) ein Synonym für Kreuz, Kreuzigung geworden.

Wie den Hexen erging es den ketzerischen Laienbewegungen im Mittelalter, den revolutionären Täufern, Hussiten, den deutschen Bauern unter Thomas Müntzer.* Sie alle verstanden sich auch als Christen, als Nachfolger Jesu. Darum ist es falsch, »das« Christentum als monolithische Größe hinzustellen und abzulehnen. Kein einziger heutiger Theologe [...] behauptet, »das« bisherige Christentum sei falsch gewesen, erst er bringe jetzt das richtige. »Christentum« war immer ein bewegtes, von Streit und Widerspruch polarisiertes Gebilde, wie jede historische Bewegung (wie zum Beispiel auch die Aufklärung). Ihre (und meine!) Kritik der christlichen Unchristlichkeit trifft immer nur die eine »offizielle« Seite, nicht aber die andere, die der – ebenfalls christlichen! – Opponenten und Opfer.

An sie gilt es anzuknüpfen. Das ist kein neuer theologischer »Trick«, sondern ein Ernstnehmen des Satzes, dass Gott bei den Leidenden war und ist. Wie die Juden den Juden Jesus kreuzigten, so kreuzigten Christen andere Christen. Judentum oder Christentum deswegen ausschließlich auf den Nenner der Henker bringen zu wollen, ist eine »terrible simplification«. Sie steht den christlichen Judenverfolgungen ebenso wie den atheistischen Christenverfolgungen zu Gevatter.

Gott ist bei den Leidenden – nie bei ihren Quälern und Henkern. Die »Heerscharen« des Herrn sind – *sub specie crucis* – die Leidenden, Verfolgten, Erschlagenen. Was geht daraus »Reelles« hervor? Gewiss nicht die Hoffnung auf einen theatralischen »deus ex machina«, auf übernatürliche Zaubereffekte eines dem Menschen sonst fremden »Allmächtigen«! Wenn Gott, nach Paul Tillich, in dem ist, »was uns unbedingt angeht«, dann ist »reell« einzig das, was unsere Einstellung und Motivation tatsächlich verändert (so umschreibe ich das biblische Wort »Umkehr«), zum Beispiel so: »Solange Christus lebt und seiner gedacht wird, werden seine Freunde bei den Leidenden sein. Dort, wo keine Hilfe möglich ist, erscheint er nicht als der überlegene Helfer, nur als der, der mit ihnen geht. Dass einer des andern Last trage, ist der simple und deutliche Ruf, der aus allem Leiden kommt.« (Dorothee Sölle)

Genau dies – des andern Last tragen, Solidarität mit den Leidenden leben – scheint mir nun auch der Hauptpunkt der jesuanischen Ethik zu sein. Dies – und nicht irgendein »Maximalismus« wie »selbstlose Liebe« etwa! Hat Jesus sie jemals gefordert? Er wiederholt das alttestamentliche Gebot: »Liebe deinen Nächsten wie *dich selbst*!« Die Selbstliebe wird nicht verworfen, sondern im Gegenteil als Maßstab verwendet. Erst der asketisch-mönchische Hellenismus machte aus diesen und anderen Weisungen Jesu Maximalismen, die – da haben Sie Recht – seelenmörderisch und in den Folgen verhängnisvoll waren und sind. Selbstverleugnung wurde mit Machtwahn kompensiert, Liebes- und Sinnenfeindlichkeit schlug um in Sex-Besessenheit. Dass das eine Pervertierung der Ethik Jesu ist, haben oppositionelle Christen schon immer gewusst, gesagt und entsprechend auch gelebt und gelitten. Die Ethik Jesu ist nicht an (maximalistischen oder minimalistischen) Prinzipien, sie ist an den Bedürfnissen des »Nächsten«, des Mitmenschen orientiert.

* Die Täufer der Reformationszeit bildeten unter starker Betonung des Gemeindebegriffs (gegen das Staatskirchentum), der Wiedergeburt (Erwachsenentaufe) und der praktischen Nachfolge Jesu die erste protestantische Freikirche. Von Zürich ausgehend, Verfolgung leidend und teilweise selber gewalttätig, breitete sich die Täuferbewegung in Deutschland und den Niederlanden aus. – Hussiten: Anhänger des auf dem Konzil von Konstanz verbrannten tschechischen Reformators Johann Hus (um 1370–1415). Sie zerfielen in die gemäßigte Gruppe der Calixtiner oder Utraquisten und die radikal antikirchliche der Taboriten. Die Hussitenkriege (1419–1436) griffen über Böhmen hinaus nach Österreich, Schlesien und Sachsen über. – Thomas Müntzer (um 1490–1525), Theologe, Kämpfer für soziale und politische Verwirklichung des Evangeliums, Gegner Luthers, Anführer im deutschen Bauernkrieg, nach der Schlacht bei Frankenhausen hingerichtet.

Kurt Marti, 8. Brief: »Wo Gott ist? – bei den Leidenden!«, in: Kurt Marti/Robert Mächler, Woher eine Ethik nehmen? Streitgespräch über Vernunft und Glauben. Mit einem Vorwort von Werner Morlang, © Nagel & Kimche im Carl Hanser Verlag, München 2002, S. 56–61

1. Erarbeiten Sie die Gedanken des Textes, die über den Ansatz von Sölle hinausgehen.
2. Kurt Martis Brief: Beispiel eines gelungenen Disputes zwischen Christen und Agnostikern? Begründen Sie Ihre Auffassung.
3. »Wer dem *mitleidenden Gott* glaubt, der erkennt seine Leiden in Gott und Gott in seinen Leiden und findet in seiner Gemeinschaft die Kraft, trotz Schmerzen und Traurigkeiten in der Liebe zu bleiben und nicht bitter zu werden. Warum Gott das alles zulässt, wissen wir nicht. Und wenn wir es wüssten, würde es uns nicht zum Leben helfen. Wenn wir aber entdecken, wo Gott ist, und seine Gegenwart in unseren Leiden spüren, dann sind wir an der Quelle, aus der Leben von neuem geboren wird.« (Jürgen Moltmann, Wer ist Christus für uns heute?, © Gütersloher Verlagshaus, Gütersloh, in der Verlagsgruppe Random House, München, Chr. Kaiser, Gütersloh 1994, S. 44) Erörtern Sie, ob diese Auffassung von der Bewältigung des Leidens vermittelbar ist. Wie sollte dies gegebenenfalls geschehen?

1.4.3 Zum Problem der Theodizee – Zusammenfassende Überlegungen der Theologin Agnes Wuckelt

Häufigstes Argument gegen die Existenz Gottes ist der Verweis auf das Leid in der Welt: »An einen Gott, der so viel Leiden, vor allem das Leiden Unschuldiger, zulässt, kann ich nicht glauben!« – »Wenn Gott tatsächlich Gott ist, müsste er doch das Leiden verhindern können!« So oder ähnlich lauten landläufige Versuche, dem Theodizee-Problem zu begegnen. Lässt sich die Vorstellung eines guten, gerechten Gottes mit der Erfahrung des Leidens vereinbaren? Wie soll verstanden werden, dass Gott die Gerechten »viel leiden« lässt (z. B. Jes 52,13-53,12), dass Gott durch Leiden »prüft« (vgl. z. B. Gen 22)? Musste Gott wirklich seinen Sohn opfern, indem er ihn am Kreuz leiden und sterben ließ? Biblische Sinnmodelle und darauf aufbauende klassische Denkmuster werden bemüht: Leiden ist Prüfung auf Liebe, Gerechtigkeit oder Gehorsam (Abraham, Hiob), ist Strafgericht für Ungehorsam (z. B. Lev 26,14 ff.), geht einher mit dem Einsatz für andere (Gottesknechttheologie; vgl. Jes 53), ist Ausdruck und Folge völliger Gottverlassenheit bzw. Gottlosigkeit oder die Konsequenz menschlicher Freiheit. Aber: Versuche einer Antwort drohen nach Auschwitz mehr und mehr zu scheitern. Ernsthaft wird gefragt, ob es überhaupt eine theologische Erklärung für Leiden geben darf, da damit letztlich eine Legitimierung von Ungerechtigkeit und Gewalt verbunden ist.
Die Bibel erzählt zahlreiche Leidensgeschichten: Eltern leiden unter dem Tod ihrer Kinder (Gen 37,35 u. ö.), Frauen unter Kinderlosigkeit (z. B. 1 Sam 1) oder männlicher Gewalt (Gen 34; 2 Sam 13,1-22), Männer wie Frauen unter Unterdrückung und Sklaverei (vgl. z. B. Ex 1,8-14), Krankheit oder Bedrohung durch Mitmenschen (vgl. z. B. Klagepsalmen), unter der Begrenztheit menschlicher Möglichkeiten (vgl. z. B. Koh 1,12-3,15), unter gestörten menschlichen Beziehungen (vgl. z. B. Koh 7,25-29), unter Ausgrenzung und Verfolgung aufgrund ihrer Glaubenshaltung (vgl. z. B. Mk 13,9-13; Lk 6,22; Apg 5,40 f.; 2 Kor 4,7-18), unter Krieg und Besatzung. Die bekanntesten der biblischen Leidensgeschichten dürften die Hioberzählung und die Erzählung von der Passion Jesu sein. Beide Erzählungen thematisieren das Problem des ungerecht(fertigt)en Leidens, mit dem sich alle Religionen seit alters auseinander gesetzt haben und das Menschen bis heute immer wieder herausfordert. In intellektueller und leidenschaftlicher Auseinandersetzung mit dem Lei-

den geraten im Hiobbuch gängige weltanschauliche und theologische Erklärungsmuster ins Kreuzfeuer und wird nach einer tragfähigen Lösung gesucht. Das Leiden Jesu von Nazaret steht in Spannung zu seiner Botschaft von der Nähe des Gottesreiches, das das Ende allen Leidens bringen soll. Derjenige, der sich mit Leidenschaft mit dem Leiden konfrontieren ließ und für Leidende eintrat, endet gewaltsam am Kreuz.
Nach altorientalischem Verständnis gibt es einen erkennbaren Zusammenhang zwischen dem Tun des Menschen und seinem Ergehen. Die Vorstellung eines »Tun-Ergehen-Zusammenhangs« ist Bestandteil einer vom Göttlichen garantierten Weltordnung, die alle Bereiche des Lebens umfasst. Gerechte und Fromme sollen demnach bereits zu Lebzeiten Glück erfahren, Ungerechte und Gottlose dagegen in ihrem Leben scheitern. An dieser Grundannahme wird zunächst auch gegen menschliche Erfahrung festgehalten. Beginnend mit der Katastrophe des Exils wird dieses Erklärungsmuster jedoch immer brüchiger und fragwürdiger (vgl. auch Koh 8,12-15). Das Hiobbuch greift diesen Konflikt auf. Die Ursache des Leidens und des Bösen wird dem »Widersacher« Gottes, Satan, zugesprochen, und damit aus dem Gottesbild ausgegliedert. In den Dialogen zwischen Hiob und seinen Freunden wird ein differenziertes Welt- und Gottesbild entwickelt, das keine einfachen Lösungen zulässt.
Der rebellische Hiob ist nicht mit gängigen Antworten zufrieden zu stellen. Vehement bestreitet er, Schuld auf sich geladen zu haben und daher Gottes »Züchtigung« zu verdienen oder göttliche Erziehung zu benötigen (vgl. Hiob 1,8; 10,3; 5,17 f.). Er kann die Weltsicht seiner Freunde, in der unschuldiges Leiden keinen Platz hat, nicht teilen. Er zeigt auf, dass – statistisch gesehen – Gewalt und Unrecht in dieser Welt vorherrschen (vgl. Hiob 21,2-34). Doch Hiobs Freunde halten unbeirrt am Grundsatz absoluter Gerechtigkeit (Gottes) fest und fordern den Freund zu Buße und vertrauensvollem Beten auf (vgl. Hiob 32,1-22; 34,10 f.; 35,9-13). So treiben sie Hiob in die Enge und lassen ihn in seinem Leiden allein (vgl. Hiob 12,2-5; 13,1-19). Ihm bleibt schließlich nur ein Ausweg offen: einzutreten in die unmittelbare Auseinandersetzung mit Gott, dem einzigen Fürsprecher, der ihm bleibt. Wenngleich es keine Antwort auf Hiobs existenzielle Frage nach dem Grund seines Leidens gibt, so findet Hiob im Schöpfergott, der dem Dunkel und Chaos in der von ihm geschaffenen Welt nicht gleichgültig gegenübersteht, seinen persönlichen Gott (vgl. Hiob 40,6-42,6). Leiden ist – unabhängig vom Handeln des Menschen – Teil der Schöpfung. Alles kommt aus Gottes Hand (vgl. auch Koh 2,24-26; 3,1-9; 9,11 f.) – diese Erkenntnis ändert zwar nichts an der Sinnlosigkeit des Leidens, stellt aber einen Perspektivenwechsel dar. Er lenkt den Blick auf die großen Zusammenhänge der Schöpfung und auf Gott als Lebensmacht, die allem Raum gibt (vgl. Hiob 38-41).
Widerstand und Ergebung angesichts der Tatsache des Leidens finden sich auch in der Leidensgeschichte Jesu: »Nimm diesen Kelch von mir! Aber nicht was ich will, sondern was du willst« (Mk 14,36). In seinem Leiden identifiziert er sich mit denen, die äußerste Gottverlassenheit und Gottesferne durchleben: »Mein Gott, mein Gott, warum hast du mich verlassen?« (Mk 15,34; Mt 27,46 vgl. Ps 22,2). Zugleich wendet er sich – wie die Psalmbeter/innen – an den Gott, der sich selbst vorstellt mit den Worten »Ich habe das Elend … gesehen, und ihre laute Klage … habe ich gehört« (Ex 3,7).
Die theologische Interpretation der Passion Jesu ist vielgestaltig; sowohl die urchristlichen Gemeinden als auch folgende Generationen suchten nach immer neuen Deutungen. Diese lassen sich in zwei Argumentationsstränge zusammenfassen: Das Kreuz Jesu entspricht (a) dem Willen Gottes oder ist (b) Ausdruck der Solidarität Gottes mit den Leidenden (vgl. Janssen/Joswig). Greift das Verständnis der Passion Jesu als Zentrum des göttlichen Heilsplans (a) den Gedanken des Sühnetods oder des Loskaufs der Menschen aus der Macht des Bösen auf, so wird im zweiten Deutungstyp (b) das Kreuz zum Zeichen

Im Kreuz
allein
ist Heil!
1884

der freiwilligen Hingabe bis zum Letzten bzw. als Konsequenz seines Engagements für Gerechtigkeit betrachtet (Sölle/Schottroff). Beide Interpretationen betonen, dass Jesus sein Leiden freiwillig auf sich genommen hat: einerseits im »Gehorsam bis zum Tod«, andererseits als sich Hingebender für das Leben der Menschen. Die Interpretationen unterscheiden sich jedoch in ihrem jeweils zugrunde liegenden Gottesbild. Beinhaltet die erste Deutung die Vorstellung eines Gottes, der Gewalt in Kauf nimmt oder sogar einsetzt und damit selbst Leiden verursacht, so baut die zweite Deutung auf der Überzeugung auf, dass Gott gerade den Leidenden in Solidarität nahe ist. Unter dieser Perspektive kann das Leiden Jesu als Symbol des Protestes gegen das Leiden schlechthin und als Hinweis auf Erlösung vom Leiden verstanden werden.
Gerade letztere Sichtweise ist wichtig und zu favorisieren, da sie die Bejahung beschädigten Lebens beinhaltet, dieses aber zugleich kritisiert und die Frage nach der Ursache des Leidens sowie nach denen, die es verursachen, offen hält. Das schließt ein, dass Leiden nach christlichem Verständnis keinen Wert an sich besitzt und nicht Lebensziel sein kann. Insbesondere unter Geschlechterperspektive ist zu bedenken, dass gegenüber Frauen und den Armen das geduldige, selbstlose Tragen des »gottgegebenen« Leidens immer wieder religiös verklärt und theologisch verbrämt wurde (und noch wird). Die Verweigerung einer solchen Leidensbereitschaft lässt sich biblisch begründen; Gott selbst ist die Garantie, dass Leiden überwindbar ist, selbst dann, wenn dieses noch so absurd erscheint. Geschichten jüdisch-christlicher Tradition erzählen von beidem – vom Leiden und vom Ende des Leidens, so etwa von der Herausführung aus Ägypten (Exodus), von der Heilung Kranker oder der Errettung Jesu aus dem Tod zu neuem Leben (Auferweckung). Diese Geschichten zu erzählen ist eine Erinnerungspraxis, die zugleich tröstet und verpflichtet: Erlösung vom Leiden ist ein Prozess, der bereits begonnen hat, aber noch nicht abgeschlossen ist. Darauf zu hoffen setzt Kreativität frei, diesen Erlösungsprozess mitzugestalten.

Aus: Agnes Wuckelt, Leiden, in: Ulrike Bechmann/Monika Fander (Hrsg.), Grundbegriffe zum Alten und Neuen Testament. 99 Wörter Theologie konkret, München 2003, S. 172–175,

Hinweis zur Weiterarbeit:
Ein Text von Bernhard Welte zur Frage der Hoffnung auf Gott im Leid in Akzente Religion 4: Spuren Gottes – Vom Unbedingten reden, S. 85–87

1.5 Möglichkeiten des Redens von Gott: Unverfügbarkeit Gottes und Notwendigkeit menschlichen Redens von Gott (nur evangelisch/Leistungskurs)

Hinweis zur Arbeit:
Akzente Religion 4: Spuren Gottes – Vom Unbedingten reden, S. 24–34. Dort finden sich Texte und Bilder zum Thema »Von Gott zu sprechen, wann macht das Sinn? – Zum Problem angemessenen Redens von Gott.«

2. Das Zeugnis vom Zuspruch und Anspruch Jesu Christi

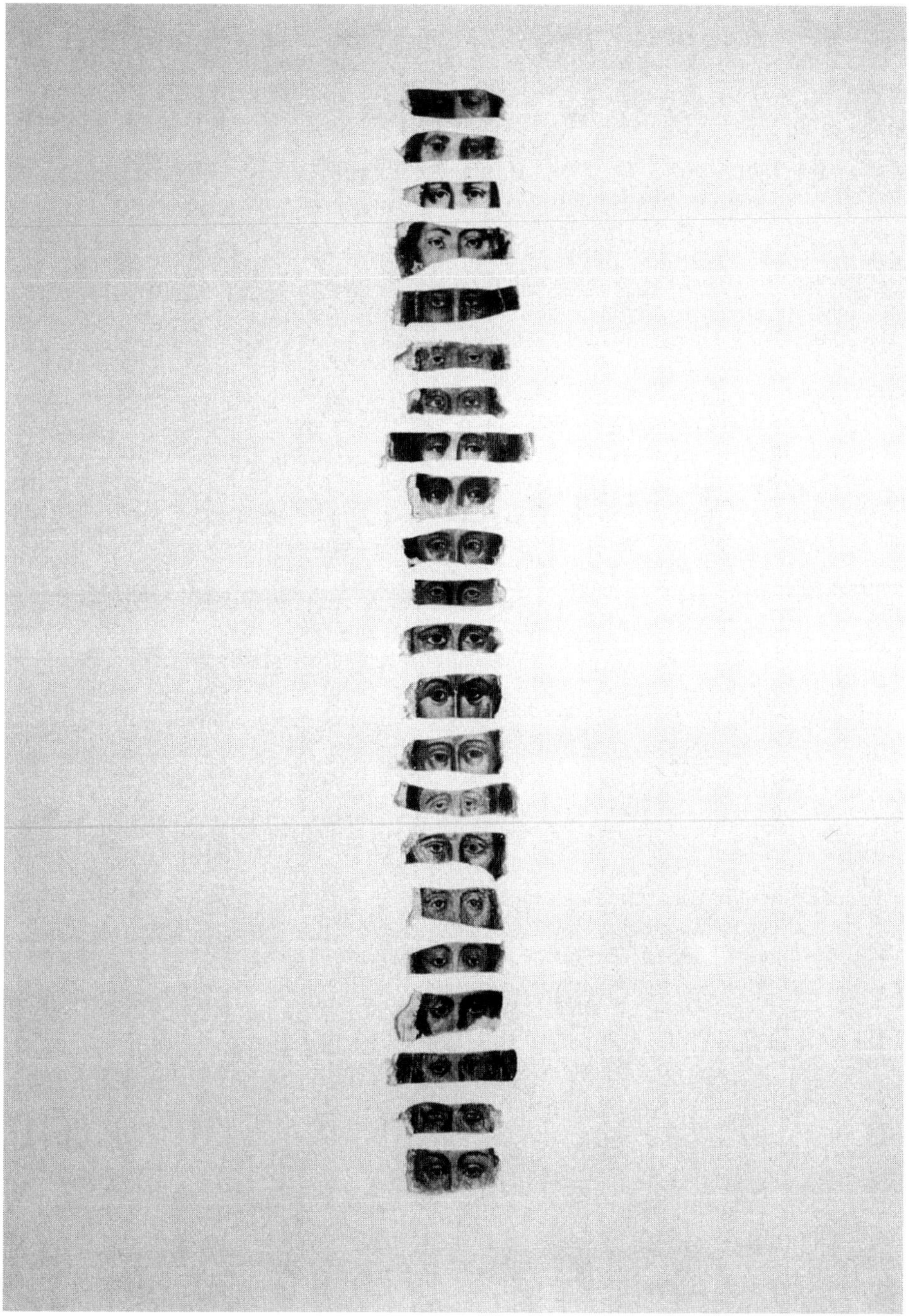

Dorothee von Windheim, Salve Sancta Facies, 1980.

2.1 Reich-Gottes-Verkündigung Jesu: Gleichnisse und Bergpredigt

Hinweis zur Arbeit:
Einen Überblick über den Inhalt der Gleichnisse Jesu, aber auch über methodische Zugänge beim Erschließen von Gleichnissen bietet Band 3 der Reihe AKZENTE RELIGION »Jesus begegnen – Impulse aus dem Evangelium«, S. 64–89.

2.1.1 Was ist ein Gleichnis? – Zusammenfassende Überlegungen des Theologen Karlheinz Sorger

Gleichnisse sind eine Form bildhafter Rede. Sie wollen, indem sie eine Situation skizzieren oder eine Geschichte erzählen, »auf etwas hinaus« – freilich nicht, wie man früher oft meinte, auf eine allgemeingültige Wahrheit oder Lehre, die in Bild oder Geschichte lediglich »veranschaulicht« würde. Dem, der ein Gleichnis erzählt, geht es nicht primär um theoretische Belehrung; er will vielmehr das Urteil des Hörers in eine bestimmte Richtung lenken; er wirbt argumentierend um die Zustimmung des Gesprächspartners. Das kann auf verschiedene Weise geschehen:

a) *Das Gleichnis im engeren Sinn* stellt einen Regelfall vor Augen: So geht es immer zu; so würde jeder handeln. Aus dieser Selbstverständlichkeit nimmt das Gleichnis seine Überzeugungskraft: Was hier von jedem bejaht wird – kann das dort anders sein? Wenn jede Frau sich freut, wenn sie ihre verlorene Drachme wiederfindet – sollte bei Gott nicht ebenso Freude sein über jeden Sünder, der umkehrt? (Lk 15,8-10)

b) Die *Parabel* erzählt von einem Einzelfall. Sie nimmt den Hörer mit auf den Weg einer Geschichte, die in ihm bekannten Verhältnissen spielt, dabei aber so arrangiert ist, dass sie den Intentionen des Erzählers möglichst gut entspricht. Dabei kann die Geschichte ungewöhnliche, ja unwahrscheinliche Züge enthalten. Gerade sie ermöglichen oft den beabsichtigten Gang der Handlung. Die Kunst des Erzählers erweist sich darin, solche Züge (etwa die bedingungslose Wiederaufnahme des Sohnes in Lk 15,11-32) wenigstens so weit plausibel zu machen, dass sie nicht als unmöglich erscheinen und damit die Überzeugungskraft der Parabel zerstören.

c) Auch in der *Beispielerzählung* geht es um einen Einzelfall. Aber im Unterschied zur Parabel kommt die Sache, um die es geht, an einem Exempel direkt zur Sprache. Die Beispielerzählung soll nicht gedeutet, sondern auf die eigene Situation bezogen und angewandt werden: »Dann geh und handle ebenso!« (Lk 10,37)

Das beherrschende Thema der Gleichnisse Jesu ist die mit ihm nahe gekommene Herrschaft Gottes. Sie fordern auf, die Stunde des Heilsangebots nicht zu verpassen; sie antworten auf Fragen und Einwände gegenüber der Verkündigung und dem Verhalten Jesu. So sind sie weithin auf die Situation der Hörer ausgerichtet. Manchmal spiegeln sich die Einstellungen der Adressaten in bestimmten Zügen der Geschichte, so etwa die Kritik an der Zuwendung Jesu zu Sündern im Murren der Arbeiter der ersten Stunde in Mt 20,1-16 und im Protest des älteren Sohnes gegen das Fest für den heimgekehrten Bruder in Lk 15,11-32. [...]

Grundlage für das Verstehen von Gleichnissen ist also die Kenntnis der Verkündigung Jesu und der Einstellungen, Fragen und Vorbehalte, auf die diese Verkündigung trifft. Im Blick auf diese »Situation« gilt es dann, sorgfältig der Sprachbewegung des Textes zu folgen und dabei, insbesondere bei Parabeln und Beispielerzählungen, die »Regie« der Geschichte zu beachten.

Obwohl in den Gleichnissen das Wort des irdischen Jesus weithin treu überliefert ist, sind

Johannes Muggenthaler, Verlorenes Taschentuch, Farbfotografie, 1989.

doch bei vielen Texten Zusätze und Überformungen durch die frühe Gemeindeüberlieferung und den jeweiligen Evangelisten zu erkennen. An diesen Umgestaltungen lässt sich zeigen, wie die Gleichnisse Jesu aktualisiert, d. h. neuen Fragestellungen angepasst wurden. Ein wichtiges Mittel der vergegenwärtigenden Auslegung war der frühen Kirche die Allegorese. Sie beginnt bereits im NT, besonders deutlich in den allegorischen Deutungen der Gleichnisse vom Sämann (Mk 4,3-8), vom Unkraut unter dem Weizen (Mt 13,24-30) und vom Fischnetz (Mt 13,49 f.). Es war aber ein folgenschweres, bis in die jüngste Vergangenheit nachwirkendes Missverständnis, die Gleichnisse Jesu insgesamt als Allegorien zu betrachten bzw. mit Berufung auf die genannten Deutungen allegorisch auszulegen.

Aus: Karlheinz Sorger, Gleichnis, in: Wolfgang Langer (Hrsg.), Handbuch der Bibelarbeit, München 1987, S. 52–55,

2.1.2 Reich-Gottes-Verkündigung und Bergpredigt

Hinweis zur Arbeit:
Einen Überblick über den Inhalt der Bergpredigt, aber auch über methodische Zugänge beim Erschließen der matthäischen Texte bietet Band 2 der Reihe AKZENTE RELIGION »Wegweisungen – Auf der Suche nach gelingendem Leben«, S. 86–114.

Um einen ersten Zugang zur Bergpredigt zu gewinnen, kann es hilfreich sein, schon beim ersten Lesen Fragen aufzuschreiben, auf die der Text Antworten gibt.

2.1.2.1 Der Kompositionscharakter der Bergpredigt – Historisch-kritische Erwägungen zur literarischen Form

Gründe für die Annahme einer Bergpredigtkomposition

1. Die Unsicherheit über die Adressaten der Bergpredigt – Jünger oder Volk oder beide Gruppen (vgl. Mt 4,23-25; 5,1f; 7,28 f.) – lässt einen oder mehrere Redaktoren vermuten, die an der Bergpredigt gearbeitet haben.

2. Die Bergpredigt enthält Einzelsprüche (z. B. Mt 6,24; 7,1 f.6.12) und ganze Perikopen (z. B. Mt 5.3-12.21-48; 6,1-18.25-34; 7,7-11.24-27). Dieser Umstand ist am einfachsten durch die Kompositionsthese zu deuten, d. h. Mt hätte dann große Spruchblöcke aneinandergefügt und mit Einzelsprüchen die Lücken ausgefüllt. Als Rede wäre ein solches Verfahren nicht denkbar.

3. Die Einzelperikopen der Bergpredigt zeigen eine relative Selbstständigkeit im Gesamt der »Rede«; Mt 5,21-48; 6,1-18.25-34 sind z. B. voll in sich geschlossene Stücke, die eigentlich aus sich ohne Bezug zum Vorher und Nachher verständlich wären; d. h. die Bergpredigt enthält Reden in der »Rede«. Auch dieser Tatbestand wird am besten durch die Annahme der Komposition erklärt; ein Redner spräche niemals in dieser Weise.

4. Dem Inhalt nach ähnliche Stücke erscheinen in der Bergpredigt zuweilen nicht hintereinander (vgl. z. B. Mr 5,23 f. mit 6,14 f. oder 6,5-8 mit 7,7-11), sondern an je verschiedenen Stellen, so dass diese Perikopen einen je anderen Stellenwert im Ganzen gewinnen; so kompliziert könnte ein Redner niemals seine Rede konzipieren.

5. Wenn schon ein Redner durch eine Parallelführung der Sprachform (z. B. Mt 5,21 f.27 f.31 f.33-37.38-42.43-48 oder 6,1-6.16-18) eine nachhaltige Wirkung erzielen kann, wird er doch diese einheitliche Form nicht selbst durch Einschübe (z. B. Mr 5,23-26.29 f.; 6,17-15) wieder zerstören; auch diese Einschübe finden am einfachsten durch die Annahme einer Komposition ihre Erklärung; d. h. der Kompilator hätte dann Material, das ihm

in den Zusammenhang zu passen schien, eingebaut und dabei die Sprachform auseinander gerissen.

6. Ein weiterer Hinweis auf eine ordnende Hand ist die fünfmal wiederkehrende stereotype Redewendung am Ende einer größeren Redeeinheit Jesu im Mt-Evangelium (vgl. 7,28; 11,1; 13,53; 19,1; 26,1); vielleicht dachte Mt an die Analogie der fünf Bücher Mose als Weisungen des Alten bzw. Neuen Bundes.

7. Auch die geringe logische Geschlossenheit der Bergpredigt lässt eher auf eine Aneinanderfügung heterogenen Materials schließen als auf eine so konzipierte und gehaltene Rede.

8. Die Bergpredigt enthält eine Stofffülle, die unmöglich in einer »Rede« Hörern dargeboten werden könnte; fast jedes Einzelstück böte genug Stoff für eine Rede.

9. Das stärkste Argument für den Kompositionscharakter der Bergpredigt gibt uns ein Blick in die Synopse in die Hand: Die ganze mt Bergpredigt muss der Herkunft der Einzelsprüche oder -perikopen nach in vier Gruppen aufgeteilt werden:

a) Lk 6,20-49 stellt eine Kurzbergpredigt dar, die bis auf die Verse 24-26 und 39f. sich vollständig in der mt Bergpredigt wiederfindet. Es dürfte sich hier im Großen und Ganzen um eine Spruchsammlung aus der Redenquelle Q (= Q) handeln, wie sie Mt und Lk vorlag.

b) Eine ganze Reihe von Sprüchen und Perikopen aus der mt. Bergpredigt findet sich bei Lk. über das ganze Evangelium verstreut: Vgl. Mt 5,13b mit Lk 14,35; Mt 5,15 mit Lk 11,33; Mt 5,18 mit Lk 16,17; Mt 5,25f. mit Lk 12,57-59; Mt 5,32 mit Lk 16,18 (Mt 6,9-13 mit Lk 11,2-4); Mt 6,19-21 mit Lk 12,33f.; Mt 6,22f. mit Lk 11,34-36; Mt 6,24 mit Lk 16,13; Mt 6,25-34 mit Lk 12,22-31; Mt 7,7-11 mit Lk 11,9-13; Mt 7,13f. mit Lk 13,23f.; Mt 7,19 (3,10) mit Lk 3,9. – Auch hier dürfte Q zugrunde liegen, ob man sie nun als schriftlich abgefasste Quelle versteht oder als mündlichen Traditionsstrom.

c) Wenige Logien aus der mt Bergpredigt entstammen der Mk-Tradition: Vgl. Mt 5,13a mit Mk 9,50; Mt 5,29f. (18,8f.) mit Mk 9,43-48; Mt 6,14f. mit Mk 11,25 (vgl. auch Mt 5,23f.) und Mt 7,28f. mit Mk 1,21f. – Es ist völlig undenkbar, dass Lk eine fertige Rede zerstückelt hätte, viel wahrscheinlicher dürfte eine redaktionelle Sammlung durch Mt sein, worauf besonders auch die wenigen Mk-Stellen hinweisen.

d) Ein beträchtlicher Teil der mt Bergpredigt findet sich nur bei Mt (Sondergut = S): Mt 5,1.5.7-10.14.16.17.19-24.27f.31.33-37.38-39a.41.43; 6,1-8.16-18; 7,6.15.17.20. Dabei dürfte es sich zum größten Teil um dem Mt schon vorliegendes Material handeln, das er in seine Bergpredigt einordnete, und zum geringeren Teil als mt Schöpfungen.

Am einleuchtendsten scheint deshalb die Kompositionsthese zu sein, die besagen würde: M. hat aus der Q-Rede, anderem Q-Material, aus Mk und seinem Sondergut die uns heute vorliegende Bergpredigt geformt.

Aus: Bernhard Krautter, Die Bergpredigt im Religionsunterricht, München 1973, S. 13–15, Kösel-Verlag in der Verlagsgruppe Random House, München

2.1.2.2 Ein Annäherungsversuch – Wozu Jesus in der Bergpredigt auffordert
Haben Sie schon eine Meinung zu den Ansprüchen Jesu?

- Salz der Erde und Licht der Welt sein (5,13-16)
- Nicht töten und andere nicht beleidigen (5,21-26)
- Keinen Ehebruch begehen und nichts tun, was dazu hinführt (5,27-32)
- Die Wahrheit sagen und verlässlich sein (5,33-37)
- Auf Gewalt und Rache verzichten (5,38-42)

- Nicht nur den Nächsten, sondern auch den Feind lieben (5,43-47)
- Nicht damit prahlen, gerecht zu sein (6.1)
- Mit anderen teilen, ohne damit anzugeben (6,2)
- Sich beim Beten nicht öffentlich zur Schau stellen (6,5 f.)
- Beim Beten nicht plappern und viele Worte machen (6,7 f.)
- Fröhlich fasten und auf etwas verzichten (6,16-18)
- Keine Schätze auf Erden sammeln (6,19-21)
- Für Gott leben und nicht für das Geld (6,24)
- Sich keine überflüssigen Sorgen um die Zukunft machen (6,25-34)
- Andere nicht verurteilen (7,1-5)
- Das Heilige nicht diffamieren (7,6)
- Vertrauensvoll beten (8,7-11)
- Die goldene Regel beachten (7,12)

2.1.2.3 Die Bergpredigt – ein Auslegungsversuch

Zu viele Menschen resignieren und lassen alle Utopien und jede Hoffnung fahren, weil sie »doch sowieso« an der Realität zerschellen. Doch: Nur wer Unmögliches will, wird das Potenzial des Möglichen ausschöpfen. Wehe einer Welt ohne realitätsüberschreitende Utopien! Wehe einer Welt ohne realitätsanerkennende Analyse!
In den Sprüchen Salomos heißt es: »Wo keine Verheißung ist, wird das Volk wüst und wild; aber wohl dem, der auf die Weisung achtet!«
Wer immer nur das Gute will, verfehlt das Bessere. Wer das Wirkliche mit dem Möglichen verwechselt, betrügt den Menschen um die Perspektive. Wer nicht zu überschreiten bereit ist, was ist, wiederholt stets das, was schon war. So verstehe ich die Bergpredigt als einen Wegbereiter in eine neue Welt, der Mut macht, nicht stets das zu wiederholen, was schon war, und nicht erneut mit aller Kraft in Sackgassen zu rennen, sondern den »neuen Weg« zu wagen.
Da setzt er sich auf einen Hügel. An den Ufern des Sees Genezareth. Am Horizont erscheint die Stadt Tiberias, genannt nach dem römischen Kaiser Tiberius. Jesus spricht in einem besetzten Land.
Zunächst acht Seligpreisungen, Glücksversprechungen für Menschen, die anders leben, denken und fühlen, als es die Gewalt-Konkurrenz-Welt ihnen vorschreibt, Menschen, die aus Mitgefühl für andere leben. Ein Text für Verlierer – sofern man sich der Gewaltlogik der römischen Zentralgewalt oder der Vergeltungslogik des »Barabbas-Terroristen« unterwirft. Die Sanftmütigen, Gerechtigkeits-Hungernden, die Barmherzigen, die Offenherzigen, die Friedfertigen werden selig gepriesen. Und es wird ihnen Gelingen zugesprochen – Verfolgtwerden und Scheitern wird nicht verschwiegen. Aber, wer so zu leben versteht, der wird »Salz der Erde«, »Licht der Welt« genannt. Wer so zu leben versteht, dessen »Licht soll leuchten vor den Leuten«.
Der Bergprediger warnt vor dem Schätzesammeln und Sorgen, vor der Illusion, durch mehr Dinge mehr Leben zu bekommen. Man kann nicht zwei Herren dienen, sondern nur einem; man kann nicht Gott und dem Geld dienen.
Die Grundsorge des Menschen um Essen, Trinken und Kleidung wird ernst genommen, aber nicht so wichtig, dass man damit täglich seine Gedanken- und Gefühlswelt besetzt, sich von Sorge zerfressen lässt, sondern in jener vertrauensvollen Kreatürlichkeit lebt, dass die Erde genug hat für jeden. So, wie die Lilien auf dem Felde selbstverständlich leben, aufwachsen, blühen und verwelken! Lernt von den Vögeln am Himmel! Lernt von den winzigen, emsigen, fröhlich schilpenden Sperlingen!

Johannes Muggenthaler, Lotto hilf, Hinterglasmalerei, 1992.

Nach der neuen Gerechtigkeit, nach dem großen Ziel des humanen Ausgleichs zwischen allen zu trachten, nach der vollendeten distributiven Gerechtigkeit, in der jeder das Seine tut und jeder das Seine bekommt; wo alle auf dieses große Ziel hin leben, werden auch die kleinen Dinge uns zufallen: »Trachtet zuerst nach dem Reich Gottes und seiner Gerechtigkeit, so wird euch solches alles (was ihr täglich zum Leben braucht) zufallen.« Leistungsgerechtigkeit und Bedarfsgerechtigkeit sind dort keine Gegensätze mehr.
Lebt nicht sorglos in den Tag – sondern lebt ohne Sorge vor dem morgigen den heutigen Tag, ganz und gar. Freut euch an ihm und trefft in eurem Handeln Vorsorge, dass es den nächsten Tag geben kann. In großem Zutrauen.
Die Lebenshaltung, die aus der Bergpredigt spricht, geht den Lebenshandlungen voraus. Wer sie auf einen Moralkatalog hochfahrender Sätze reduziert, hat es nicht verstanden. Leben, das sich selbst gewinnen will, ist etwas anderes als Leben, das auf einen Gewinn orientiert ist. Die Bergpredigt schärft ein, dass man nicht nur für sich selber (und in sich selber) ein »guter Mensch« sein kann, sondern alles auf das verändernde Handeln von veränderten Menschen zielt. Keine Duldermoral von schlachtbereiten Schafen, sondern sensible, mitempfindende Aktivität, die sich das Leid anderer etwas angehen lässt, die dem Glück der anderen verpflichtet ist – aus einer Haltung inneren Glücks bei allem, was ein Mensch im Glauben tut.
Bert Brecht hat dies in die wunderbaren Zeilen gebracht:
Das ist gut / Keinen verderben zu lassen, auch sich nicht selber. / Jeden mit Glück erfüllen, auch sich, das ist gut.

Aus: Friedrich Schorlemmer, Die Utopie des Glücks, in: Publik Forum. Zeitung kritischer Christen, Nr. 10/2004

› Erläutern Sie an einigen Beispielen, inwiefern nach Schorlemmer aus der Bergpredigt eine Lebenshaltung spricht, die den Lebenshandlungen vorausgeht.

2.1.2.4 *Ist die Bergpredigt richtig übersetzt? – Fragen an den Inhalt aus einer jüdischen Sicht*

Der jüdische Neutestamentler Pinchas Lapide (1922–1997) versucht Missverständnisse des biblischen Textes aufzuklären, indem er den hebräischen Hintergrund durch Rückübersetzungen erhellt. Obwohl seine Methode nicht unumstritten ist, da sie zu wenig das hellenistische Umfeld Jesu berücksichtige, können interessante Anstöße vermittelt werden, um zu einer Deutung biblischer Texte zu kommen.

Die drei Kapitel 5–7 im Matthäusevangelium heißen zwar seit Jahrhunderten »die Bergpredigt«, jedoch widerspricht dieser Name sowohl dem Inhalt als auch der erklärten Absicht Jesu, der uns hier das Herzstück seiner Lehre bietet. So steht es dreimal im Text. Am Anfang lesen wir: »Als er sich gesetzt hatte, traten seine Jünger zu ihm … und er lehrte sie« (Mt 5,1-2).
Und am Ende heißt es: »Als Jesus diese Worte beendet hatte, waren die Volksscharen ganz betroffen über seine Lehre. Denn er lehrte sie wie einer der Macht hat« (Mt 7,28-29). Von »Predigt« ist zwar häufig in den Synagogen seiner Heimat die Rede, aber hier geht es um viel mehr: das Wesentliche seiner Ethik, der Bauplan einer neuen Gesellschaft und die Wegbereitung zum Himmelreich.
Wir sollten also – in seinem Sinne – von der Berglehre sprechen, um ihr jenen zeitlosen Anspruch zu gewähren, der hier so deutlich zum Ausdruck kommt.

Gott in den »Seligpreisungen«

»Selig sind die Trauernden, denn sie werden getröstet werden (...) gesättigt werden (...) ›gebarmherzigt‹ werden.«

Während es im Deutschen gar nicht klar ist, wer dafür sorgen wird, dass all diese Entrechteten doch letzten Endes auf ihre Rechnung kommen, lässt das Hebräische des Grundtextes keine Zweifel übrig. Es geht nämlich um das sogenannte »passivum divinum«, eine fromme Umschreibung Gottes, dessen Namen man sich scheut, gemäß dem Zehn-Gebot, allzu häufig in den Mund zu nehmen. Und so umschreibt man IHN durch Decknamen wie etwa: der Hoch-Gelobte, der Herr der Welt, der Heilige und – die passive Form. Er allein ist es also, der Trost spendet, der Speise schenkt, Gerechtigkeit übt und den Barmherzigen Barmherzigkeit angedeihen lässt. Immer ist es Gott, der in keiner der neun Seligpreisungen fehlt, auch wenn er nicht immer namentlich genannt wird.

Selig sind die um der Gerechtigkeit willen Verfolgten (Mt 6,10)

Diese Aussage scheint im folgenden Vers eine unnötige Verdoppelung zu erfahren: *»Selig seid ihr, wenn sie euch (...) verfolgen«* (Mt 5,10). Dies scheint umso merkwürdiger, da alle vorherigen Seligpreisungen aktive Handlungen oder Zustände beschreiben: die Armen, die Milden, die Trauernden, die Erbarmenden etc., während erst in Mt 5,11 das passive Erdulden von Schmähungen, Verfolgungen und Verleumdung zur Sprache kommt. Wenn wir Mt 5,10 ins Hebräische zurückübersetzen, stoßen wir auf die Vokabel RADAF, die Verfolgen oder Nachjagen bedeutet, häufig im Sinne einer beharrlichen Praxis des gerechten Handelns, so z. B.:

»Was Recht ist, dem sollst du nachjagen« (Dtn 16,20)
»Hört mir zu, die ihr der Gerechtigkeit nachjagt« (Jes 51,1)
»Wer der Gerechtigkeit nachjagt, den liebt der Herr« (Spr 15,9).

Da in allen diesen Aufrufen, der Gerechtigkeit nachzujagen (oder: sie zu verfolgen), Gottes Segen dem Gerechten zugesprochen wird und die »bessere Gerechtigkeit« (Mt 5,20) das Hauptthema der Berglehre ist, wäre es sachgemäßer, anzunehmen, dass Jesus hier die Gerechten und diejenigen, die keine Mühe scheuen, um der Gerechtigkeit nachzujagen, – auch zu ihren eigenen Ungunsten – seligsprechen will.

Dies entspräche auch denen, die *»hungern und dürsten nach Gerechtigkeit«* (Mt 5,6), denn sie könnten leichter *»satt werden«*, wenn ihnen die Gerechten zu eben dieser Gerechtigkeit verhelfen. Zu guter Letzt sollte bemerkt werden, dass *»die um der Gerechtigkeit willen Verfolgten«* einen zwielichtigen Beigeschmack hat. Es klingt nämlich, wie der griechische Text nahe legt, als handle es sich um Leute, die zu Recht verfolgt werden, oder wie Menschen, die guten Grund haben, der Gerechtigkeit zu entfliehen.

Der Geringste im Himmelreich? (Mt 5,19)

»Wer nur eines von diesen geringsten Geboten auflöst und lehrt die Menschen, so zu tun, der wird der Geringste heißen im Himmelreich« (Mt 5,19).

Das kann Jesus unmöglich gemeint haben – aus zwei guten Gründen: Vor allem deshalb, weil das Judentum zwar »schwere« und »leichte« Gebote kennt, aber sich weigert, die 613 Gebote der Thora nach einer willkürlichen Wertskala als »gering« oder »gewichtig« einzustufen. Noch klarer aber ist es, dass dieser Wortlaut die vorangehenden Verse Mt 5,17-18 Lügen strafen würde. Denn wenn *»kein Jota noch ein Tüttelchen der Thora vergehen wird«*, wie kann dann einer ein ganzes Gebot auflösen – und dennoch Einlass ins Himmelreich erlangen?

Mehr noch! Der Satz könnte als Ausrede für Laxheit in der Gebotserfüllung missbraucht werden, ja sogar zum Thorabruch verführen, denn ausschlaggebend für Jesu Zeitgenossen war es, irgendwie ins Himmelreich hineinzukommen, und sei es auch als »Geringster«. Umso mehr, als ja *»viele der Ersten die Letzten sein und viele der Letzten die Ersten sein werden«* (Mt 19,30).

Was Jesus höchstwahrscheinlich gesagt hat, ist, dass jeder, der auch nur das leichteste Gebot aufhebt, wie etwa den Zehnten von Minze, Dill und Kümmel (Mt 23,23) – für das Reich Gottes »zu leicht« befunden werden wird – ganz im Sinne von jenem Gottesurteil über Belschazzar, dessen Reich *»gezählt (…) gewogen und zu leicht befunden wurde«* (Dan 5,25 ff.). Wobei das »Tekel« (zu leicht) aus diesem berühmten Mene-Mene-Tekel-Spruch ein gelungenes Wortspiel zum »leichtesten Gebot« ergeben würde. Die Bestätigung für solch eine konsequente Einstellung hallt aus dem Brief des Bruders Jesu wider: *»Denn wer die ganze Thora hält, aber in einem einzigen Punkt strauchelt, der ist in allen Geboten schuldig geworden«* (Jak 2,10).

Ehebruch im Herzen (Mt 5,28)

»Jeder, der eine Frau begehrlich anblickt, hat in seinem Herzen schon die Ehe mit ihr gebrochen« (Mt 5,28). Auch hier scheint etwas nicht zu stimmen. »Frau« heißt auf Griechisch als Sammelname jedes weibliche Wesen; auf Hebräisch heißt jedoch »Ischah« im Allgemeinen nur eine verheiratete Frau, die zu Jesu Zeiten durch ihre Haube (oder Schleier) und Haartracht schon von weitem als Ehefrau erkennbar war. Denn seit Rebekka sich mit einem Schleier verhüllte, als ihr zukünftiger Gatte Isaak ihr entgegenkommt (Gen 24,65), galt die Regel, dass Ehefrauen verschleiert in die Öffentlichkeit traten, Unverhüllte aber als ledig anerkannt wurden. So wusste also jeder Mann auf Anhieb, wer »noch zu haben war« und wer nicht. Und da man bekanntlich mit keiner Ledigen »die Ehe mit ihr« brechen kann, muss Jesus mit »Ischah« eine Ehefrau gemeint haben. Denn ein Junggeselle, der eine Jungfrau nicht begehrlich ansieht, sollte eigentlich zum Psychiater gehen.

»Wer dich auf die rechte Backe schlägt« (Mt 5,39)

Hier ist vorerst zu bemerken, dass das im Normalfall gar nicht geht. Versuchen Sie doch einmal, eine Person, die vor Ihnen steht, auf die rechte Backe zu schlagen! Nur Linkshänder oder Akrobaten bringen das fertig. Da aber Jesus weder das eine noch das andere war, müssen wir tiefer schürfen, um seiner Aussage gerecht zu werden. Auch hier hilft uns der Talmud aus der Patsche.

Kein Wunder, wurde er doch in Jesu Muttersprache in seiner Heimat um seine Lebzeiten herum anfänglich verfasst und atmet Geist von seinem Geiste.

Im Talmudtraktat über Körperverletzungen lesen wir: »Wenn jemand seinem Nachbarn eine Ohrfeige gibt (…) so zahlt er ihm vor dem Richter 200 Sus als Wiedergutmachung (etwa 30,– Euro) (…) geschah es aber mit verkehrter Hand, also mit dem Handrücken, so zahlt er ihm 400 Sus« – das Doppelte? Warum? Der Talmud erklärt: Der Schlag mit dem Handrücken schmerzt zwar weniger, gilt aber als Geste der Verachtung, die zwiefach bloßstellt und blamiert (BQ 8,6 und T BQ 9,31).

Also nicht von Schmerzensgeld allein ist hier die Rede, sondern von einer gezielten Verunglimpfung, wie sie zu Jesu Zeiten – von Römerhand – nur allzu häufig begangen wurde, auf die Jesus aber den Seinen rät, mit äußerster Zurückhaltung zu reagieren.

Ein gutes und ein böses Auge

»Wenn nun dein Auge gut (oder: gesund, oder: lauter) ist, so wird dein ganzer Leib licht sein. Wenn aber dein Auge böse ist, so wird dein ganzer Leib finster sein« (Mt 6,22-23).

Auf Anhieb klingt das wie ein Fall für den Augenarzt, der mehr mit Medizin als mit Moral zu tun hat.

Was hier nur allzu wörtlich übersetzt wurde, sind zwei Hebraismen: Wer ein gutes Auge hat, ist wohlwollend oder freigebig; ein böses Auge hingegen ist der Ausdruck für Neid, Missgunst und Geiz. Zu übersetzen wäre also sinngemäß: *»Wenn nun dein Auge Wohlwollen ausstrahlt, so wird dein ganzes Wesen von Licht erfüllt; wenn aber dein Auge durch Missgunst getrübt wird, so wird dein ganzes Wesen verfinstert.«*

Hassen und Lieben

»Niemand kann zwei Herren dienen; entweder wird er den einen hassen und den anderen lieben oder er wird dem einen anhangen und den anderen verachten« (Mt 6,24).

Bibelhebräisch ist eine erdnahe Sprache, die gerne in Kontrastpaaren denkt, die nicht wörtlich gemeint sind, sondern mit der Hellhörigkeit des Gesprächspartners rechnen. *Hassen* und *Lieben* ist ein Paradebeispiel dafür.

In den Bedingungen der Nachfolge sagt Jesus den Seinen: *»Wenn jemand zu mir kommt und hasst nicht seinen Vater und seine Mutter und seine Frau und seine Kinder (...), der kann nicht mein Jünger sein«* (Lk 16,26) – was wie ein Aufruf zum Bruch des Gebotes der Elternliebe für alle »Buchstabilisten« anmuten muss. Noch ärger klingt das Wort aus seiner Abschiedsrede: *»Wer sein Leben in dieser Welt hasst, wird es zum ewigen Leben bewahren«* (Joh 12,25) – was den Selbstmord nahezulegen scheint. Nur wer sich daran erinnert, dass »hassen« in der hebräischen Bibel häufig den Sinn von »hintansetzen, weniger lieben, geringschätzen« hat, wobei das Kontrastwort »lieben« den Sinn von »vorziehen, Vorliebe haben« besitzt, wird der Aussageabsicht Jesu gerecht. So z. B. heißt es im Gotteswort: *»Jakob habe ich geliebt; Esau aber habe ich gehasst«* (Mal 1,2-3 und Röm 9,13). Derselbe Sinn ergibt sich auch aus dem Abschnitt über den Ehemann mit zwei Gattinnen, »eine, die er liebt, und eine, die er hasst« (Dtn 21,15) – wozu der Talmud mit Recht fragt: »Gibt es denn vor Gott Geliebte und Gehasste?« (Jeb. 23a).

Fazit: Jesus und seine Worte sind ohne Kenntnis seiner hebräischen Bibel oft unklar und missverständlich.

»Führe uns nicht in Versuchung?«

Dieser Wortlaut der sechsten Vater-unser-Bitte scheint anzudeuten, dass Gott selbst den Gläubigen verführen wolle – was alle biblischen Vorstellungen vom gütigen Gott der Liebe Lügen strafen würde. Das kann doch Jesus nicht gemeint haben.

Und in der Tat, bei der Rückübersetzung dieser Fürbitte ins Hebräische stoßen wir hier auf ein Zeitwort (have), das vom Verbum »kommen« abgeleitet wird und entweder »bringen« oder »führen« (als causativum) oder »kommen lassen« (als permissivum) bedeuten kann. Im letzteren Sinn kommt es häufig in der Synagogenliturgie vor wie z. B. im jüdischen Abendgebet, wo es heißt: »Lass mich nicht kommen in die Gewalt der Sünde noch in die Gewalt der Schuld noch in die Macht der Versuchung (...)«

Wobei wir selbst es sind, die immer wieder in die Versuchung hineinstolpern, ja oft sogar ihr entgegeneilen, um ihr willig zum Opfer zu fallen. Auf diese nur allzu menschliche Schwäche reagiert der hebräische Urtext Jesu, indem er Gott um innere Widerstandskraft bittet. Im Klartext gemeint ist: Lass mich doch nicht wieder straucheln noch der Versuchung zum Opfer fallen; gib mir den Mut zum Neinsagen!

Diese Deutung erhärtet der Jakobusbrief ganz unmissverständlich: *»Niemand sage, wenn er versucht wird: Ich werde von Gott versucht. Denn Gott kann nicht vom Bösen versucht werden, und er selbst versucht auch niemanden. Ein jeder aber wird versucht, wenn er von seiner eigenen Begierde fortgezogen und versucht wird«* (Jak 1,13).

Mit einem Wort: Lass mich nicht der Versuchung unterliegen!, aber sicherlich nicht: *Führe mich nicht in Versuchung!* Noch *»Führe mich in der Versuchung«* – wie etliche Übersetzer auszuweichen versuchen.

Aus: Pinchas Lapide, Ist die Bibel richtig übersetzt?, © Gütersloher Verlagshaus, Gütersloh, in der Verlagsgruppe Random House, München, Gütersloh 1986, S. 118–124

1. Skizzieren Sie die Grundthesen des Textes.
2. Erläutern Sie an einem selbst gewählten Beispiel das methodische Vorgehen von Pinchas Lapide.
3. Prüfen Sie die Aussagen von Lapide unter methodischer und inhaltlicher Perspektive.

2.1.2.5 Ethische Reflexionen zur Bergpredigt – Wozu die Bergpredigt auffordert

Jesu Ethik ist jüdische Ethik. Sie ist Ausdruck jener gesteigerten »ethischen Sensibilität«, die wir in den Schriften des zeitgenössischen Judentums spüren können. Sie hat ihr inhaltliches Zentrum in der frei interpretierten Thora, ihren motivierenden Rahmen in Weisheit und Eschatologie. Jesus vertritt sie als ein jüdischer Rabbi.
Die Thora ist ihre Grundlage. Wie in jedem System von Normen und Regeln kann man in ihr »Buchstaben« und »Geist« unterscheiden, d. h. auf der einen Seite die konkreten Verhaltensvorschriften, auf der anderen Seite die ihr zugrunde liegenden Axiome und Maximen – oder in der Sprache der Thora selbst: den Willen Gottes. Jesus steht auf dem Boden der Thora, indem er aus den Axiomen und Maximen der Thora heraus ethische Normen formuliert, die manchmal zu dem Buchstaben der Thora und dessen zeitgenössischer Auslegung in Spannung stehen. Er konnte die »Schrift« instrumentell gebrauchen – nicht weil er unabhängig von ihr war, sondern weil er von ihren Grundüberzeugungen her die einzelnen Schriftstellen in »Dienst« nahm. Er konnte Wichtiges und Unwichtiges unterscheiden. Das Gottes- und Nächstenliebegebot war für ihn das Wichtigste. Zum Unwichtigen gehörten die Reinheitsgebote, bei denen er nicht einmal die zugrunde liegende »Maxime« teilte, es gebe äußere Unreinheit, die rituell von Gott trennt. Hier setzt er eine Maxime der Thora durch eine noch wichtigere (implizite) Maxime außer Kraft, die das Verhältnis zu Gott durch den Willen von Gott und Mensch bestimmt sein lässt und nicht durch dingliche Qualitäten. Aber auch hier folgert er daraus keine Aufhebung der konkreten Reinheitsnormen. Sie sind unwichtig, aber gültig, können jedoch gegebenenfalls gebrochen werden. [...]
Diese in einem freien Verhältnis zur Thora begründete Ethik Jesu durchziehen zwei Spannungen. An erster Stelle ist die Spannung zwischen thoraverschärfenden und thoraentschärfenden Aussagen, zwischen Rigorismus und Laxismus, Strenge und Akzeptanz zu nennen. In beide Richtungen werden radikale und für die Zeitgenossen provokative ethische Normen formuliert. Dennoch ist die Intention dieser radikalen Ethik integrativ. Sie will auf der einen Seite jüdische Identität durch Verschärfung der Thoranormen nach außen hin sichern, auf der anderen Seite nach innen hin durch Thoraentschärfung deklassierte und marginalisierte Gruppen integrieren. Daher steht das Gebot der Liebe im Zentrum, die nach außen hin als Feindesliebe die Anhänger Jesu von den »Heiden« unterscheiden und zugleich als Zuwendung zu den Deklassierten nach innen hin zur Annahme der Schwachen und Sünder führen soll.
[...] Der Gott Jesu ist – wie der Gott des Alten Testaments – ein loderndes Feuer ethischer Energie, die alles durchglüht und den Menschen entweder als Liebe erfasst und verwandelt oder als »Höllenfeuer« mit der Möglichkeit eines für immer verfehlten Lebens konfrontiert. Die Konfrontation dieser ungeheuren ethischen Energie in den Worten

Jesu mit dem realen Leben lässt unmittelbar die Frage laut werden: Lässt sich diese Ethik überhaupt praktizieren? Überfordert sie nicht den Menschen?
Die Radikalität der Ethik Jesu hat in der Auslegungsgeschichte eine Fülle von Theorien hervorgerufen, teils um sie in irgendeiner Weise »lebbar« zu machen, teils um ihr einen Sinn zu geben, der ihrer Unerfüllbarkeit Rechnung trägt, oft aber auch nur, um sie unabhängig von einer Applikation in der Gegenwart in ihrem historischen Kontext verständlich zu machen. Meist wird das Problem unter dem Stichwort »Hermeneutik der Bergpredigt« behandelt, obwohl die Forderungen der Aussendungsrede (Mt 10), die Perikope vom reichen jungen Mann (Mt 19,16-30) und der Spruch über die Ehelosigkeit (Mt 19,10-12) eine ebenso wichtige Rolle in ihr spielen wie die Bergpredigt. Die ersten der im folgenden skizzierten Deutungen laufen auf eine Relativierung der strengen Forderungen hinaus.

1. *Die Unterscheidung von praecepta und consilia evangelica in der mittelalterlichen Zweistufenethik:* Die weithin aus den 10 Geboten bestehende praecepta (Gebote) gelten für alle, die consilia evangelica (evangelische Räte) der Armut, Keuschheut und des Gehorsams jedoch nur für wenige, für Mönche und Nonnen. [...]

2. *Die Unterscheidung einer Ethik des Amts und der Person bei Martin Luther:* Die radikalen Forderungen Jesu gelten danach nicht für das öffentliche und politische Leben: Als Vertreter eines Amtes (als Politiker, Richter, Lehrer usw.) muss der Christ im Interesse anderer Macht gebrauchen und Recht gegen Widerstand durchsetzen. Wenn es aber nur um seine eigenen Interessen geht, wenn er als »Privatperson« betroffen ist, dann soll der Christ auf Widerstand verzichten, Unrecht leiden und die unbedingte Liebe verwirklichen. Er handelt also innerhalb der »zwei Regimenter« Gottes in verschiedener Weise. Die Verwirklichung radikaler und »realistischer« Gebote wird hier nicht auf zwei Gruppen verteilt, sondern in den einzelnen Menschen verlagert – je nachdem, in welchen Rollen er handelt.

3. *Die Unterscheidung zwischen Gesinnung und (zeitbedingter) Konkretion in der liberalen Theologie:* Eine moderne Konzeption dieser »Verinnerlichung« der Spannung zwischen Radikalität und Lebbarkeit einer Ethik ist die Reduktion der Ethik Jesu auf ein Prinzip der Gesinnung: Gut ist nur das, was aus einer guten Gesinnung heraus getan wird. Die Gebote Jesu wollen daher nicht ihrem Buchstaben nach verwirklicht werden, sondern ihrem inneren Geist nach; sie wollen die grundsätzliche Gesinnung formen, aus der heraus wir handeln. In dieser Hinsicht sind sie zeitlos gültig. Die konkreten Forderungen sind dagegen zeitbedingt. [...]

Aus: Gerd Theissen, Annette Merz, Der historische Jesus, Vandenhoeck & Ruprecht, Göttingen [3]2001, S. 350–352

Was die Bergpredigt aussagen will

Die bisher skizzierten Auslegungstypen gehen alle davon aus, dass der Sinn der Ethik Jesu darin liegt, dass sie verwirklicht wird – zumindest von einigen Mönchen, zumindest vom Christen als Privatperson, zumindest der Gesinnung nach. Seit der Reformation entstanden daneben Auslegungstypen, die ihr – trotz der imperativischen Form – einen »indikativischen« Sinn zuschrieben: Die Bergpredigt ziele auf Aussagen über den sündigen Menschen, über Christus und über den neuen Menschen.

4. [...] Schon Luther betrachtete die Bergpredigt als Gesetz, das unerfüllbar ist. Diese Linie wurde in der lutherischen Orthodoxie fortgeführt. Die unerfüllbaren Forderungen Jesu decken die Sünde des Menschen auf und schaffen eine Sehnsucht nach dem Evangelium. [...] In dieser Tradition steht etwa M. Hengel, wenn er der Bergpredigt den Sinn zuschreibt, »jede Möglichkeit menschlicher Selbstgerechtigkeit« zu zerstören.

5. *Die radikale Ethik Jesu als christologische Aussage über Jesus als Bringer des Gottesreiches:* Nach E. Thurneysen ist Christus nicht nur der Autor der Bergpredigt, sondern ihr Gegenstand: Nur in ihm sind die radikalen Gebote der Bergpredigt erfüllt. »Die Christologie der Bergpredigt besteht darin, dass in ihr Jesus dargestellt ist als Bringer des messianischen Reiches mit seiner neuen Gerechtigkeit.« Die Bergpredigt wird so zur Selbstanzeige Jesu. Im Unterschied zur altlutherischen Lehre von der Bergpredigt als »Sündenspiegel« des Menschen zielt sie hier nicht auf eine negative Aussage über den alten Menschen, sondern eine positive Aussage über den neuen Menschen, der in Christus Wirklichkeit geworden ist. Verwandt ist daher die Deutung der Bergpredigt auf indikativische Aussagen über den neuen Menschen überhaupt.

6. *Die radikale Ethik Jesu als eschatologische Aussage über das Leben im Gottesreich:* Nach M. Dibelius sind die Sprüche Jesu »Zeichen des Gottesreichs«. Sie sind in dieser Welt nicht restlos erfüllbar, aber sie weisen auf eine neue Welt. Für diese neue Welt ist eine endzeitliche Erneuerung des Gottesverhältnisses verheißen – vor allem, dass Gottes Gesetz den Menschen ins Herz geschrieben wird (vgl. Jer 31,33; 32,40; Ez 36.26 f.) Die Menschen werden dann spontan Gottes Willen tun. [...]

7. *Die Auffassung der Ethik Jesu als »Interimsethik«, die aus der Ausnahmesituation des nahen Weltendes erklärbar ist:* J. Weiß deutet Jesu Ethik im Kontext der Naherwartung. An ein ethisches System, das die Belange einer Gemeinschaft für Jahrhunderte regeln könne, sei nicht gedacht. »Wie im Kriege Ausnahmegesetze in Kraft treten, die sich so im Frieden nicht durchführen lassen, so trägt auch dieser Teil der ethischen Verkündigung Jesu einen besonderen Charakter. Er fordert Gewaltiges, zum Teil Übermenschliches, er fordert Dinge, die unter gewöhnlichen Verhältnissen einfach unmöglich wären.« A. Schweitzer (Reimarus 1906, 351 ff.) prägte dafür den Begriff »Interimsethik«. Die mit dieser Ethik verbundene Vorstellung eines nahen Weltendes hielt er für zeitbedingt, der sich in ihr äußernde ethische Wille aber war für ihn die Grundlage des Christentums.

8. *Die Auffassung der Ethik Jesu, die als Ausdruck eines radikalen Wandercharismatikertums erklärbar ist:* Die »konsequent eschatologische« Interpretation der Ethik Jesu ließ diese als weltfremde Forderungen erscheinen, die in dieser Welt keinen »Sitz im Leben« haben. Die Frage ist aber, ob nicht in marginalen Gruppen schon von Anfang an diese radikale Ethik glaubwürdig vertreten werden konnte – so wie sie im Laufe der Kirchengeschichte von Orden, Täufern, Mennoniten, Quäkern und anderen Sondergruppen glaubwürdiger vertreten wurde als von den großen Kirchen. Wenn man Jesus und seine Jünger als eine Gruppe mit sozial abweichendem Verhalten betrachtet, die ohne die Bindungen und Einschränkungen eines alltäglichen Berufs- und Familienlebens durch Palästina zogen, so erscheint die Radikalität der Ethik Jesu tendenziell »lebbar« zu sein (so G. Theißen, Wanderradikalismus). Daraus folgt ihre Irrelevanz für die Gegenwart nur dann, wenn man meint, dass Minoritäten mit abweichendem Verhalten für die Gesamtgesellschaft »irrelevant« sind.

Aus: Gerd Theissen, Annette Merz, a. a. O., S. 352-354

1. Erläutern Sie den Umgang Jesu mit der jüdischen Tradition hinsichtlich ethischer Fragen.
2. Vergleichen Sie den möglichen »imperativischen« Sinn der Bergpredigt mit einer »indikativischen« Auffassung.

2.1.2.6 Von der Wahrheit aller Auslegungsversuche

In all diesen hermeneutischen Aneignungsversuchen ist ein Wahrheitsmoment enthalten. Ethische Aussagen, auch wenn sie universal und zeitlos gültig formuliert sind, haben meist einen konkreten »Sitz im Leben«, einen Kontext, in dem sie stimmiger sind als in anderen Kontexten. Die radikale Ethik ist zweifellos als Auslegung des zeitlos gültigen Willens Gottes gemeint. Aber sie wird immer nur für einzelne eine direkte Orientierung sein können, für Gruppen und Personen, die bereit sind, in unseren Gesellschaften eine marginale Rolle einzunehmen. Indirekt aber kann sie eben deswegen zu einer Richtschnur für alle werden: Sie verpflichtet alle, eine Gesellschaft so einzurichten, dass wenigstens einige die Chance haben, solch ein radikales Ethos zu verwirklichen. Sie hat insofern auch eine politische Bedeutung. Der Verteidigungsminister wird zwar kaum nach der Devise handeln: »Wehret nicht dem Bösen!«, der Finanzminister nicht nach dem Motte: »Sorget nicht …!«, die Justizministerin nicht nach der Maxime: »Richtet nicht, damit ihr nicht gerichtet werdet!« Aber sie alle können sich für eine Gesellschaft einsetzen und daran arbeiten, dass auch der Kriegsdienstverweigerer, auch der Vertreter einer Konsum verweigernden Askese, auch der »Sanftmütige«, der auf sein Recht verzichtet, einen Lebensraum haben – ja, dass Raum da ist für ganz Gruppen, die das strenge Ethos Jesu (oder eine vergleichbare Moral) verwirklichen wollen. Die Unterscheidung einer Ethik von Amt und Person ist richtig. Sie ermöglicht den verantwortlichen Umgang mit Zwang – und hält gleichzeitig das Bewusstsein der ethischen Unzulänglichkeit von Zwang aufrecht. Aber zur Amtsethik gehört nicht nur die Anwendung von Zwang und die Durchsetzung des Rechts – sondern auch die Verpflichtung, Lebensräume zu schaffen, in denen demonstrativer Verzicht auf Zwänge, auf Vorsorge, auf Rechtsdurchsetzung möglich wird. Gewiss zunächst nur für Einzelne und Minoritäten. Aber dies hat eine Rückwirkung auf alle: Eine Gesellschaft mit Lebensräumen für radikale ethische Minoritäten ist humaner als jede andere. Und alle sind auf ethische Minoritäten mit abweichendem Lebensstil angewiesen, damit die im Alltag kompromittierten ethischen Normen wieder zur Geltung kommen und die Sensibilität für das Gute durch den Zynismus des Alltags nicht zerrieben wird. Es bleibt der strukturelle Widerspruch zwischen den Prinzipien einer solchen Ethik und den konkreten Verhaltensweisen, die von allen verwirklicht werden können. Aber auch solch ein Widerspruch ist ethisch produktiv. Das »Sündenbewusstsein«, das sich daran bildet, schafft einerseits ein Verbundenheitsbewusstsein: Alle verfehlen das, was sie im Innersten bejahen. Das Bewusstsein, grundsätzlich hinter dem zurückzubleiben, was man als Verpflichtung anerkennt, ist Voraussetzung für den verständnisvollen Umgang mit anderen Menschen, wenn diese sich verfehlen. Andererseits ist Sündenbewusstsein ein moralischer Schmerz, der wie jeder physische Schmerz eine wichtige Funktion für das Leben hat: Er mahnt Verhaltensänderung an – auch dort, wo sie im Augenblick nicht möglich ist. Sündenbewusstsein ist »evolutionärer Schmerz«, ein Indiz dafür, dass die Welt auch strukturell anders sein müsste, um elementare Normen realisieren zu können: Dass ein Fünftel der Weltbevölkerung mehr als vier Fünftel der Ressourcen besitzt, ist ein moralisch unhaltbarer Zustand. Der »Schmerz« über solche Verhältnisse muss wach gehalten werden und immer wieder zu neuen Handlungsprogrammen führen. Denn über das hinaus, was wir tun können, ist Ethik auch eine Orientierung für das, was wir erhoffen: ein Zeichen der Zukunft – so wie sie bei Jesus ein Zeichen der Gottesherrschaft ist.

Die Ethik Jesu bleibt so in ihrer Radikalität, aber auch in ihrer Verbindung von Radikalität mit Versöhnungsbereitschaft einer der ethischen »Grundtexte« der menschlichen Kultur.

Aus: Gerd Theissen, Annette Merz, a. a. O., S. 354 f.

2.2 Deutungen des Todes Jesu: kontrastierende theologische Ansätze im Vergleich

Texte und Bilder zum Thema »Leiden und Sterben – Passion und Tod Jesu« finden sich in: AKZENTE RELIGION 3: Jesus begegnen – Impulse aus dem Evangelium, S. 115–145

2.2.1 Hinführung: »Der Flieger« – Aus einem Roman von Maarten t'Haart

Der zeitgenössische niederländische Schriftsteller Maarten t'Haart (geb. 1944) wuchs in streng protestantischem Milieu auf. In seinem Roman »Der Flieger« geht es unter anderem um den Ausschluss eines Gemeindemitglieds wegen »ketzerischer« Auffassungen über die Deutung des Sühnetodes Christi.

»Ja. Im Sommer waren die Presbyter bei uns zu Besuch. Wir sitzen gemütlich mit den beiden Brüdern und plaudern, meine Frau und ich, wirklich, ganz gemütlich, alles in Ordnung, nun ja, alles ... wir hatten ausführlich über unsere Tochter gesprochen ... warum man sie nie in der Kirche sieht ... und sie hatten auch dies und das von Hindervoet gehört ... offenbar hat sie im Konfirmandenunterricht auf die Frage ›Was hilft es dir aber nun, wenn du dies alles glaubst?‹ geantwortet: ›Einen Dreck‹ ... wie dem auch sei, das hatten wir alles hinter uns, und es war inzwischen sehr gemütlich geworden. Ich hatte den Brüdern bereits einen Schnaps eingeschenkt ... und da habe ich so ganz nebenbei zu Bruder Scharloo gesagt: Vor einem Monat bin ich mitten in der Nacht aufgewacht und ins Grübeln geraten, und plötzlich fällt mir, während ich mir über unsere Tochter den Kopf zerbreche, das Vaterunser ein. Ich denke: Eigentlich seltsam, dass Jesus sagt: ›Vergib uns unsere Schuld, wie auch wir vergeben unseren Schuldigern‹, denn Gott vergibt uns – so wird uns gelehrt – dank der Tatsache, dass das teure Blut unseres Herrn Jesus Christus für die vollständige Vergebung all unserer Sünden am Kreuz vergossen worden ist.«

»Ein Pastor könnte es nicht besser sagen«, meinte mein Vater.

»Ja, aber wir vergießen doch nicht das Blut unserer Kinder, um die Sünden unserer Schuldiger zu vergeben. «

»Sag das noch mal«, bat mein Vater.

»Was ich meine, ist, sage ich zu Scharloo, dass das Wörtchen ›wie‹ ganz seltsam ist. Gott vergibt uns, wie auch wir vergeben. Wie wir vergeben müssen. Aber wir vergeben nicht über den Umweg von Blut und Kreuz.«

»Mannomann, wie bist du darauf denn bloß gekommen?«, sagte mein Vater.

»Ich denke, ich bin durch meine Tochter draufgekommen. Das Mädchen ... ach, man denkt alles Mögliche, also denkt man auch schon mal mitten in der Nacht, wenn man um drei Uhr hellwach ist und die dunkelsten, schwärzesten, grässlichsten Hirngespinste aus deinem Innersten aufsteigen, ich wollte ... ich würde ... ich wollte, Gott möge mir vergeben, wie auch ich vergeben will ... wenn sie nicht mehr da wäre, wäre alles viel einfacher ... ach, es ist schrecklich, dass man solche Dinge denkt, dass man das Teuerste, was man hat, opfern will ... verstehst du ... opfern, aber man opfert seine Kinder niemals. Unsere Schuldiger erhalten keine Vergebung, indem wir unsere Kinder an ein Kreuz nageln lassen, auch wenn wir wegen unserer Kinder manchmal ein schweres Kreuz zu tragen haben, aber Gott vergibt – Jesus sagt es ganz unmissverständlich –, wie wir vergeben müssen. Unser Vergeben ist also wie die Vergebung Gottes. Es steht auch ganz deutlich in Markus

11, Vers 25: ›Und wenn ihr stehet und betet, so vergebet, wo ihr etwas wider jemand habt, auf dass auch euer Vater im Himmel euch vergebe eure Fehler.‹«

»Ich bin verblüfft«, sagte mein Vater.

»Als Jesus«, fuhr Ginus unbeirrbar fort, »seine Jünger das Vaterunser gelehrt hat, sagte er: ›Denn so ihr den Menschen ihre Fehler vergebet, so wird euch euer himmlischer Vater auch vergeben. Wo ihr aber den Menschen ihre Fehler nicht vergebet, so wird euch euer Vater eure Fehler auch nicht vergeben.‹ Vergebung aufgrund von Kreuzestod und Sühneblut? Von wegen. Wenn wir vergeben, vergibt er, sonst nicht. Und nachdem mir das klargeworden war, kam mir noch ein anderer Gedanke. Gott ist allmächtig.«

»So ist es«, bestätigte mein Vater.

»Gott kann alles, aber auch wirklich alles.«

»Wer würde es wagen, daran zu zweifeln.«

»Richtig, aber wenn er alles kann, wirklich alles, dann kann er auch vergeben.«

»Aber es gibt doch keinen Pastor, der behaupten würde, dass dem nicht so ist?«

»Doch! Sie sagen alle, dass er uns vergibt, weil unser Erlöser am Kreuz gestorben ist. Aber wenn Gott alles kann, wirklich alles, dann kann er uns auch direkt vergeben, dann bedarf es dafür keiner Kreuzigung und keines Sühnebluts.«

»Natürlich«, sagte mein Vater, »wenn er wollte, könnte er direkt vergeben. Aber offenbar will er das nicht. Offenbar vergibt er nur dank des stellvertretenden Leidens unseres Heilands. «

»Jaja, das hat man uns von Kindesbeinen an beigebracht, aber Jesus sagt klar und deutlich: Gott vergibt, wie wir vergeben. Kein Opfer, kein Kreuzestod, kein Leiden. Wenn man nachts so herumliegt und grübelt, dann denkt man noch, dass man sich schrecklich irren muss, denn in der Kirche wird schon seit Jahrhunderten gepredigt, dass es einzig und allein das sühnende Sterben Christi ist, das die Sünden der Welt hinwegnimmt ... «

»Halt ein, steigere dich nicht in etwas hinein«, rief mein Vater.

»... aber wenn man am nächsten Tag, nachdem man sich die ganze Nacht hin und her gewälzt hat, mit zitternden Händen die Heilige Schrift einfach irgendwo aufschlägt, dann liest man – es kann kein Zufall sein, dass ich just diese Seite aufgeschlagen habe, der Herr selbst hat meine Finger gelenkt – in Psalm 51: ›Tilge alle meine Missetaten.‹ Durch Jesu Opfer am Kreuz? Oh nein, denn etwas weiter unten steht: ›Denn du hast nicht Lust zum Opfer, ich wolle dir's sonst wohl geben; und Brandopfer gefallen dir nicht.‹ Der ganze Psalm handelt von der Vergebung der Sünden – ›tilge meine Sünden nach deiner großen Barmherzigkeit‹ –, doch nirgendwo ist von der Vergebung der Sünden aufgrund des Opfertods von Jesus die Rede. Im Gegenteil: Dort steht, dass Gott keinen Gefallen an Opfern hat. Ich habe das ganze Alte Testament durchgelesen, übrigens keine kleine Aufgabe, das kann ich dir sagen, und habe alle Passagen angestrichen, in denen von Vergebung die Rede ist, etwa sechzig bis siebzig Stellen, aber nirgendwo, wirklich nirgendwo liest man, dass Gott aufgrund des Opfers seines Sohnes vergeben wird.«

»Das geht ja auch gar nicht. Sein Sohn war damals noch überhaupt nicht auf die Erde hinabgestiegen.«

»Da stimme ich dir zu, da stimme ich dir ganz und gar zu, aber ist es denn nicht äußerst verwunderlich, dass Gott zu Zeiten des Alten Bundes offenbar direkt vergeben konnte – denk nur mal an Psalm 32: ›Ich will dem Herrn meine Übertretung bekennen. Da vergabst du mir die Missetat meiner Sünde. (Sela.)‹ –, und im Neuen Bund ist das plötzlich nur auf dem Umweg über den Kreuzestod Christi möglich? Hat er plötzlich die Fähigkeit zur direkten Vergebung verloren? Musste er deshalb seinen Sohn schicken? Das glaubt doch niemand. Ein allmächtiger Gott kann vergeben, kann souverän und direkt vergeben, und darum behagen ihm Opfer auch nicht.«

»Junge, Junge, was hast du dir da ausgedacht?«, sagte mein Vater.

»Ja, und das ist noch nicht alles: Ich habe auch die vier Evangelien gelesen, aber ich habe nirgendwo, aber auch wirklich nirgendwo eine Stelle finden können, an der Jesus selbst sagt, er sei gekommen, um durch seinen Tod am Kreuz die Sünden der Welt zu tilgen.«

»Halt, halt«, sagte mein Vater, »was ist mit Johannes 3: ›Also hat Gott die Welt geliebt …‹«

»Da steht nur, dass Gott seinen eigenen Sohn gegeben hat, ›auf dass alle, die an ihn glauben, nicht verlorengehen werden‹. Aber du findest kein Wort über das stellvertretende Leiden, kein einziges. Das Kreuz, das Blut und das Opfer werden nicht erwähnt.«

»Stimmt, aber Jesus sagt oft, dass er leiden muss.«

»Wegen unserer Sünden? Lies dir die Evangelien im Hinblick darauf noch mal durch. Nirgendwo sagt er geradeheraus, dass er irgendwann ans Kreuz muss, um die Sünden der Welt hinwegzunehmen. Der Kreuzestod als Opfer für unsere Sünden stammt vom Apostel Paulus, von einem ganz normal sterblichen Menschen wie du und ich. An keiner Stelle tischt Jesus, Gottes Sohn, uns diese Geschichte auf, im Gegenteil, in Matthäus 18 sagt Jesus, dass das himmlische Königreich vergleichbar ist mit einem König, der mit seinen Knechten abrechnen will. Einer dieser Knechte kann seine Schulden nicht bezahlen, und der König erlässt sie ihm.«

»Ja, und dann ging dieser Knecht fort und traf jemanden, der ihm einhundert Groschen schuldete«, sagte mein Vater.

»Genau, der Knecht würgt ihn und will ihn zum Zahlen zwingen, obwohl er selbst soeben vom König begnadigt worden ist … nun ja, du weißt genau, was danach passiert, du kennst die Heilige Schrift ebenso gut wie ich. Der König ruft den Knecht zu sich und sagt: Warum hast du kein Mitleid gezeigt, obgleich ich dir gegenüber sehr wohl Mitleid gezeigt habe?«

»Ja«, sagte mein Vater, »und dann übergibt der König den Knecht den Peinigern.«

»Und weißt du, was Jesus am Schluss sagt? ›Also wird euch mein himmlischer Vater auch tun, so ihr nicht vergebet von eurem Herzen, ein jeglicher seinem Bruder seine Fehler.‹ Mit anderen Worten: Wenn wir unseren Brüdern vergeben, vergibt Gott uns. Seine Vergebung ist eine Folge unserer Vergebung. Von wegen Kreuzestod und Sühneblut.«

»Ich glaube nichts davon«, sagte mein Vater. »Zwar fällt mir so auf die Schnelle keine Bibelstelle ein, aber mir fällt bestimmt noch ein Zitat ein, wart's ab, der Tag ist noch jung.«

»Ich bin gespannt. Auch Scharloo fing an, allerlei Textstellen wie Granaten auf mich abzufeuern, aber es war nicht eine dabei … denn eine solche gibt es nicht. Und selbst wenn es eine gäbe, Jesus sagt: ›Gott vergibt, wie wir vergeben.‹ Kann man es deutlicher sagen?«

»Mannomann, das ist ja schrecklich … was dir da plötzlich eingefallen ist. Du bist schwerkrank.«

»Schwerkrank? Weißt du, was in Psalm 51 steht, den der Herr selbst nach jener Nacht für mich aufschlug? ›Ich will die Übertreter deine Wege lehren, dass sich die Sünder zu dir bekehren.‹ Der Herr selbst will also, dass ich allen berichte, dass er vergibt, wie wir vergeben. Von wegen Kreuzestod.«

»Warum ist Jesus denn dann am Kreuz gestorben?«

»Damit wir, wenn wir leiden, wissen: Er hat schlimmer gelitten. Er hat gelitten, um uns Mut zu machen.«

»Und das hast du den Ältesten an jenem Abend alles gesagt?«

»Ja, und anschließend haben wir den ganzen Abend bis weit nach Mitternacht darüber diskutiert. Gegen zwei meinte Scharloo, zu seinem großen Bedauern müsse er dem Kirchenrat berichten, dass ich nicht mehr daran glaube, dass Jesus für unsere Sünden gestorben ist. Drei Tage später stand der Mittelscheitel bei uns vor der Tür, und auch mit ihm habe ich den ganzen Abend heftig diskutiert. Nicht, dass wir uns wirklich gestritten hätten, denn weißt du, auch wenn er diese unheimlichen tiefliegenden Augen hat – wenn man ihn ansieht, hat man das Gefühl, in einen dunklen Tunnel zu schauen, an dessen Ende eine Katze hockt – und dazu die merkwürdigen Haare – sie werden einfach nicht anständig geschnitten –, er ist trotzdem ein über die Maßen freundlicher Mann. Aber auch er hat nicht eine Textstelle aus den Evangelien hervorzaubern können, die mich davon überzeugt hätte, dass Jesus selbst einmal deutlich gesagt hat …«

»Ich weiß eine Stelle«, rief mein Vater, »Matthäus 20, Vers 28.«

»Ja, die Stelle hat Hindervoet auch genannt: ›Des Menschen Sohn ist nicht gekommen, dass er sich dienen lasse, sondern dass er diene und gebe sein Leben zu einer Erlösung für viele.‹«

»Na«, sagte mein Vater, »da steht es doch.«

»Ach ja? Liest du in diesem Zitat etwas über die Vergebung der Sünden durch den Kreuzestod? «

»Nein, aber da steht: Er gibt sein Leben zur Erlösung.«

»Das kann doch alles Mögliche bedeuten. Und auf keinen Fall steht deutlich da, dass er sein Leben geopfert hat, um dadurch zu bewirken, dass Gott uns unsere Sünden vergibt.«

»Ja, aber wenn du es so genau nimmst …«

»So genau muss man das nehmen. All die Textstellen, in denen ganz vage darauf angespielt wird, dass das Lamm Gottes die Sünden der Welt hinwegnimmt …«

»Na, nun nennst du tatsächlich selbst eine, Johannes 1, Vers 20.«

»Sagt Jesus selbst das?«

»Nein, Johannes der Täufer, aber …«

[…]

Aus: Maarten t'Hart, Der Flieger, Roman. Aus dem Niederländischen von Gregor Seferens, München–Zürich 2008, S. 113–119, © 2008 Piper Verlag GmbH, München

1. Analysieren Sie den Auszug aus dem Roman unter der Fragestellung, wie der Tod Jesu jeweils interpretiert wird.
2. Entwerfen Sie Perspektiven, wie die inhaltliche Auseinandersetzung weitergehen könnte.

2.2.2 »Den zornigen Vater gab es nicht« – Warum Jesus dennoch am Kreuz starb – Einblicke von Eike Christian Hirsch

»Fast jeder meint es zu wissen: Jesus starb am Kreuz, um Gottes Zorn zu versöhnen. Einige von uns sind gerührt von diesem Selbstopfer, die anderen wenden sich ab vom angeblichen Sado-Maso-Schauspiel, wie sie es nennen. In Wirklichkeit erzählt die Bibel die Geschichte vom Kreuz anders, und die Theologie weiß das seit dreihundert Jahren. Doch leider – populär wird wohl immer die andere, die grausame Deutung bleiben.« So der Autor des folgenden Beitrags, der 1937 geborene deutsche Journalist und Schriftsteller Eike Christian Hirsch.

Vor mehr als vierhundert Jahren, 1574, am Ende der Reformationszeit, lebte in Florenz ein junger gelehrter Jurist, Fausto Sozzini, seit zwölf Jahren Sekretär des florentinischen Großherzogs. Erfüllt von freiheitlichen Gedanken über die christliche Lehre ging er mit fünfunddreißig Jahren ins reformierte Basel und entwickelte dort Ansichten, die man – selbst in dieser Zeit des späten Humanismus – nicht haben durfte:

Jesus Christus ist nicht etwa deshalb unser Erlöser, weil er am Kreuz für uns gelitten hat und damit den Vater versöhnte, sondern allein durch seine erhebende Lehre und sein vorbildliches Leben.

Bald war Sozzini sogar im reformierten Basel seines Lebens nicht mehr sicher. Ihn schreckte auch, dass man einen anderen Leugner des Dogmas zwanzig Jahre zuvor im ebenfalls reformierten Genf lebendig verbrannt hatte. So wich Sozzini schon fünf Jahre später nach Polen aus, wo sich die wahren religiösen Umstürzler versammelten, geduldet vom toleranten Regime eines dortigen Herrschers. Sozzini wurde einer der Vordenker dieser Bewegung radikaler Reformer. Deren Ansichten nannte man bald in ganz Europa »Socianismus«.

Was hat Jesus Christus für die Menschheit getan?, fragte Sozzini. Nichts Überirdisches, lautete die Antwort: Jesus hat uns nur den Willen Gottes gezeigt, das ewige Leben verheißen und ein Beispiel der Vollkommenheit gegeben, das er mit seinem Tod bekräftigte.

Das ist schon alles. Jesus als Vorbild. Keine Besänftigung des göttlichen Zorns, keine Abwaschung der Sünden der Welt durch sein Blut. Nichts Dramatisches, schon gar nichts Übernatürliches. Veröffentlicht wurde das anstößige Buch vor rund vierhundert Jahren. 1594, in Polen. Fausto Sozzini ist noch im selben Jahre von Kirchenchristen schwer misshandelt worden, wie überhaupt die Schar der ketzerischen Intellektuellen, die er mit großer Weisheit und Autorität zu einigen wusste, auch in Polen vielen Verfolgungen ausgesetzt war. Den neuen Vernunftglauben, der bald viele Anhänger fand, kann man so zusammenfassen:

Gott ist niemand, der wütend wird und den es nach Strafe verlangt. Die Sünden vergibt er jedem Wohlgesinnten sowieso gern. Jesus musste also nicht der gehorsame Sohn sein, das Opferlamm, das stellvertretend für uns litt. Und sein qualvoller Tod? Der ergab sich politisch, war eben das übliche Prophetenschicksal, allenfalls ein Zeichen seiner Liebe zu den Seinen.

Eine revolutionäre Lehre, aber eine ziemlich biblische und zugleich vernünftige. Fausto Sozzini war damit jedoch seiner Zeit weit voraus und wurde deshalb überall von Theologen heftig bekämpft, in Deutschland zum Beispiel von den lutherischen Gelehrten der folgenden Generationen, die nicht umhin kamen, sich mit dem scharfsinnigen Ideen der Sozianer auseinanderzusetzen. Ein Argument der gefährlichen Sozianer gegen die lutherische Auffassung von Karfreitag lautete:

»Wenn Christus bereit war, Gott den Vater zu besänftigen und für unsere Sünden zu büßen, dann ist sein Mitleid mit den Menschen größer gewesen als das des Vaters, denn er hätte den Vater erst dazu bewogen, dass er sich mit uns versöhnte.«

Ja, wie steht der zornige Gott dann da? Ein peinlicher Einwand, der von den lutherischen Professoren als ganz überflüssige Spekulation mit der Versicherung zurückgewiesen wurde, Vater und Sohn hätten beide die höchste Liebe gezeigt, da gebe es keinen Unterschied. Doch die bohrenden Fragen der modern denkenden Sozianer reichten weiter. Das wichtigste Argument dieser christlichen Vernunft-Sekte lautete:

»Wenn sich Gottes Sohn opfern musste, dann hat Gott die Schuld der Menschen entweder nicht vergeben können oder vergeben wollen.«

Einer der rechtgläubigen Lutheraner entschloss sich in seiner Not, das sogar einzuräumen:

»Bei richtigem Verständnis kann beides zugegeben werden: Gott hat nicht vergeben können, weil seine Gerechtigkeit unwandelbar ist und er keine Sünden ungestraft vergibt. Und er hat auch nicht vergeben wollen, das beweisen alle Zeugnisse der Schrift.«

So gerieten die Altgläubigen in immer schrecklichere Ansichten. Die Sozianer, diese mutigen Ketzer, sind nach zwei Generationen aus Polen und Siebenbürgen vertrieben worden und als Gruppe untergegangen. Ihre Ideen aber sind im Zeitalter der Aufklärung nach hundert Jahren wieder auferstanden und zu Ehren gekommen. (…)

Was ist nun richtig? Wie steht es in der Bibel?

In der Bibel finden wir eine vielstimmige Deutung des Karfreitags. Einig sind sich alle Autoren des Neuen Testaments darin, dass dieses Leiden und Sterben sein musste, also einen tieferen Sinn hatte. Aber welchen? Was im Neuen Testament dazu steht, das wirkt wie die gesammelten Fragmente eines Dramas. Und jeder Theologe hat die Aufgabe eines Regisseurs, der diese Fragmente als ein zusammenhängendes Stück aufführen will; er wird ihnen seine eigene Deutung geben müssen.

Augenblick! Wird so mancher Informierte jetzt vielleicht sagen, es gibt doch die bekannte Deutung, die von Gottes Zorn und dem Opfer des Sohnes handelt!

Ja, das ist die klassische, weitverbreitete Formel. Sie ist weniger biblisch, als man denkt, stammt nämlich aus dem Mittelalter, genauer von dem englischen Theologen Anselm von Canterbury. Und sie wurde erdacht, weil Anselm sich durch allerlei öffentliche Zweifel am Evangelium, die damals aufkamen, veranlasst sah, eine sozusagen wasserdichte, logische Argumentation zu liefern, die er unter dem Titel veröffentlichte:

»Cur Deus homo«, zu deutsch: Warum Gott Mensch werden musste.

Diese Schrift entstand 1094, vor gut neunhundert Jahren, und damit zufällig aufs Jahr genau ein halbes Jahrtausend vor Sozzinis ganz anderer Deutung von 1594. Um seine Geschichte vom Mittler Jesus überzeugend zu erzählen, verfiel der englische Kleriker Anselm auf die Idee, die Sache juristisch zu begründen. Mit Erfolg, aber er überzog und hat damit – in bester Absicht – die biblische Botschaft verfälscht. Die Logik hört sich etwa so an:

»Gott, dieser strenge Gesetzgeber und Richter, kann gar nicht anders als die Sünden der Menschheit unnachsichtig verfolgen. Das verlangt der Begriff der Gerechtigkeit. Weil er aber zugleich barmherzig ist, schickt er seinen Sohn, den er sterben lässt an Stelle der Menschheit, die den Tod verdient hätte.«

Der Gedankengang hat seine Logik, darum ist er wohl auch bis heute in unseren Köpfen wirksam. Doch ist er nicht sehr biblisch. Ja, man wäre versucht, den guten Anselm einen »furchtbaren Juristen« zu nennen, wenn er nicht mit dieser Anschauung einfach ein Kind seiner Zeit gewesen wäre. (…) Diese Auffassung wirkt bis heute weiter, etwa durch die Kirchenlieder jener Zeit oder die Kantaten und Passionsmusiken Johann Sebastian Bachs. (…) Die heutige gebildete Christenheit weiß leider wenig davon, wie stark die Auffassungen vom strafenden Gott längst überholt sind. Eigentlich schon seit Sozzini, oder jedenfalls seit Sozzini auch von guten Kirchenchristen verstanden wurde und seine Weisheit stillschweigend eingebracht wurde in die evangelische Theologie. (…)

Aus: Eike Christian Hirsch, »Den zornigen Vater gab es nicht« – Warum Jesus dennoch am Kreuz starb, WDR 3/5 Lebenszeichen vom 10. 04. 2009; 2. Sprecher kursiv gesetzt

1. Geben Sie die Grundgedanken des Textes wieder.
2. Erläutern Sie die im Text genannten biblischen Interpretationsansätze und die mittelalterliche Deutung des Kreuzestodes Jesu.
3. Erörtern Sie die Argumente des Sozianismus.

2.2.3 Deutungen des Todes Jesu – biblische und systematische Zugänge

Die Darstellung ist einem Unterrichtswerk zu den Weltreligionen entnommen, das der Religionspädagoge Werner Trutwin verfasst hat.

a) Die Kreuzigung

Den umfangreichsten Teil des Evangeliums bildet die *Passionsgeschichte*, die vom Prozess Jesu, seiner Verurteilung und Kreuzigung handelt. Auch sie liegt in vierfacher unterschiedlicher Fassung vor (Mt 26-27; Mk 14-15; Lk 22-23; Joh 18-19). Hier wird ausführlicher und zusammenhängender erzählt, als es sonst in den Evangelien üblich ist. Verständlicherweise hatten die Christen großes Interesse daran, die Erinnerung an den Tod Jesu festzuhalten, weil er für sie nicht nur ein historisches Datum, sondern das Ereignis des Heils ist, das zusammen mit der Botschaft von der Auferstehung Jesu im Mittelpunkt ihres Glaubens steht.

Der Schauplatz des Geschehens ist nicht mehr das provinzielle Galiläa, sondern die heilige Stadt Jerusalem. Möglicherweise ging Jesus an diesen für das Judentum so wichtigen Ort, um hier eine endgültige Entscheidung für oder gegen sich zu erwirken. Bei seinem Einzug in die Stadt wurde er von dem Volk als Messias begeistert begrüßt (Mk 11,1-11). Aber er wird auch vorausgesehen haben, dass es hier zu einer für ihn gefährlichen Auseinandersetzung kommen könnte. Jedenfalls konnte er nicht ausschließen, dass sich hier das Scheitern seines Wirkens in Israel zeigen werde. Tatsächlich überstürzten sich die Ereignisse in Jerusalem, die so rasch zu seinem Tod führten.

Das *Markusevangelium* bewahrt die älteste Passionserzählung auf, die schon kurz nach dem Tod Jesu in den Gemeinden in Umlauf kam. Danach fasste der Hohe Rat zwei Tage vor dem jüdischen Pesachfest den Beschluss Jesus zu töten. Judas Iskariot, einer von den Zwölfen, war bereit ihn zu verraten und dem Hohen Rat zu überliefern. Noch bevor es dazu kam, feierte Jesus mit seinen Jüngern nach alter jüdischer Tradition das *Pesachfest*. Als sie zu Tisch saßen, sprach er über das Brot, das er ihnen reichte, die Worte: »Nehmt! Das ist mein Leib.« Dann nahm er den Kelch mit dem Wein und sagte: »Das ist mein Blut, das Blut des Bundes, das für viele vergossen wird.« Die Erinnerung an dieses letzte Mahl Jesu lebt in der Christenheit in der Feier der Eucharistie/des Abendmahles fort.

Nach dem Mahl ging Jesus mit seinen Jüngern zum *Ölberg*, wo er den Jüngern sein Leiden voraussagte und dem Petrus ankündigte, dass dieser ihn in der Nacht dreimal verleugnen werde. Bei dem Grundstück *Getsemani* entfernte er sich von seinen Jüngern und rief Gott mit dem Wort »Abba« an, das Kinder liebevoll für ihren Vater brauchen, und bat ihn, diesen Kelch an ihm vorübergehen zu lassen. Zugleich zeigte er sich bereit, seinen eigenen Willen zurückzunehmen und das anzunehmen, was nach dem Willen Gottes nun geschehen sollte. Als er nach diesem Gebet zu seinen Jüngern zurückkam, fand er sie schlafend. Diesselbe Szene wiederholte sich noch zweimal. Während er seinen Jüngern noch sagte, dass er nun den Sündern ausgeliefert werde, kam *Judas* mit einer Schar von Männern, die mit Schwertern und Knüppeln bewaffnet waren. Sie waren von den Hohenpriestern und Schriftgelehrten geschickt worden. Judas hatte mit ihnen vereinbart, dass der, den er küssen werde, Jesus sei. Und so ging er auf Jesus zu und küsste ihn. Da ergriffen sie Jesus und nahmen ihn fest. Einer aus der Begleitung Jesu zückte ein Schwert und schlug dem Diener des Hohenpriesters ein Ohr ab. Jesus aber sagte zu denen, die ihn verhafteten, sie seien gegen ihn wie gegen einen Räuber ausgezogen. Niemand habe ihn verhaftet, als er im Tempel gelehrt habe. Jetzt gehe die Schrift in Erfüllung.

Man machte ihm nun einen doppelten *Prozess*. Zuerst wurde er zum jüdischen *Hohenpriester* geführt, der mit Schriftgelehrten und Ältesten zusammen war. Sie bemühten sich um Zeugenaussagen gegen Jesus, fanden aber keine, die übereinstimmten. Vor allem spielte bei den Zeugen ein Wort Jesu gegen den Tempel eine Rolle. Er habe gesagt: »Ich werde diesen von Menschen erbauten Tempel niederreißen und in drei Tagen einen neuen errichten.« Aber auch hier stimmten die Äußerungen nicht überein. Da stand der

Hohepriester auf und fragte Jesus, was er dazu zu sagen habe. Jesus aber schwieg. Sodann stellte der Hohepriester feierlich die entscheidende Frage: »Bist du der Messias, der Sohn des Hochgelobten?« Diese Frage beantwortete Jesus mit dem klaren Bekenntnis: »Ich bin es. Und ihr werdet den Menschensohn zur Rechten der Macht sitzen und mit den Wolken des Himmels kommen sehen (Dan 7,13; Ps 110,1)«. Da zerriss der Hohepriester sein Gewand, verzichtete auf weitere Zeugen, erklärte Jesus der *Gotteslästerung* für schuldig und verkündete, dass er sterben müsse. Einige, die dabei waren, fingen an Jesus zu bespucken, zu schlagen und zu verhöhnen.

In derselben Stunde saß *Petrus* im Hof des Hohenpriesters und wärmte sich. Eine Magd, die ihn sah, warf ihm vor, auch zum Gefolge Jesu von Nazaret zu gehören. Petrus aber leugnete und tat so, als wisse er nicht, von was sie rede. Als er kurz darauf noch zweimal auch von anderen Leuten als einer der Jünger des Galiläers identifiziert wurde, stritt er diese Tatsache mit Fluchen und Schwüren wieder ab. Gleich darauf krähte der Hahn. Da erinnerte sich Petrus an die Vorhersage Jesu. Er schämte sich und begann zu weinen.

Inzwischen hatte der Hohe Rat beschlossen, Jesus zu fesseln und dem römischen Statthalter *Pontius Pilatus* zu überführen. Der fragte ihn eher in politischer Absicht, ob er der König der Juden sei. Jesus bejahte diese Frage, ging aber auf die anderen Anklagen nicht ein, die aus dem Gefolge des Hohenpriesters vor Pilatus gegen ihn vorgebracht wurden. Das wunderte Pilatus, so dass er nicht gleich entschlossen war, Jesus zum Tod zu verurteilen. Entsprechend einem alten Brauch, am Festtag einen Gefangenen zu amnestieren, fragte er die Volksmenge, ob er ihnen Jesus, den König der Juden, freilassen solle. Diese aber, aufgewiegelt von den Hohenpriestern, forderten Pilatus auf, Jesus kreuzigen zu lassen und stattdessen den Aufrührer und Mörder Barabbas freizulassen. Um die Menge zufrieden zu stellen, gab Pilatus den Befehl, Jesus zu geißeln und zu kreuzigen.

Die Soldaten führten Jesus dann ins Prätorium, wo sie ihn als König verspotteten, indem sie ihm einen Purpurmantel umlegten, eine Dornenkrone aufsetzten und vor ihm niederknieten. Danach zogen sie ihm seine Kleider wieder an und führten ihn hinaus zur Kreuzigung. Auf dem Weg zwangen sie Simon von Zyrene sein Kreuz zu tragen. Sie kamen an einen Ort namens *Golgota* (d. h. »Schädelstätte«), wo sie Jesus um die dritte Stunde (ca. 9 Uhr morgens) kreuzigten. Man reichte ihm mit Myrrhe gemischten Wein (zur Betäubung?), er aber trank nicht. Die Soldaten würfelten um seine Kleider. Eine Inschrift zeigte seine Schuld an: »Der König der Juden«. Rechts und links von ihm wurden zwei Räuber gekreuzigt. Diese beiden sowie die Leute und die Hohenpriester verspotteten ihn, dass er sich nicht helfen könne, wo er doch anderen geholfen habe. Als Messias und König von Israel solle er vom Kreuz herabsteigen. Dann könnten sie ihm glauben.

Von der sechsten bis zur neunten Stunde (12–3 Uhr) brach über das ganze Land eine Finsternis herein. Jesus aber rief mit lauter Stimme: »Eloi, Eloi, lema sabachtani?«, d. h.: »Mein Gott, mein Gott, warum hast du mich verlassen (Ps 22,2)?« Einige meinten, er rufe Elija, andere streckten ihm auf einem Stock einen Schwamm mit Essig hin, damit er etwas trinken könne. Dann hauchte Jesus mit einem lauten Schrei seinen Geist aus. Da zerriss der Vorhang des Tempels zu Jerusalem und der Hauptmann unter dem Kreuz sagte: »Wahrhaftig, dieser Mensch war Gottes Sohn.« Bei dem Kreuz standen Maria von Magdala, Maria, die Jakobusmutter, Salome und viele andere Frauen.

Nach dem Tod Jesu ging Josef von Arimathäa, ein vornehmer Ratsherr, zu Pilatus und wagte es, um den Leichnam Jesu zu bitten. Pilatus machte keine Schwierigkeiten, nachdem er sich bei dem Hauptmann vergewissert hatte, dass Jesus wirklich tot war. Josef nahm Jesus vom Kreuz, wickelte den Leichnam in ein Leinentuch und legte ihn in ein Grab. Dann wälzte er einen Stein vor das Grab. Maria von Magdala und die Jakobusmutter Maria beobachteten, wohin der Leichnam gelegt wurde. – Damit endet zunächst die Leidensgeschichte nach Markus.

Die *anderen Passionserzählungen* nach Matthäus und Lukas stützen sich auf das älteste Markusevangelium und ergänzen es in manchen Details. Matthäus erwähnt z. B., dass Pilatus auf Veranlassung der Hohenpriester Wächter am Grab Jesu postieren ließ (27,62-66). Lukas erzählt noch, wie Jesus auch vor den König Herodes Antipas geführt wird (23, 6-12) und wie weinende Frauen Jesus auf seinem Kreuzweg begegnen (23,27-31). Beide Evangelien setzen auch andere Akzente. Das gilt in noch höherem Maß für das Johannesevangelium. Die Unterschiede lassen sich an der Darstellung der Kreuzigung Jesu und an den *letzten Worten* Jesu ablesen. Bei Markus und Matthäus stirbt Jesus laut schreiend mit einem jüdischen Gebet der Gottverlassenheit, das seine Ferne und seine Nähe zu Gott in dieser furchtbaren Stunde zum Ausdruck bringt. Im Lukasevangelium stirbt Jesus wie ein vorbildlicher Gerechter, der ein ungerechtes Ende gefunden hat. Hier spricht er drei Worte, die ihn zum Vorbild christlichen Lebens und Sterbens machen. Das Johannesevangelium sieht das Leiden Jesu in einem überirdischen Licht, ihn selbst in großer Souveränität. Es schreibt dem Gekreuzigten drei völlig andere Worte zu. Hier ist der Tod Jesu seine Herrlichkeit und Erhöhung. Darum gibt es bei Kreuzigung keine Finsternis der Sonne und keinen Spott der Zuschauer. Jesus ist nun in einem tieferen Sinn der König der Juden. Bei seinem Kreuz stehen nun auch ganz andere Personen. Es sind solche, denen in der Gemeinde Bedeutung zukommt: Maria, die Mutter, und der Jünger, den Jesus liebte (der Typ des christlichen Jüngers?). Er weist sie beide aufeinander hin und führt sie zusammen. Dann bekundet er nicht aus menschlichem Verlangen, sondern »damit die Schrift erfüllt werde«, dass er Durst hat. Er stirbt mit einem siegreichen Wort. So ist das Kreuz nicht das katastrophale Zeichen seines Endes, sondern das triumphale Zeichen seiner Vollendung.

Die *Kreuzigung* war eine der brutalsten Strafen, die die Antike kennt. Wahrscheinlich wurde der Gekreuzigte unbekleidet mit beiden Armen an den Querbalken genagelt, wobei die Nägel nicht durch die Hände, sondern die Handgelenke getrieben wurden. Der Balken wurde dann an dem senkrecht stehenden Pfahl befestigt. Die Füße wurden entweder angebunden oder angenagelt. Ein Sitzpflock unterstützte meist den Körper. Er sollte den Gekreuzigten festhalten und sein rasches Ende verhindern. Die Qualen der Wunden, des Durstes und der Hitze waren furchtbar. Oft trat der Tod nicht infolge von Verblutung, sondern aufgrund von Erschöpfung ein, wenn der Gekreuzigte nicht mehr atmen konnte und erstickte oder wenn sein Kreislauf versagte. Antike Autoren bezeichnen die Kreuzesstrafe als die grausamste und erbärmlichste aller Todesarten. Im Römischen Reich durften römische Bürger nicht gekreuzigt werden. Diese ehrenrührige Strafe war ausschließlich für Fremde und Sklaven reserviert. Zur Zeit Jesu war die Kreuzigung eine typisch römische Strafe, die oft verhängt wurde. Die entsprechende jüdische Strafe wäre die Steinigung gewesen.

Die Passionserzählungen der Evangelien halten viele *historisch gesicherte Daten* fest. Niemand bestreitet gegenwärtig ernsthaft, dass Jesus vor seiner Verurteilung mit seinen Jüngern in Jerusalem das Abendmahl hielt, dass ihm in der Stadt der Prozess gemacht wurde und dass er kurz vor dem Pesachfest auf Veranlassung des römischen Prokurators Pontius Pilatus gekreuzigt wurde.

Andererseits lassen die Evangelien auch viele *Fragen zum historischen Hergang offen.* Unsicherheiten bleiben z. B. bei der exakten Datierung, beim Motiv des Judas für den Verrat und zum genauen Prozessverlauf.

Vor allem wird darüber diskutiert, wo der eigentliche *Grund für die Verurteilung Jesu* gelegen habe. Manche Exegeten nehmen an, der Hohe Rat und die Schriftgelehrten seien gegen ihn eingestellt gewesen, weil er die Thora zu frei ausgelegt und oft scharfe Kritik an den Pharisäern geübt habe. Letztlich sei er wegen seines messianischen Selbstbekenntnisses vor dem Hohen Rat verurteilt worden, wo man ihm auch Gotteslästerung vorwarf. Da der Hohe Rat aber ein Todesurteil nicht vollstrecken durfte, habe man Jesus zu Pilatus überführt und ihm dabei aufwieglerische Tendenzen unterstellt, die allein für Pilatus als todeswürdiges Verbrechen gelten konnten. Dem halten andere entgegen, dass ein messianischer Anspruch bei den Juden nicht als ein todeswürdiges Verbrechen angesehen wurde und dass das Bekenntnis Jesu historisch auch nicht eindeutig gesichert sei. Jesus habe sterben müssen, weil er sich kritisch über den Tempel von Jerusalem geäußert habe, der auch für die Römer ein Symbol für die politische Stabilität im Land war. Hier wurde für den römischen Kaiser öffentlich gebetet. Ein Drohwort gegen den Tempel konnte als der Beginn eines Aufstands angesehen werden und erfüllte für die Behörden juristisch und politisch den Tatbestand der Rebellion (Mk 11,15-19; 14,57). Tatsächlich musste sein Anspruch »König der Juden« zu sein Pilatus beunruhigen. Er wird auch als Grund seines Todes auf dem Kreuzestitel genannt. Insgesamt werden religiöse und politische Motive zu seiner Verurteilung geführt haben.

Historisch falsch ist die Tendenz, alle *Juden und das jüdische Volk für den Tod Jesu verantwortlich* zu machen. Man kann beobachten, dass in den späteren Evangelien Pilatus mehr und mehr von der Schuld entlastet und die Juden immer mehr belastet werden. Gewiss waren die Hohenpriester bei seiner nächtlichen Verhaftung nicht dabei. Der nicht historische Blutschrei der Juden vor Pilatus »Sein Blut komme über uns und unsere Kinder« (Mt 27,25) hat in der Geschichte viel Unheil angerichtet, weil er den Christen oft eine fatale Begründung für blutige Verfolgungen der Juden lieferte. Dabei ist an der Verantwortlichkeit des Pilatus für den Tod Jesu nicht zu zweifeln, so sehr er auch dem Hohen Rat willkommen war.

Die *Glaubensperspektive* der Evangelisten leuchtet an vielen Stellen auf, so wenn sie in wichtigen Situationen Jesus besondere Würdetitel (Messias, Menschensohn, Sohn Gottes) zuschreiben. Indem sie betonen, dass alles »nach den Schriften« geschehe, zeigen sie, dass Jesus nicht durch ein blindes Schicksal überrascht wurde, sondern dass das Geschehen dem Willen Gottes entspricht. Seine Vorhersagen (Tod, Verrat des Petrus) machen deutlich, dass er gewusst hat, was geschehen sollte, und dass er alles im Gehorsam gegen Gottes Willen auf sich nahm. Die *Todesstunde* Jesu wird mit drei auffälligen Zeichen beschrieben.

(1) Die *Sonnenfinsternis* über dem ganzen Land ist ein apokalyptisches Bild für das Eintreten der Endzeit und des Gerichts.

(2) Mit dem Zerreißen des Vorhangs im Allerheiligsten des *Tempels*, das nur der Hohepriester betreten durfte, steht der Weg zu Gott nun allen Menschen offen. Der Jerusalemer Tempelkult verliert seine Bedeutung. An seine Stelle tritt das Kreuz.

(3) Ausgerechnet der *römische Hauptmann*, der die Hinrichtung Jesu durchgeführt hatte, spricht als erster Mensch aus, wer Jesus wirklich ist: der Sohn Gottes.

Aus: Werner Trutwin, Die Weltreligionen. Christentum, Patmos Verlag, Düsseldorf [4]2007, S. 67–73

1. Stellen Sie dar, an welchen Stellen im Prozess Jesu und der Kreuzigung deutlich wird, dass die Glaubensperspektive für die Evangelisten bestimmend ist.
2. Jesu Sterben in Gottverlassenheit – was sagen die Evangelien zu dieser Frage? Beziehen Sie sich näher auf den Psalm 22 sowie auf die Ausführungen von Ottmar Fuchs dazu (AKZENTE RELIGION 3, S. 129–131). Nehmen Sie Stellung.

b) Theologie des Kreuzes

Ein Text des Theologen Jürgen Moltmann:

Christus starb mit dem Schrei: »Mein Gott, warum hast du mich verlassen?«, und jede christliche Theologie versucht, auf diese Frage Christi eine Antwort zu geben. Doch gibt es darauf wirklich eine Antwort? Sind die christlichen Theologen nicht oft wie die Freunde Hiobs, die ihm seine Leiden erklären wollen, während er sich nicht trösten lassen will? Wir nehmen jetzt einige Fragen auf, die am Kreuz Christi und an seiner Erfahrung der Gottverlassenheit entstehen.

– Warum hat Gott Christus am Kreuz verlassen?
Eine erste Antwort finden wir bei Paulus und Johannes: Gott hat ihn »für uns« dahingegeben, Gott tat es aus Liebe zu uns. Paulus argumentiert so: Der Gott, der Christus von den Toten auferweckt hat, ist derselbe Gott, der ihn zum Tod am Kreuz »dahingegeben hat«. Aus der Verlassenheit des gekreuzigten Christus, der schreit: »Mein Gott, warum?« hört Paulus schon die Antwort: »Der auch seines eigenen Sohnes nicht hat verschont, sondern ihn für uns alle dahingegeben hat, wie sollte er uns mit ihm nicht alles schenken?!« (Röm 8,32). War das auch Christi eigener Wille? Paulus sagt ja und spricht von dem »Sohn Gottes«, der »sich selbst für mich *dahingegeben hat*« (Gal 2,20). Hat dann Gott seinen »eigenen Sohn« geopfert und ihn in den Schmerzen am Kreuz allein sterben lassen? Dann wäre dieser Gott nicht nur ein apathischer Gott, sondern auch ein grausamer Gott. Nein, sagt Paulus, denn wenn Christus, der Sohn Gottes, das Sterben erleidet, dann erleidet der Vater Jesu Christi den Tod des einziggeliebten Sohnes. Stirbt der Sohn am Kreuz in Gottverlassenheit, dann erleidet auch Gott, der Vater, seine Verlassenheit vom Sohn. Also leiden sie beide, wenn auch auf verschiedene Weise: Christus erleidet das Sterben, Gott erleidet den Tod des Sohnes. Also ergreift die *Passion Christi* auch Gott selbst und wird zur *Passion Gottes*. Paulus drückt das auch in dem bekannten Satz aus: »Gott war *in* Christus und versöhnte die Welt mit sich selbst« (2 Kor 5,19). War Gott der Vater *in* Christus, dem Sohn, dann sind die Leiden Christi auch Gottes Leiden und dann erfährt auch Gott am Kreuz Christi den Tod. Wie soll man sich das vorstellen, dass Gott einmal derjenige ist, der Christus zum Tod in Gottverlassenheit dahingibt und doch zugleich auch derjenige ist, der »in Christus« *existiert* und da ist? Es gibt darüber keine Auskünfte bei Paulus. Es gibt aber eine alte jüdische Geschichte, die uns auf die Spur dieses Geheimnisses bringen kann: »Wenn der Heilige, gelobt sei Er, kommen wird, um die Kinder Israels aus der Verbannung zu befreien, werden sie zu ihm sagen: Herr der Welt, Du warst es, der uns unter die Völker verstreut hat, indem Du uns aus unserer Heimat vertriebst, und jetzt bist Du es wiederum, der uns dorthin zurückführt? Und der Heilige, gelobt sei Er, sagte den Kindern Israels: Als ich sah, dass ihr meine Heimat verlassen habt, habe auch ich sie verlassen, um zusammen mit euch zurückzukehren.« (E. Wiesel, Der mitleidende Gott)
Gott geht mit, Gott leidet mit. Wohin darum Christus, der Sohn Gottes, geht, da geht der Vater mit. In der Hingabe des Sohnes ist darum auch die Hingabe Gottes zu erkennen, sonst könnte es nicht im Johannesevangelium heißen: »Wer mich sieht, der sieht den Vater.« (Joh 14,9) In der Gottverlassenheit Christi geht Gott aus sich selbst heraus, er verlässt seinen Himmel und ist *in* Christus selbst da, um der Verlassenen Gott und Vater zu werden. Christus stirbt mit dem Schrei nach Gott, von dem er sich verlassen fühlt. Wo ist Gott in dem Geschehen auf Golgatha? Er ist *in* dem sterbenden Christus. Auf die Warum-Frage gibt es viele Antworten, und keine ist zureichend. Wichtiger ist die Wo-Frage. Für sie ist Christus selbst die Antwort.

– Wozu hat Gott dieses Leiden Christi auf sich genommen?

Welchen Sinn hat das grauenhafte Geschehen auf Golgatha? Auf diese Frage gibt es zwei Antworten: erstens, um *bei uns* zu sein in unseren Leiden und mit uns zu sein in unseren Schmerzen, also: die *Solidarität Gottes* mit uns; zweitens, um *für uns* da zu sein in unserer Schuld, um uns von ihrer Last zu befreien, also: die *Stellvertretung Gottes* für uns.

1. Die Solidaritätschristologie: Christus unser Bruder

Die Evangelien erzählen die Passionsgeschichte Christi als die Geschichte einer immer tieferen Entäußerung Christi: Seine männlichen Jünger fliehen nach seiner Festnahme durch die Römer, einer verrät ihn, einer verleugnet ihn – und Christus verliert seine Identität als ihr Meister. Die Priester seines Volkes liefern ihn an die Römer aus – und Christus verliert seine Identität als Jude. Pilatus läßt ihn foltern und seinen Leib zerstören. Er wird als »Feind des Menschengeschlechtes«, das vom römischen Imperium vertreten sein soll, getötet – und Christus verliert sein Leben. Der Philipperhymnus fasst diesen Weg der Erniedrigungen so zusammen:

»Er entäußerte sich selbst,
nahm Knechtsgestalt an …
er erniedrigte sich selbst
und ward gehorsam
bis zum Tod am Kreuz.« (Phil 2)

Geht Gott mit, wohin Christus geht, war Gott selbst *in* Christus, dann bringt Christus Gottes Gemeinschaft zu denen, die so erniedrigt und entäußert werden wie er. Das Kreuz Christi steht zwischen den zahllosen Kreuzen, die die Wege der Gewalthaber und Gewalttäter säumen, von Spartakus bis zu den Konzentrationslagern und zu den Verhungerten und den »Verschwundenen« in Lateinamerika.

Die *Leiden Christi* sind nicht exklusiv seine Leiden, sondern sind *inklusiv* unsere Leiden und die Leiden dieser Zeit. Sein Kreuz steht brüderlich zwischen unseren Kreuzen zum Zeichen dessen, dass Gott selbst an unseren Leiden teilnimmt und unsere Schmerzen auf sich lädt. Der »leidende Menschensohn« ist so sehr einer von uns geworden, dass die zahllosen und namenlosen, gefolterten und verlassenen Menschen seine Brüder und Schwestern sind. Das war das Bekehrungserlebnis des 59-jährigen Erzbischofs *Oscar Arnulfo Romero* in San Salvador: »In den Gekreuzigten der Geschichte vergegenwärtigte sich ihm der gekreuzigte Gott … In den Augen der Armen und Unterdrückten seines Volkes erblickte er das entstellte Antlitz Gottes.« (Jon Sobrino)

Christus ging in diese Erniedrigung und diese Verlassenheit hinein, um der Erniedrigten und Verlassenen Bruder zu werden und das Reich Gottes zu ihnen zu bringen. Er hilft nicht durch übernatürliche Wunder, sondern kraft seines Leidens durch seine Wunden. »Nur der leidende Gott kann helfen«, schrieb *Dietrich Bonhoeffer* in seiner Todeszelle. Gott hilft immer zuerst durch sein Mitleiden: »Auch in der Hölle bist du da.« (Vgl. Ps 139,8) Von dieser Gemeinschaft mit dem mitleidenden Gott kann uns darum kein Leiden trennen. Der Gott Jesu Christi ist der solidarische Gott der Opfer und der Leidenden.

2. Die Stellvertretungschristologie: Christus der Erlöser

Von früh an hat die christliche Gemeinde in der Passion Christi die stellvertretende göttliche Sühne für die Sünden der Welt gesehen. Nach dem Vorbild des »leidenden Gottesknechtes« aus Jesaja 53 sah man in Christus den durch stellvertretendes Leiden versöhnenden Sohn Gottes. Wie soll man das verstehen? Ist Sühne überhaupt notwendig? Ich glaube, sie ist es. *Simon Wiesenthal* berichtet in seinem Buch »Die Sonnenblume«, dass er als KZ-Häftling an das Bett eines sterbenden SS-Mannes gerufen wurde, der ihm, dem

Juden, beichten wollte, dass er an Massenerschießungen von Juden teilgenommen habe, um ihn um Vergebung zu bitten. Wiesenthal konnte sich die Beichte des Mörders anhören, ihm aber nicht vergeben, denn im Namen der toten Opfer kann kein Mensch den Mördern vergeben. Aus dieser Geschichte wird klar, dass es der Sühne bedarf, um mit einer solchen Schuldlast leben zu können. Ohne Vergebung der Schuld kann der Schuldige nicht leben, denn er verliert jede Selbstachtung. Vergebung von Schuld gibt es jedoch nicht ohne Sühne. Sühne aber ist keine menschliche Möglichkeit, denn das geschehene Unrecht kann durch nichts Menschliches »wiedergutgemacht« werden. Ist Sühne für menschliche Schuld dann eine göttliche Möglichkeit?

In den Kulten vieler Völker wird Sühne durch das Opfern von Tieren gesucht, die den Zorn der Götter besänftigen sollen, der durch Unrecht von Menschen entstanden ist. Anders in Israel: Im Alten Testament gab es auch ein Sühnopfer. Das war der sog. »Sündenbock«, den Gott stiftet, damit die Sünden des Volkes durch Handauflegung auf ihn übertragen werden und er sie in die Wüste hinausträgt und so von dem Volk hinwegnimmt. Der »Sündenbock« wird nicht Gott angeboten, um seinen Zorn zu besänftigen, sondern Gott stiftet den »Sündenbock«, um das Volk zu versöhnen. Es gab auch in Salomos Tempel solche Sühnopferrituale. Nach der Vision des Propheten Jesaja wird Gott einen neuen »Gottesknecht« senden, der die Sünden des Volkes hinwegtragen wird. Immer ist es in der Bibel Gott selbst, der die Sünden des Volkes »trägt« und so Versöhnung schafft. Gott selbst ist der stellvertretend »für uns« und »für viele« Leidende. Gott selbst ist der sühnende Gott.

Wie geschieht das? Es geschieht so, dass Gott die menschliche Schuld in sein Leiden verwandelt, indem er die menschliche Schuld »trägt«. Nach dem Neuen Testament wird Christus nicht nur zum Bruder der Opfer, sondern auch zum Sühnenden für die Täter. »Der du trägst das Leid der Welt«: Das gilt für die Opfer. »Der du trägst die Sünd der Welt«: Das gilt für die Täter. So lange diese Welt steht, erträgt Gott nicht nur die Leidensgeschichte der Welt, sondern auch die Unrechtsgeschichte der Menschen. In dem gekreuzigten Christus ist Gott selbst das Opfer unter den Opfern. Darum wird die Versöhnung der Täter durch die Opfer bezeugt. Opfer haben ein langes Gedächtnis, denn die Spuren der Leiden sind tief in ihre Seelen und oft auch ihre Leiber eingegraben. Täter haben meistens ein kurzes Gedächtnis. Sie wissen nicht und wollen nicht wissen, was sie getan haben. Darum sind die Täter auf die Opfer angewiesen, wenn sie aus dem Tod ins Leben kommen wollen. Der gekreuzigte Christus ist »um unserer Sünden willen dahingegeben« (Röm 4,25). Früher hat man sich das als Opfer oder als Lösegeld vorgestellt, das Christus bringt, um die Menschen zu erlösen. Wir stellen uns das heute personal vor: Nicht für einzelne Sünden, sondern für uns Sünder ist Christus gestorben. Er trägt uns mit unseren Sünden, indem er uns erduldet und erträgt. Zuletzt: Darin, dass Christus »für uns« ist, wird offenbar, dass »Gott für uns« ist (Röm 8,31).

– Ist Gott leidensfähig?

Fragt man auf die Weise der griechischen Philosophie nach dem, was »gottangemessen« ist, dann muss man die Differenz, die Vielheit, die Bewegung und das Leiden von dem Wesen der Gottheit ausschließen. Die göttliche Substanz ist leidensunfähig, sonst wäre sie nicht göttlich. Leidensunfähig ist auch das absolute Subjekt der modernen Philosophie, sonst wäre es nicht absolut. Leidensunfähig, unbeweglich, einheitlich und sich selbst genügend steht die Gottheit einer bewegten, leidenden, zerstreuten und sich selbst niemals genügenden Welt gegenüber. Denn die göttliche Substanz ist das Begründende, das Tragende und Ewig-Bleibende für diese Welt der vergänglichen Erscheinungen und kann darum nicht selbst dem Schicksal dieser Welt unterliegen.

Fragt man dagegen nach der theologischen Verkündigung der christlichen Überlieferung, dann trifft man in ihrem Zentrum auf die Passionsgeschichte Christi. Leiden und Sterben Christi werden im Evangelium erzählt. Die Hingabe des Sohnes Gottes für die Versöhnung der Welt wird in der Eucharistie in Gestalt von Brot und Wein mitgeteilt. Durch die Vergegenwärtigung der Passion Christi in Wort und Sakrament wird der Glaube hervorgerufen, und zwar der christliche Glaube an Gott. Wer glaubt, verdankt seine Freiheit der Stellvertretung Christi. Um Christi willen glaubt er an Gott. Gott selbst ist in die Passionsgeschichte Christi verwickelt, sonst könnte von dem Tod Christi keine erlösende Wirkung ausgehen. Auf welche Weise aber ist Gott selbst in die Passionsgeschichte Christi verwickelt? Wie kann der christliche Glaube die Passion Christi als die Offenbarung Gottes verstehen, wenn die Gottheit nicht leiden kann? Lässt Gott Christus für uns leiden, oder leidet Gott selbst in Christus für uns? Bis in die Gegenwart hinein hat das Apathieaxiom die Grundbegriffe der Gotteslehre stärker geprägt als die Passionsgeschichte Christi. Leidensunfähigkeit gilt offenbar als unaufgebbares Attribut der göttlichen Vollkommenheit und Seligkeit. Bedeutet dies aber nicht, dass die christliche Theologie bis in die Gegenwart keinen konsequent christlichen Gottesbegriff entwickelt hat, sondern sich eher an die metaphysische Tradition der griechischen Philosophie angelehnt hat?

Je stärker das Apathieaxiom in der Gotteslehre beachtet wird, desto schwächer wird die Fähigkeit, Gott mit der Passion Christi zu identifizieren. Ist Gott leidensunfähig, dann kann konsequenterweise die Passion Christi nur als eine menschliche Tragödie angesehen werden. Wer aber in der Passion Christi nur das Leiden des guten Menschen aus Nazareth zu erkennen vermag, für den muss Gott unausweichlich zur kalten, stummen und ungeliebten Himmelsmacht werden. Das aber wäre das Ende des christlichen Glaubens.

Die christliche Theologie ist darum wesentlich genötigt, Gott selbst in der Passion Christi zu erkennen und die Passion Christi in Gott selbst zu entdecken. Gegenüber den zahlreichen Versuchen, Apathie und Passion christologisch zu vermitteln, um das Apathieaxiom aufrechtzuerhalten, scheint es konsequenter zu sein, statt vom Apathieaxiom vom *Axiom der Leidenschaft Gottes* auszugehen, um das Leiden Christi als das *Leiden des leidenschaftlichen Gottes* zu verstehen. Das Wort »Passion« hat die doppelte Bedeutung von Leiden und Leidenschaft und ist in dieser doppelten Bedeutung gut geeignet, die zentrale Wahrheit des christlichen Glaubens auszudrücken. Christlicher Glaube lebt von dem Leiden einer göttlichen Leidenschaft und ist selbst die leidensbereite Leidenschaft für das Leben. Warum hat die Theologie der Alten Kirche das Apathieaxiom festgehalten, obwohl die christliche Frömmigkeit den Gekreuzigten als Gott verehrte und die christliche Verkündigung durchaus vom »Leiden Gottes« sprechen konnte? Es sind zwei Gründe zu nennen:

1. Durch seine wesentliche Leidensunfähigkeit unterscheidet sich Gott vom Menschen und allen nichtgöttlichen Dingen, die dem Leiden ebenso unterworfen sind wie der Vergänglichkeit und dem Tod.
2. Gibt Gott den Menschen das Heil dadurch, dass er ihnen Anteil an seinem ewigen Leben gibt, dann bringt dieses Heil Menschen in die Unsterblichkeit, in die Unvergänglichkeit und darum auch in die Leidensunfähigkeit.

Apathie ist also göttliches Wesen und Inbegriff menschlichen Heils in der göttlichen Gemeinschaft. Die logische Grenze dieser Argumentation liegt darin, dass sie nur die Alternative: entweder wesentliche Leidensunfähigkeit oder schicksalhafte Unterwerfung unter das Leiden kennt. Es gibt aber noch eine dritte Form des Leidens: Es ist das aktive Leiden, die freiwillige Öffnung für die Affizierung durch anderes, d. h. das *Leiden der leidenschaftlichen Liebe.* In der christlichen Theologie sagt das Apathieaxiom eigentlich nur, dass Gott nicht in derselben Weise dem Leiden unterworfen ist wie die vergängliche

Kreatur. Es ist also kein wirksames Axiom, sondern eine Vergleichsaussage. Sie schließt nicht aus, dass Gott in anderer Hinsicht sehr wohl leiden kann und auch leidet. Wäre Gott in jeder Hinsicht leidensunfähig, dann wäre er auch liebesunfähig. Er wäre allenfalls fähig, sich selbst, nicht aber anderes als sich selbst zu lieben. Ist er aber fähig, anderes zu lieben, dann öffnet er sich selbst den Leiden, die ihm die Liebe zum anderen einträgt, und bleibt dem Schmerz, der dadurch entsteht, doch kraft seiner Liebe überlegen. Gott leidet nicht wie die Kreatur aus Mangel an Sein. Er leidet aber an seiner Liebe, die der Überfluss seines Seins ist. Insofern ist er pathisch.

Aus: Jürgen Moltmann, Wer ist Christus für uns heute?, , S. 35–42

1. Arbeiten Sie heraus, welche Fragen Moltmann im Text stellt.
2. Geben Sie Moltmanns Antworten wieder.
3. Überprüfen Sie Moltmanns Antworten auf ihre Plausibilität hin.

c) Praxis der Kreuzesnachfolge

Ausführungen des evangelischen Theologen Jürgen Moltmann:

Man darf »Praxis« nicht zu eng fassen und nur das Handeln von Menschen darunter verstehen. Zur Praxis des Lebens gehören auch die passiven Erfahrungen, die wir Leiden nennen. Wir fragen darum zuerst nach der Bedeutung des »gekreuzigten Gottes« für die Leidenden in dieser Zeit.

– Der Trost des gekreuzigten Gottes

Wer grundlos leidet, meint immer zuerst, er sei von Gott und allen guten Geistern verlassen. Wer in seinen Schmerzen nach Gott schreit, der kann entdecken, dass er damit in den Todesschrei Christi einstimmt. Er entdeckt in dem leidenden Christus den mitleidenden Gott, der ihn versteht. Wenn man das spürt, dann merkt man, dass Gott nicht jene kalte, ferne Schicksalsmacht ist, die man anklagt, sondern dass er in Christus zu dem menschlichen Gott geworden ist, der mit uns und in uns schreit und für uns eintritt, wo wir in unserer Qual verstummen. Der menschgewordene Gott hat unser Leben zu einem Teil seines Lebens und unsere Leiden zu seinen Leiden gemacht. Darum nehmen wir in unseren Schmerzen an seinen Schmerzen und in unserem Kummer an seinem Kummer teil. *Katharina von Siena*, so wird erzählt, schrie einst auf: »Mein Gott und Herr, wo warst du denn, als mein Herz in Finsternis und Dreck war?« Und sie hörte diese Antwort: »Meine Tochter, hast du es nicht gespürt? Ich war in deinem Herzen.«

Der gekreuzigte Gott hilft uns. Wie geschieht das? Wer leidet, protestiert nicht nur gegen sein Schicksal. Er fühlt die Schmerzen, weil er das Leben liebt, und ist lebendig, weil er das Leben bejaht. Wer das Leben anderer und sein eigenes Leben nicht mehr liebt, der wird apathisch und fühlt die Schmerzen nicht mehr. Ihm sind Leben und Tod gleichgültig geworden. Er zerstört sein Lebensinteresse durch Alkohol oder Drogen. Je mehr aber ein Mensch liebt, desto verwundbarer wird er. Er wird durch die Liebe zum Leben glücksfähig. Er wird durch diese Liebe zum Leben aber auch leidensfähig. Je mehr einer oder eine sich freuen kann, desto mehr können sie auch leiden und trauern. Das ist die Dialektik des menschlichen Lebens: Die Liebe macht das Leben lebendig und sie macht uns Menschen sterblich. Die Lebendigkeit des Lebens und die Tödlichkeit des Todes werden von uns zugleich und zusammen an jenem Lebensinteresse wahrgenommen, das wir Liebe nennen.

Wie kann aus Leiden und Trauer heraus diese Liebe zum Leben wiedergeboren werden? Das ist die eigentliche Frage. Ein allmächtiger Gott, der nicht leiden kann, ist arm, weil er nicht lieben kann. Ein protestierender Atheist liebt auf verzweifelte Weise. Er leidet, weil er liebt, und er protestiert gegen das Leiden und zugleich auch gegen die Liebe, die ihn in das Leiden geführt hat. Er möchte seine Eintrittskarte in diese Welt zurückgeben, in der schon die Kinder leiden. Wer dem *mitleidenden Gott* glaubt, der erkennt seine Leiden in Gott und Gott in seinen Leiden und findet in seiner Gemeinschaft die Kraft, trotz Schmerzen und Traurigkeiten in der Liebe zu bleiben und nicht bitter zu werden. Warum Gott das alles zulässt, wissen wir nicht. Und wenn wir es wüssten, würde es uns nicht zum Leben helfen. Wenn wir aber entdecken, wo Gott ist, und seine Gegenwart in unseren Leiden spüren, dann sind wir an der Quelle, aus der Leben von neuem geboren wird.

– *Die Nachfolge Christi*

Wer die Botschaft des Gekreuzigten hört, der hört auch den Ruf in die Nachfolge, und wer die Nachfolge Christi antritt, muss bereit sein, sein Kreuz auf sich zu nehmen. So sagen es schon die Evangelien. Christus ist nicht nur eine Person, er ist auch ein Weg. Wer ihm glaubt, der tritt auf seinen Weg. Keine Christologie ohne Christopraxis. Wir begreifen Christus nicht nur mit dem Kopf und dem Herzen, sondern auch durch eine ganzheitliche Lebenspraxis, und diese heißt: Nachfolge. Der Täufer *Hans Denk* hat das in der Reformationszeit so ausgedrückt: »Niemand vermag Christus wahrlich zu erkennen, es sei denn, dass er ihm nachfolge in seinem Leben.« Nachfolge ist ganzheitliche Christuserkenntnis und hat für den Engagierten nicht nur ethische, sondern auch kognitive Relevanz.

Worin besteht der »Weg Christi«? Er besteht nach den Evangelien in der Teilnahme an der messianischen Leidenschaft Christi: »Geht und verkündigt: Das Reich Gottes ist nahe. Macht die Kranken gesund, reinigt die Aussätzigen, weckt die Toten auf, treibt die Teufel aus. Umsonst habt ihr's empfangen, umsonst gebt es auch« (Mt 10,7 f.). Es sind dieselben messianischen Taten, an denen Johannes der Täufer erkennen soll, dass Jesus der verheißene Christus ist (Mt 11,5). Den Armen das Reich Gottes zu verkünden heißt, ihnen die göttliche Würde wiederzugeben, die ihnen von den Gewalttätern geraubt worden ist. Die Kranken gesund zu machen heißt, in dieser Welt des Sterbens die Keime des Lebens zu pflanzen. Aussätzige zu reinigen heißt, die Behinderten aufzunehmen, die in unserer Gesellschaft verdrängt werden. Die Teufel auszutreiben heißt, an die Götzen in Staat und Gesellschaft zu rühren, denen so viele schwache Menschen zum Opfer gebracht werden. Wer also auf den »Weg Christi« tritt, tritt in den Kampf des Lebens gegen den Tod ein. Darum wird er die Gewalt der Mächtigen zu spüren bekommen, die den Tod verbreiten, weil sie auf Kosten anderer Menschen leben. Christus nachfolgen heißt also, an dem eigenen Ort und in der eigenen Zeit in den Kampf des Lebens gegen den Tod und gegen diejenigen, die Tod verbreiten, einzutreten. In meiner Situation sehe ich den »Weg Christi« im Kampf gegen das nukleare Abschreckungssystem und für den Frieden auf der Basis der Gerechtigkeit, im Kampf gegen die Ausbeutung und Verschuldung der Länder der Dritten Welt und im Kampf gegen die tödliche Zerstörung der Natur.

Die messianische Leidenschaft Christi führt uns immer auf die Seite der Opfer der Gewalttäter. Darum ist die Nachfolge Christi auch durch die lange Reihe der Märtyrer des Glaubens, des Lebens und der Gerechtigkeit gekennzeichnet. Es gibt *Märtyrer des Glaubens*. Das sind Christen, die um ihres Glaubens willen verfolgt und getötet werden. Es gibt *Märtyrer des Gehorsams*. Das sind Christen, die um ihres öffentlichen Handelns willen verfolgt und getötet werden. Und es gibt *Märtyrer des Reiches Gottes* und seiner

Gerechtigkeit. Das sind Menschen, die bewusst oder unbewusst dort zu Zeugen der Gerechtigkeit werden, wo das Unrecht geschieht. Es gibt das Martyrium der Christen, der Gerechten und das stumme, kollektive Martyrium des geopferten Volkes.
Wann immer die christliche Gemeinschaft die »Leiden Christi« erinnert, erinnert sie auch die Leiden der Märtyrer, die an den Leiden Christi teilgenommen haben. Im Gedenken der Leiden Christi und der Leiden der Märtyrer erinnern wir Gott selbst an seine Verheißungen und warten auf die Zukunft seines Reiches: »Gedenke, Herr, wie es uns geht, schau und sieh an unsere Schmach ... Warum willst du unser so gar vergessen und uns lebenslang so gar verlassen?« (Klagelieder 5,1.20). Wo das Vergessen herrscht, werden die Toten noch einmal getötet. In der schmerzlichen Erinnerung wird Hoffnung aufbewahrt. Erinnern beschleunigt die Erlösung.
Indem ich dieses schreibe, sehe ich vor mir das Bild von Bruder *Juan Ramon Moreno*, einem der sechs am 16. November 1989 ermordeten Jesuiten in El Salvador: Er liegt in seinem Blut in dem Zimmer von Jon Sobrino und in der Blutlache liegt mein Buch, das heruntergefallen ist: »El Dios Crucificado«, »Der gekreuzigte Gott«. Seinem Gedenken ist dieses Kapitel gewidmet.

Aus: Jürgen Moltmann, Wer ist Christus für uns heute?, a. a. O., S. 42–45

›

1. Erläutern Sie, welche praktischen Konsequenzen Moltmann aus seiner Theologie vom »gekreuzigten Gott« zieht.
2. Setzen Sie sich mit seinen Ausführungen auseinander.

2.2.4 Zur Glaubensdeutung des Todes Jesu – Zusammenfassende Überlegungen von Wolfhart Pannenberg und Joseph Ratzinger/Papst Benedikt XVI.

Wer das Sterben Jesu ausschließlich unter historischen Gesichtspunkten betrachtet, wird der Bedeutung des Todes für den christlichen Glauben noch nicht gerecht. Der folgende Textauszug des evangelischen Theologen Wolfhart Pannenberg geht auf die Deutung des Todes Jesu ein.

Es ist auffallend, wie ausführlich das Apostolische Bekenntnis das Leiden Jesu in allen seinen Einzelzügen festhält: Die Erwähnung des römischen Statthalters Pontius Pilatus weist darauf hin, dass die Passion Jesu in voller Öffentlichkeit stattgefunden hat, im vollen Licht des zuverlässig Historischen. Dann werden sorgfältig die einzelnen Stufen des Geschehens aufgezählt: gekreuzigt, gestorben, begraben. Dabei liegt ein besonderer Akzent darauf, dass die Kreuzigung Jesu mit seinem Tode endete und dass dieser Tod durch das Begräbnis besiegelt wurde. [...]
Nur die Reihenfolge der Ereignisse, keine der urchristlichen Deutungen des Todes Jesu wird ausdrücklich erwähnt. Es fehlt der alte Gedanke, der auf Jesus selbst zurückgehen mag (Lk 13,33 und 34 f.), dass Jesus das Geschick aller Propheten erleiden musste. Das Bekenntnis enthält kein Wort über die göttliche Notwendigkeit des Todes Jesu vom alttestamentlichen Schriftbeweis her. Dieser Gedanke war in den urchristlichen Schriften in verschiedener Richtung entfaltet worden. So findet sich im Urchristentum das Verständnis des Leidens und Todes Jesu als Sühne. Die Abendmahlsüberlieferung spricht von dem »für viele« (Mk 14,24) oder »für uns« (Lk 22,20) vergossenen Blut. An anderen Stellen begegnen Deutungen des Todes Jesu als Zahlung des Lösegeldes für unsere Sünden (Mk 10,45), als Sühnopfer im kultischen Sinne (Röm 3,25 und im Hebräerbrief), als Bundesopfer, welches den Abschluss des neuen Bundes Gottes mit den Menschen besiegelt (1 Kor 11,25; Lk 32,20). Alle diese Bilder des aus dem Alten Testament geführten Schrift-

beweises für die göttliche Notwendigkeit des Todes Jesu enthalten den Gedanken, dass sein Leiden stellvertretend, an unserer Stelle getragen wurde. [...]

So wie am großen Versöhnungstag des alten Israel der Bock, auf den der Hohepriester nach Gottes gnädiger Anordnung die Sünden des Volkes übertragen durfte, seine Schuld mit sich hinwegtrug in die Wüste, so hat Gott Jesus, wie die Christenheit in der Abendmahlsliturgie singt, zu dem Lamm gemacht, das die Sünde der Welt hinweggetragen hat. Bei solchen Erwägungen ist vorausgesetzt, dass es so etwas wie Stellvertretung zwischen Menschen überhaupt geben kann und dass insbesondere auch im Bereich menschlicher Schuld Stellvertretung möglich ist. [...]

Es ist im sozialen Charakter des menschlichen Daseins begründet, dass jeder Einzelne ständig in Verantwortungen handelt, die sich mehr oder weniger auf andere erstrecken. Jeder ist mit seinem Tun in die Gemeinschaft, in der er lebt, verflochten und am Tun der anderen beteiligt. So ist im sozialen Leben Stellvertretung geradezu ein allgemeines Phänomen. Schon die arbeitsteilige Struktur des Berufslebens hat Stellvertretungscharakter. Wer einen Beruf ausübt, steht darin für das Ganze ein, dem er dient, und er ist ebenso angewiesen auf die spezifischen Tätigkeiten, denen andere sich auch zu seinen Gunsten widmen. Dass auch das Ergehen im Guten und Bösen von Einzelnen oder von Teilgruppen stellvertretend für eine Gesamtheit getragen werden kann, erfährt man gerade in außergewöhnlichen Zeiten. Das ist dem deutschen Volk besonders deutlich vor Augen geführt durch die Vertreibung der Bewohner seiner Ostprovinzen und durch die Spaltung Deutschlands, die dazu führte, dass die Teile des deutschen Volkes in ganz verschiedenem Maße die Folgen des Krieges zu tragen hatten. Vieles, was einer Gemeinschaft als ganzer widerfährt, trifft in besonderer Weise einzelne ihrer Glieder oder einen Teil, der in solcher Situation die ganze Gesellschaft repräsentiert. Der Individualismus ethischer Verantwortlichkeit kann sich aus solchen Verflechtungen nie ganz lösen, ohne den Zusammenhang mit der Wirklichkeit des menschlichen Lebens zu verlieren. Umgekehrt kann aber auch nur unter Voraussetzung der allgemeinen Bedeutung von Stellvertretung für das Zusammenleben der Menschen sinnvoll nach einer stellvertretenden Bedeutung des Todes Jesu gefragt werden. Ohne das allgemeine Phänomen der Stellvertretung im Zusammenleben der Menschen bliebe die christliche Lehre von der stellvertretenden Kraft des Sterbens Jesu eine sinnlose Behauptung.

Die stellvertretende Kraft des Todes Jesu gilt in erster Linie, wie die obigen Erwägungen ergaben, dem Gottesvolk Israel. Aber schon der Umstand, dass Israel von Gott stellvertretend für die ganze Menschheit erwählt wurde, und ferner die Beteiligung des Pilatus an der Kreuzigung Jesu ließen erkennen, dass der Tod Jesu nicht nur für Israel, sondern für alle Menschen stellvertretende Bedeutung hat. Die Allgemeingültigkeit der Heilsbedeutung des Todes Jesu ist allerdings daran gebunden, dass alle Menschen in ihrem Leben teilhaben an jenem Widerspruch gegen Gott, der sich in der Verurteilung Jesu durch seine Richter zeigt. Daher hat Paulus die Allgemeinheit der Sünde der Menschen als Bedingung der Heilsbedeutung des Kreuzes Jesu für alle Menschen darstellen können. Weil alle gesündigt haben, weil alle in der Daseinsverfassung der Gotteslästerung leben, die in der Verwerfung Jesu als Gotteslästerer sogar durch die Anführer des von Gott selbst erwählten Volkes zum Ausdruck gekommen ist, darum hat Jesus auch nicht nur für das jüdische Volk, sondern für alle Menschen die Strafe der Gotteslästerung stellvertretend getragen. Die Universalität der Sünde ermöglicht die Universalität des Heils der Erlösung (Röm 11,32; 3,21 ff). So ist die Verwerfung Jesu durch sein Volk nach Gottes Ratschluss die Versöhnung der Welt geworden (Röm 11,15). Das blieb bei Paulus nicht nur eine allgemeine Behauptung, sondern wurde zu einer geschichtlich wirkenden und die Welt verändernden Kraft. Denn die Verwerfung Jesu im Namen des Gesetzes hatte das Gesetz selbst außer

Kraft gesetzt und ermöglichte so die paulinische Botschaft vom Zugang zum Heil durch Jesus ohne das Gesetz.
Die stellvertretende Kraft des Todes Jesu bedeutet nun freilich nicht, dass, weil Jesus für uns gestorben ist, sonst niemand mehr sterben müsste. Sie bedeutet nur, dass fortan niemand mehr allein sterben muss, sondern gerade im Tode Gemeinschaft mit dem Tode Jesu haben kann. Diese Gemeinschaft unseres menschlichen Sterbens mit dem Sterben Jesu ist der grundlegende Inhalt der stellvertretenden Bedeutung seines Todes. Dadurch, dass Jesus unser Sterben in das seine aufnimmt, verändert sich der Charakter unseres Sterbens. In Gemeinschaft mit Jesus verliert es seine Hoffnungslosigkeit und ist schon überwunden durch das Leben, das in Jesu Auferstehung erschienen ist. Den Tod des Gotteslästerers, des von aller Gemeinschaft mit Gott Ausgeschlossenen, hat Jesus ein für allemal hinweggenommen. Solche Trennung von Gott, von dem Ursprung allen Lebens, ist ja der letzte Ernst des Todes, wenn wir den Tod mit Paulus als die Besiegelung der Selbstabschließung der Menschen vom göttlichen Ursprung des Lebens verstehen. Diesen Tod aber braucht seit dem Sterben Jesu niemand mehr zu sterben, der in Gemeinschaft mit Jesus, im Vertrauen auf ihn lebt und stirbt. In Gemeinschaft mit dem Tode Jesu, dem ja die Bestätigung Jesu durch Gott selbst gefolgt ist, verliert unser Sterben seine Trostlosigkeit und ist zu einem Sterben in Hoffnung verwandelt.

Aus: Wolfhart Pannenberg, Das Glaubensbekenntnis, ausgelegt und verantwortet vor den Fragen der Gegenwart, Gütersloher Verlagshaus, Gütersloh 1972, S. 86, 87, 94–97, © beim Autor

1. Arbeiten Sie den Gedankengang des Textes von Pannenberg heraus.
2. Vergleichen Sie den Text inhaltlich und argumentativ mit dem folgenden von Joseph Ratzinger/Papst Benedikt XVI.

Welche Stellung nimmt eigentlich das Kreuz innerhalb des Glaubens an Jesus als den Christus ein? (...) Das christliche Allgemeinbewusstsein ist in dieser Sache (...) weithin von einer reichlich vergröberten Vorstellung der Sühnetheologie Anselms von Canterbury bestimmt (...). Für sehr viele Christen und besonders für jene, die den Glauben nur ziemlich von weitem kennen, sieht es so aus, als wäre das Kreuz zu verstehen innerhalb eines Mechanismus des beleidigten und wiederhergestellten Rechtes. Es wäre die Form, wie die unendlich beleidigte Gerechtigkeit Gottes mit einer unendlichen Sühne wieder versöhnt würde. So erscheint es den Menschen als Ausdruck einer Haltung, die auf einem genauen Ausgleich zwischen Soll und Haben besteht; zugleich behält man das Gefühl, dass dieser Ausgleich dennoch auf einer Fiktion beruht. Man gibt zuerst im Geheimen mit der linken Hand, was man feierlich mit der rechten wieder entgegennimmt. Die »unendliche Sühne«, auf der Gott zu bestehen scheint, rückt so in ein doppelt unheimliches Licht. Von manchen Andachtstexten her drängt sich dem Bewusstsein dann geradezu die Vorstellung auf, der christliche Glaube an das Kreuz stelle sich einen Gott vor, dessen unnachsichtige Gerechtigkeit ein Menschenopfer, das Opfer seines eigenen Sohnes, verlangt habe. Und man wendet sich mit Schrecken von einer Gerechtigkeit ab, deren finsterer Zorn die Botschaft von der Liebe unglaubwürdig macht.
So verbreitet dieses Bild ist, so falsch ist es. In der Bibel erscheint das Kreuz nicht als Vorgang in einem Mechanismus des beleidigten Rechtes; in ihr steht das Kreuz vielmehr ganz umgekehrt da als Ausdruck für die Radikalität der Liebe, die sich gänzlich gibt, als der Vorgang, in dem einer das ist, was er tut, und das tut, was er ist; als Ausdruck für ein Leben, das ganz Sein für die anderen ist. Für den, der genauer zusieht, drückt sich in der Kreuzestheologie der Schrift wahrhaft eine Revolution aus gegenüber den Sühne- und Erlösungsvorstellungen der außerchristlichen Religionsgeschichte, wobei freilich nicht zu

leugnen ist, dass im späteren christlichen Bewusstsein diese Revolution weitgehend wieder neutralisiert und selten in ihrer ganzen Tragweite erkannt worden ist. In den Weltreligionen bedeutet Sühne gewöhnlich die Wiederherstellung des gestörten Gottesverhältnisses mittels sühnender Handlungen der Menschen. Fast alle Religionen kreisen um das Problem der Sühne; sie steigen auf aus dem Wissen des Menschen um seine Schuld vor Gott und bedeuten den Versuch, dieses Schuldgefühl zu beheben, die Schuld zu überwinden durch Sühneleistungen, die man Gott anbietet. Das sühnende Werk, mit dem Menschen die Gottheit versöhnen und gnädig stimmen wollen, steht im Mittelpunkt der Religionsgeschichte.

Im Neuen Testament sieht die Sache fast genau umgekehrt aus. Nicht der Mensch ist es, der zu Gott geht und ihm eine ausgleichende Gabe bringt, sondern Gott kommt zum Menschen, um ihm zu geben. Aus der Initiative seiner Liebesmacht heraus stellt er das gestörte Recht wieder her, indem er durch sein schöpferisches Erbarmen den ungerechten Menschen gerecht macht, den Toten lebendig. Seine Gerechtigkeit ist Gnade; sie ist aktive Gerechtigkeit, die den verkrümmten Menschen richtet, das heißt zurechtbiegt, richtig macht. Hier stehen wir vor der Wende, die das Christentum in die Religionsgeschichte getragen hat: Das Neue Testament sagt nicht, dass die Menschen Gott versöhnen, wie wir es eigentlich erwarten müssten, da ja sie gefehlt haben, nicht Gott. Es sagt vielmehr, dass »Gott in Christus die Welt mit sich versöhnt hat« (2 Kor 5,19). Das ist etwas wahrhaft Unerhörtes, Neues – der Ausgangspunkt der christlichen Existenz und die Mitte neutestamentlicher Kreuzestheologie: Gott wartet nicht, bis die Schuldigen kommen und sich versöhnen, er geht ihnen zuerst entgegen und versöhnt sie. Darin zeigt sich die wahre Bewegungsrichtung der Menschwerdung, des Kreuzes.

Demgemäß erscheint im Neuen Testament das Kreuz primär als eine Bewegung von oben nach unten. Es steht nicht da als die Versöhnungsleistung, die die Menschheit dem zürnenden Gott anbietet, sondern als Ausdruck jener törichten Liebe Gottes, die sich weggibt, in die Erniedrigung hinein, um so den Menschen zu retten; es ist sein Zugehen auf uns, nicht umgekehrt. Mit dieser Wende in der Sühne-Idee, also in der Achse des Religiösen überhaupt, erhält im Christlichen auch der Kult, die ganze Existenz, eine neue Richtung. Anbetung erfolgt im Christlichen zunächst im dankenden Empfangen der göttlichen Heilstat. Die wesentliche Form des christlichen Kultes heißt daher mit Recht Eucharistia, Danksagung. In diesem Kult werden nicht menschliche Leistungen vor Gott gebracht; er besteht vielmehr darin, dass der Mensch sich beschenken lässt; wir verherrlichen Gott nicht, indem wir ihm vermeintlich aus dem Eigenen geben – als ob es nicht immer schon das Seinige wäre! –, sondern indem wir uns das Seinige schenken lassen und ihn dadurch als den einzigen Herrn anerkennen. Wir beten ihn an, indem wir die Fiktion eines Bereichs fallen lassen, mit dem wir uns wie selbständige Geschäftspartner ihm gegenüberstellen könnten, während wir doch in Wahrheit nur in ihm und von ihm her überhaupt sein können. Christliches Opfern besteht nicht in einem Geben dessen, was Gott ohne uns nicht hätte, sondern darin, dass wir ganz Empfangende werden und uns ganz nehmen lassen von ihm. Das Handelnlassen Gottes an uns – das ist das christliche Opfer.

Das Kreuz als Anbetung und Opfer. Damit ist freilich noch nicht das Ganze gesagt. Wenn man das Neue Testament von Anfang bis Ende liest, wird man die Frage nicht unterdrücken können, ob es nicht doch die Sühnetat Jesu als Opferdarbringung an den Vater schildert, das Kreuz als das Opfer darstellt, das Christus im Gehorsam dem Vater übergibt. In einer Reihe von Texten erscheint es dennoch als die aufsteigende Bewegung von der Menschheit zu Gott, so dass alles wieder aufzutauchen scheint, was wir eben abgewiesen hatten. In der Tat, mit der absteigenden Linie allein kann man den Befund des Neuen Testaments nicht erfassen. Wie aber sollen wir uns dann das Verhältnis der beiden Linien erklären? Müssen wir etwa eine zugunsten der anderen ausschließen? Und wenn wir es tun wollten, welcher Maßstab berechtigte uns dazu? Es ist klar, dass wir nicht so vorgehen können: Damit würden wir schließlich die Willkür unserer eigenen Meinung zum Maßstab des Glaubens erheben.

Um vorwärtszukommen, müssen wir unsere Frage ausweiten und uns klarzumachen versuchen, wo der Ausgangspunkt der neutestamentlichen Sinndeutung des Kreuzes liegt. Man muss sich zunächst bewusst werden, dass das Kreuz Jesu den Jüngern fürs erste als das Ende, als das Scheitern seines Beginnens erschien. Sie hatten geglaubt, in ihm den König gefunden zu haben, der nie mehr gestürzt werden könne, und waren unversehens zu Gefährten eines Hingerichteten geworden. Die Auferstehung gab ihnen zwar die Gewissheit, dass Jesus dennoch König war, aber wozu das Kreuz diente, mussten sie erst langsam verstehen lernen. Das Mittel des Verstehens bot ihnen die Schrift, das heißt das Alte Testament, mit dessen Bildern und Begriffen sie das Geschehene auszulegen sich mühten. So zogen sie auch dessen liturgische Texte und Vorschriften heran, in der Überzeugung, dass alles dort Gemeinte in Jesus erfüllt sei, ja, dass man von ihm her nun umgekehrt erst eigentlich begreifen könne, um was es dort in Wahrheit ging. Auf diese Weise finden wir im Neuen Testament das Kreuz unter anderem auch mit den Gedanken der alttestamentlichen Kulttheologie erklärt.

Die konsequenteste Durchführung dieses Bemühens begegnet uns im Brief an die Hebräer, der den Tod Jesu am Kreuz mit Ritus und Theologie des jüdischen Versöhnungsfestes in Beziehung setzt und ihn als das wahre kosmische Versöhnungsfest auslegt. Der Gedankengang des Briefes ließe sich dabei in Kürze etwa so wiedergeben: Alles Opferwesen der Menschheit, alle Versuche, durch Kult und Ritus Gott zu versöhnen, von denen die Welt voll ist, mussten hilfloses Menschenwerk bleiben, weil Gott nicht Stiere und Böcke sucht, oder was immer sonst ihm rituell dargeboten wird. Man kann ganze Hekatomben von Tieren Gott allenthalben auf der Welt opfern; er braucht sie nicht, weil alles das ohnedies ihm gehört und weil dem Herrn des Alls nichts gegeben wird, wenn man solches zu seiner Ehre verbrennt. »Ich nehme den Stier aus deinem Stall nicht an und Böcke aus deinen Hürden. Alles Wild des Waldes ist ja mein Eigentum, der Tiere auf meinen Bergen sind tausend. Die Vögel der Luft sind mir alle bekannt, was im Felde sich regt, gehört mir an. Hätte ich Hunger, dann sagte ich dir's nicht, denn mein ist der Erdkreis und seine Fülle. Genieße ich denn Stierfleisch überhaupt, trinke ich denn das Blut von Böcken? Bringe Gott Danksagung als Opfer dar ...«, so sagt ein Gottesspruch des Alten Testaments (Ps 50 [49], 9-14). Der Verfasser des Hebräerbriefs stellt sich in die geistige Linie dieses und ähnlicher Texte. Mit noch endgültigerem Nachdruck betont er die Vergeblichkeit des rituellen Bemühens. Gott sucht nicht Stiere und Böcke, sondern den Menschen; das uneingeschränkte Ja des Menschen zu Gott könnte allein die wahre Anbetung sein. Gott gehört alles, dem Menschen aber ist die Freiheit des Ja und des Nein, der Liebe und der Verweigerung, verliehen; das freie Ja der Liebe ist das Einzige, worauf Gott warten muss – die Anbetung und das »Opfer«, das allein Sinn haben kann. Das Ja zu Gott, in dem der Mensch sich selbst zurückgibt an Gott, ist aber nicht durch das Blut von Stieren und Böcken zu ersetzen und zu vertreten. »Was könnte der Mensch als Ersatz für sich selber bieten?« heißt es einmal im Evangelium (Mk 8,37). Die Antwort kann nur lauten: Es gibt nichts, womit er sich aufwiegen könnte.

Da aber der ganze vorchristliche Kult auf der Idee des Ersatzes, der Vertretung beruht, das zu ersetzen versucht, was unersetzbar ist, musste dieser Kult vergeblich bleiben. Der Hebräerbrief kann im Lichte des Christusglaubens es wagen, diese vernichtende Bilanz der Religionsgeschichte zu ziehen, die auszusprechen in einer Welt voller Opfer als ungeheurer Frevel erscheinen musste. Er kann es wagen, dies völlige Scheitern der Religionen ohne Rückhalt auszusagen, weil er weiß, dass in Christus die Idee des Ersatzes, der Vertretung einen neuen Sinn bekommen hat. Er, der religionsgesetzlich gesehen ein Laie war, kein Amt im Kultdienst Israels innehatte, er war – so sagt es der Text – der einzige wahre Priester der Welt. Sein Tod, der innergeschichtlich gesehen einen völlig profanen Vorgang darstellte – die Hinrichtung eines Mannes, der als politischer Verbrecher verurteilt war –, dieser Tod war in Wirklichkeit die einzige Liturgie der Weltgeschichte, kosmische Liturgie, in der nicht im abgegrenzten Bereich des liturgischen Spiels, im Tempel, sondern in der Öffentlichkeit der Welt Jesus durch den Vorhang des Todes hindurch in den wirklichen Tempel, das heißt vor das Angesicht Gottes selbst, hintrat, um nicht Dinge, Blut von Tieren oder was auch immer, sondern sich selbst darzubringen (Hebr 9,11 ff.).

Achten wir auf diese grundlegende Umkehrung, die zum Kerngedanken des Briefes gehört: Was irdisch betrachtet ein profanes Geschehen war, ist der wahre Kult der Menschheit, denn der ihn vollzog, hat den Raum des liturgischen Spiels durchbrochen und Wahrheit gemacht: Er gab sich selbst. Er nahm den Menschen die Opfersachen aus der Hand und setzte an ihre Stelle die geopferte Persönlichkeit, sein eigenes Ich. Wenn in unserem Text dennoch gesagt wird, Jesus habe durch sein Blut die Versöhnung vollzogen (9,12), so ist dieses Blut nicht wieder als eine sachliche Gabe zu verstehen, als ein quantitativ zu bemessendes Sühnemittel, sondern es ist einfach die Konkretisierung einer Liebe, von der gesagt ist, dass sie bis zum Äußersten reicht (Jo 13,1). Es ist Ausdruck der Totalität seiner Hingabe und seines Dienstes; Inbegriff der Tatsache, dass er nicht mehr und nicht weniger bringt als sich selbst. Der Gestus der alles gebenden Liebe, er und er allein war nach dem Hebräerbrief die wirkliche Versöhnung der Welt; deshalb ist die Kreuzesstunde der kosmische Versöhnungstag, das wahre und endgültige Versöhnungsfest. Einen anderen Kult gibt es nicht und einen anderen Priester nicht als den, der ihn vollzog: Jesus Christus.

Aus: Joseph Ratzinger, Einführung in das Christentum. Vorlesungen über das Apostolische Glaubensbekenntnis, München 1968, S. 230–236, © Kösel-Verlag in der Verlagsgruppe Random House, München, 9. Auflage 2007

3. Setzen Sie sich mit den Argumenten von Pannenberg und Ratzinger/Papst Benedikt XVI. auseinander und nehmen Sie einen begründeten Standpunkt ein.

2.3 Deutungen der Auferstehung Jesu: kontrastierende theologische Ansätze im Vergleich

Texte und Bilder zum Thema »Vom Tod zum Leben – Dem Auferstandenen begegnen« finden sich in AKZENTE RELIGION 3: Jesus begegnen – Impulse aus dem Evangelium, S. 146–165

2.3.1 Hinführung: Auferstehung als »Wiedersehen – bitteschön auch mit meinem Dackel«

Michael Fritzen studierte Germanistik und Psychologie an der Universität Frankfurt. Von 1972 bis 2004 war er Redakteur der F.A.Z. Dort leitete er das Ressort Deutschland und die Welt. Seit 1979 ist er Lehrbeauftragter für Printjournalismus am Journalistischen Seminar.

Wenn Umfragen Recht haben, erwartet in Deutschland nur etwa jeder zweite Christ die Auferstehung für sich. Dass das Ich, die ganze Person, aus dem Tod gerettet wird und sich wieder als Ich erkennt, bleibt, solange man lebt, eine reine Glaubensfrage. Dass mit dem Tod alles aus ist, ebenfalls.

Man kann sich also unbefangen für das eine oder für das andere entscheiden. Es gibt kein rationales Wissen, das eine Version ausschlösse. Warum aber glauben dann nicht viel mehr Menschen an die schönere Version, an die Überwindung des Todes und an den Zustand höchster, vollendeter, ewiger Seligkeit? Mit solch herrlicher Aussicht könnte man – trotz aller Ungewissheit – hienieden wenigstens »das Glück der Hoffnung auf Glück« genießen. Schon das allein wäre ein Gewinn. Und hat man Glück, kommt es ja wirklich und für immer, das Glück. Sollte das Leben stattdessen im Nichts enden, müsste man seinen Irrtum nicht erleben. (…)

Wer Auferstehung und ewiges Leben noch für irgendwie glaubwürdig hält, fürchtet oft insgeheim eine so erhabene und farblose Gleichförmigkeit, dass er nur noch widerwillig und flügellahm hofft. »Für viele Menschen«, hat ein Theologe mal gesagt, »hat der Himmel zu wenig mit der Erde, mit diesem Leben, zu wenig mit ihren Hoffnungen zu tun. Die Langeweile seiner Ausstattung hat allmählich die Hoffnungsimpulse der Menschen überdeckt.« Selige Schau, ewige Ruhe, unsagbare Wirklichkeit, ewiges Licht, Vereinigung mit Jesus, Maria, den Engeln und den Heiligen, Liebesgemeinschaft mit der Heiligsten Dreifaltigkeit, immerwährendes Hochzeitsmahl: Worte und Bilder, die viele kaum noch packen. Ludwig Thomas »Münchner im Himmel« oder Witze und Redensarten über Harfezupfen, ständiges Umherfliegen und jenseitige Monotonie sind zwar übertriebene Zerrbilder, aber sie sagen einiges über gängige Vorstellungen vom »Drüben«.

Dabei gibt es tatsächlich Auferstehung. Täglich gibt es Auferstehung. Glückliche, wenn auch oft flüchtige Auferstehung aus dem matten Alltag, aus Kummer, Sorgen, Qual, Öde, schlechter Laune, Hetze oder Stress. Wenn Schmerz plötzlich nachlässt, Leid für Momente im Hintergrund verschwindet, Rettung aus größter Not geschieht, ein Lächeln umwirft, ein Gesicht bestrickt, Thymian duftet, Rosmarin blassblau blüht, Wolken aufreißen, Birken lichtgrün ausschlagen, Meisen im Nistkasten brüten, die Tomatenpflänzchen auf der Fensterbank langsam gedeihen. Unverhofftes Wiedersehen, unerwartetes Lob, erlösende Nachricht, eine geniale Idee, ein gelungener Witz, duftender Kaffee, ein kühles Bier auf heißen Durst. Wenn man versonnen zwischen Weizenfeldern radelt, einen Gipfel erklommen hat, wenn eine Melodie verzaubert, eine Geschichte in Bann schlägt, eine Pasta gelingt, wenn man den Job kriegt nach tausend Bewerbungen, mit Freunden fröhlich feiert, sich unsterblich verliebt – dann ist für kurze oder lange Augenblicke ein Stückchen vom Himmel auf Erden. Und man wünscht sich, so möge es immer bleiben. Auferstehung vor dem Tod kann jeder erleben. (…)

Mehr von solchen täglichen Auferstehungen müsste in die Hoffnungsbilder eingehen. Nicht nur »unsagbare Wirklichkeit«, sondern viel mehr sagbare. Die Vorstellung von der Auferstehung im Tod müsste sich mit lebendigerem Leben füllen. Wenn ich »in den Himmel komme«, muss, wenn ich »ich« bleiben soll, logischerweise alle Liebe, alles Gute, jeder Jubel, jedes Lachen dahin kommen – meine ganze Welt, geheilt und vollendet. Und es muss darüber hinaus ein nie aufhörendes Kennenlernen geben, stets unerhört Neues geschehen, immer etwas los sein, unendlich glückliche Abwechslung herrschen.

Bei weitem nicht zuletzt aber muss es ein Wiedersehen für immer mit allen Geliebten und Freunden geben. Möglichst sogar mit meinem Dackel. Und das Bewusstsein muss so weit werden, dass es das alles fassen kann. Dass dies alles und unendlich viel mehr ohne Gott nur grundlose Hirngespinste wären, versteht sich, nebenbei gesagt, von selbst. Wenn die Bilder all das bärgen und verhießen, könnte häufiger und fröhlicher an »Himmel« geglaubt werden. Und als schöner Nebeneffekt erwiese sich die Erwartung des Lebens dort oben als hilfreiche Lebenskunst hier unten: Glück der Hoffnung auf Glück. (…)

Es gibt nicht wenige Theologen, die das – vielleicht mit Ausnahme des Dackels – so oder wenigstens ein wenig so sehen und verkünden. Einer von ihnen hat gesagt, man müsse genug Phantasie haben, um sich den Himmel vorzustellen. Aber andere bleiben in langer Tradition zu oft grämlich, mürrisch, blass und ängstlich. Wann hat man zum letzten Mal eine Predigt darüber gehört, wie paradiesisch-irdisch, wie jenseitig-diesseitig es im Himmel ist? Man hört und liest, am besten sei es, sich gar nichts auszumalen; man vernimmt fahl-ätherische Worte und theologisch-kirchliche Begriffe, die nur Insider ansprechen; man wird ermahnt, den Gedanken einer Wiedersehensfeier nach dem Tod, bei der Gott draußen bleibe, nicht über sich Herr werden zu lassen; man wird davor gewarnt, sich das »Drüben« zu sehr ausstaffiert mit vertrauten Wirklichkeiten vorzustellen, denn so werde die radikale Unbegreiflichkeit dessen, was mit ewigem Leben gemeint sei, verharmlost. Man dürfe das eigentlich Wesentliche, die unmittelbare Gottesschau, nicht herabstufen zu einer erfreulichen Beschäftigung neben anderen. Das und Ähnliches trifft nicht gerade ins Herz. Es trägt dazu bei, dass man sich das Jenseits nichtssagend und langweilig denkt und für gar nicht oder kaum erwägenswert und erstrebenswert hält.
Drohen denn solche Gefahren wirklich, wenn man sich den Himmel etwas vitaler vorstellt? Immerhin ist es der liebe Gott, der sich die irdischen Freuden ausgedacht hat. Unsere Erde wächst auf geheimnisvolle Weise in den Himmel. Diese Glaubensmöglichkeit weitaus weiter als bisher zu öffnen hat Zukunft. Vielleicht.

Aus: Michael Fritzen, Unsere tägliche Auferstehung, in: F.A.Z., 07.04.2007, Nr. 82 / S. 9,

1. Skizzieren Sie die Überlegungen von Michael Fritzen in Grundzügen.
2. Stellen Sie Ihre eigene Überzeugung – gegebenenfalls noch fragmentarisch – argumentativ vor.

2.3.2 Was Ostern und Auferstehung existenziell bedeuten ... – Meinungen und Stellungnahmen

a) Gerd Lüdemann
Mein eigenes Verständnis von Ostern vermag an Bibel und Bekenntnis nicht mehr direkt anzuknüpfen. Denn Jesu Auferstehung fand nicht statt und seine Wiederkunft wird daher ausfallen. Auferstehung hat mit dem gegenwärtigen Leben zu tun. Dieses ist wie ein kleines Floß, auf dem Menschen im dunklen Ozean auszuharren verurteilt sind. In tiefer Nacht weht ihnen ein eiskalter Wind entgegen. Die Menschen auf dem Floß sind miteinander vereint durch das Band des gemeinsamen Todes und können vom unpersönlichen All kein Mitleid erwarten. Der furchtbare Zusammenstoß mit solchem Schrecken wird als Geburtsstunde von Demut, Weisheit und Liebe zur Schwelle eines neuen Lebens. Fortan beuge ich mich nicht mehr länger vor der Sündenstrafe des Todes noch hoffe ich auf die Auferstehung, sondern die Vergänglichkeit wird zu einem Teil von mir. Damit entsteht eine neue Ostervision, die gegenüber dem Sog der Panik unerschütterlich bleibt und – vereint mit anderen Menschen – das Leben im Licht der Liebe zur täglichen Aufgabe macht. Gerade dann gilt: das Leben ist stärker als der Tod.

Aus: Gerd Lüdemann, Die Auferstehung Jesu: Fiktion oder Faktum?, wwwuser.gwdg.de/~gluedem/download/workshop auferstehung_texte.pdf (03.04.2004)

b) Hans-Joachim Eckstein

Es lässt sich bei den Evangelienberichten wie auch bei der Darstellung der Christusoffenbarung durch Paulus durchgängig zeigen, dass die Erfahrung der Auferstehungserscheinung zugleich als Erfahrung der Berufung wahrgenommen wird (Mt 28,10; Lk 24,47 ff.; Joh 20,17.21 ff.; 21,15 ff.; vgl. Gal 1,11 f.15 f.). Das Erkennen des erhöhten Herrn bewirkt zugleich das Anerkennen und Bekennen seiner Herrschaft; und die Begegnung mit dem Auferstandenen drängt darauf, mitgeteilt zu werden. Auf diese Weise führt die Erkenntnis der Wirklichkeit der Auferstehung Jesu Christi – sie komme durch eigenes Sehen oder durch die Worte der Augenzeugen zustande – zugleich zum wirklichen Leben durch und für den Auferstandenen: »... gehe aber zu meinen Brüdern und sage ihnen: ›Ich gehe hinauf zu meinem Vater und zu eurem Vater, zu meinem Gott und zu eurem Gott.‹ Maria von Magdala geht und verkündigt den Jüngern: ›Ich habe den Herrn gesehen!‹, und dies habe er zu ihr gesagt (Joh 20,17 f.).«

Aus: Hans-Joachim Eckstein, Zur Wiederentdeckung der Hoffnung. Grundlagen des Glaubens, Hänssler, Holzgerlingen 2002, 87–122, © Autor.

c) Sabine Rückert

Die vier Evangelisten erheben durchaus Anspruch auf eine Wahrheit. Im Gegensatz zur Orpheussage ist die Auferstehung eingebettet in die Wirklichkeit des antiken Jerusalems. In einer Art Datierungsfetischismus werden im Neuen Testament genaue Zeitangaben gemacht, akribisch alle Orte und alle am Geschehen Beteiligten mit Vor- und Nachnamen aufgezählt. Irgendetwas muss passiert sein, damals, im Garten des Josef von Arimathia. Irgendetwas, dessen Kraftstoß ein paar verstörte Fischer zu Gründern einer Weltreligion werden ließ, ein Kraftstoß, der das Christentum bis heute vorwärts trägt.

Was auch immer es war – die Jünger sind nach dem, was sie als Begegnung mit dem Auferstandenen wahrgenommen haben wollen, nicht mehr dieselben. Nicht mehr wiederzuerkennen. Wo sind die Feiglinge, die in die Dunkelheit flüchten, wenn ihr Meister von Soldaten abgeholt wird? Die Wackelkandidaten, die ihn verleugnen, bis der Hahn kräht? Die Zweifler, die sich verbarrikadieren, während er am Kreuz erstickt? Mit einem Mal sind sie Apostel. Herolde der Überzeugung. Bereit, sich für ihre Botschaft zu opfern. Ihnen ist etwas Ungeheuerliches widerfahren, und jetzt tragen sie dieses Erlebnis übers Land – eindringlich und offenbar glaubwürdig durch das Ausmaß ihrer persönlichen Erschütterung.

Viele schenken ihnen Glauben. Vor allem an der Wucht, mit der seine Jünger von ihm erzählt haben, dürfte es liegen, dass keine Figur der Antike eine vergleichbare, bis heute anhaltende Wirkung entfaltet hat wie Jesus. Kein Kaiser, kein Philosoph. Die Apostel Petrus und Paulus wurden in Rom hingerichtet für die Unbeirrbarkeit, mit der sie auf der verrückten Legende von der Auferstehung beharrten. Sie wurden Märtyrer, das heißt auf Griechisch: Zeugen. Die Urchristen haben sich massenhaft verfolgen, foltern und einsperren lassen, bei römischen Zirkusspielen von wilden Tieren anfallen oder als Fackeln in Brand stecken lassen – und das alles für eine Idee. Für die Geschichte von einem vergeblich hingerichteten Verlierer, die sie bloß vom Hörensagen kannten. [...]

Ich glaube die Geschichte übrigens inzwischen auch. Auferstehungen gibt es. Nicht in Form einer fleischlichen Wiederherstellung, einer Art Neuauflage meiner Person, die plötzlich auf dem Planeten herumspaziert. Gespenstergeschichten für bare Münze zu nehmen verlange ich mir nicht ab. Die Auferstehung ist für mich ein Sinnbild für die Befreiung aus den lähmenden Gesetzmäßigkeiten – denen der Welt und meinen eigenen. Und vielleicht auch für die Liebe, die über den Tod hinausgeht: Maria.

Das Christentum ist keine Religion der Gesetzlichkeit, sondern proklamiert deren Überwindung, so begreife ich es. Der Christ ist frei. Alles ist ihm möglich. Alles ist zu schaffen. Yes, we can! Christen können übers Wasser gehen, Stürme stillen, den Teufel besiegen. Bei ihnen weicht die Physik der Metaphysik. Und genau das illustrieren die Wundergeschichten: Die Naturwissenschaft mag die Gesetzmäßigkeit des Machbaren bestimmen, das biblische Denken hält sich nicht dran.

Natürlich bin ich anatomisch gefangen in der Biologie, ich kenne die medizinischen und physikalischen Grenzen meiner Natur, aber diese Erkenntnis hält mich nicht am Leben. Nur weil ich weiß, wie viele Haare ich auf dem Kopf habe, warum ich der Erdanziehung unterworfen bin und wie mein Stoffwechsel funktioniert, habe ich noch lange nicht verstanden, wozu dieses Leben da ist. Was ich bedeuten soll. Und warum ich alt werden und sterben muss.

Das Prinzip des Lebens ist zunächst das Prinzip Angst. Vor den vielen kleinen Verlusten. Und vor dem einen großen. Fürchtet Euch sehr – lautet die Botschaft in den Zeitungen. Ein kleines bisschen Sicherheit herzustellen ist unser täglich Brot. Ganz besonders in Zeiten der Wirtschaftskrise. Der Mensch ist mit seiner ängstlichen Absicherung derart beschäftigt, dass er nicht bemerkt, wie er den Mörtel rührt zur Zementierung der bestehenden Verhältnisse und der ihn umgebenden Mauer aus Ansprüchen.

Das Evangelium und im Besonderen die Auferstehungsgeschichte lehren mich das Gegenteil. Ich, die ich mich verzweifelt am Bestehenden – an meinem Besitz, meinem Status, meinem sozialen Gefüge – festklammere, bin eine Tote. »Lass die Toten ihre Toten begraben«, steht im Neuen Testament. Brutaler geht es nicht. Durch die schiere Angst vor der Verarmung, der Erkrankung, dem Verlassenwerden und dem Untergang, durch das starre Festhalten an eigenen Bedürfnissen und alten Ordnungen hat sich der Tod in mein Leben geschlichen. Eine Art geistiger Tod, der mitten in der Geschäftigkeit von mir Besitz ergreift und der mich verfaulen lässt, während ich noch atme. [...]

Beim Herantasten an letzte Einsichten in eine angstfreie Existenz helfen mir die Parameter, denen die Materie gehorcht, nicht weiter – kein Zitronensäurezyklus, keine Newtonschen Gesetze, keine Wahrscheinlichkeitsrechnungen. Dazu brauche ich Symbole, Bilder und Geschichten. In denen es nicht um richtige oder falsche Gleichungen geht, sondern um bewusstseinserweiternde Gleichnisse. Bilder, die mich aus meiner Berechenbarkeit, aus meiner Determination reißen und mir helfen, größer zu werden, als ich bin. Bilder, in denen ich nicht wiederzuerkennen bin.

Es ist eben nicht so, dass ein rationaler Mensch – und ich halte mich dafür – die biblischen Geschichten nicht verstehen könnte. Ich behaupte das Gegenteil: Nur dem aufgeklärten Geist erschließen sie sich überhaupt. Nur wer bei nüchternem Verstand ist, kann sie ertragen und glauben. Würden wir die Bibel und ihre Wundergeschichten eins zu eins wörtlich nehmen, wir fielen zurück in die Zeiten der Finsternis und der selbst verschuldeten Naivität. [...]

Wenn ich sage, ich glaube an die Auferstehung, meine ich nicht die historische Bejahung, das physikalische Für-real-Halten eines widernatürlichen Vorgangs. Diese Frage stellt sich mir ebenso wenig wie die nach dem Jüngsten Tag. Und was meine eigene Auferweckung angeht – da lasse ich mich überraschen. Jetzt und hier will ich mir bloß den Himmel ein bisschen offen halten. Und in dem hellen Strahl, der durch den Spalt herausfällt, ändert sich für mich die Welt. Nicht im Großen, aber im Ganzen. Der Schund, das Läppische, Erwartbare lauert im Konkreten. Das Unfassbare, Transzendente, Immerwährende wohnt im Glauben. Und das eine gehört zum anderen wie ein ungleicher Zwilling. Aus dem Blick, den ich auf meine Umgebung werfe, sickert die mich durchströmende Transzendenz in meinen schundbeladenen Alltag und verleiht ihm Würde und Dynamik.

Und was ist dynamischer als das christliche Bild von der Auferstehung? Von der Auflehnung gegen das höchste und böseste Naturgesetz? An Ostern hallt die Kirche wider vom befreiten Gelächter der Gläubigen, die diese letzte Erwartbarkeit durchbrochen haben. Jeder, der die h-Moll-Messe von Johann Sebastian Bach hört, wird an der Stelle, da sich der vereinte Chor, von Trompeten vorangepeitscht, im Fortissimo zum et resurrexit aufbäumt, von dieser zutiefst optimistischen Weltsicht gepackt, geflutet von einer unverwüstlichen Zuversicht.

Sabine Rückert, Ostern. Warum ich daran glaube, in: DIE ZEIT vom 08.04.2009

1. Stellen Sie die Positionen zum Auferstehungsglauben aus den drei Texten jeweils in Grundzügen dar.
2. Setzen Sie sich mit diesen Positionen auseinander.

2.3.3 Auferstanden von den Toten – Erläuterungen zur Evangelientradition

Die Ausführungen sind einem Unterrichtswerk zu den Weltreligionen entnommen, das der Religionspädagoge Werner Trutwin verfasst hat.

Die Nachricht, von der das ganze Neue Testament lebt, lautet: Der gekreuzigte Jesus wurde von Gott auferweckt und lebt. Kreuz und Auferstehung gehören untrennbar zusammen, die Auferstehung deutet das Kreuz Jesu. Sie nimmt ihm seine Anstößigkeit und Schande. Durch sie wird der Tod Jesu zu einem Heilsereignis. Ohne den Auferstehungsglauben gäbe es keine Passionserzählung. Um der Auferstehung willen wurden auch die anderen Begebenheiten des Lebens Jesu erzählt, im Glauben daran entstanden die ersten Gemeinden und die neutestamentlichen Schriften. Bis heute kann man die Christenheit als die Gemeinschaft definieren, die glaubt, dass Gott den gekreuzigten Jesus auferweckt und so seinen Anspruch bestätigt und seine Botschaft beglaubigt hat.

- Das *älteste Zeugnis* der Auferstehung Jesu findet sich im 1. Brief des Paulus an die Korinther. Er verkündet es als »Evangelium« und sagt ihnen, dass darin ihr »Heil« liege (1 Kor 15,1-3) und ihre Hoffnung begründet sei, auch selbst mit ihm auferweckt zu werden (1 Kor 15,12 f.). Vor allem enthält der Text eine alte Liste der Zeugen, denen Jesus nach seinem Tod erschienen ist.
- Auch in den anderen Büchern des Neuen Testaments finden sich oft alte, meist kurze *Glaubenssätze* über die Auferstehung, die wohl aus der kirchlichen Glaubensunterweisung und Liturgie stammen.
- Die bekanntesten Texte über die Auferstehung Jesu bilden jeweils den Abschluss der vier *Evangelien*. Sie sind nicht die ältesten biblischen Zeugnisse für diesen Glauben, sondern die jüngsten. Für sie gilt vor allem, dass sie keine Reportagen der Auferstehung sind, sondern Glaubenszeugnisse. Sie entstanden wohl, weil die Gemeinden über die Auferstehung mehr hören wollten als nur die Feststellung, er sei auferstanden. In den Evangelientexten ist von der Auferstehung ausführlicher die Rede. Sie erzählen erstmals konkreter über Ereignisse nach dem Tod Jesu. Ältere Aussagen vom leeren Grab Jesu und von seinen Erscheinungen werden hier veranschaulicht. Manche Einzelheit über die Vorgänge in den Ostertagen mag sich auf Erinnerungen stützen und somit auch historisch von Wert sein. Weitgehend sind die Aussagen aber eher legendarische Ausmalungen oder theologische Deutungen, deren Verwendung schon deshalb nahe lag, weil die Auferweckung als ein Ereignis, das Raum und Zeit überschreitet, in historischen Kategorien nicht fassbar ist. Das zeigt z. B. die Angabe, Jesus sei »am dritten Tag« auferstanden (1 Kor 15,4). Sie

bezeichnet in der Bibel kein kalendarisches Datum, sondern den Augenblick, in dem Gott wirkt und Heil schafft (Hos 6,2).

In manchen Details beschreiben die Evangelien das, was sie glauben, in der *apokalyptischen* Bild- und Symbolsprache ihrer Zeit, in der die Erwartung lebendig war, das Ende der Welt und das Gericht Gottes seien nahe. Engel, himmlische Gestalten (»Menschensohn«) und Aufsehen erregende Wunder, z. B. Sonnenfinsternis oder Erdbeben leiteten dort das Ende ein. Auch die Auferstehung der Toten gehörte zu den apokalyptischen Vorstellungen. Sie betrifft die irdische und himmlische Welt und ist ein Achsenereignis der Geschichte, weil sie zugleich das Ende der bisherigen Weltzeit (»Äon«) und den Beginn der endgültigen Heilszeit Gottes anzeigt. Wenn die Evangelisten auch von diesen apokalyptischen Vorstellungen beeinflusst waren, so haben sie ihnen gegenüber doch auch Reserven gehabt. Im Zentrum ihres Glaubens steht nun nicht eine himmlische Gestalt, sondern eine historische Person: Jesus von Nazaret. Eine allzu genaue Ausmalung der endzeitlichen Ereignisse, wie sie in Apokalypsen der damaligen Zeit üblich waren, gibt es in den Evangelien nicht. Bezeichnenderweise wird die Auferweckung selbst an keiner Stelle detailliert beschrieben. Die Texte wissen von keiner Lichtgestalt, die sich im Dunkel der Nacht zum Himmel hin bewegt. Was mit den Mitteln der Sprache nicht zu beschreiben ist, haben die Evangelisten nicht in Worte zu fassen versucht. Sie wussten, dass sich die Auferweckung Jesu als ein Werk Gottes allen Vorstellungen entzieht. Phantasievolle Veranschaulichungen der Auferweckung Jesu waren späteren Schriften und Bildern der Kunst vorbehalten.

Die kürzeste Erzählung findet sich im *Markusevangelium*. Danach kamen am ersten Tag der Woche, als der Sabbat vorüber war, die drei Frauen, die schon bei der Kreuzigung Jesu dabei waren, zum Grab, um den Leichnam Jesu mit wohlriechenden Ölen einzubalsamieren. Sie fragten sich, wer ihnen wohl den schweren Stein vom Grab wegwälzen würde. Als sie hinschauten, sahen sie, dass der Stein bereits weggewälzt war. Sie gingen in das Grab und sahen dort einen jungen Mann in einem weißen Gewand sitzen, vor dem sie erschraken. Er aber versuchte sie zu beruhigen und verkündete ihnen die Botschaft von der Auferstehung Jesu. Da verließen sie das Grab voller Schrecken und flohen. Weil sie Furcht ergriff, sagten sie (zunächst) niemandem etwas davon (16,1-8).

Die letzten Verse des Evangeliums (16,9-20) sind erst im 2. Jahrhundert hinzugefügt worden, weil man den Schluss des Evangeliums, der von der Furcht der Frauen handelt, als unbefriedigend ansah. In diesem angehängten Text sind einige Perikopen der anderen Evangelien zusammengefasst.

Das Matthäusevangelium (28) beendet die Erzählung von den Frauen am Grab mit dem Hinweis, dass sie voll Furcht und großer Freude waren und zu den Jüngern liefen, um diesen die Botschaft zu verkünden. Es erzählt allein davon, dass es am Grab Wächter gab, die sich von den Hohenpriestern bestechen ließen und überall vermeldeten, der Leichnam Jesu sei von seinen Jüngern gestohlen worden. Die letzte Erscheinung Jesu erfolgt vor elf Jüngern auf einem Berg in Galiläa, der an den Sinai und den Berg der Lehre (»Bergpredigt«) erinnern kann. Hier gibt der Auferstandene ihnen seinen universalen Sendungsbefehl. Sie sollen alle Menschen zu seinen Jüngern machen und taufen.

Das Sondergut des *Lukasevangeliums* (24) ist noch umfangreicher und ganz auf das Geschehen in und um Jerusalem bezogen. Lukas allein erzählt, wie zwei Jünger am ersten Tag der Woche nach dem Tod Jesu in das Dorf Emmaus nahe bei Jerusalem gingen. Unterwegs kam Jesus zu ihnen, ohne dass sie ihn zuerst erkannten. Sie sprachen zu ihm vom Tod Jesu, durch den sie so erschüttert waren, dass sie alle Hoffnung verloren hatten. Der Fremde zeigte sich darüber erstaunt, legte ihnen die Schrift aus und erklärte, dass alles, was mit dem Messias geschehen war, geschehen musste. Nur so konnte er in seine

Dem Himmel nah, Potun/Guatemala.

Herrlichkeit gelangen. Als sie in das Dorf kamen, baten die beiden den Fremden, bei ihnen zu bleiben, weil es schon Abend wurde. Bei Tisch nahm er das Brot und gab es ihnen. Beim Brotbrechen erkannten sie ihn. Danach entschwand er ihren Blicken. Nun wussten sie, dass Jesus mit ihnen war und dass er auferstanden war. Sie kehrten alsbald nach Jerusalem zurück und verkündeten dieses Ereignis den anderen Jüngern. Dort erschien Jesus in ihrer Mitte und aß vor ihren Augen ein Stück Fisch, um ihnen zu beweisen, dass er nicht ein Geist, sondern er es selbst, ein Wesen aus Fleisch und Blut sei. Schließlich führt Jesus seine Jünger nach Betanien, wo er zum Himmel emporgehoben wurde. Diese »Himmelfahrt« war keine Reise durch Raum und Zeit. Sie ist ein Bild für die Entrückung Jesu zu Gott.

In einem nochmal anderen Licht sieht das *Johannesevangelium* (20) die Auferstehung. Allein der vierte Evangelist erzählt, wie Petrus und der geliebte Jünger am frühen Ostermorgen zum Grab laufen; er allein kennt die Erzählung von der ersten Erscheinung Jesu vor Maria von Magdala, er allein erwähnt den ungläubigen Thomas, der nicht glauben will, was er nicht gesehen hat. Diesem sagt der Auferstandene, was für alle Christen gilt, die keine Erscheinungen Jesu haben: »Selig die Augen, die nicht sehen und doch glauben« (20,29). Im letzten Kapitel des Evangeliums (21) erhält Petrus von dem Auferstandenen den Auftrag seine Herde zu weiden. Das Evangelium schließt mit den Worten: »Wenn man alles (über Jesus) aufschreiben wollte, so könnte, wie ich glaube, die ganze Welt die Bücher nicht fassen, die man schreiben müsste« (21,25).

Vergleicht man die Erzählungen der Evangelien miteinander, stößt man auf einige *Widersprüche.* Sie betreffen die Zahl der Frauen, die in der Frühe zum Grab kamen, die Zahl der Engel (Jünglinge), die im leeren Grab saßen, die Worte der Frauen und Engel oder die Orts- und Zeitangaben. Aber alle Evangelien *stimmen darin überein:* Der Gekreuzigte lebt. Er ist auferstanden. Das Grab Jesu war am Ostermorgen leer. Einige Frauen und Apostel haben ihn gesehen und mit ihm gesprochen.

Aus: Werner Trutwin, Die Weltreligionen. Christentum, Patmos Verlag, Düsseldorf [4]2007, S. 73–75

1. Untersuchen Sie, was es für einen Unterschied macht, wenn das Neue Testament manchmal von der »Auferweckung« Jesu, z. B. 1 Kor 15,4, manchmal von seiner »Auferstehung«, z. B. Mk 16, 6, spricht.
2. Entwerfen Sie eine kleine Theologie der Auferstehung Jesu und ihrer Bedeutung für die Christen anhand von 1 Kor 15. Ergänzen Sie dazu die theologischen Ausführungen von Röm 6,1-11.
3. Die Auferstehung Jesu ist als ein geschichtsübergreifendes Ereignis einer historischen Beweisführung nicht zugänglich. Erörtern Sie, warum sie für Christen dennoch glaubwürdig ist.

2.3.4 Ostern ändert die Fakten – Zusammenfassende Überlegungen

Der Autor Hans Christian Knuth ist Leitender Bischof der Vereinigten Evangelisch-Lutherischen Kirche Deutschlands (VELKD).

Nirgends wird der Glaube der Christen so herausgefordert wie am offenen Grab. Sie stehen um die ausgehobene Grabstätte herum, der Sarg ist abgesenkt, und singen: »Christ ist erstanden von der Marter alle; des soll'n wir alle fröhlich sein, Christ will unser Trost sein.« Die Sprache der Fakten ist klar. Alle Hoffnungen werden hier mit begraben. Alle Liebe zwischen dem Verstorbenen und den trauernden Angehörigen wird abgebrochen. Alle Blumen können nicht darüber hinwegtäuschen, dass auch sie abgeschnitten, dem Verwelken überlassen werden. Keine Kunst der Ärzte, kein Geld, keine Macht dieser Erde kann das Leben wiederbringen.
Dann werden Texte gelesen wie: »Der Tod ist verschlungen in den Sieg. Tod, wo ist dein Stachel? Hölle, wo ist dein Sieg?« Oder: »Ich bin gewiss, dass weder Tod noch Leben, weder Engel noch Mächte, noch Gewalten, weder Gegenwärtiges noch Zukünftiges, weder Hohes noch Tiefes, noch eine andere Kreatur uns scheiden kann von der Liebe Gottes, die in Christus Jesus ist, unserem Herrn.« Und diese Worte verändern die Fakten. Der Tod hat nicht das letzte Wort. Die Angst, die er auslöst, ist überwunden: »Des soll'n wir alle fröhlich sein, Christ will unser Trost sein.« Der Glaube und auch der Unglaube müssen sich nun damit auseinander setzen, dass es diese Worte gibt, die dem Tod widersprechen. Tragen sie? Halten sie stand? Ist es nicht frivol, am Grabe fröhlich sein zu wollen? Aber Worte sind es nun einmal, die unser Leben bestimmen. Und je nachdem, in welche Worte ich gerate, komme ich in ein anderes Leben. Die Sprache der Tatsachen ist das eine, aber die Osterbotschaft ist auch eine Tatsache, und sie ist in der Welt. Und seitdem sie in der Welt ist, kommt es darauf an, sich für diese Tatsache zu entscheiden. Martin Luther soll sich einmal vor Erstklässlern in einer Schule verneigt und sie begrüßt haben: »Guten Morgen, verehrte zukünftige Herrn Richter, Prediger, Kanzleischreiber, Doktoren!« Er sah in den Kleinen die Großen von morgen. So sind wir geprägt davon, welche Zukunft wir haben, ob der Tod das letzte Wort hat über unser Leben oder das Leben siegt. Ein Mensch, dessen Leben nicht durch den Tod infrage gestellt wird, hat

Zukunft. Ganz gleich, ob er im Leben erfolgreich war oder gescheitert ist, ob er mächtig oder politisch ein Nichts war, ob er viele oder gar keine Nachkommen hat.
Die Osterbotschaft definiert den Menschen durch seine Zukunft, die er in Gott hat. Jedes Lächeln, jeder hilfreiche Handgriff, jede selbstlose Tat erscheint dann schon im Licht der Zukunft und hat insofern einen ganz anderen Stellenwert, als wenn der Tod sein vernichtendes »Aus« sprechen würde.
Man stelle sich vor, wir würden den Menschen nicht durch seine Rasse, Kultur, Nation, Klasse oder durch sein Geschlecht definieren, sondern durch seine Zukunft. Was gäbe das für ein Menschenbild! Der Behinderte, der Straffälliggewordene, der Fremde in unserer Stadt, sie würden nicht durch ihre Defizite, sondern durch ihre Zukunft definiert. Auch würde sich der Mensch nicht mehr durch den Vergleich mit dem Tier definieren, sondern indem er seine kleine Gegenwart in Beziehung setzt zu seiner großen Zukunft.
Die Zukunft wird Maßstab: Der Osterglaube bewirkt zweierlei im Menschen. Er macht nüchtern und zugleich gibt er eine tiefe Zuversicht. Nüchtern bleiben die Christen im Blick auf ihre Leistungen und Taten. Gewiss gibt es viele bewundernswerte Leistungen und großartige Schöpfungen des Menschen. Aber sie überleben nicht den Zerfall der Zeit. Natürlich freut sich der Mensch, wenn er gesund wird, wenn er heranwächst zu einem nützlichen Glied der Gesellschaft, wenn er rückblickend auf sein Leben sagen darf, dass er Spuren hinterlässt. Aber erst dadurch, dass der Glanz der Zukunft auf diese kleinen Entgelte und Anwartschaften fällt, gewinnen sie ihren eigentlichen Wert. Dasselbe gilt für die großen Hoffnungen, Friede, Gerechtigkeit, Bewahrung der Schöpfung: Sie leben davon, dass nicht am Ende doch der Tod alle Bemühungen zunichte macht. Es lohnt jeden Einsatz, auch den, der nicht zum Erfolg führt, auf dem Hintergrund der großen Hoffnung, dass die Menschheit insgesamt nicht dem Nichts überantwortet wird, auf dem Hintergrund dessen, dass es Sinn macht, diese Erde und diese Menschheit vor dem Verderben zu bewahren.
Die wesentliche Dimension: Es sind nicht die wenigen Idealisten von gestern, die erfolglos eintreten für das Leben anderer, es sind die Hoffnungsträger von morgen, die sich nicht abbringen lassen vom Glauben, dass die Liebe siegt. Wenn wir zugehen auf eine gemeinsame Zukunft, können wir schon jetzt eintreten für Menschenrechte, die Gleichberechtigung von Mann und Frau, die Überwindung der Armut, die Erhaltung gefährdeten Lebens, die Vorsorge für kommende Generationen. Der Osterglaube setzt die Erfahrung des Karfreitags voraus, also das Scheitern, das Schuldigwerden, das Leiden, das Sterben. Für Illusionen ist da kein Platz. Aber noch weniger für Depressionen. Christen sind frei, Verantwortung zu übernehmen, auch dann, wenn sie wissen, dass sie scheitern können. Sie müssen sich in ihren Aktionen nicht selbst verwirklichen. Der Osterglaube ist nicht ein Lehrstück der Christenheit unter anderen, auf das man gegebenenfalls auch verzichten kann. Er ist das Salz in der Suppe, das Element, die wesentliche Dimension aller christlichen Aussagen. Er verweist auf die Quelle und den Urgrund, aus dem der Glaube seine Kraft und Dynamik, aber auch seine Erkenntnis schöpft. Ohne den Osterglauben wäre das Christentum eine wahrscheinlich Ehrfurcht gebietende, aber keineswegs außergewöhnliche Erscheinung. Dass selbst und gerade am Grabe Osterlieder gesungen werden können: Das erst gibt dem Leben auf dieser schönen Erde seinen Glanz und seine Hoffnung.

Aus: Hans Christian Knuth, Ostern ändert die Fakten, in: Rheinischer Merkur vom 21. April 2000

3. Die Kirche und ihre Aufgabe in der Welt

Ben Willikens, »Raum mit Rundbogen«, 1981.

3.1 Kirchliche Reaktionen auf krisenhafte Herausforderungen: Barmer Theologische Erklärung (nur evangelisch)

3.1.1 Hintergründe – aus einem Buch zur Geschichte des Christentums

Überblick

30. Januar 1933	**Adolf Hitler** (1889–1945) wird zum **Reichskanzler** ernannt.
20. Juli 1933	Das **Reichskonkordat** mit dem Vatikan garantiert die öffentliche Religionsausübung und sichert Rechte und Institutionen der katholischen Kirche ab. Frühere Vorbehalte gegen den Nationalsozialismus werden zeitweise zurückgedrängt.
seit 1932	Die Glaubensbewegung **»Deutsche Christen«** versucht, christlichen Glauben und nationalsozialistische Weltanschauung miteinander zu verbinden.
1933	Bildung des **»Pfarrernotbundes«** als Opposition gegen die von den Deutschen Christen beherrschte Deutsche Evangelische Kirche.
1934	Barmer Bekenntnissynode: Erweiterung des Pfarrernotbundes zur **»Bekennenden Kirche«**.
1934–1945	Offener **Kirchenkampf** mit Schikanen, Einschränkungen religiösen Lebens und Schließung kirchlicher Einrichtungen.
1937	Enzyklika Pius XI. (1922–1939) **»Mit brennender Sorge«**. Der Papst verurteilt die nationalsozialistische Weltanschauung und protestiert gegen Konkordatsverletzungen.
9./10. Nov. 1938	**Novemberpogrom.** Schwere Ausschreitungen gegen jüdische Einrichtungen.
1940–1941	**»Euthanasieprogramm«.** Insassen von Heil-und Pflegeanstalten werden planmäßig ermordet.
1941	Predigten des Bischofs von Münster, **Clemens August von Galen** (1878–1946), gegen Euthanasieverbrechen und Beraubung von Klöstern.
seit 1941	Völkermord an europäischen Juden.
1943/1944	Hinrichtung der Widerstandsgruppe **»Weiße Rose«** um die Geschwister Scholl.

1. Die nationalsozialistische Weltanschauung

Die wesentlichen Grundlagen für die nationalsozialistische Weltanschauung sind die Schriften *Adolf Hitlers* (1889–1945) (»Mein Kampf«) und ein weiteres Werk, das erst 1961 unter dem Titel »Hitlers zweites Buch« veröffentlicht wurde. Hitler selbst gebraucht den Begriff »Weltanschauung« an vielen Stellen in »Mein Kampf«. Dennoch hat er keine systematische und geschlossene Ideologie entwickelt. Vielmehr handelt er Themen aus den unterschiedlichsten Bereichen ab: Autobiographisches, Parteigeschichte, Antisemitismus, Propaganda, Eroberung und Lebensraum, Einlassungen zu geschichtlichen Epochen, zur Wirtschaft, Religion, zum Bösen, zu Richard Wagner, Kleidung der Jugend, Goethe u. a. m. Er selbst sprach von einer *»Aneinanderreihung von Leitartikeln aus dem Völkischen Beobachter«*. Aus diesem Sammelsurium lassen sich aber einige Vorstellungen und Anschauungen herausarbeiten, die für ihn und die nationalsozialistische Bewegung von großer Bedeutung waren.

Blut und Boden

»Wer sind wir?« – Das Menschenbild

Die Zugehörigkeit zur nordischen Rasse legt unabänderlich fest, dass der Deutsche ein arischer Herrenmensch ist. Das arische Blut muss rein erhalten werden. Sein Erbgut begründet seinen Führungsanspruch und sein Recht auf ausgedehnten Lebensraum.

Kampf ums Dasein

»Wohin gehen wir?« – Das Geschichtsbild

Die Geschichte ist ein Überlebenskampf. Nur die gesünderen und widerstandsfähigeren Lebewesen setzen sich durch. Das »natürliche Recht des Stärkeren« verlangt die Unterwerfung und Versklavung minderwertiger Völker. »Lebensunwertes Leben« hat keine Daseinsberechtigung und muss vernichtet werden. Die Juden sind untermenschliche Parasiten im Volkskörper; sie müssen daher bekämpft und ausgerottet werden.

Dienst an Volk und Vaterland

»Was sollen wir tun?« – Das Wertsystem

Die Volkserziehung steht im Dienst von Gesundheit und Arterhaltung. Der deutsche Mensch liebt Volk und Heimat und weiß um seine Bestimmung. Er übt sich in Selbstüberwindung, Tapferkeit und heldischer Opferbereitschaft bis zum Tod für Führer und Vaterland. Höher als den Gedanken schätzt er die Tat. Er ist bedingungslos gehorsam, treu und pflichtbewusst; er führt ein ordentliches und anständiges Leben; er ist fleißig, sparsam und pünktlich. Der Mann bewährt sich draußen im Leben. Die Frau findet ihre natürliche Bestimmung in der Rolle als Hausfrau und Mutter. Der Einzelne hat sich ganz den Interessen der Volksgemeinschaft unterzuordnen: »Du bist nichts, dein Volk ist alles.«

»Führer befiehl, wir folgen dir!«

»Wie können wir zusammenleben?« – Die Lebensordnung

Es gibt nur einen Weg: »Siegen oder Untergehen.« Wer in dieser Welt überleben will, folgt seinem Führer. An der Spitze seines Volkes geht Adolf Hitler voran; er handelt im Einklang mit der Vorsehung und trägt die Verantwortung für das Ganze. Er entscheidet und befiehlt, er wählt die Besten aus und ermächtigt sie, seine Befehle weiterzugeben und ihre Einhaltung durchzusetzen. Das nationalsozialistische Führerprinzip verachtet die »demokratische Gleichmacherei«.

»Heil Hitler!«

»Was ist uns heilig?« – Der braune Kult

Nationalsozialistische Feiern erheben das Gefühl, berauschen die Sinne und reißen mit. Die eingeschworene Volksgemeinschaft wird in großen Aufmärschen und Fackelzügen sinnlich erfahren. Fahnenwälder und Lichtdome, mitreißende Lieder im Marschrhythmus, Fanfaren, Trommelwirbel und »Heil«-Rufe nehmen Auge, Ohr und Herz gefangen. Volkstrachten, Uniformen, Orden und Ehrenzeichen steigern das Selbstwertgefühl. Gedenktage beschwören die Erinnerung. Aufnahmeriten, Weihen und nächtliche Feierstunden stärken das Zusammengehörigkeitsgefühl und verpflichten auf die gemeinsamen Ideale. Auf den jährlichen Reichsparteitagen in Nürnberg geraten das Gedenken an die gefallenen Kameraden und die Fahnenweihe mit der Blutfahne zu einer lebensfeindlichen, krankhaften Verherrlichung des Todes. In Erntedank- und Sonnwendfeiern leben die alten germanischen Mythen wieder auf. – Der maßlose Kult um die Person Hitlers, die Lieder, Gedichte und Sprüche auf ihn, die Bewertung Hitlers als ein »glückliches Geschenk der Vorsehung« erheben ihn zu einem übermenschlichen Wesen.

Sonnenwendfeier im Berliner Olympiastadion – von erfahrenen Bühnenfachleuten inszeniert. »Ich werde … mit Stumpf und Stiel, mit allen seinen Wurzeln und Fasern das Christentum in Deutschland ausrotten … Für unser Volk … ist es entscheidend, ob es den jüdischen Christusglauben und seine weichliche Mitleidsmoral hat oder einen starken heldenhaften Glauben an Gott in der Natur, an Gott im eigenen Volke, an Gott im eigenen Schicksal, im eigenen Blute« (Adolf Hitler).

2. Der Nationalsozialismus – Eine Ersatzreligion

Warum haben so viele Menschen diese Weltanschauung geteilt? Häufig sind folgende Antworten zu hören:

- *»Im Grunde haben doch nur wenige zugestimmt.«* (Verharmlosung)
- *»Hitler hat das deutsche Volk verführt.«* (Dämonisierung)
- *»Die Deutschen sind für Ideologien besonders anfällig.«* (Vorurteil)

Mit dem Ersten Weltkrieg war für viele Deutsche eine Welt untergegangen. Sie konnten sich nur schwer mit dem demokratischen Staat und den gesellschaftlichen Umbrüchen anfreunden und trauerten der Monarchie mit ihrem übersteigerten Nationalgefühl als der »guten alten Zeit« nach. Der als nationale Demütigung empfundene Versailler Friedensvertrag, die extremistische politische Gewalt von links und rechts, die wirtschaftliche Krise mit Inflation und Arbeitslosigkeit, die Unfähigkeit der demokratischen Kräfte, der Vielzahl der Probleme Herr zu werden, steigerten bei vielen die Enttäuschung und Ratlosigkeit und machten sie empfänglich für die Versprechungen der Nationalsozialisten. Diese boten einfache und schnelle Lösungen der vielschichtigen Probleme an und gaben damit vielen verzweifelten und enttäuschten Menschen neue Hoffnung für die Zukunft:

- Bruchstückhafte Kenntnisse aus Natur-und Geisteswissenschaft wurden zu einer pseudowissenschaftlichen Gesamtsicht verschmolzen (vulgärer Sozialdarwinismus). In einer unübersichtlich gewordenen Welt lieferte er klare Orientierung und einen gesicherten Standort.

Nächtliche Weihestunde.

- Als im 20. Jahrhundert die vielen Welten zu einer Welt zusammenzuwachsen begannen, bot er eine Hilfe, die eigene Identität durch Ausgrenzung und Bekämpfung des Fremden zu bewahren.
- Wo der Glaube an Gott sich verflüchtigt hatte, bot der Nationalsozialismus Ersatz: Die »Vorsehung« hatte die Deutschen nicht im Stich gelassen, sondern versprach durch den Führer eine glänzende Zukunft.
- Die einfachen Antworten vereinfachten das Leben: Wenn man zu wissen glaubt, woran man sich zu halten hat, ist es leichter, Entscheidungen zu treffen und zu handeln.
- Sinnerfülltes Dasein wurde nicht nur erklärt, sondern konnte erlebt werden: Jede noch so unbedeutende Tätigkeit gab Anteil am großen nationalen Gemeinschaftswerk.
- Wer meinte, im Leben bisher vernachlässigt und verkannt worden oder sonstwie zu kurz gekommen zu sein, fand die Möglichkeit, in den Juden für alles einen Sündenbock zu finden, selbst aber Anschluss an die große Gemeinschaft zu gewinnen.
- Das Führerprinzip forderte zwar bedingungslosen Gehorsam und Pflichterfüllung, ersparte dafür aber auch eigenverantwortliche Entscheidungen, Gewissenszweifel und Schuldbewusstsein.
- Der Nationalsozialismus forderte große Opfer und Verzichte und beanspruchte die Menschen ganz für sich; er wollte alle Gruppen des Volkes und alle Kräfte und Lebensbereiche des Einzelnen vollständig erfassen. Er wertete die typisch christlichen Tugenden der Selbstüberwindung ab: Es galt als Schwäche und Feigheit, barmherzig zu sein, zu vergeben und sich zu versöhnen, auf Gewalt zu verzichten und seine Feinde zu lieben.

Das im Grunde simple Wertsystem des Nationalsozialismus mochte sich in vielen Alltagssituationen bewähren. In schwierigen Gewissensfragen, die vor allem Judenverfolgung,

Ein Mädchen schmückt ein Führerbild am Erntedankfest 1935.

Krieg und behindertes Leben aufwarfen, bedurfte es der Orientierung an höheren Werten wie Kritikfähigkeit, Gerechtigkeitssinn, Solidarität, Mitleid, Mut zum Widerstand; diese aber widersprachen der nationalsozialistischen Ideologie.

Der Glaube an Adolf Hitler

Adolf Hitler!
Dir sind wir allein verbunden! Wir wollen in dieser Stunde das Gelöbnis erneuern:
Wir glauben
auf dieser Erde allein an Adolf Hitler.
Wir glauben,
dass der Nationalsozialismus der allein seligmachende Glaube für unser Volk ist.
Wir glauben,
dass es einen Herrgott im Himmel gibt, der uns geschaffen hat, der uns führt, der uns lenkt und der uns sichtbarlich segnet.
Und wir glauben,
dass dieser Herrgott uns Adolf Hitler gesandt hat, damit Deutschland für alle Ewigkeit ein Fundament werde.

Reichsleiter (der Deutschen Arbeitsfront)
Dr. Robert Ley am 10. Februar 1937

Schulungsbrief der NSDAP, IV. Jahrgang, 4. Folge, 1937

1. Erläutern Sie, in welchen Punkten sich unüberbrückbare Gegensätze zwischen der nationalsozialistischen Weltanschauung und dem christlichen Glauben feststellen lassen.
2. Erklären Sie, welche christlichen Vorstellungen und Formeln das »Glaubensbekenntnis« verwendet. Inwiefern weicht es vom christlichen Glauben ab?
3. Die nationalsozialistische Weltanschauung steht im Widerspruch zu offenen, demokratischen Gesellschaften. Weisen Sie dies an Beispielen nach?
4. Erörtern Sie, wie es zu erklären ist, dass Teile nationalsozialistischen Gedankenguts auch heute immer wieder aufleben. Welche Umstände in Politik, Wirtschaft und Gesellschaft können diesen Kräften Auftrieb geben?
5. Entwerfen Sie Perspektiven, wie man solchen Entwicklungen vorbeugen kann.

Das Bild zeigt einen nationalsozialistischen Sakralraum aus einem Betrieb der damaligen Zeit. Die Gesamtanordnung eines Kirchenraums ist erhalten geblieben: Mittelgang, Bänke und Altarbezirk. Die Mitte des »Altarraums« schmückt die Zahnradfahne der Deutschen Arbeiterfront (DAF); auf einem Sockel davor steht die Marmorbüste Hitlers, auf die der Mittelgang hinführt. Hitler übernimmt von Christus die Rolle des Erlösers.

Begeisterte Jugendliche auf einem Reichsparteitag in Nürnberg.

Fahnenschmuck in der niederrheinischen Stadt Kleve.

3. Leben unter dem Hakenkreuz – Zwischen Faszination und Widerstand

Zwischen nationalsozialistischer Weltanschauung und christlichem Glauben bestanden unüberbrückbare Gegensätze, in manchen Auffassungen aber auch Berührungspunkte, die in Zeiten wirtschaftlicher Not und geistiger Verunsicherung wirksam werden konnten. Rassen-, Blut- und Bodenideologie konnten mit dem Glauben, dass alle Menschen gleich sind, nicht vereinbart werden. Ebenfalls musste der Totalitätsanspruch über die Menschen von der Kirche zurückgewiesen werden, da sie für sich selbst den Anspruch auf Wahrheit erhob.

In der Ablehnung der liberalen Demokratie als Staatsform und im Kampf gegen den Bolschewismus fanden sich *katholische Kirche* und der Nationalsozialismus Seite an Seite. Die hierarchische Führungsstruktur und die Vorbehalte gegen moderne Freizügigkeit im öffentlichen Leben und in den Künsten sowie der Ruf nach einer »sittlichen Erneuerung« wurden von beiden Seiten mit Nachdruck und Überzeugung vertreten. Trotz des Universalitätsanspruchs der Kirche war auch in der katholischen Bevölkerung das nationale Pathos ungebrochen.

Bis 1933 allerdings überwog im Klerus und damit auch in weiten Kreisen der katholischen Bevölkerung eine Ablehnung der nationalsozialistischen Bewegung. Diese Ablehnung zeigte sich noch in der Wahl vom 5. März 1933, bei der trotz massiver Wahlbeeinflussung durch die NSDAP der im Zentrum organisierte Katholizismus seinen Stimmanteil leicht ausbauen konnte.

Gehorsam gegenüber der Obrigkeit?

Entscheidender war für den deutschen Katholizismus das Datum des 30. Januar 1933. Denn mit der Übertragung der Kanzlerschaft an Hitler durch den greisen *Reichspräsidenten von Hindenburg* (1847–1934) sahen sich Kirche und Kirchenvolk vor eine grundlegend veränderte Situation gestellt: Hitler und seine Koalitionspartner waren zur rechtmäßigen Obrigkeit geworden, der man nach alter kirchlicher Lehre den staatsbürgerlichen Gehorsam schuldete (vgl. Röm 13,1-7). Hitler nutzte zudem sehr geschickt die Furcht vor einem kommunistischen Umsturz, so dass die Kirche kritiklos die von Hitler vorgespiegelte Alternative zwischen Nationalsozialismus und Bolschewismus übernahm. Der Reichtagsbrand vom 27. Februar wurde von den Nationalsozialisten dahingehend propagandistisch ausgeschlachtet. Endgültig schien sich eine grundlegende Änderung im Verhältnis von Kirchen und Nationalsozialismus als Folge der Regierungserklärung Hitlers vom 23. März einzustellen, in der dieser den Kirchen weitgehende Zusicherungen machte:

> »Die nationale Regierung sieht in den beiden christlichen Konfessionen wichtigste Faktoren der Erhaltung unseres Volkstums. Sie wird die zwischen ihnen und den Ländern abgeschlossenen Verträge respektieren; ihre Rechte sollen nicht angetastet werden …
>
> Die nationale Regierung wird in Schule und Erziehung den christlichen Konfessionen den ihnen zukommenden Einfluss einräumen und sicherstellen. Ihre Sorge gilt dem aufrichtigen Zusammenleben zwischen Kirche und Staat … Ebenso legt die Reichsregierung, die im Christentum die unerschütterlichen Fundamente des sittlichen und moralischen Lebens unseres Volkes sieht, den größten Wert darauf, die freundschaftlichen Beziehungen zum Heiligen Stuhl weiter zu pflegen und auszugestalten.«

Am 28. März 1933 nahmen die katholischen Bischöfe in einem Schreiben ihre Vorbehalte gegen die nationalsozialistische Bewegung in großen Teilen zurück. Diese Erklärung führte zu Unsicherheiten bei vielen Katholiken: Konnte man sich nun vorbehaltlos für die

Vizekanzler Franz von Papen (l.) und Kardinalstaatssekretär Pacelli (M., der spätere Papst Pius XII.) bei der Unterzeichnung des Reichskonkordats.

Ziele des Nationalsozialismus einsetzen oder rieten grundsätzliche Bedenken zu weiterer Skepsis?

Das Reichskonkordat

Eine weitere Entspannung zwischen dem nationalsozialistischen Staat und den Kirchen brachte der Abschluss des *Reichskonkordats* und die »Verfassung der Deutschen Evangelischen Kirche« vom 14. Juli 1933, die am gleichen Tage von der Reichsregierung gebilligt wurden.

Am 20. Juli 1933 wurde das Reichskonkordat feierlich unterzeichnet. Nach jahrelangen Vorbereitungen schien die katholische Kirche von den Nationalsozialisten Zugeständnisse zu erhalten, die ihr in der Weimarer Republik keine Regierung machen wollte und konnte: So wurden die Freiheit des Bekenntnisses und der öffentlichen Religionsausübung anerkannt, die Konfessionsschulen vertraglich abgesichert, die kirchliche Verbands- und Jugendarbeit sowie die Freiheit der Kirche, ihre inneren Angelegenheiten selbstständig zu gestalten, garantiert.

Für Hitler bedeutete der Konkordatsabschluss *»einen unbeschreiblichen Erfolg, dass demgegenüber alle kritischen Bedenken zurücktreten mussten«.* Innenpolitisch erreichte der Nationalsozialismus mit dem Verbot der politischen Betätigung für Geistliche einen wichtigen Schritt zur ungehinderten Ausübung ihrer Macht, weil künftig jede Kritik der Kirche als politische Äußerung und deshalb als konkordatswidrig zurückgewiesen werden konnte. Mit dem Abschluss des Konkordats gelang es Hitler, Vorbehalte gegen ihn und seine Bewegung in Kreisen der katholischen Bevölkerung zurückzudrängen.

Die *Bedeutung des Konkordats* ist bis heute umstritten. Einerseits verfügte die katholische Kirche mit dem Reichskonkordat über ein Rechtsmittel, mit dem sie gegen die Übergriffe der Nationalsozialisten offiziell protestieren und kirchliches Leben aufrechter-

Bischof Bornewasser von Trier und Bischof Sebastian von Speyer neben Reichskommissar Bürkel, Reichsinnenminister Frick und Reichspropagandaminister Goebbels bei der Feierstunde anlässlich der Rückgliederung des Saarlandes an Deutschland.

Feldgottesdienst für die SA, 1933.

halten konnte. Andererseits verführte das Reichskonkordat dazu, die vielfältigen Menschenrechtsverletzungen, z. B. gegenüber Juden, Sinti und Roma, Homosexuellen und religiösen Minderheiten, überhaupt nicht oder nur sehr zurückhaltend anzuprangern. Es bleibt die Frage unbeantwortet, ob ein entschiedeneres und mutigeres Auftreten der amtskirchlichen Stellen bei den Nationalsozialisten nicht doch Wirkung gezeigt hätte.

Die evangelische Reichskirche

Aufgrund der »föderalistischen« Struktur der *evangelischen Kirche* in Deutschland – ihrer Gliederung in 28 eigenständige Landeskirchen – hat ihre Entwicklung einen anderen Verlauf als die der zentralistisch und universalistisch geführten katholischen Kirche genommen. Während der Katholizismus sich im »Zentrum« organisierte, hatten viele protestantische Christen ihre politische Heimat in den Rechtsparteien DNVP (Deutschnationale Volkspartei) und DVP (Deutsche Volkspartei). Infolge der jahrhundertelangen Verbindung von evangelischer Kirche und preußischer Monarchie stand bei vielen Christen die Demokratie als Staatsform nicht in hohem Ansehen.

Bei der evangelischen Kirche bediente sich Hitler vor allem der 1932 gegründeten Glaubensbewegung der *»Deutschen Christen«*. Mit ihr versuchte er, die evangelische Kirche von innen zu erobern, um sie dann nach außen hin »gleichzuschalten«. Ziel der »Deutschen Christen« war der Versuch, den christlichen Glauben mit der nationalsozialistischen Weltanschauung in Übereinstimmung zu bringen.

In den Richtlinien der Glaubensbewegung »Deutsche Christen« vom 6. Juni 1932 heißt es:

> »Wir stehen auf dem Boden des positiven Christentums. Wir bekennen uns zu einem bejahenden artgemäßen Christus-Glauben, wie er deutschem Luther-Geist und heldischer Frömmigkeit entspricht …
>
> Wir sehen in Rasse, Volkstum und Nation uns von Gott geschenkte und anvertraute Lebensordnungen, für deren Erhaltung zu sorgen, uns Gottes Gesetz ist. Daher ist der Rassenvermischung entgegenzutreten … Wir wollen eine evangelische Kirche, die im Volkstum wurzelt, und lehnen den Geist eines christlichen Weltbürgertums ab. Wir wollen die aus diesem Geiste entspringenden verderblichen Erscheinungen wie Pazifismus, Internationale, Freimaurertum usw. durch den Glauben an unsere von Gott befohlene völkische Sendung überwinden …«

Im Juni 1933 gelang es schließlich durch massive Drohungen von Seiten der Partei und mit starker Unterstützung der Deutschen Christen, dem Königsberger Wehrkreispfarrer

Die Nationalsozialisten förderten eine »deutsch-christliche« Bewegung. Hier weihen sie im Jahre 1934 ihre Fahnen bei einem Gottesdienst in der Gustav-Adolf-Kirche in Berlin.

Ludwig Müller (1883–1945) als Vertrauensmann und Bevollmächtigten Hitlers die Leitung der Evangelischen Kirche zu übertragen. Eine neue Verfassung wurde im Juli 1933 von den Vertretern der Landeskirchen angenommen, wonach diese in eine Deutsche Reichskirche aufgehen sollten. Im September 1933 wurde Ludwig Müller in Wittenberg von der Nationalsynode zum Reichsbischof gewählt. Damit war die Machtergreifung in der Evangelischen Kirche vollzogen.

Die Bekennende Kirche
Noch im Jahre 1933 bildete sich unter der Federführung des Berliner Pfarrers *Martin Niemöller* (1892–1984) eine Gegenbewegung zur Reichskirche der Deutschen Christen. Dieser *Pfarrernotbund* vereinte im Januar 1934 fast die Hälfte aller aktiven evangelischen

John Heartfield (Helmut Herzfeld), Zur Gründung der deutschen Staatskirche – Das Kreuz war noch nicht schwer genug, Juni 1933.

Martin Niemöller. Der U-Boot-Kommandant im Ersten Weltkrieg wurde lutherischer Pfarrer und ein Kopf der »Bekennenden Kirche«, die seit 1934 in Opposition zu den Nationalsozialisten stand. 1937 kam er in ein Konzentrationslager und lehnte Angebote einer Freilassung unter bestimmten Auflagen ab. Er wurde zur Symbolfigur des christlichen Widerstands gegen den Nationalsozialismus.

Pfarrer in Deutschland. Anlass hierfür war vor allem die Anwendung des Arierparagraphen in der evangelischen Kirche, nach dem alle nichtarischen Pfarrer ihr Amt aufgeben mussten. Parallel zum Anwachsen des Pfarrernotbundes aber vollzog sich ein rascher Rückgang der Zahl der Deutschen Christen. Dazu trug vor allem eine Kundgebung der Deutschen Christen in Berlin am 13. November 1933 bei, auf der der Hauptredner die Abschaffung des Alten Testaments, der jüdischen Theologie des Paulus und die Hinwendung zu einer heldischen Jesusgestalt, deren Lehre sich mit den Forderungen des Nationalsozialismus restlos decke, forderte.
Gegen die Deutschen Christen und ihre Reichskirche versammelten sich im Mai 1934 in Barmen Vertreter religiöser Gruppen, Gemeinden und Synoden und schlossen sich zur *Bekennenden Kirche* zusammen. Die Grundlage der Bekennenden Kirche bildete das *»Barmer Bekenntnis«,* das in sechs »Thesen« und »Verwerfungen« wichtige Grundwahrheiten des christlichen Glaubens herausstellt.

Aus: Rüdiger Kaldewey und Aloys Wener, Das Christentum. Religion – Sekundarstufe I–II, Patmos Verlag, Düsseldorf 2004, S. 281–289

1. Arbeiten Sie heraus, welche Bedeutung die Regierungsübernahme Hitlers für die Haltung der Kirchen zum Nationalsozialismus hatte.
2. Stellen Sie dar, welche Zusicherungen Hitler in seiner Regierungserklärung den Kirchen machte. In welchen Zwiespalt gelangten die Kirchen durch die Regierungserklärung Hitlers?
3. Das Reichskonkordat von 1933 ist bis heute umstritten. Erörtern Sie, warum man es kirchenpolitisch als Erfolg betrachten kann. Welche theologischen Bedenken kann man dagegen erheben? Sollten die Kirchen Vertrage mit glaubens- und kirchenfeindlichen Regierungen abschließen?
4. Beurteilen Sie, in welchen Punkten die »Richtlinien« christlichem Glauben widersprechen. Vgl. dazu Gal 3,28.

3.1.2 Die Theologische Erklärung der Bekenntnissynode von Barmen (29. bis 31. Mai 1934)

Die politischen Verhältnisse in Deutschland während des so genannten Dritten Reichs (1933–1945) waren auf die Machtausübung einer einzigen Partei ausgerichtet. Alle Strukturen und Kräfte des Staates sollten dem Diktat der NSDAP unterworfen werden. Deshalb gab es starke Bestrebungen, auch die verfassten Kirchen »gleichzuschalten«. Über die Bewegung der »Deutschen Christen« und die Besetzung einflussreicher kirchlicher Ämter durch Parteimitglieder sollten die christliche Botschaft und die kirchlichen Organisationen der nationalsozialistischen Ideologie dienstbar gemacht werden. Durch entsprechende Gesetze und Staatskirchenverträge sollte die Eigenständigkeit der einzelnen Kirchen geschwächt werden.

In der »Bekennenden Kirche« sammelten sich die Widerstandskräfte der verschiedenen protestantischen Kirchen gegen diese Entwicklung. Der Reichsbruderrat, eine evangelische, kirchenübergreifende Gruppe verantwortlicher Persönlichkeiten, berief deshalb für die Deutsche Evangelische Kirche vom 29.–31. 5. 1934 eine Bekenntnissynode nach Barmen-Gemarke ein. Diese Versammlung sollte die Erhaltung der rechtmäßigen Strukturen der Deutschen Evangelischen Kirche sichern und der Bekennenden Kirche durch die Verabschiedung einer Theologischen Erklärung gegenüber den Deutschen Christen und der gleichgeschalteten Reichskirche ein klares Profil geben.

Die Beratungen im Vorfeld und während der Synodaltagung waren besonders dadurch erschwert, dass in Barmen Vertreter unterschiedlicher protestantischer Kirchen und Traditionen zusammenkamen, die nach 400-jähriger Trennung zu einer gemeinsamen Sprache und Erklärung finden mussten. Schließlich wurde der Entwurf, den Karl Barth, Hans Asmussen und Thomas Breit vorgelegt hatten, in veränderter Fassung von der Bekenntnissynode angenommen. In Schriftzitaten und eindrücklichen, klaren Formulierungen wird das Wesen der Kirche und ihres Auftrages entfaltet und die staatliche Vereinnahmung der Kirche zurückgewiesen. Die Barmer Theologische Erklärung ist eines der wenigen Zeugnisse des kirchlichen Widerstandes im Dritten Reich. Als kirchliches Lehrzeugnis, zum Teil auch als Bekenntnisschrift, hat sie in den lutherischen, reformierten und unierten Landeskirchen unterschiedlich große Bedeutung.

Thesen

Jesus Christus spricht: Ich bin der Weg und die Wahrheit und das Leben; niemand kommt zum Vater denn durch mich. (Joh 14,6)

Wahrlich, wahrlich, ich sage euch: Wer nicht zur Tür hineingeht in den Schafstall, sondern steigt anderswo hinein, der ist ein Dieb und Räuber. Ich bin die Tür; wenn jemand durch mich hineingeht, wird er selig werden. (Joh 10,1.9)

Jesus Christus, wie er uns in der Heiligen Schrift bezeugt wird, ist das eine Wort Gottes, das wir zu hören, dem wir im Leben und im Sterben zu vertrauen und zu gehorchen haben.

Wir verwerfen die falsche Lehre, als könne und müsse die Kirche als Quelle ihrer Verkündigung außer und neben diesem einen Worte Gottes auch noch andere Ereignisse und Mächte, Gestalten und Wahrheiten als Gottes Offenbarung anerkennen.

Durch Gott seid ihr in Christus Jesus, der uns von Gott gemacht ist zur Weisheit und zur Gerechtigkeit und zur Heiligung und zur Erlösung. (1. Kor 1,30)

Wie Jesus Christus Gottes Zuspruch der Vergebung aller unserer Sünden ist, so und mit gleichem Ernst ist er auch Gottes kräftiger Anspruch auf unser ganzes Leben; durch ihn widerfährt uns frohe Befreiung aus den gottlosen Bindungen dieser Welt zu freiem, dankbarem Dienst an seinen Geschöpfen.

Wir verwerfen die falsche Lehre, als gebe es Bereiche unseres Lebens, in denen wir nicht Jesus Christus, sondern anderen Herren zu Eigen wären, Bereiche, in denen wir nicht der Rechtfertigung und Heiligung durch ihn bedürften.

Lasst uns aber wahrhaftig sein in der Liebe und wachsen in allen Stücken zu dem hin, der das Haupt ist, Christus, von dem aus der ganze Leib zusammengefügt ist. (Eph 4,15.16)

Die christliche Kirche ist die Gemeinde von Brüdern, in der Jesus Christus in Wort und Sakrament durch den Heiligen Geist als der Herr gegenwärtig handelt. Sie hat mit ihrem Glauben wie mit ihrem Gehorsam, mit ihrer Botschaft wie mit ihrer Ordnung mitten in der Welt der Sünde als die Kirche der begnadigten Sünder zu bezeugen, dass sie allein sein Eigentum ist, allein von seinem Trost und von seiner Weisung in Erwartung seiner Erscheinung lebt und leben möchte.

Wir verwerfen die falsche Lehre, als dürfe die Kirche die Gestalt ihrer Botschaft und ihrer Ordnung ihrem Belieben oder dem Wechsel der jeweils herrschenden weltanschaulichen und politischen Überzeugungen überlassen.

Jesus Christus spricht: Ihr wisst, dass die Herrscher ihre Völker niederhalten und die Mächtigen ihnen Gewalt antun. So soll es nicht sein unter euch; sondern wer unter euch groß sein will, der sei euer Diener. (Mt 20,25.26)

Die verschiedenen Ämter in der Kirche begründen keine Herrschaft der einen über die anderen, sondern die Ausübung des der ganzen Gemeinde anvertrauten und befohlenen Dienstes.

Wir verwerfen die falsche Lehre, als könne und dürfe sich die Kirche abseits von diesem Dienst besondere, mit Herrschaftsbefugnissen ausgestattete Führer geben und geben lassen.

Fürchtet Gott, ehrt den König. (1. Petr 2,17)

Die Schrift sagt uns, dass der Staat nach göttlicher Anordnung die Aufgabe hat, in der noch nicht erlösten Welt, in der auch die Kirche steht, nach dem Maß menschlicher Einsicht und menschlichen Vermögens unter Androhung und Ausübung von Gewalt für Recht und Frieden zu sorgen. Die Kirche erkennt in Dank und Ehrfurcht gegen Gott die Wohltat dieser seiner Anordnung an. Sie erinnert an Gottes Reich, an Gottes Gebot und Gerechtigkeit und damit an die Verantwortung der Regierenden und Regierten. Sie vertraut und gehorcht der Kraft des Wortes, durch das Gott alle Dinge trägt.

Wir verwerfen die falsche Lehre, als solle und könne der Staat über seinen besonderen Auftrag hinaus die einzige und totale Ordnung menschlichen Lebens werden und also auch die Bestimmung der Kirche erfüllen.

Wir verwerfen die falsche Lehre, als solle und könne sich die Kirche über ihren besonderen Auftrag hinaus staatliche Art, staatliche Aufgaben und staatliche Würde aneignen und damit selbst zu einem Organ des Staates werden.

Jesus Christus spricht: Siehe, ich bin bei euch alle Tage bis an der Welt Ende. (Mt 28,20)
Gottes Wort ist nicht gebunden. (2. Tim 2,9)

Der Auftrag der Kirche, in welchem ihre Freiheit gründet, besteht darin, an Christi Statt und also im Dienst seines eigenen Wortes und Werkes durch Predigt und Sakrament die Botschaft von der freien Gnade Gottes auszurichten an alles Volk.

Wir verwerfen die falsche Lehre, als könne die Kirche in menschlicher Selbstherrlichkeit das Wort und Werk des Herrn in den Dienst irgendwelcher eigenmächtig gewählter Wünsche, Zwecke und Pläne stellen.

Aus: Evangelisches Gesangbuch. Ausgabe für die Evangelisch-Lutherischen Kirchen in Bayern und Thüringen, Verlag Evangelischer Presseverband für Bayern e.V., München o. J., S. 1577–1580

3.1.3 Sechzig Jahre Barmer Theologische Erklärung Aspekte ihrer heutigen Relevanz für die Kirche

1. Die Frakturschrift und Frakturrede

Das Originaldokument der Barmer Erklärung von 1934 (BE) liegt uns in Frakturschrift vor. Frakturschrift, das heißt Bruchschrift, ist die »deutsche Schrift«; sie gilt als eckig und grobschlächtig im Vergleich zur runderen und eleganteren lateinischen Schrift. Viele Jüngere können heute diese Schrift gar nicht mehr oder nur noch mit Mühe lesen. Das äußere Bild zeigt den großen historischen Abstand, mit dem wir heute diese Erklärung nach über zwei Menschheitsgenerationen wieder lesen. Wir würden diese theologische Erklärung nicht Ernst nehmen, wenn wir uns diesen Abstand nicht klar machen würden. Bloßes Nachplappern wäre unverständig.

Mit diesem Text haben viele in der evangelischen Kirche damals Fraktur reden wollen, ich würde es am liebsten jiddisch ausdrücken, Tacheles reden wollen, mit der eigenen Kirche mehr als mit der politischen Naziwelt. Man wollte brechen mit einer gewissen evangelischen und kirchlichen Tradition des 19. Jh. Wir kamen ja gerade erst aus der evangelischen Ehe von Thron und Altar; der erzwungene Abgang des Kaisers als des obersten Repräsentanten der ev. Kirche in Deutschland war ja 1934 gerade erst so lange her wie der Fall der Mauer für uns Heutige. Und der Generalsuperintendent Otto Dibelius, wohlgemerkt ein Mitglied der Bekennenden Kirche, predigt in diesen Tagen sein Staatsverständnis so:

»Und wenn es um Leben oder Sterben der Nation geht, dann muss die staatliche Macht kraftvoll und durchgreifend eingesetzt werden, es sei nach außen oder nach innen. Wir haben von Dr. Martin Luther gelernt, dass die Kirche der rechtmäßigen staatlichen Gewalt nicht in den Arm fallen darf, wenn sie tut, wozu sie berufen ist. Auch dann nicht, wenn sie (sc. die staatliche Gewalt, MM) hart und rücksichtslos schaltet. Wir kennen die furchtbaren Worte, mit denen Luther im Bauernkrieg die Obrigkeit aufgerufen hat, schonungslos vorzugehen, damit wieder Ordnung im Lande werde… Wenn der Staat seines Amtes waltet gegen die, die Grundlagen der staatlichen Ordnung untergraben, gegen die vor allem die mit ätzendem oder gemeinem Wort die Ehe zerstören, den Glauben verächtlich machen, den Tod für das Vaterland begeifern – dann walte er seines Amtes in Gottes Namen!«

Die BE kann auch gelesen werden als ein Versuch, mit dieser unseligen evangelischen Tradition der unbedingten Staatsfrömmigkeit angesichts der Erfahrungen des Jahres 1933 nun endlich zu brechen. Viele wollten mit der BE in dieser und in anderer Hinsicht auch Fraktur reden, einen theologischen Bruch vollziehen.

Zu dieser Absicht passt auch die Form der BE, in der neben einer bibelbezogenen, bekenntnishaft positiven Aussage immer gleich eine polemische Verwerfungsaussage steht. Die Struktur ist in allen 6 Thesen die gleiche:

1. Biblische(s) Zitat(e)
2. Positive und bekenntnishafte Auslegung
3. Verwerfung anderer Meinungen als Irrtümer: *»Wir verwerfen die falsche Lehre…«*

2. Die Thesen und Verwerfungen

Die sechs Thesen gliedern sich in drei Gruppen:
Erstens: Die Grundlagen unserer Orientierung: Christus und die Schrift
Zweitens: Die Grundlagen unseres religiösen Lebens: Gemeinde und Amt
Drittens: Die Grundlagen unseres gesellschaftlichen Lebens: Staat und Kirche

These 1: *»Jesus Christus, wie er uns in der Heiligen Schrift bezeugt wird, ist das eine Wort*

Gottes, das wir zu hören, dem wir im Leben und im Sterben zu vertrauen und zu gehorchen haben.«

… Mit dieser ersten These […] wird der Anspruch der Deutschen Christen zurückgewiesen, der 30. Januar 1933 habe eine offenbarungstheologische Relevanz.

These 2: *»Wie Jesus Christus Gottes Zuspruch … so und mit gleichem Ernst ist er auch Gottes kräftiger Anspruch …«*

Am 14. Dezember 1933 hat der Rektor der Universität Bonn dem Prof. Karl Barth den Befehl erteilt, künftig die theologischen Vorlesungen mit dem Hitlergruß zu beginnen. Barth hatte das abgelehnt, weil er dahinter den *»Totalitätsanspruch der Volkseinheit im Sinne des nationalsozialistischen Staates«* hörte. Gottes Zuspruch und Anspruch schließt die Unterwerfung gegenüber derartigen Totalitätsansprüchen grundsätzlich aus. (Das gilt ganz unabhängig von der Sigmund Freud zugeschriebenen Antwort auf den Hitlergruß »Heil Hitler!«: »Das geht nicht. Der Kerl ist nicht zu heilen!«)

These 3: *»Die christliche Kirche ist die Gemeinschaft von Brüdern … Sie hat mit ihrem Glauben wie mit ihrem Gehorsam, mit ihrer Botschaft wie mit ihrer Ordnung zu bezeugen, dass sie allein … von seinem (Christi) Trost und von seiner Weisung … lebt …«*

Damit wendet sich die BE gegen jeden Versuch, irgendeiner Weltanschauung im kirchlichen Raum irgendein erkenntnisleitendes Recht in ihrer Predigt oder in ihrer Ordnung einzuräumen …

These 4: *»Die verschiedenen Ämter in der Kirche begründen keine Herrschaft …«*

Das ist die klare Verwerfung des Führerprinzips in der Kirche.

These 5: *»Die Schrift sagt uns, dass der Staat nach göttlicher Anordnung die Aufgabe hat, … unter Androhung und Ausübung von Gewalt für Recht und Frieden zu sorgen … Sie erinnert … an die Verantwortung der Regierenden und der Regierten …«*

Staat und Kirche haben nur eine je begrenzte Aufgabe, über die hinaus sie nicht Gehorsam verlangen dürfen; der Staat darf keine totale Ordnung durchsetzen, die Kirche darf keine staatlichen Aufgaben an sich ziehen. – So darf sie natürlich auch nicht den Arierparagraphen für ihre Mitglieder anwenden.

These 6: *»Der Auftrag der Kirche … besteht darin … die Botschaft von der freien Gnade Gottes auszurichten an alles Volk.«*

Damit wird die aus welchen Gründen auch immer vollzogene Selbstbeschränkung der Kirche auf diesen oder jenen Teil der Menschen ausgeschlossen. Ihr Auftrag gilt »allem Volk« ohne Ansehen der Person, der Rasse oder Klasse!

3. Die Überraschungen und Gewinne

Angesichts des strikten Reiseverbots für Barth, hätte er nach Rechtslage nicht an der Barmer Synode teilnehmen dürfen. Barth übertritt das offizielle Verbot, Bonn zu verlassen, teilt seine Gründe dem Rektor der Universität Bonn schriftlich mit und reist illegal nach Barmen. Ohne diesen Akt des zivilen Ungehorsams wäre Barth nicht in Barmen gewesen und die ganze Geschichte hätte aller Wahrscheinlichkeit nach einen deutlich anderen Verlauf genommen. Angesichts der Kenntnisse der Gestapo hätte das NS-Regime nicht nur Barths Teilnahme, sondern die ganze Versammlung unterbinden können. Es ist eine Überraschung, dass die Synode überhaupt stattgefunden hat.

Angesichts der Stärke und der Divergenzen in den konfessionellen Strukturen und angesichts der Antinomien und Antagonismen der politischen Überzeugungen unter den Vertreterinnen und Vertretern der DEK ist es eine große Überraschung, dass Lutheraner, Unierte und Reformierte gemeinsam diese Erklärung beschlossen haben. Ohne dieses Ereignis wäre wohl die Leuenberger Konkordie von 1974 mit ihrer Aufhebung der kirchentrennenden Sätze des 16. Jh. niemals zustande gekommen.

Und so ist das Zustandekommen der BE an sich eine Überraschung. Mit ihr beginnt der sog. Kirchenkampf – nach der Gründung des Pfarrernotbundes ein halbes Jahr vorher – nun die gesamte Kirche zu erfassen.

Aber auch inhaltlich bietet die BE einen deutlichen Gewinn an theologischer Orientierung. Zumindest die darin wenigstens vorübergehend geeinigten Kirchen und Gruppen lassen sich zurückrufen auf den Boden einer schriftbezogenen und potenziell kritischen Theologie, indem sie sich Kriterien geschaffen haben für das, was Wahrheit und was Lüge sei. Vor allem die seit über hundert Jahren in der ev. Welt eingebürgerten Bindestrichtheologien werden von hier aus in Frage gestellt.*

Gleichzeitig ist es der ev. Kirche zum ersten Mal gelungen, mit relativ einheitlicher Stimme gegen das politisch herrschende System mit theologischen Gründen Position zu beziehen. Das ist ein epochemachendes Abweichen von Luthers Entscheidung, mit der er aus damals sehr pragmatischen Gründen das Kirchenregiment den Ratsherren und den Fürsten in die Hände gegeben hatte. Mit der BE ist die Kirche einen ersten Schritt auf dem Weg zu ihrer Selbstbefreiung aus dem obrigkeitsstaatlichen Korsett gegangen.

Es gibt neben den genannten grundsätzlichen Aspekten eine Reihe von positiven Effekten der BE, die bei uns selten benannt worden sind. Barmen ist tatsächlich ein internationales, ein gesamtkirchlich bedeutendes Dokument geworden. So hat z. B. die BE auch in unseren Nachbarländern z. T. scharfe Kontroversen, insgesamt aber sehr lebhafte und überwiegend positive Reaktionen ausgelöst.

Holland: Albert J. Rasker z. B. beschreibt in seinem Aufsatz *»Die Bedeutung der Barmer Thesen von 1934 für die Kirchen in den Niederlanden«*, dass die BE gerade mit ihrer Front gegen jede Form von natürlicher Theologie sowohl für niederländische Bekenntnisschriften noch während des Krieges als auch für die Kirchenordnung der Hervormde Kerk von 1950 Pate gestanden hat.

England: In England tagte eine Woche nach Barmen das Oberhaus der Canterbury Convocation, die Versammlung aller Bischöfe der Provinz Canterbury der CoE, zu der auch der Bischof von Chichester **George Bell** gehörte. Auf Bells Initiative hin befasste sich die Convocation ausführlich mit der BE und fasste dazu einen ungewöhnlichen Beschluss. Man pflege sonst niemals in die Belange einer anderen Kirche hineinzureden, hier habe man sich aber zu diesem Beschluss entschieden, weil es bei der BE um eine geistliche Kernfrage nicht nur der Christen in Deutschland, sondern aller Christen weltweit ginge: *»Dieses Haus, das nicht willens ist, in Organisationsfragen einer anderen Kirche einzugreifen, mit der die Kirche von England freundschaftliche Beziehungen zu haben wünscht, ist überzeugt davon, dass der gegenwärtige Kampf in der Deutschen Evangelischen Kirche ein Kampf ist, der sich seinem Wesen nach nicht nur auf die Organisation bezieht, sondern auf die eigentliche Substanz des christlichen Glaubens, an der alle Christen ein Interesse haben. Das Haus macht auf die Warnungen aufmerksam, die in der neulichen Erklärung der Bekenntnissynode der Deutschen Evangelischen Kirche in Barmen gegen gewisse Richtun-*

* *»Man setzte fröhliche kleine Bindestriche zwischen die Worte ›modern‹ und ›positiv‹ oder ›religiös‹ und ›sozial‹ oder ›deutsch‹ und ›evangelisch‹, als ob sich das von selbst verstünde … Es war also schon ein erstaunliches Faktum, dass – und das ist die Bedeutung des ersten Satzes der Barmer Erklärung – mitten in Deutschland ein solcher Widerspruch gegen die neue Kombination sich erhob, der nun eben nicht nur diese als solche, sondern grundsätzlich das altgewohnte Kombinieren überhaupt, der das in Deutschland und in der ganzen Welt orthodox gewordene ›und‹, der die Bindestrichlein als solche, der also nicht mehr und nicht weniger als das Mitregieren der natürlichen Theologie in der Kirche selbst meinte, angriff und traf.«* Karl Barth, KD II,1, 195 f.

gen in Bezug auf Offenbarung, Rasse und den Staat erhoben wurden, durch die der christliche Glaube gefährdet ist…« (George Bell)
[…]

4. Probleme und Defizite
Der Ort, an dem man sich 1934 versammelte, liegt Luftlinie etwa 3 km vom KZ Kemna, zwischen Beyental und Oberbarmen, entfernt. Das KZ bestand seit dem Juli 1933. Seither ging in Wuppertal die düstere Redensart um: *Pass auf, sonst kommst du in die Kemna!* Man wusste also, was dort los war. Im Januar 1934 waren nach einem halben Jahr des barbarischen Schreckens die überlebenden Insassen in andere mittlerweile errichtete KZ's, weiter entfernt von den Zentren deutscher Städte, verbracht worden.
Die in Barmen, im Schatten von Kemna Versammelten haben zu dieser Form des Verbrechens kein konkretes Wort gefunden. Warum? Weil es dort zunächst nur politische Gefangene, Arbeiter, Kommunisten und politische Dissidenten waren? Weil die Kirchenleute in Barmen doch eigentlich nur, oder doch vor allem mit sich selbst und mit der Selbsterhaltung ihrer Kirchen beschäftigt waren?
1986 hat **Eberhard Bethge** ein besonderes Defizit benannt: die fehlende siebente These. Nachdem **Karl Barth** aus Bethges Bonhoeffer-Biographie gelernt hat, wie deutlich Bonhoeffer bereits 1933 das Eintreten für die Juden zur unausweichlichen Pflicht der Kirche hatte machen wollen, schrieb er postwendend an Bethge: *»Ich empfinde es längst als eine Schuld meinerseits, dass ich sie (sc. die sog. Judenfrage) im Kirchenkampf jedenfalls öffentlich nicht ebenfalls (wie Bonhoeffer) als entscheidend geltend gemacht habe.«*
Und **Pinchas Lapide** hat aus jüdischer Sicht dieses Defizit in seinem Büchlein zu »Barmen und die Folgen« in sechs Vorwürfen präzisiert.
U. a. wegen dieses Versäumnisses in Barmen hat es dann im Grunde bis 1980 gedauert, bis endlich die EKiR mit ihrem Beschluss zu Erneuerung des Verhältnisses von Christen und Juden einen Durchbruch formulieren konnte. Allerdings stecken wir heute noch in den dadurch uns aufgetragenen Aufräumungs- und Neubauarbeiten, was z. B. die Liturgie, die Trinitätslehre, die politische Ethik betrifft.
Frank Crüsemann hat in Ev. Theologie 1/97 (S. 10 ff.) darauf hingewiesen, dass die biblischen Zitate in der BE ausschließlich aus dem NT genommen wurden. Und in dem ganzen Text gibt es nicht einen einzigen Bezug auf alttestamentliche Texte. Das ist umso auffälliger, als in der BE vom Januar in These II, 2 ausdrücklich solche Bezüge benannt werden:
»Die Kirche hört das ein für allemal gesprochene Wort Gottes … in dem doppelten, aber einheitlichen und in seinen beiden Bestandteilen sich gegenseitig bedingenden Zeugnis des Alten und des Neuen Testaments… Damit ist abgelehnt die Ansicht: Die biblischen Schriften seien zu verstehen als Zeugnis der Geschichte menschlicher Frömmigkeit; maßgebend für die christliche Frömmigkeit sei aber vorwiegend oder ausschließlich das Neue Testament…«
Das ostentative Fehlen alttestamentlicher Bezüge ist also nur zu erklären als Ergebnis redaktioneller Bearbeitung. Man wollte offensichtlich bewusst das AT heraushalten. Der große theologische Gelehrte vom Anfang des 20. Jh. **Adolf von Harnack** hatte ja gerade erst 14 Jahre vorher sein damals weithin durch eine sehr frühe Zweitauflage gefeiertes Lieblingswerk »Marcion, das Evangelium vom fremden Gott« veröffentlicht, in dem es an entscheidender Stelle heißt:
»Das Alte Testament im 2. Jahrhundert zu verwerfen, war ein Fehler, den die große Kirche mit Recht abgelehnt hat; es im 16. Jahrhundert beizubehalten, war ein Schicksal, dem sich die Reformation noch nicht zu entziehen vermochte; es aber seit dem 19. Jahrhundert als

kanonische Urkunde im Protestantismus noch zu konservieren, ist die Folge einer religiösen und kirchlichen Lähmung.«

Vor drei Wochen war ich Gast in einer regionalen Bildungsstätte unserer westfälischen Schwesterkirche und fand auf allen Gästezimmern eine halbe Bibel herumliegen, das vom AT abgerissene NT. Und vor kurzem noch wurde bei uns in Köln eine halbierte Bibel »op kölsch« als ein besonderer Beitrag zum Jahr der Bibel feierlich der Öffentlichkeit präsentiert. Mein Protest gegen diese Ketzerei im Vorfeld wurde als unbegründet verworfen. Dieses Barmer Defizit ist also bis heute noch nicht wirklich überall bei uns überwunden.

Barmen spricht von der Gemeinde als der ***»Versammlung von Brüdern«***. **Die** andere und **der** andere sind hier gerade in ihrer spezifischen Eigenart überhaupt nicht im Blick. Aus heutiger Sicht ist das kaum noch zu verstehen und wirkt fast wie eine gelungene Nummer aus dem Klüngelbeutel. Und der hieraus eigentlich zwingend folgende Hinweis, dass es dem entsprechend nach der BE natürlich auch nur Sünder geben könnte, ist da kaum ein Trost; in umgekehrter Hinsicht war ja das theologische Patriarchat noch immer inkonsequent.

5. Anregungen für heute

5.1 The Other

Die Entdeckung der dialektischen Theologie wurde immer wieder formelhaft mit dem Satz beschrieben: *Gott ist der ganz Andere.* Von dieser Perspektive ist auch die BE geprägt. Und diese Prägung ist 1934 besonders hilfreich, weil so Unterwerfungsforderungen unter den politischen, religiösen und ästhetischen Totalitätsanspruch abgewehrt werden konnten. »Der ganz Andere« konnte seine Kirche vor Hitlers Totalitätsanspruch bewahren. Aber war das nicht eine zu starre Dialektik? Stand sie nicht in der Gefahr, die **anderen »anderen«** zu übersehen?

Ich habe darum hier den englischen Ausdruck benutzt, der ja nicht maskulin geprägt ist, sondern z. B. auch »*die andere*« einbezieht. Das haben die Brüder damals so noch nicht gesehen. Und heute geht eben Gottes Zuspruch und kräftiger Anspruch von »the other« aus und transportiert damit auch eine Genderthematik.

Gleichzeitig ist »the other« der Begriff, mit dem in der englischen Literatur die unwiderstehliche ethische Instanz ausgedrückt wird, die **Emmanuel Levinas** mit »das Antlitz« bezeichnet: von »the other« sind wir unmittelbar angesprochen und existenziell gefordert zu einer Praxis der Nächsten- und der Feindesliebe. Und hier wird das menschliche Antlitz »of the other« grundsätzlich durchsichtig für die Schechina (Gegenwart, Innewohnen in der Welt) Gottes und das Antlitz Christi. – Und dabei richtet gerade der/die/das ganz fremde »other« diesen unüberhörbaren Zuspruch und unwiderstehlichen Anspruch an uns alle.

M. E. müssen und können wir heute die BE mit der Dimension »the other« deutlich präzisieren.

5.2 Jüdisch-christliche Beziehungen

Solche Präzisierung hat inzwischen auf dem Gebiet der jüdisch-christlichen Beziehung begonnen, z. B. durch die rheinische Synodalerklärung von 1980 (RSE). Die daraus folgende Rekonstruktionsaufgabe der christlichen Theologie muss allerdings mit Konsequenz weitergegeben werden, zumal sich allenthalben eine Art Roll-Back-Strategie in der ganzen EKD abzuzeichnen beginnt.

5.3 Christlich-islamisches Verhältnis

Solche Präzisierung muss heute sicher auch im Verhältnis zum Islam versucht werden. [...] Ist der Artikel I der BE eine definitive Abgrenzung gegenüber allen, die Jesus Christus so nicht anerkennen, oder gibt es da noch mehr zu lernen?

5.4 Identität und Differenz

Grundsätzlich wäre m. E. in unserer heutigen Lage über Identität und Differenz nachzudenken. Der religiöse Angriff der NS war eine bedrohliche Infragestellung der christlichen Identität; damals konnte man wohl die Differenz grundsätzlich nur als Bedrohung wahrnehmen. Heute leben wir in einer völlig anderen, durch Differenz geprägten Gesellschaft. Darum kann auch unser theologisches Interesse nicht mehr primär von der Suche nach christlicher oder kirchlicher Identität geleitet sein; vielmehr sollten sich unsere Theologie und unser kirchliches Leben dadurch profilieren, dass hier Differenz kritisch anerkannt und produktiv aufgenommen werden kann.

5.5 Fröhliche Bindestriche

Es gibt in unseren kirchlichen Reihen heute eine neue Lust an fröhlichen Bindestrichen. Kunst und Kirche, Kirche und Kultur, Kulturkirche o. Ä. Dahinter können natürlich jeweils sehr schöne und innovative Impulse stecken. Die sollen überhaupt nicht in Frage gestellt werden. Aber fragen möchte ich schon, ob diese Liaison-Lust nicht auch etwas damit zu tun haben könnte, dass wir sehr anlehnungsbedürftig geworden sind, uns auf unseren eigenen Beinen nicht stark genug fühlen und deshalb die Tendenz haben, uns Begleitschutz und Geleitschutz bei anderen zu suchen. Es könnte ja auch sein, dass wir uns alleine nicht mehr attraktiv genug finden, weil wir anscheinend die Kirchen alleine nicht mehr füllen und die Kirchensteuersäckel alleine nicht mehr stopfen können, u. a. m. – Wenn das auch hinter unseren fröhlichen Bindestrichstrukturen stünde, dann würde ich mit Barmen I nun doch noch einmal auch das »solus«, das »eine« unter uns in Erinnerung rufen. Könnte uns eine Profilierung dieses »eins« nicht noch viel attraktiver und erkennbarer machen als jede Strichbeziehung?!

5.6 Ökonomische Aspekte

Unter den kirchlichen Erklärungen, die Barmen gefolgt sind, ist weniger die Stuttgarter Schulderklärung von 1945 als vielmehr das Darmstädter Wort (DW) von 1947 zu bedenken. Das DW hat sehr konkret die Freiheit der Kirche zu behaupten versucht, indem es in These 5 auch zu den ökonomischen Problemen bußfertig Stellung genommen hat: *»Wir sind in die Irre gegangen, als wir übersahen, dass der ökonomische Materialismus der marxistischen Lehre die Kirche an … Auftrag und … Verheißung der Gemeinde für das Leben … der Menschen im Diesseits hätte gemahnen müssen. Wir haben es unterlassen, die Sache der Armen und Entrechteten gemäß dem Evangelium von Gottes kommendem Reich zur Sache der Christenheit zu machen.«* Angesichts der sozialen Lage und der Arbeitslosenzahl scheint mir hier ein entscheidender Impuls der BE für heute zu liegen. Wir haben zwar 1997 das schöne Sozialwort der Kirchen beschlossen, aber was ist davon in unserer kirchlichen Praxis geblieben? Wie mutig sind wir, öffentlich zu sprechen, angesichts der krasser werdenden Diskrepanz zwischen privaten Gewinnen einerseits und öffentlicher Verarmung andererseits?! Der Weg von Barmen nach Darmstadt will auch hier fortgesetzt werden. Dabei kann uns Luthers Auslegung des Ersten Gebots in seinem Großen Katechismus von 1529 theologisch beflügeln, weil er unter der Überschrift »Gott oder Mammon« die wirtschaftsethische Frage zu einer primär dogmatischen Frage macht und die Handlungsperspektive unmittelbar als Glaubensfrage interpretiert.

5.7 Bloß nicht einfach wiederholen!
Eins allerdings ist uns im Blick auf die BE grundsätzlich verboten: das ist die bloße Wiederholung des Wortlauts. Eberhard Bethge zitiert den südafrikanischen Premier der Apartheidsrepublik, John Vorster, der als guter Christ bekennt: »*Ich gehe sonntags zur Kirche, und dann will ich in der Predigt ›allein Christus‹, ›solus Christus‹ hören; ich will wirklich Christ sein und Christus hören und nicht Politik.*« Bethge kommentiert: »*Da sieht man, wie man sogar mit den Formeln der Bekennenden Kirche – ›allein Christus‹ war das Bekenntnis von Barmen – den größten Missbrauch treiben konnte; denn in Südafrika ist es zu einer neuen Situation gekommen, in der das Stichwort unseres Kirchenkampfes verändert werden muss, weil dort an einem anderen zentralen Punkt die Sache brenzlig geworden ist, nicht mehr beim ›allein‹, beim ›solus‹, sondern beim ›unum‹, bei einem Christus, dem einem Leib Christ … ›alle gehören zum einen Leib Christi‹ ist in Südafrika ja eine eminent politische Aussage.*«

5.8 BE heute weiterschreiben
Die BE hat heute nur dann etwas für uns zu sagen, wenn wir sie weiter erklären.
Und dazu wiederhole ich zum Schluss noch einmal die m. E. heute wichtigen Punkte:

- AT – NT: Biblische Theologie
- The Other
- Jüdisch-christliche Klärungen
- Christlich-islamische Klärungen
- Identität und Differenz
- Strichbeziehungen
- Theologie und Ökonomie
- Wiederentdeckung der Utopie.

Aus: Marten Marquardt, 60 Jahre Barmer Theologische Erklärung – Aspekte ihrer heutigen Relevanz für die Kirche. Aus: www.melanchthon-akademie.de/uploads/media/050316BarmerTheologische.pdf (16. 03. 2005)

1. Arbeiten Sie die Struktur des Textes von Marten Marquardt heraus und fassen Sie die wesentlichen Inhalte in Thesenform zusammen.
2. Setzen Sie sich mit den Ausführungen von Marten Marquardt auseinander.

3.2 Kirchliches Selbstverständnis im II. Vaticanum: Erklärung über das Verhältnis der Kirche zu den nichtchristlichen Religionen »Nostra Aetate« (nur katholisch)

3.2.1 Vorgeschichte

3.2.1.1 Der jüdische Historiker Goldhagen über Kirche und Antisemitismus nach dem II. Weltkrieg

Pius XII. hat den Krieg um dreizehn Jahre überlebt, aber diese Zeit nicht genutzt, um die Ausrottung der Juden ausdrücklich vor aller Welt zu verdammen. Ebenso wenig hat er den kirchlichen Antisemitismus verworfen. Obwohl er von einigen Kirchenführern, ausländischen Diplomaten und maßgeblichen jüdischen Persönlichkeiten wiederholt inständig gebeten wurde, den Antisemitismus in einer öffentlichen Erklärung zu verurteilen, und obwohl andere christliche Kirchen das getan haben, lehnte er dies immer wieder ab. 1948 erklärte die Vollversammlung des ökumenischen Rates der Kirchen auf ihrer Eröffnungssitzung: »Wir rufen alle von uns vertretenen Kirchen dazu auf, den Antisemitismus, gleichviel welchen Ursprungs, als schlechterdings mit christlichem Bekenntnis und Leben unvereinbar zu verwerfen. Der Antisemitismus ist eine Sünde gegen Gott und Menschen.« Warum haben die zahlreichen anwesenden protestantischen Kirchen den Antisemitismus »gleichviel welchen Ursprungs« 1948 als eine Sünde verurteilt, aber Pius XII. konnte es nicht? Der ökumenische Rat der Kirchen forderte auch die deutschen protestantischen Kirchen zu einem Schuldbekenntnis auf. Die deutsche katholische Kirche hatte Ähnliches von Pius XII. nicht zu befürchten. Er ging den umgekehrten Weg und gab vor, die deutschen Katholiken seien ein Vorbild gewesen. Um auch andere davon zu überzeugen, setzte er die himmelschreiende Lüge in die Welt, sie hätten sich dem Nationalsozialismus »rückhaltlos« widersetzt.

Warum hat dieser Papst, angeblich ein Freund der Juden, sich nicht kritisch und energisch über das Verbrechen des Holocaust und das Übel des Antisemitismus geäußert, als man eine vermeintliche Existenzgefährdung der katholischen Kirche nicht mehr ins Feld führen konnte? War er nicht der Meinung, dass all die Katholiken, die an dem Massenmord mitgewirkt hatten, dass all die Deutschen und Österreicher, die Hitler, den eliminatorischen Angriff auf die Juden und sogar die Ausrottung leidenschaftlich unterstützt hatten, dass all die Katholiken in Europa, die Antisemiten waren – war er nicht der Meinung, dass sie alle von einer moralischen und praktischen Belehrung über die Übel ihrer antisemitischen Ansichten und Handlungen profitiert hätten? War er nicht der Meinung, dass man die Katholiken, die nach dem Krieg in Europa (und außerhalb Europas) in einer nach wie vor antisemitischen Umgebung heranwuchsen, vor den Übeln des Judenhasses warnen müsste? Davon abgesehen, dass Pius XII. nach dem Krieg nichts getan hat, um die Herzen der Katholiken von dem Schandfleck des Antisemitismus zu reinigen – hat er nicht einfach nur den Wunsch gehabt, sein Verdammungsurteil und seine Reflexionen über dieses unvergleichliche Übel seines Jahrhunderts und seines Pontifikats öffentlich kundzutun?

Stattdessen fuhr die Kirche Pius' XII. damit fort, in ihrer Lehre, Theologie und Liturgie ihren uralten Antisemitismus zu predigen. Mehr noch: Pius XII. bemühte sich, andere in der Kirche daran zu hindern, den Antisemitismus zu bekämpfen, zum Beispiel Gertrud Luckner. Luckner, ein Mitglied der katholischen Wohlfahrtsorganisation Caritas, hatte in der NS-Zeit ein katholisches Netzwerk zur Rettung der Juden aufzubauen versucht. Obwohl sie andere nur schwer zur Teilnahme gewinnen konnte, gelang es ihr doch, einige Juden zu retten, und wegen ihrer einsamen Bemühungen nahm das Regime sie 1943 in Haft und schickte sie in das Konzentrationslager Ravensbrück. Nach dem Krieg stand sie an der Spitze einer kleinen, offen philosemitischen Gruppe deutscher Katholiken, der einzigen katholischen Gruppe in Deutschland, die sich um eine Versöhnung von Christen und Juden bemühte. Luckner »ersuchte in aller Unschuld um die Unterstützung des Papstes für ihre Arbeit«. Wie reagierte Pius XII. auf die Bitte dieser mutigen Frau, die solche Opfer gebracht hatte, um Juden zu helfen, und sich nur bemüht hatte, das zu tun, was auch der Papst seinem eigenen Bekunden und dem seiner Apologeten nach hatte tun wollen? Er verweigerte die Hilfe; stattdessen musste Luckner »feststellen, dass der Heilige Stuhl beabsichtigte, eine Untersuchung gegen sie einzuleiten. Im Juni 1948 ließ das Heilige Offizium der deutschen Kirche ein Monitum (eine Mahnung) zukommen, in dem es hieß, Bemühungen religiöser Gruppen zur Bekämpfung des Antisemitismus förderten den religiösen Indifferentismus (die Ansicht, eine Religion sei so gut wie die andere).« (Zwei Jahre später wurde Luckner von dem Vorwurf freigesprochen.) Wie soll man vor

dem Hintergrund all dieser Handlungen und Versäumnisse Pius' XII. nach dem Krieg die Beschönigung ernst nehmen, der Papst habe sich während des Krieges vor allem von der Sorge um das allgemeine Wohl der Juden leiten lassen?
Was war los mit dieser Kirche, dass sie sich nach einer antisemitischen Katastrophe von der Größenordnung des Holocaust nicht unverzüglich von dem Antisemitismus lossagte, den sie in ihrem Innersten gehegt hatte? Was war los mit dieser Kirche, dass sie weiterhin in der ganzen katholischen Welt Antisemitismus verbreitete, auch den Vorwurf des Christusmords, der alle Juden für den Tod Jesu verantwortlich machte, sowie viele weitere Verleumdungen? Wie seit Jahrhunderten waren solche hasserfüllten und Feindseligkeit provozierenden Vorstellungen Bestandteil der Unterweisung, welche die katholische Kirche ausdrücklich und vorsätzlich der Jugend zukommen ließ. Dafür gab es aus der Nachkriegszeit eine Fülle von Beispielen. In einem katholischen Schulbuch aus Italien hieß es über die Juden: »Dieses Volk wird aus seinem Land vertrieben [...] über die ganze Welt verstreut werden [...] unter der Bürde eines göttlichen Fluches, den es in seiner ganzen Geschichte nicht mehr loswird.« Ein katholisches Schulbuch aus Frankreich: »Die Juden bleiben diejenigen, die Christus ablehnen, und das Volk, dessen Vorfahren feierlich darum baten, dass sein Blut über sie kommen möge.« Ein katholisches Schulbuch aus Spanien: »Die unglücklichen Juden konnten nicht ahnen, welche Fülle von Katastrophen ihnen und ihren Nachkommen widerfahren sollte, weil sie die Verantwortung für das Blut des Gerechten, des Gottessohnes, auf sich genommen hatten.« Mussten die Kinder im katholischen Europa, die in der Nachkriegszeit solche Dinge in der Schule lasen, den Holocaust nicht in gewisser Hinsicht als gerechte Strafe verstehen? – Nach dem Holocaust brauchte die Kirche zwanzig Jahre, bis sie auf dem Zweiten Vatikanischen Konzil Reformen einleitete. Das waren weitere zwanzig Jahre, in denen sie fortfuhr, Millionen und Abermillionen von Menschen explizit den schädlichsten Antisemitismus beizubringen. War diese Ungeheuerlichkeit noch zu überbieten? Gab es – unter dem Blickwinkel der Reform – etwas Empörenderes? Warum hielt diese angeblich nicht antisemitische Kirche an ihren hasserfüllten Ansichten über die Juden fest, bis sie im Oktober 1965 in »Nostra Aetate«, »In unserer Zeit«, der »Erklärung über das Verhältnis der Kirche zu den nichtchristlichen Religionen« des Zweiten Vatikanischen Konzils, einige notwendige, aber noch immer unzureichende Reformen verkündete? Und auch dann noch gab es zahllose Widerstände in der Kirche, sogar gegen diese zögernden Schritte nach vorn. Weshalb war die Kirche, selbst wenn sie sich vorwärts bewegte, so zaghaft bei der Bekämpfung des Antisemitismus?

Aus: Daniel J. Goldhagen, Die katholische Kirche und der Holocaust. Eine Untersuchung über Schuld und Sühne, übers. v. Friedrich Griese, München 2002, S. 264–267, © 2002 Wolf Jobst Siedler Verlag, München, in der Verlagsgruppe Random House

1. Benennen Sie die Grundgedanken des Textes und skizzieren Sie den Gedankengang.
2. Setzen Sie sich damit auseinander (Vertiefendes Material zur Urteilsbildung müsste hier herangezogen und bearbeitet werden.)

3.2.1.2 Der Abschnitt »pro Judaeis« aus den sog. Großen Fürbitten des Karfreitagsgottesdienstes

Aus dem Missale Romanum, dem Messbuch der römisch-katholischen Kirche in unterschiedlichen Fassungen:

1570: Lasset uns auch beten für die treulosen Juden: Gott, unser Herr, möge den Schleier von ihren Herzen wegnehmen, auf dass auch sie unseren Herrn Jesus Christus erkennen. (ohne Amen) Allmächtiger ewiger Gott, Du schließest sogar die treulosen Juden von Deiner Erbarmung nicht aus; erhöre unsere Gebete, die wir ob der Verblendung jenes Volkes vor Dich bringen; möchten sie das Licht Deiner Wahrheit, welches Christus ist, erkennen und ihrer Finsternis entrissen werden. Durch Ihn, unseren Herrn, Amen.

1955: Lasset uns auch beten für die ungläubigen Juden: Gott, unser Herr, möge den Schleier von ihren Herzen wegnehmen, auf dass auch sie unseren Herrn Jesus Christus erkennen. (ohne Amen) Allmächtiger ewiger Gott, Du schließest sogar die ungläubigen Juden von Deiner Erbarmung nicht aus; erhöre unsere Gebete, die wir ob der Verblendung jenes Volkes vor Dich bringen; möchten sie das Licht Deiner Wahrheit, das Christus ist, erkennen und ihrer Finsternis entrissen werden. Durch Ihn, unseren Herrn, Amen.

1965: Lasset uns auch beten für die Juden, unser Gott und Herr lasse über sie leuchten sein Angesicht, damit auch sie erkennen den Erlöser aller Menschen, unseren Herrn Jesus Christus. Allmächtiger ewiger Gott, Erlöser aller Menschen, dem Abraham und seiner Nachkommenschaft hast Du Deine Verheißungen gegeben; erhöre in Güte die Bitten Deiner Kirche; und jenes Volk, das du in alter Zeit angenommen als eigen, lass gelangen zur Fülle deines Heils.

1970: Lasst uns auch beten für die Juden, zu denen Gott, unser Herr, zuerst gesprochen hat: Er bewahre sie in der Treue zu seinem Bund und in der Liebe zu seinem Namen, damit sie das Ziel erreichen, zu dem sein Ratschluss sie führen will. Allmächtiger, ewiger Gott, du hast Abraham und seinen Kindern deine Verheißung gegeben. Erhöre das Gebet deiner Kirche für das Volk, das du als erstes zu deinem Eigentum erwählt hast: Gib, dass es zur Fülle der Erlösung gelangt. Darum bitten wir durch Christus, unseren Herrn.

3.2.1.3 Geschichtliche Hintergründe der Erklärung Nostra Aetate

Überblick

1959	Erste Ankündigung eines Ökumenischen Konzils durch **Papst Johannes XXIII.** (1959–1963).
1962	Eröffnung des 2. Vatikanischen Konzils.
1965	Abschluss des Konzils durch **Papst Paul VI.** (1963–1978)

1. Einberufung

Groß war die Überraschung, als *Johannes XXIII.* (1959–1963) im Januar 1959 die Einberufung eines Konzils ankündigte. In seinem Tagebuch notierte der Papst: *»Der erste, der überrascht war von meinem Vorschlag, war ich selbst…«*

Es zeigte sich aber schnell, dass das Konzil zeitgemäß und notwendig war. Aus allen Teilen der Weltkirche trafen Reformvorschläge ein. Auch Nichtkatholiken wurden von der konziliaren Aufbruchstimmung ergriffen. Viele erhofften sich von der Erneuerung der Kirche Impulse für die Einheit der Christen und für mehr Frieden und Gerechtigkeit in der Welt.

Das Zweite Vatikanische Konzil wurde am 11. Oktober 1962 eröffnet. Fast 3000 stimmberechtigte Bischöfe aus allen Kontinenten nahmen daran teil, beraten von den bedeutendsten Theologen. Zum ersten Mal in der Geschichte waren Beobachter der nichtkatholischen Kirchen anwesend und übten durch ihren Rat Einfluss auf die Beschlüsse aus. Nach dem Tode Johannes' XXIII. führte sein Nachfolger *Paul VI.* (1963–1978) das Konzil fort. Es tagte in vier Sitzungsperioden und beendete am 8. Dezember 1965 seine Arbeit, die 16 umfangreiche Konzilsdekrete (lat.: Beschlüsse) umfasste. In ihrer Verwirklichung sah Paul VI. die Hauptaufgabe seines Pontifikats.

2. Botschaft

In seinen Dokumenten wollte das Konzil Wegweiser für die künftige Entwicklung der Kirche aufstellen. Sie zielten ab auf:

Kollegialität und Dezentralisierung: Papst und Bischöfe haben zusammen die kollegiale Leitung der Gesamtkirche inne. Bischöfe und Bischofskonferenzen erhalten eine größere Entscheidungsbefugnis (Landessynoden). Gleichwohl bleiben Primat und Unfehlbarkeit des Papstes unangetastet.

Stellung der Laien: Das Konzil wertet die Laien und ihre Arbeit als eigenständigen Dienst in Kirche und Welt auf. Ihnen wird Mitsprache in der Kirche eingeräumt. Entscheidungs- und Mitbestimmungsrechte in Fragen des Glaubens und der Kirchenleitung bleiben ihnen aber vorenthalten.

Liturgiereform: Der seit dem Trienter Konzil (1545–1563) unveränderte Gottesdienst wird grundlegend reformiert, u. a. durch die Einführung der Volkssprache statt des Lateins, durch die stärkere Betonung des Wortgottesdienstes und die Hervorhebung des gemeinschaftlichen Mahles vor dem Opfercharakter der Messe.

Christliche Ökumene: Das Konzil bekennt die katholische Mitschuld an den Kirchenspaltungen und bittet um Verzeihung. Andere christliche Gemeinschaften werden als Kirchen anerkannt. Trotz des Aufrufs zur Zusammenarbeit bleiben aufgrund des Wahrheits- und Selbstverständnisses der katholischen Kirche in zentralen Glaubens- und Lebensbereichen weiterreichende Wünsche unerfüllt, z. B. Interkommunion, gemeinsame sonntägliche Gottesdienste oder Mitgliedschaft der katholischen Kirche im Ökumenischen Rat der Kirchen.

Kirche und Judentum: Das Konzil besinnt sich auf die jüdische Herkunft des Christentums und das gemeinsame Erbe. Es setzt sich ab vom Antisemitismus (Judenfeindschaft aus rassischen Gründen) und von der vorurteilsbeladenen Darstellung des jüdischen Glaubens (Antijudaismus), überwindet das jahrhundertealte Fehlurteil von der Kollektivschuld der Juden am Tod Jesu (»Gottesmord«) und bekennt, dass die besondere Erwählung des Judentums unwiderruflich ist.

Wertschätzung der nichtchristlichen Religionen: Die katholische Kirche revidiert ihr Verhältnis zu den nichtchristlichen Religionen. Sie entdeckt Gemeinsamkeiten und erkennt die Werte der anderen Religionen an, ohne allerdings auf den eigenen Wahrheitsanspruch zu verzichten.

Überprüfung und Erneuerung der Mission: Die Verkündigung des Evangeliums bei Menschen, die den christlichen Glauben noch nicht kennen, muss deren Eigenart respektieren, von allen Formen des Druckes absehen und die freie Glaubensentscheidung fördern. Die Missionare sollen einheimische, gleichberechtigte Teilkirchen gründen. Damit wurde die katholische Kirche auch in ihrer Struktur sichtbar Weltkirche.

Religionsfreiheit: Niemand darf zum Glauben gezwungen werden und alle sind verpflichtet, ihrem Gewissen zu folgen. Denn jeder Mensch hat das Recht und die Pflicht, die Wahrheit zu suchen und das, was er als richtig erkannt hat, zu tun. Allen Menschen und Religionsgemeinschaften wird unterschiedslos das Recht auf Religionsfreiheit zuerkannt.

Orientierung an der Bibel: Kirche, Glaube und Tradition müssen sich immer neu an der Heiligen Schrift messen lassen. Die Kirche braucht die Unterstützung durch eine wissen-

Beendigung des 2. Vatikanischen Konzils am 8.12.1962 im Petersdom.

schaftlich begründete Auslegung der Bibel, weil diese das Wort Gottes in zeitbedingten Denk- und Sprachgewohnheiten enthält.

Dialog mit der modernen Welt: Die Kirche überwindet ihre Abwehrhaltung und sucht das Gespräch mit der modernen Welt. Ihre Sorge gilt den Menschen. Sie will nicht herrschen, sondern dienen, indem sie sich vor allem für die Schwachen und Rechtlosen einsetzt. Rüstungswettlauf und Krieg werden scharf verurteilt. Das Recht auf Kriegsdienstverweigerung aus Gewissensgründen wird anerkannt.

Bereitschaft zu Umkehr und Reform: Die Kirche erkennt sich im Bild des pilgernden Gottesvolkes wieder. Als Gemeinschaft von Heiligen und Sündern ist sie zwar Zeichen der Nähe Gottes, muss sich aber ständig um ihre eigene Bekehrung und Reform bemühen.

3. Auswirkungen

Das Konzil führte zu einem begeisterten Aufbruch und zu großen Erwartungen an die Zukunft der Kirche. In der Konzilsaula wurde gestritten wie in einem Parlament; die Weltpresse und die Öffentlichkeit nahmen lebhaften Anteil an den Debatten. Die Internationalität der Versammlung relativierte europäische Ansichten und Einflüsse. Viele Bischöfe kamen verändert in ihre Bistümer zurück. Sie zeigten sich gesprächsoffen und reformwillig.

Bald aber setzte Ernüchterung ein und die Entwicklung der nachkonziliaren Kirche verlief krisenhaft:

1. Das Konzil nahm vielen Formen und Formeln des kirchlichen Lebens, die sich im Laufe der Geschichte aus der Abwehr von Reformation, Aufklärung und Moderne verfestigt hatten, ihre Bedeutung. Weil man diese irrtümlicherweise als das wesentlich und unverwechselbar Katholische angesehen hatte, wurden viele Gläubige in ihren Überzeugungen stark verunsichert.

2. Die Konzilsdokumente spiegeln die innere Spannung der Kirchenversammlung, die sich der »Welt von heute« öffnen und zugleich der Tradition treu bleiben wollte. Deshalb konnten sich Reformer und Traditionalisten in ihrem Streit über den richtigen Weg der Kirche gleicherweise auf das Konzil berufen, die einen mehr auf den »Geist des Konzils«, die anderen auf traditionswahrende Textpassagen.

3. In den westlichen Gesellschaften verband sich die konziliare Aufbruchsstimmung mit der gesellschaftspolitischen Reform- und Fortschrittseuphorie der späten 60er Jahre. Dabei wurden Forderungen nach Selbstbestimmung und Unabhängigkeit, Kritik an Traditionen und Institutionen, Misstrauen gegen Autorität und Geschichte sowie der Glaube an die rationale Planbarkeit aller Lebensbereiche von vielen Menschen geteilt und deren Durchsetzung in Kirche und Gesellschaft als gemeinsame Aufgabe gesehen. Zeitgeist und christlicher Glaube schienen sich so stark anzunähern, dass eine Unterscheidung kaum mehr möglich und von manchen Richtungen auch nicht gewünscht war.

Aus: Rüdiger Kaldewey und Aloys Wener, Das Christentum. Religion – Sekundarstufe I–II, Patmos Verlag, Düsseldorf 2004, S. 307–309

3.2.2 Der Text von »Nostra Aetate«

PAULUS BISCHOF

DIENER DER DIENER GOTTES ZUSAMMEN MIT DEN VÄTERN DES HEILIGEN KONZILS ZUR FORTWÄHRENDEN ERINNERUNG

1. In unserer Zeit, da sich die Menschheit von Tag zu Tag enger zusammenschließt und die Beziehungen unter den verschiedenen Völkern sich mehren, erwägt die Kirche mit umso größerer Aufmerksamkeit, in welchem Verhältnis sie zu den nichtchristlichen Religionen steht. Gemäß ihrer Aufgabe, Einheit und Liebe unter den Menschen und damit auch unter den Völkern zu fördern, fasst sie vor allem das ins Auge, was den Menschen gemeinsam ist und sie zur Gemeinschaft untereinander führt.

Alle Völker sind ja eine einzige Gemeinschaft, sie haben denselben Ursprung, da Gott das ganze Menschengeschlecht auf dem gesamten Erdkreis wohnen ließ[1]; auch haben sie Gott als ein und dasselbe letzte Ziel. Seine Vorsehung, die Bezeugung seiner Güte und seine Heilsratschlüsse erstrecken sich auf alle Menschen[2], bis die Erwählten vereint sein werden in der Heiligen Stadt, deren Licht die Herrlichkeit Gottes sein wird; werden doch alle Völker in seinem Lichte wandeln[3].

Die Menschen erwarten von den verschiedenen Religionen Antwort auf die ungelösten Rätsel des menschlichen Daseins, die heute wie von je die Herzen der Menschen im tiefsten bewegen: Was ist der Mensch? Was ist Sinn und Ziel unseres Lebens? Was ist das Gute, was die Sünde? Woher kommt das Leid, und welchen Sinn hat es? Was ist der Weg zum wahren Glück? Was ist der Tod, das Gericht und die Vergeltung nach dem Tode? Und schließlich: Was ist jenes letzte und unsagbare Geheimnis unserer Existenz, aus dem wir kommen und wohin wir gehen?

2. Von den ältesten Zeiten bis zu unseren Tagen findet sich bei den verschiedenen Völkern eine gewisse Wahrnehmung jener verborgenen Macht, die dem Lauf der Welt und den Ereignissen des menschlichen Lebens gegenwärtig ist, und nicht selten findet sich auch die Anerkenntnis einer höchsten Gottheit oder sogar eines Vaters. Diese Wahrnehmung und Anerkenntnis durchtränkt ihr Leben mit einem tiefen religiösen Sinn. Im Zusammenhang mit dem Fortschreiten der Kultur suchen die Religionen mit genaueren Begriffen und in einer mehr durchgebildeten Sprache Antwort auf die gleichen Fragen. So erforschen im Hinduismus die Menschen das göttliche Geheimnis und bringen es in einem unerschöpflichen Reichtum von Mythen und in tief dringenden philosophischen Versuchen zum Ausdruck und suchen durch aszetische Lebensformen oder tiefe Medita-

1 Vgl. Apg 17,26.
2 Vgl. Weish 8,1; Apg 14,17; Röm 2,6-7; 1 Tim 2,4.
3 Vgl. Apg 21,23 f.

tion oder liebend-vertrauende Zuflucht zu Gott Befreiung von der Enge und Beschränktheit unserer Lage. In den verschiedenen Formen des Buddhismus wird das radikale Ungenügen der veränderlichen Welt anerkannt und ein Weg gelehrt, auf dem die Menschen mit frommem und vertrauendem Sinn entweder den Zustand vollkommener Befreiung zu erreichen oder – sei es durch eigene Bemühung, sei es vermittels höherer Hilfe – zur höchsten Erleuchtung zu gelangen vermögen. So sind auch die übrigen in der ganzen Welt verbreiteten Religionen bemüht, der Unruhe des menschlichen Herzens auf verschiedene Weise zu begegnen, indem sie Wege weisen: Lehren und Lebensregeln sowie auch heilige Riten.

Die katholische Kirche lehnt nichts von alledem ab, was in diesen Religionen wahr und heilig ist. Mit aufrichtigem Ernst betrachtet sie jene Handlungs- und Lebensweisen, jene Vorschriften und Lehren, die zwar in manchem von dem abweichen, was sie selber für wahr hält und lehrt, doch nicht selten einen Strahl jener Wahrheit erkennen lassen, die alle Menschen erleuchtet. Unablässig aber verkündet sie und muss sie verkündigen Christus, der ist »der Weg, die Wahrheit und das Leben« (Joh 14,6), in dem die Menschen die Fülle des religiösen Lebens finden, in dem Gott alles mit sich versöhnt hat[4].

Deshalb mahnt sie ihre Söhne, dass sie mit Klugheit und Liebe, durch Gespräch und Zusammenarbeit mit den Bekennern anderer Religionen sowie durch ihr Zeugnis des christlichen Glaubens und Lebens jene geistlichen und sittlichen Güter und auch die sozial-kulturellen Werte, die sich bei ihnen finden, anerkennen, wahren und fördern.

3. Mit Hochachtung betrachtet die Kirche auch die Muslime, die den alleinigen Gott anbeten, den lebendigen und in sich seienden, barmherzigen und allmächtigen, den Schöpfer Himmels und der Erde[5], der zu den Menschen gesprochen hat. Sie mühen sich, auch seinen verborgenen Ratschlüssen sich mit ganzer Seele zu unterwerfen, so wie Abraham sich Gott unterworfen hat, auf den der islamische Glaube sich gerne beruft. Jesus, den sie allerdings nicht als Gott anerkennen, verehren sie doch als Propheten, und sie ehren seine jungfräuliche Mutter Maria, die sie bisweilen auch in Frömmigkeit anrufen. Überdies erwarten sie den Tag des Gerichtes, an dem Gott alle Menschen auferweckt und ihnen vergilt. Deshalb legen sie Wert auf sittliche Lebenshaltung und verehren Gott besonders durch Gebet, Almosen und Fasten.

Da es jedoch im Lauf der Jahrhunderte zu manchen Zwistigkeiten und Feindschaften zwischen Christen und Muslimen kam, ermahnt die Heilige Synode alle, das Vergangene beiseite zu lassen, sich aufrichtig um gegenseitiges Verstehen zu bemühen und gemeinsam einzutreten für Schutz und Förderung der sozialen Gerechtigkeit, der sittlichen Güter und nicht zuletzt des Friedens und der Freiheit für alle Menschen.

4. Bei ihrer Besinnung auf das Geheimnis der Kirche gedenkt die Heilige Synode des Bandes, wodurch das Volk des Neuen Bundes mit dem Stamme Abrahams geistlich verbunden ist.

So anerkennt die Kirche Christi, dass nach dem Heilsgeheimnis Gottes die Anfänge ihres Glaubens und ihrer Erwählung sich schon bei den Patriarchen, bei Mose und den Propheten finden. Sie bekennt, dass alle Christgläubigen als Söhne Abrahams dem Glauben nach[6] in der Berufung dieses Patriarchen eingeschlossen sind und dass in dem Auszug des erwählten Volkes aus dem Lande der Knechtschaft das Heil der Kirche geheimnisvoll vorgebildet ist. Deshalb kann die Kirche auch nicht vergessen, dass sie durch jenes Volk,

4 Vgl. 2 Kor 5,18-19.

5 Vgl. Gregor VII., Ep. III, 21 ad Anazir (Al-Nāṣir), regem Mauritaniae, ed. E. Caspar in MGH, Ep. sel. II (1920) I, 288, 11–15; PL 148, 451 A.

6 Vgl. Gal 3, 7.

mit dem Gott aus unsagbarem Erbarmen den Alten Bund geschlossen hat, die Offenbarung des Alten Testamentes empfing und genährt wird von der Wurzel des guten Ölbaums, in den die Heiden als wilde Schösslinge eingepfropft sind[7]. Denn die Kirche glaubt, dass Christus, unser Friede, Juden und Heiden durch das Kreuz versöhnt und beide in sich vereinigt hat[8].

Die Kirche hat auch stets die Worte des Apostels Paulus vor Augen, der von seinen Stammverwandten sagt, dass »ihnen die Annahme an Sohnes Statt und die Herrlichkeit, der Bund und das Gesetz, der Gottesdienst und die Verheißungen gehören wie auch die Väter und dass aus ihnen Christus dem Fleische nach stammt« (Röm 9,4-5), der Sohn der Jungfrau Maria. Auch hält sie sich gegenwärtig, dass aus dem jüdischen Volk die Apostel stammen, die Grundfesten und Säulen der Kirche, sowie die meisten jener ersten Jünger, die das Evangelium Christi der Welt verkündet haben.

Wie die Schrift bezeugt, hat Jerusalem die Zeit seiner Heimsuchung nicht erkannt[9], und ein großer Teil der Juden hat das Evangelium nicht angenommen, ja nicht wenige haben sich seiner Ausbreitung widersetzt[10]. Nichtsdestoweniger sind die Juden nach dem Zeugnis der Apostel immer noch von Gott geliebt um der Väter willen; sind doch seine Gnadengaben und seine Berufung unwiderruflich[11]. Mit den Propheten und mit demselben Apostel erwartet die Kirche den Tag, der nur Gott bekannt ist, an dem alle Völker mit *einer* Stimme den Herrn anrufen und ihm »Schulter an Schulter dienen« (Zef 3,9)[12].

Da also das Christen und Juden gemeinsame geistliche Erbe so reich ist, will die Heilige Synode die gegenseitige Kenntnis und Achtung fördern, die vor allem die Frucht biblischer und theologischer Studien sowie des brüderlichen Gespräches ist.

Obgleich die jüdischen Obrigkeiten mit ihren Anhängern auf den Tod Christi gedrungen haben[13], kann man dennoch die Ereignisse seines Leidens weder allen damals lebenden Juden ohne Unterschied noch den heutigen Juden zur Last legen. Gewiss ist die Kirche das neue Volk Gottes, trotzdem darf man die Juden nicht als von Gott verworfen oder verflucht darstellen, als wäre dies aus der Heiligen Schrift zu folgern. Darum sollen alle dafür Sorge tragen, dass niemand in der Katechese oder bei der Predigt des Gotteswortes etwas lehre, das mit der evangelischen Wahrheit und dem Geiste Christi nicht im Einklang steht.

Im Bewusstsein des Erbes, das sie mit den Juden gemeinsam hat, beklagt die Kirche, die alle Verfolgungen gegen irgendwelche Menschen verwirft, nicht aus politischen Gründen, sondern auf Antrieb der religiösen Liebe des Evangeliums alle Hassausbrüche, Verfolgungen und Manifestationen des Antisemitismus, die sich zu irgendeiner Zeit und von irgendjemandem gegen die Juden gerichtet haben.

Auch hat ja Christus, wie die Kirche immer gelehrt hat und lehrt, in Freiheit, um der Sünden aller Menschen willen, sein Leiden und seinen Tod aus unendlicher Liebe auf sich genommen, damit alle das Heil erlangen. So ist es die Aufgabe der Predigt der Kirche, das Kreuz Christi als Zeichen der universalen Liebe Gottes und als Quelle aller Gnaden zu verkünden.

7 Vgl. Röm 11,17-24.

8 Vgl. Eph 2,14-16.

9 Vgl. Lk 19,44.

10 Vgl. Röm 11,28.

11 Vgl. Röm 11,28-29; vgl. II. Vat. Konzil, Dogm. Konst. über die Kirche Lumen Gentium: AAS 57 (1965) 20.

12 Vgl. Jes 66,23; Ps 65,4; Röm 11,11-32.

13 Vgl. Joh 19,6.

5. Wir können aber Gott, den Vater aller, nicht anrufen, wenn wir irgendwelchen Menschen, die ja nach dem Ebenbild Gottes geschaffen sind, die brüderliche Haltung verweigern. Das Verhalten des Menschen zu Gott dem Vater und sein Verhalten zu den Menschenbrüdern stehen in so engem Zusammenhang, dass die Schrift sagt: »Wer nicht liebt, kennt Gott nicht« (1 Joh 4,8).
So wird also jeder Theorie oder Praxis das Fundament entzogen, die zwischen Mensch und Mensch, zwischen Volk und Volk bezüglich der Menschenwürde und der daraus fließenden Rechte einen Unterschied macht.
Deshalb verwirft die Kirche jede Diskriminierung eines Menschen oder jeden Gewaltakt gegen ihn um seiner Rasse oder Farbe, seines Standes oder seiner Religion willen, weil dies dem Geist Christi widerspricht. Und dementsprechend ruft die Heilige Synode, den Spuren der heiligen Apostel Petrus und Paulus folgend, die Gläubigen mit leidenschaftlichem Ernst dazu auf, dass sie »einen guten Wandel unter den Völkern führen« (1 Petr 2,12) und womöglich, so viel an ihnen liegt, mit allen Menschen Frieden halten[14], so dass sie in Wahrheit Söhne des Vaters sind, der im Himmel ist[15].
Was in dieser Erklärung im Gesamten und im Einzelnen ausgesprochen ist, hat die Zustimmung der Väter gefunden. Und Wir, kraft der von Christus Uns übertragenen Apostolischen Vollmacht, billigen, beschließen und verordnen es zusammen mit den Ehrwürdigen Vätern im Heiligen Geiste und gebieten zur Ehre Gottes die Veröffentlichung dessen, was so durch das Konzil verordnet ist.
Rom, bei St. Peter, am 28. Oktober 1965.

Ich PAULUS Bischof der katholischen Kirche
Es folgen die Unterschriften der Väter.

Aus: LThK, Das Zweite Vatikanische Konzil. Konstitutionen, Dekrete und Erläuterungen. Kommentar, Teil II, Herder Verlag, Freiburg – Basel – Wien 1967, S. 488–495

3.2.3 Die Textgeschichte – Kommentar des Konzilsbeobachters Heinz Linnerz

Abstimmungsergebnisse:

Art des Votums	*Datum*	*Ja*	*Nein*	*Mit Vorbehalt*	*ungültig*
Erste Abstimmung	20.11.64	1651	99	242	4
Endabstimmung	15.10.65	1763	250	–	10
Verkündigung	28.10.65	2221	88	–	3

Zum ersten Mal in ihrer Geschichte schlägt die Kirche in dieser Erklärung den brüderlichen Dialog mit den nichtchristlichen Religionen vor. Mit großer Hochachtung ist vom Hinduismus, Buddhismus, Islam und anderen Religionen die Rede, vor allem aber von der engen Verwandtschaft und dem gemeinsamen Offenbarungserbe der Völker des Alten und des Neuen Bundes. Darin liegt die kirchengeschichtliche Bedeutung des heiß umstrittenen, vielfach auch politisch missverstandenen Textes.
Am Anfang stand der Wunsch von Papst Johannes, das Konzil möge feierlich Wiedergutmachung an den Juden leisten. Kardinal Bea erhielt den persönlichen Auftrag des Papstes, durch sein Einheitssekretariat einen Entwurf ausarbeiten zu lassen. Darin sollte das,

14 Vgl. Röm 12,18.
15 Vgl. Mt 5,45.

was Juden und Christen vom religiösen Ursprung her gemeinsam ist, so klar herausgestellt werden, dass künftig jede Handhabe für eine Diskriminierung der Juden ausgeschlossen wäre. Während der zweiten Konzilssession im Herbst 1963 wurde der Text erstmals den Vätern zur Prüfung vorgelegt, und zwar als Kapitel innerhalb des Ökumenismus-Schemas. Obgleich das Bea-Sekretariat sich bemüht hatte, keinen Anlass zu politischer Missdeutung zu geben (und damit das Konzil in den Konflikt zwischen den arabischen Staaten und dem Staat Israel zu verwickeln), wiesen die orientalischen Bischöfe aus der arabischen Welt das Judenkapitel als inopportun zurück. Andere Väter meinten, man könne nicht ausführlich von den Juden sprechen, aber die übrigen monotheistischen Weltreligionen nur am Rande erwähnen. Schließlich gab es auch Kritik an der Einordnung in das Ökumenismus-Schema, denn, so wurde argumentiert, ökumenische Fragen sind Fragen innerhalb der christlichen Konfessionen. Ein Grundsatz-Votum über den Entwurf im Anschluss an diese erste Debatte im Herbst 1963 war zwar angekündigt worden, wurde aber nicht durchgeführt. Der Text ging zur Überarbeitung an die Kommission zurück.

Als er in der dritten Session im Herbst 1964 erneut den Vätern vorgelegt wurde, zeigte er wichtige Änderungen. Rein formal war aus dem Ökumenismus-Kapitel eine eigene Erklärung geworden, in der nun auch die anderen nichtchristlichen Religionen breitere Berücksichtigung fanden. Als schwerwiegend erwiesen sich einige inhaltliche Änderungen, die auf eine *Abschwächung* der ursprünglichen Aussagen hinausliefen. Die erste Fassung sprach die Juden ausdrücklich von der Anklage des *»Gottesmordes«* frei. Nach Ansicht vieler Juden war diese Anklage die Hauptwurzel des Antisemitismus und damit die Quelle der vielen Judenverfolgungen im Lauf der Jahrhunderte. Das Wort »Gottesmord« fehlte in dem neuen Entwurf. Hieß das nicht, dass man indirekt die alte Anklage erneuerte? So empfanden es jedenfalls nicht nur Konzilsbeobachter und Sprecher jüdischer Organisationen, sondern auch sehr viele Konzilsväter.

Bei der Neuvorlage des korrigierten Textes betonte Kardinal Bea zwar, dass es neben der Anklage des »Gottesmordes« auch politische, nationale, psychologische, soziale und wirtschaftliche Gründe für den Antisemitismus gebe. Doch könne kein Zweifel bestehen, dass Christen im Lauf der Geschichte die Juden als »Gottesmörder« behandelt hätten. Deshalb sei eine feierliche Verurteilung dieser Haltung durch das Konzil angebracht. Der Kardinal forderte also die Bischöfe recht deutlich dazu auf, gegen die Unterdrückung des Wortes »Gottesmord« Stellung zu nehmen, was indirekt darauf schließen ließ, dass der Bea-Kommission diese Korrektur unter Druck von außen aufgezwungen worden war. Die Atmosphäre vor Beginn der Debatte war so gespannt, die Öffentlichkeit so misstrauisch geworden, dass sich die in Rom versammelten deutschen Bischöfe der Fuldafer Bischofskonferenz veranlasst sahen, eine *Presseerklärung* herauszugeben.

Bei der Debatte meldeten sich sogleich die führenden Köpfe der Mehrheit, darunter einige Kardinale, zu Wort und forderten energisch die Revision des Gesamttextes. Aufgrund dieser Interventionen wurde das Schema erneut redigiert und am Ende der Session abgestimmt. Danach war es zwar angenommen, konnte aber wegen der vielen weiteren Verbesserungsvorschläge (Modi) noch nicht, wie Kardinal Bea gehofft hatte, verabschiedet werden. Ein letztes Mal unternahm das Sekretariat Bea die schwierige Aufgabe, den verschieden gerichteten Wünschen der Väter – und wohl auch den wiederholt vorgetragenen Bedenken einer Minderheit – gerecht zu werden, ohne Abstriche an der Substanz des Textes vornehmen zu müssen.

In der endgültigen Fassung, über die das Konzil am 15. 10. 1965 abstimmte und die Papst Paul VI. am 28. 10. 1965 promulgierte, liegt der Ton auf dem Verhältnis der Katholiken zu den nichtchristlichen Religionen. Die *Judenfrage* ist in diesen größeren Rahmen als *ein*

Kapitel unter insgesamt fünf einbezogen. In der Überschrift der Erklärung unterblieb die ausdrückliche Erwähnung der Juden; Artikel 4 handelt statt »von den Juden« nunmehr »von der jüdischen Religion«. Deutlicher als bis dahin wird die Verwerfung der messianischen Botschaft durch die Juden unterstrichen. Das Wort »Gottesmord«, das man aufgrund der Interventionen am Ende der dritten Session wieder in den Text eingefügt hatte, fiel endgültig weg. Außerdem wurde die Formulierung, wonach die Kirche alle Hassausbrüche des Antisemitismus *»verdammt«* (lat. *»damnare«*), durch das mildere *»beklagt«* (lat. *»deplorare«*) ersetzt; die deutschsprachige Übersetzung verwendet allerdings die stärkere Umschreibung *»beklagt mit Entschiedenheit«*, was der sinngemäßen Verwendung von *»deplorare«* im Kirchenlatein entspricht.
Man einigte sich offensichtlich auf eine *Kompromissformel.* Papst Johannes hatte ein einfaches, deutliches Wort der Kirche über das rechte Verhältnis der Katholiken zu den Juden im Sinne. Der endgültige Text legt den Akzent mehr auf das weite Feld der nichtchristlichen Religionen, wo man notwendig allgemein bleiben musste, da es eine katholische Theologie der Begegnung mit den Weltreligionen erst in Ansätzen gibt. Es wäre aber falsch, wollte man darüber die entscheidende Tatsache außer Acht lassen, dass die Kirche mit dieser Erklärung eine brüderliche Gesinnung an die Stelle alter Anfeindungen setzt. Die Passagen über die jüdische Religion sind eindeutig genug, um in Zukunft niemandem mehr das Recht zu geben, seinem Antisemitismus ein christliches Mäntelchen umzuhängen.
Kardinal Bea, dem das größte Verdienst am Zustandekommen der Erklärung gebührt und der sie gegen alle Widerstände in die Schlussabstimmung brachte, erklärte nach der feierlichen Verkündigung: »Trotz der ihr gezogenen Grenzen leistet die Erklärung einen kräftigen Beitrag zur Förderung des Friedens in der Menschheit … Ich glaube, dass auch Papst Johannes an dieser Frucht seine Freude haben dürfte. Die Erklärung ist in der Tat ein sehr wichtiger und verheißungsvoller Anfang, aber auch bloß ein Anfang auf einem langen und anfordernden Weg zum schwierigen Ziel, und dieses Ziel ist eine Menschheit, in der alle Menschen sich wirklich als Kinder desselben himmlischen Vaters fühlen und benehmen werden.«

Aus: Heinz Linnerz, Das Konzil hat gesprochen. Themen – Texte – Tendenzen, Butzon & Bercker, Kevelaer 1966, S. 175–178

1. Erarbeiten Sie sich die Informationen aus dem vorliegenden Sekundärtext, die Sie aufgrund der Lektüre des Originaltextes noch nicht erhalten konnten.
2. Erläutern Sie, wie im Text von »Nostra Aetate«, wie im Kommentar dazu von Juden und Judentum gesprochen wird. Denken Sie auch an Formulierungen und Diktion!
3. *Josef Richard Frings, Presseerklärung der in Rom versammelten deutschen Bischöfe der Fuldaer Bischofskonferenz vom 28. September 1964:*
   »Wir deutschen Bischöfe begrüßen das Konzilsdekret über die Juden. Wenn die Kirche im Konzil eine Selbstaussage macht, kann sie nicht schweigen über ihre Verbindung mit dem Gottesvolk des Alten Bundes. Wir sind überzeugt, dass diese Konzilsdeklaration Anlass zu einem erneuerten Kontakt und einem besseren Verhältnis zwischen der Kirche und dem jüdischen Volk gibt. Wir deutschen Bischöfe begrüßen das Dekret besonders deshalb, weil wir uns des schweren Unrechts bewusst sind, das im Namen unseres Volkes an den Juden begangen worden ist.«
   Erklären Sie, worüber die Bischöfe sprechen und worüber nicht.
   Setzen Sie sich mit der Presseerklärung auseinander und nehmen Sie Stellung.

3.2.4 Christlich-Jüdischer Dialog nach dem Zweiten Vatikanischen Konzil

3.2.4.1 Nostra aetate – Eine »kopernikanische« Wende

Die Vernichtung fast aller oder doch der meisten Juden im Machtbereich Hitlers und die bohrende Frage nach Ursachen und Gründen für den Antisemitismus, der schließlich so vielen Menschen Vertreibung und Tod gebracht hatte, die Erkenntnis der Einzigartigkeit dieses Geschehens, das als Holocaust oder besser als die Schoa (Katastrophe) bezeichnet wird, die Frage nach der Mitverantwortung »christlicher« Verkündigung an der Entstehung und Verbreitung antisemitischer Vorurteile konnte vom Zweiten Vatikanischen Konzil nicht unbeachtet gelassen werden. Die Hoffnungen vieler Menschen, nicht nur von Katholiken – während des damals in Köln stattfindenden Kirchentages sagte Professor Helmut Gollwitzer: »Was in einer Kirche geschieht, geht heute alle Kirchen an« –, richteten sich auf das Konzil und erwarteten eine »Judenerklärung«. Sie wurden nicht zuletzt durch die Tatsache genährt, dass außer protestantischen und orthodoxen auch jüdische Beobachter zugelassen wurden. In Augustin Kardinal Bea hatte Papst Johannes XXIII. einen aufrichtigen Anwalt der Versöhnung an die Spitze des Einheitssekretariats berufen. Ängste der Christen, die als Minderheit innerhalb einer islamischen Mehrheit leben, meldeten sich freilich schon früh. Die Furcht, eine »Judenerklärung« könne als Parteinahme zugunsten des Staates Israel verstanden werden, erwies sich als ein schwer zu überwindendes Hindernis auf dem Weg zu der angestrebten Erklärung. Die Meinung vieler Vertreter der nichteuropäischen Kirchen ging zunächst dahin, die geforderte Erklärung als Angelegenheit allein der Kirche in Europa zu betrachten.

Nun trat aber in den Mittelpunkt der Überlegungen des Konzils das Thema der Kirche als Volk Gottes. Wenn aber Kirche als Volk Gottes gesehen wird, wie ist es dann mit dem Volk, mit dem Gott seinen Bund am Sinai geschlossen hat? In der Dogmatischen Konstitution über die Kirche »Lumen gentium« vom 21. November 1964 wird von dem aus Juden und Heiden berufenen einen Gottesvolk gesprochen und hinsichtlich der Juden, die Jesus als den Christus nicht angenommen haben, gesagt, sie seien auf das Gottesvolk hingeordnet als »jenes Volk, dem der Bund und die Verheißungen gegeben worden sind und aus dem Christus dem Fleische nach geboren ist, dieses seiner Erwählung nach um der Väter willen so teure Volk: die Gaben und Berufung Gottes nämlich sind ohne Reue« (LG 16; vgl. Röm 11,28-29).

Diese Sicht ist durch die Theologie des Römerbriefs bestimmt. Sie wird wieder aufgenommen in »Nostra aetate«, der Erklärung über das Verhältnis der Kirchen zu den nichtchristlichen Religionen vom 28. Oktober 1965. Wegen der Ängste um eine politische Missdeutung verzichtete das Zweite Vatikanische Konzil auf eine eigene »Judenerklärung«, sondern bettete seine Aussagen zum Verhältnis der Kirche zu Juden und Judentum als viertes und fünftes Kapitel einer umfassenderen Erklärung zum Verhältnis der Kirche zu allen nichtchristlichen Religionen ein. Dabei hatte sich freilich eine Ungleichgewichtigkeit der Aussagen ergeben. Da man sich erst zu einem sehr späten Zeitpunkt für die umfassendere Erklärung entschied, war eine gründlichere Reflexion über die anderen Religionen gar nicht möglich. Hier verhielt sich die Erklärung nur deskriptiv (beschreibend), zudem von außen her kommen; hinsichtlich des Judentums aber verhielt sich die Erklärung reflexiv, freilich aus der Sicht einer christlichen Theologie des Judentums. Die Ungleichgewichtigkeit ist gerade nichtkatholischen Beobachtern sofort aufgefallen. Neben manchem Wort der Zustimmung gab es daher auch mehr oder weniger offen geäußerte Enttäuschung. Immerhin verdient festgehalten zu werden, dass das Zweite Vatikanische Konzil in der Erklärung »Nostra aetate« von der Feststellung ausgeht, dass der

Mensch von Natur aus auf Gemeinschaft angelegt ist und daher auch innerhalb der Gemeinschaft, in die er hineingestellt ist, sein Heil finden muss. Auch die nichtchristlichen Religionen sind Wege zum Heil; wenn auch *der* Heilsweg der Weg der Christusnachfolge ist. Hinsichtlich der Juden bekennt »die Kirche Christi, dass nach dem Heilsgeheimnis Gottes die Anfänge ihres Glaubens und ihrer Erwählung sich schon bei den Patriarchen, bei Moses und den Propheten finden«. Die Kirche bekennt mit dem Apostel Paulus, dass Gott den Juden den Bund und die Verheißungen geschenkt hat. Auch wenn die Juden mehrheitlich »das Evangelium nicht angenommen haben ... sind (sie) nach dem Zeugnis des Apostels immer noch von Gott geliebt um der Väter willen; sind doch seine Gnadengaben und seine Berufung unwiderruflich.
Mit diesem Satz vollzieht das Konzil eine »kopernikanische« Wende in der theologischen Reflexion über die Juden. Die heilgeschichtliche Schau des Römerbriefes hatte nämlich, wie bereits 1956 Karl Hermann Schelkle in seinem grundlegenden Buch *Paulus, Lehrer der Väter* gezeigt hatte, schon sehr früh die meisten Theologen wieder aufgegeben, beschränkten die Verheißung von der Rettung des ganzen Israels ausschließlich auf die Endzeit und hielten die Juden der eigenen Zeit für verworfen. Trotz einzelner Gespräche zwischen Juden und Christen blieb das Interesse der Kirche, insgesamt gesprochen, für jüdische Geschichte, Kultur, Frömmigkeit verhältnismäßig gering. Die Juden als Volk schienen nicht existent zu sein. Noch die berühmt gewordenen Adventspredigten des Kardinal Michael Faulhaber handelten zwar von *Judentum*, *Germanentum*, *Christentum*, meinten aber mit Judentum ausdrücklich nur das des Alten Testaments. Von »Spätjudentum« sprach die Exegese christlicher Theologen und meinte damit das Judentum nach dem ersten Exil bis zur Zeit Jesu. Das konnte sie nur deshalb, weil sie das spätere Judentum nicht wahrnahm oder sich den Anschein gab, es nicht wahrzunehmen. Erst mit der Zuwendung zur Judaistik, der Wissenschaft von der Geschichte, der Religion, der Sprache und Kultur des Judentums hat sich auch bei christlichen Theologen für die Epoche des Judentums in der Zeit der letzten alttestamentlichen Bücher und der Zeit Jesu, dem zwischentestamentlichen Judentum, der Ausdruck Frühjudentum durchgesetzt. Die Erklärung »Nostra aetate« spricht vom gemeinsamen Erbe der Juden und Christen, zieht daraus allerdings nur die Folgerung, dass gerade deshalb die Kirche »alle Verfolgungen und Manifestationen des Antisemitismus« beklage. Die Formulierung klingt eigentümlich blass und matt. Trotz der unleugbaren Schwächen, mit denen die Erklärung »Nostra aetate« behaftet war, eröffnete sie dennoch eine neue Epoche der Reflexion, leitete sie einen Prozess des Umdenkens ein und bedeutete deshalb mehr, als sie ausdrücklich sagte: die kopernikanische Wende im Verhältnis der Kirche zum Judentum.

Aus: Willehad Paul Eckert, Christlich-Jüdischer Dialog nach dem zweiten Vatikanischen Konzil, in: Wort und Antwort 36/3 Juli/Sept. 1995, S. 110–112

1. Skizzieren Sie den Gedankengang des Textes.
2. Erörtern Sie, ob tatsächlich von einer »kopernikanischen Wende« zu sprechen ist.

3.2.4.2 Zur Wirkungsgeschichte von Nostra Aetate: Aus der Rede von Papst Benedikt XVI. in der Kölner Synagoge 2005

Es war mir ein tiefes Anliegen, anlässlich meines ersten Besuches in Deutschland nach der Wahl zum Nachfolger Petri der jüdischen Gemeinde von Köln und den Vertretern des deutschen Judentums zu begegnen. Mit diesem Besuch möchte ich an das Ereignis des 17. November 1980 anknüpfen, als mein verehrter Vorgänger, Papst Johannes Paul II., auf seiner ersten Deutschlandreise dem Zentralrat der Juden in Deutschland und der Rabbinerkonferenz begegnete. Auch bei dieser Gelegenheit möchte ich versichern, dass ich beabsichtige, den Weg zur Verbesserung der Beziehungen und der Freundschaft mit dem jüdischen Volk, auf dem Papst Johannes Paul II. entscheidende Schritte getan hat, weiterzuführen. [...]

Die Geschichte der Beziehungen zwischen jüdischer und christlicher Gemeinde ist komplex und oft schmerzlich. Es gab Perioden guter Nachbarschaft, doch es gab auch die Vertreibung der Juden aus Köln im Jahr 1424. Im 20. Jahrhundert hat dann in der dunkelsten Zeit deutscher und europäischer Geschichte eine wahnwitzige neuheidnische Rassenideologie zu dem staatlich geplanten und systematisch ins Werk gesetzten Versuch der Auslöschung des europäischen Judentums geführt, zu dem, was als die Schoa in die Geschichte eingegangen ist. [...] Weil man die Heiligkeit Gottes nicht mehr anerkannte, wurde auch die Heiligkeit menschlichen Lebens mit Füßen getreten.

In diesem Jahr gedenken wir des 60. Jahrestags der Befreiung aus den nationalsozialistischen Konzentrationslagern, in deren Gaskammern Millionen von Juden – Männer, Frauen und Kinder – umgebracht und in den Krematorien verbrannt worden sind. Ich mache mir zueigen, was mein verehrter Vorgänger zum 60. Jahrestag der Befreiung von Auschwitz geschrieben hat und sage ebenfalls: ›Ich neige mein Haupt vor all denen, die diese Manifestation des mysterium iniquitatis (Geheimnis der Bosheit, d. R.) erfahren haben.‹ Die fürchterlichen Geschehnisse von damals müssen ›unablässig die Gewissen wecken, Konflikte beenden und zum Frieden ermahnen‹ [...] Gemeinsam müssen wir uns auf Gott und seinen weisen Plan für die von ihm erschaffene Welt besinnen. [...]

Ebenfalls in diesem Jahr sind es vierzig Jahre her, dass das Zweite Vatikanische Konzil die Erklärung Nostra aetate promulgiert und damit neue Perspektiven in den jüdisch-christlichen Beziehungen eröffnet hat, die durch Dialog und Partnerschaft gekennzeichnet sind. Im vierten Kapitel erinnert diese Erklärung an unsere gemeinsamen Wurzeln und an das äußerst reiche geistliche Erbe, das Juden und Christen miteinander teilen. Sowohl die Juden als auch die Christen erkennen in Abraham ihren Vater im Glauben und berufen sich auf die Lehren Moses und der Propheten.

Die Spiritualität der Juden wird wie die der Christen aus den Psalmen gespeist. Mit dem Apostel Paulus sind die Christen überzeugt, dass »Gnade und Berufung, die Gott gewährt, unwiderruflich sind«. In Anbetracht der jüdischen Wurzeln des Christentums hat mein verehrter Vorgänger in Bestätigung eines Urteils der deutschen Bischöfe gesagt: »Wer Jesus begegnet, begegnet dem Judentum.«

Deshalb beklagt die Konzilserklärung Nostra aetate »alle Hassausbrüche, Verfolgungen und Manifestationen des Antisemitismus, die sich zu irgendeiner Zeit und von irgendjemand gegen das Judentum gerichtet haben«. Gott hat uns alle »als sein Abbild« geschaffen und uns dadurch mit einer transzendenten Würde ausgezeichnet. Vor Gott besitzen alle Menschen die gleiche Würde, unabhängig davon, welchem Volk, welcher Kultur oder Religion sie angehören. [...]

Die Kirche weiß sich verpflichtet, diese Lehre [...] an die nachwachsenden Generationen, die selbst nicht mehr Zeugen der schrecklichen Ereignisse vor und während des Zweiten Weltkriegs waren, weiterzugeben. Das ist insofern eine Aufgabe von besonderer Bedeutung, als heute leider erneut Zeichen des Antisemitismus und Formen allgemeiner Fremdenfeindlichkeit auftauchen. [...]

In den vierzig Jahren seit der Erklärung Nostra aetate ist in Deutschland und auf internationaler Ebene vieles zur Verbesserung und Vertiefung des Verhältnisses zwischen Juden und Christen getan worden. [...] Vieles bleibt freilich noch zu tun. Wir müssen uns noch viel mehr und viel besser gegenseitig kennenlernen. Deshalb ermutige ich zu einem aufrichtigen und vertrauensvollen Dialog zwischen Juden und Christen. Nur so wird es

möglich sein, zu einer beiderseits akzeptierten Interpretation noch strittiger historischer Fragen zu gelangen und vor allem Fortschritte in der theologischen Einschätzung der Beziehung zwischen Judentum und Christentum zu machen. In diesem Dialog kann es ehrlicherweise nicht darum gehen, die bestehenden Unterschiede zu übergehen oder zu verharmlosen: Auch und gerade in dem, was uns aufgrund unserer tiefsten Glaubensüberzeugung voneinander unterscheidet, müssen wir uns gegenseitig respektieren.
Schließlich sollte unser Blick nicht nur zurück in die Geschichte gehen, er sollte ebenso vorwärts auf die heutigen und morgigen Aufgaben gerichtet sein. Unser reiches gemeinsames Erbe und unsere an wachsendem Vertrauen orientierten geschwisterlichen Beziehungen verpflichten uns, gemeinsam ein noch einhelligeres Zeugnis zu geben und praktisch zusammenzuarbeiten [...] für den Frieden in der Welt [...].«

Aus: Papst Benedikt XVI., Es war mir ein Anliegen, in: Jüdische Allgemeine Nr. 34/05 vom 25. August 2005

1. Fassen Sie die Grundgedanken der Rede zusammen.
2. Entwerfen Sie Perspektiven im Hinblick auf die weitere Entwicklung des Verhältnisses von Christen und Juden zueinander.

3.2.5 Zusammenfassender Ausblick des Konzilsbeobachters Heinz Linnerz

»Das Konzil ist gestorben – es lebe das Konzil!«, so überschrieb eine Zeitung ihren Schlussbericht vom 8. Dezember 1965 aus Rom. Und einige Bischöfe sprachen, durchaus froh gestimmt, von einem »feierlichen Begräbnis«. So etwas sagt man kaum, wenn wirklich Anlass zur Trauer besteht. Aber es scheint, als ob die Bischöfe im Augenblick, da die Arbeit beendet war, nichts so scheuten wie den falschen Enthusiasmus, das unbegründete »Es ist erreicht!«. Eine Epoche der Kirchengeschichte ist abgeschlossen, und die weitaus meisten Konzilsväter gaben dazu ihr *Placet*, ihr Ja. Aber am Ende des Wegs, den sie drei Jahre zuvor begannen, spürten sie deutlicher denn je, dass sie erst am Anfang standen. Denn nun musste *realisiert* werden, was bisher weithin Gegenstand von Überlegungen war. Nun erst begann das viel beredete *»aggiornamento«*, in dem sich die katholische Kirche der Wirklichkeit von heute in der täglichen Bewährung zu stellen hat.
Die Schnelligkeit, mit der wenige Wochen nach Abschluss des Konzils die Institutionen geschaffen waren, um das Werk der Erneuerung weiterzuführen, beweist die Entschlossenheit des Bemühens. Seit der letzten Session hat Paul VI. außerdem in seinem Mahnschreiben *Postrema Sessio* vom 4. 11. 1965 an den Weltepiskopat, ferner in zahlreichen Ansprachen u. a. vor den Konzilsvätern, vor einzelnen Bischofskonferenzen und vor den Konzilsjournalisten nicht aufgehört, den Geist des *»eigentlichen aggiornamento«* zu beschwören, das »nachkonziliare Bewusstsein« wachzurufen: die »Rückkehr zu den sehr reinen Quellen des Evangeliums«, die »Zeit des planmäßigen und fruchtbringenden Pflanzens nach dem Pflügen und Umwälzen des Feldes«, das »gestiegene Bewusstsein der kirchlichen Gemeinschaft, ihres wunderbaren Gefüges, der größeren Liebe, welche die hierarchische Gemeinschaft der Kirche einen, beseelen und heilen muss« – und wie die Bilder und Formulierungen alle heißen.
In den letzten Wochen des Konzils hat der Papst ferner durch einige *Gesten*, wie er sie liebt, die neue Solidarität der Kirche mit der Welt und den getrennten Christen als ein Vermächtnis für die nachkonziliare Zeit sinnfällig gemacht: Er reiste mitten in der Session nach *New York* und sprach vor der Versammlung der Völker über den Frieden. Er lud die Konzils-Beobachter aus den getrennten christlichen Kirchen zur gemeinsamen Feier eines *ökumenischen Gottesdienstes* ein. In der Basilika Sankt Paul vor den Mauern,

über dem Grab des Völkerapostels, wo Papst Johannes im Januar 1959 das Konzil zuerst angekündigt hatte, bot sich ein Blick in die Zukunft der Kirche: der römische Bischof inmitten der Brüder aus der *einen* christlichen Gemeinde. Paul VI. wiederholte noch einmal seine Bitte um Vergebung. Gemeinsam sangen alle den lutherischen Choral *»Nun danket alle Gott«* nach der englischen Fassung; nacheinander lasen sie aus der *einen* Bibel; gemeinsam beteten sie zum Schluss, jeder in seiner Sprache, das *Vater unser*… Ein Beispiel, das hoffentlich die hier und da vorhandene, aus der inzwischen überholten Sorge vor einem falschen ökumenischen Enthusiasmus geborene Ängstlichkeit gegenüber derartigen Begegnungen endgültig beseitigt. Bei der letzten öffentlichen Generalkongregation am 7. 12. 1965 schließlich annullierten Paul VI. und Patriarch Athenagoras gleichzeitig in Rom und Konstantinopel feierlich den *Bann*, den die westliche und östliche Kirche im Jahr 1054 gegeneinander ausgesprochen hatten und der zum großen Schisma zwischen Ost und West in der Kirche führte. Gewiss, Athenagoras konnte nur für die Kirche von Konstantinopel sprechen, nicht für die gesamte Orthodoxie. Dennoch, ein Hindernis war weggeräumt, ein weiterer Anachronismus beseitigt.
Mit all dem gibt Paul VI. *Anstöße*, mehr nicht. Und ebenso konnte das Konzil nicht mehr als Entwicklungen anstoßen und möglich machen. Alles hängt seitdem davon ab, ob den Worten die Taten folgen, wozu *alle* Gläubigen aufgerufen sind: Papst, Bischöfe, Priester und Laien. Oder um es mit den Worten eines Konzilsbeobachters der methodistischen Kirche zu sagen: »Was die Konzilsdokumente wirklich aussagen wollen, muss noch dadurch bestimmt werden, dass sie in die Tat umgesetzt werden, in Handlungsweisen des Volkes Gottes. Dann erst werden wir erkennen, in welchem Maße es sich um Substanz handelt und inwiefern es nur *Konzilsrhetorik* war.«

Aus: Heinz Linnerz, Das Konzil hat gesprochen. Themen – Texte – Tendenzen, Butzon & Bercker, Kevelaer 1966, S. 265–267

3.3 Gerechtigkeit als Herausforderung für das Handeln der Kirche in der Gegenwart

Hinweis zur Arbeit:
Das Thema »Gerechtigkeit« als sozial-ethische Herausforderung wird in Band 2 der Reihe AKZENTE RELIGION »Wegweisungen – Auf der Suche nach gelingendem Leben«, S. 71–85, vertieft.

3.3.1 Hinführung: »Meins! Oder: Müssten nicht alle gleich viel haben?« – Eine journalistische Annäherung

In dem Ausschnitt aus dem folgenden Dialog unterhalten sich die Geschwister Pia und Ferdinand mit ihrem Onkel Gottfried.

»Ist es nicht generell ungerecht, dass die einen mehr haben als die anderen?«, fragte nun Pia. »Worauf willst du hinaus?«, fragte der Onkel. »Ja, es ist doch komisch, dass zum Beispiel manche in meiner Klasse sich alles leisten können, weil die Eltern reich sind, und andere nicht. Und die Kinder in den Slums haben gar keine Chance, irgendetwas zu bekommen. Das ist doch ungerecht.«
»Also so ungerecht finde ich das nicht«, sagte Ferdinand. »Für mein Fahrrad habe ich zum Beispiel lange gespart, Rasen gemäht und Auto gewaschen. Da finde ich es ganz o. k.,

dass ich mir das leisten kann. Wenn andere nicht so viel sparen und nicht dafür arbeiten, können sie es sich halt nicht leisten.« »Jetzt plustere dich hier nicht so auf«, warf Pia ein. »Das meiste hast du doch von unseren Eltern und von Onkel Gottfried bekommen. Und das ist kein Verdienst. Andere haben halt keine Eltern und keinen Onkel, die sich das leisten können.« »Bekriegt euch bloß nicht«, sagte der Onkel. »Um das Prinzip zu erkennen ist das sogar ziemlich gut, dass Ferdinand hier sowohl gearbeitet als auch was bekommen hat. Das ist nämlich ein ziemlich schwieriges Kapitel, das mit der Gerechtigkeit. Obwohl die unheimlich wichtig ist.«

»Wieso schwierig? Es muss doch nur jeder das bekommen, was ihm zusteht«, sagte Ferdinand. »Ja, das ist ziemlich klug«, sagte der Onkel, »so ähnlich haben es auch Platon und in der Folge der römische Jurist Ulpian gesagt: ›suum cuique tribuere‹, jedem das, was ihm zusteht. Nur was steht jedem zu? Und da wird es unheimlich schwierig. Und kompliziert. Und am Ende gibt es keine definitive Lösung.«

»Jetzt rede nicht rum«, sagte Pia, »was ist nun?« »Anfangen kann man wieder bei Aristoteles.« »Ach ja, das Gerechte ist wahrscheinlich in der Mitte«, sagte Pia leicht ironisch.

»Ja tatsächlich«, sagte der Onkel, »aber dabei lässt Aristoteles es nicht bewenden. Er unterscheidet verschiedene Arten von Gerechtigkeit. Man spricht seitdem von distributiver und korrektiver Gerechtigkeit. Die eine verteilt Güter und die andere stellt eine aus dem Gleichgewicht geratene Gerechtigkeit wieder her. Das kann in einem Geschäft sein, beim Tauschen und Kaufen etwa, oder aber, wenn jemand etwas Falsches getan hat, einen Diebstahl oder so was.«

»Und warum muss man das unterscheiden?«, fragte Ferdinand.

»Weil Aristoteles für diese Formen jeweils einen anderen Maßstab vorsieht. Bei der Verteilung soll nicht jeder genau das Gleiche bekommen, sondern in dem Verhältnis, wie er etwas beigetragen hat. Aristoteles nannte das geometrische Gerechtigkeit. Anders ist es dann, wenn etwas ausgeglichen werden soll. Dann muss es nicht im Verhältnis ausgeglichen werden, sondern eben genau in der Höhe, in der das Ungleichgewicht besteht. Das heißt dann ›arithmetisch‹.« »Uff, das ist ja tatsächlich ziemlich kompliziert«, sagte Ferdinand. »Arithmetische und geometrische Gerechtigkeit. Das sind ja die Fächer, die ich schon in der Schule hatte. Dass man das auch noch verstanden haben muss, um gerecht zu sein, hätte ich nicht gedacht.« »Dabei geht es hier erst richtig los. Das wirklich Schwierige ist nämlich die Verteilung, also das, was Aristoteles mit dieser geometrischen Regel lösen will. Hier soll auch wieder jeder das bekommen, was ihm zusteht. Einig ist man sich in zwei Grundsätzen.« »Und zwar?«, fragte Pia.

»Wenn es um die Freiheit geht und um die Verteilung von Grundrechten, muss jeder immer genau das Gleiche bekommen. Deshalb heißen sie ja auch ›Menschenrechte‹ oder unveräußerliche Rechte. Und bei wirtschaftlichen und sozialen Angelegenheiten sollen alle gleich viel bekommen, wenn es keine Gründe dafür gibt, warum es anders sein soll. Nur jetzt geht es los: Welche Gründe für eine andere Verteilung kann es geben?«

»Um was geht es denn eigentlich bei dieser Verteilung?«, fragte Ferdinand.

»Im Endeffekt um Einkommen oder Besitz. Es geht darum, wie groß das Stück vom Kuchen – damit meint man den Wohlstand – ist, das jeder abbekommen soll. Als Gründe anerkannt werden Bedürfnisse, Leistung und erworbene Rechte. Früher kannte man aber zum Beispiel auch das Erstgeborenenrecht. Da hat jemand mehr Rechte gehabt, wenn er als Erster geboren wurde.« »Aber das kann doch nicht sein, dass das Kind, nur weil es als Erstes geboren wurde, mehr bekommt«, protestierte Ferdinand. »Dann war ich ja voll benachteiligt.« »Ach«, meinte Pia. »So schlecht fand ich das nicht.« »Pass bloß auf«, sagte der Onkel. »Wenn es früher um Erstgeborenenrechte ging, waren die Mädchen oft komplett ausgeschlossen.«

»Frechheit!«, rief Pia, während Ferdinand das wieder gar nicht so schlecht fand.

»Man sieht, das ist oft nur eine Frage des eigenen Vorteils. Aber ich kann euch beruhigen. Dass ein Mensch einen höheren Wert als ein anderer hat und deshalb mehr bekommen soll, das können wir uns eigentlich nicht vorstellen.« »Also, ich finde es relativ klar«, sagte Pia, »entscheidend müssen die Bedürfnisse sein. Es muss doch schließlich jeder das bekommen, was er braucht.«

»Das finde ich nicht in Ordnung«, entgegnete Ferdinand. »Man sollte für seine Leistungen bezahlt werden. So wie ich bei meinen Jobs. Was soll das sonst? Da wäre ich ziemlich sauer, wenn ich mich abschufte, und jemand anders bekommt das gleiche Bike, nur weil er auch eines braucht. Ich hätte das nicht gemacht, wenn ich das Fahrrad auch so bekommen hätte.« »Im Prinzip habt ihr jetzt gerade das Hauptproblem des Kommunismus durchgespielt. Nach Marx sollte im idealen Kommunismus, er nannte es eine höhere Phase der kommunistischen Gesellschaft, jeder das bekommen, was er braucht, und das tun, was er kann, dann wäre alles in Ordnung.«

»Das klingt doch gar nicht schlecht«, meinte Pia. »Sei bloß froh, dass dich dein Vater nicht hört«, sagte der Onkel. »Der würde ausflippen, dass seine Tochter den Kommunismus gut findet. Ich muss allerdings sagen, dass das wirklich nicht so schlecht klingt. Es hat nur einen Haken.« »Und der wäre?«

»Es funktioniert nicht. Ich sage das nicht so gerne, weil es immer so ein bisschen nach Stammtisch klingt, aber der Zusammenbruch des Kommunismus weltweit hat einfach gezeigt, dass es nur schön klingt. Man kann das bedauern, aber der Kapitalismus – das klingt jetzt nicht so schön, sagen wir mal die Marktwirtschaft – hat eben den Vorteil, dass man, wenn man ein größeres Stück vom Kuchen haben will, vorher mehr tun muss. Und das kommt eben wieder allen zugute. Der Kuchen, den alle zusammen erarbeiten, wird sozusagen größer.« »Aber kommt es da nicht zu Ungerechtigkeiten?«, fragte Pia. »Doch natürlich kann es dazu kommen, wenn man nicht aufpasst«, sagte der Onkel. »Das Erste ist mal, dass immer, wenn es bessere und schlechtere Posten gibt, jeder die gleichen Chancen haben muss, die guten Positionen zu erreichen. Den vielleicht wichtigsten Beitrag zu diesem Thema in den letzten Jahren hat ein Amerikaner geschrieben, John Rawls. Sein Buch heißt ›Eine Theorie der Gerechtigkeit‹ und er hat dabei die Idee entwickelt, dass Gerechtigkeit vor allem in Fairness besteht. Er meint, dass eigentlich alle möglichst gleich viel bekommen sollten. Mehr bekommen sollte einer nur, wenn dadurch alle insgesamt, auch der Ärmste, mehr bekommen.«

»Wie soll denn das funktionieren?« Ferdinand verstand das nicht. »Dass alle mehr bekommen, wenn einer mehr bekommt.« »Na, wenn das zum Beispiel ein Leistungsanreiz ist. Und wenn der eine mehr bekommt, weil er mehr leistet und dadurch mehr schafft, wird der Kuchen größer und das Stück von jedem ein bisschen größer. Nur seins eben noch mehr. Und wichtig ist auch, dass jeder die gleiche Chance hat, diese Posten zu erreichen.«

»Das klingt zwar ziemlich kompliziert, aber doch gar nicht so schlecht«, sagte Ferdinand. »Kann man jetzt danach alles regeln?«

»Leider immer noch nicht«, sagte der Onkel. »Wie immer ist man sich nicht einig, ob das richtig ist. Und dann sind da auch noch Fragen offen.«

»Oh Mann, das wird ja wirklich endlos«, stöhnte Ferdinand. »Was ist denn jetzt noch unklar?« »Na, zum Beispiel, ob jemand, der mehr kann, mehr bekommen soll.«

»Na klar«, sagte Ferdinand, »der Beckham zum Beispiel ist halt ein Super-Fußballer, der darf dann auch super verdienen. Er macht das ja auch besser als andere.« »Und was meinst du, Pia«, fragte der Onkel. »Was ist denn mit seiner Frau, wie heißt die noch gleich?« »Victoria, das frühere ›Spice Girl‹ Posh Spice«, sagte Pia.

»Ja, genau die. Findest du es auch richtig, dass die so viel verdient?«

»Na, bei der Zicke nicht gerade, aber Madonna zum Beispiel, oder Esther, wie sie sich jetzt nennt, ist super und da ist es auch o. k., dass sie Millionärin ist.«

»Das kann man natürlich so sehen und es ist auch nicht falsch«, sagte der Onkel. »Man kann es aber auch genau umgekehrt sehen.«

»Wie?«, fragte Ferdinand. »Sollen die gar nichts kriegen oder ganz wenig, weil sie so gut sind?«

»Ja, sozusagen. Beckham ist so weit gekommen, weil er ein begnadetes Fußballtalent ist.«

»Und irrsinnig viel trainiert hat.«

»Ja, aber das haben andere auch, die es nicht so weit gebracht haben. Ich könnte doppelt so viel trainieren wie er oder bis zum umfallen und würde es nicht einmal in die Kreisliga schaffen. Ich habe zum Glück auch keine Lust, Fußball zu spielen, aber viele andere würden gerne und haben es auch mit noch so viel Arbeit nicht geschafft. Was hat denn Beckham mehr geleistet als die, die es eben nicht so weit gebracht haben? Er hat das Talent. Aber dafür kann er nichts. Das hat er von der Natur oder von Gott geschenkt bekommen. Er hat den Erfolg. Warum soll er dazu auch noch viel Geld bekommen?«

»Mann, das ist ja abgefahren. Das funktioniert doch nie«, sagte Ferdinand.

»Das glaube ich ehrlich gesagt auch, aber nachdenken darüber muss man schon dürfen.«

»Auf jeden Fall«, sagte Pia. »So ganz ohne ist das nicht. Gilt das jetzt nur für die Spitzenleute?«

»Nein«, antwortete der Onkel, »im Prinzip ist das bei jedem Beruf so. Was jemand verdient, ist bei uns durch Angebot und Nachfrage bestimmt. Wenn jemand begabt ist auf einem Gebiet, das die Menschen interessiert, verdient er mehr. Wenn man das abschaffen wollte, müsste man den Wettbewerb generell abschaffen und stattdessen eine Planwirtschaft einführen, in der irgendeine zentrale Stelle nach welchen Kriterien auch immer Arbeit und Verdienst festlegt. Nicht nur, dass das nicht funktioniert, ich halte es auch für einen viel zu großen Eingriff in die Freiheit.«

»Soll man deshalb alles so lassen, wie es ist?«, fragte Pia. »Die einen haben Glück, können mehr und verdienen mehr oder kommen aus reichem Hause und die anderen haben Pech?« »Wie gesagt, eine Planwirtschaft und das Abschaffen des Privateigentums halte ich für das Falsche. Aber in gewissem Sinne bewirken die Steuern einen Ausgleich. Wer mehr verdient, muss einen höheren Anteil davon abgeben. Das kann man wieder nicht beliebig hoch machen, weil sich sonst das Arbeiten nicht mehr lohnt, aber im Rahmen des – jetzt wieder – aristotelischen goldenen Mittelweges ist das sicher sinnvoll.«

»Zahlst du dann gerne Steuern?«, wollte daraufhin Ferdinand wissen.

»Nun ja …«, der Onkel zögerte. »Das kann man nicht gerade behaupten. natürlich tut es weh, wenn man da jeden Monat Geld abgeben muss, und lieber wäre es mir, wenn es weniger wäre. Aber sagen wir mal so, ich sehe prinzipiell einen Sinn dahinter. Nicht nur, weil ich will, dass Straßen gebaut werden oder sonst Sachen, von denen ich wieder was habe. Auch weil damit wichtige soziale Aufgaben erfüllt werden. Man darf auch nicht vergessen, dass große Unterschiede, wenn es den einen sehr gut geht und den anderen schlecht, immer eine große Unzufriedenheit auslösen. Am Ende ist eine etwas gerechtere Verteilung auch für die Reichen besser, weil das ganze System stabiler ist, wenn sich keiner völlig außen vor sieht.« »Aber das ist doch wieder nur ein Selbstzweck«, sagte Pia, »dass man selbst sicherer lebt. Wo ist denn da das Soziale? Irgendwie finde ich auch, dass das alles das Problem nicht löst, warum es manchen besser und anderen schlechter geht.«

»Da hast du leider Recht«, sagte der Onkel. »Das, worüber wir jetzt gesprochen haben, kann meiner Meinung nach vieles erklären und manche Fragen beantworten. Aber irgendwie, da stimme ich dir zu, bleibt etwas übrig, was man nicht ganz versteht und das einem nicht gefällt. Da spielen aber auch noch ganz andere Dinge mit hinein, die nur schwer zu beeinflussen sind. An sich und die Seinen zuerst zu denken ist nun einmal auch ein Teil der menschlichen Natur, den man nicht leugnen kann. Und man darf bei dem Ganzen zwei Sachen nicht vergessen. Wenn man zum Beispiel Rawls nimmt, der in der letzten Zeit den wichtigsten Beitrag zu diesem Problem geleistet hat. Was er sagt, ist eine Theorie. Eine sehr kluge zwar, aber kein Allheilmittel für die Probleme der Welt. Es gibt viele andere Experten, die das alles ganz anders sehen. Man kommt auch hier wieder nicht darum herum, selbst nachzudenken und sich eine eigene Meinung zu bilden.« »Und das zweite?«, fragte Pia.

»Die Gerechtigkeit ist ja nicht der einzige moralische Wert. Ein sehr hoher, aber nicht der einzige. Man muss immer darauf achten, dass keiner unter die Räder kommt, aber wenn etwas für alle günstiger ist, weil es allen besser geht, dann ist das auch wertvoll. Schließlich ist es das Ziel der Ethik ja nicht, dass eine abstrakte Idee verwirklicht wird, sondern ein gutes Leben für alle.«

»Und das Leben ist wirklich besser, wenn Beckham so spielt, wie er spielt, und dafür darf er auch ruhig viel Geld kriegen«, sagte Ferdinand.

»Und noch besser wäre es«, sagte Pia, »wenn die blöde Zicke Victoria nicht singen würde, egal, wie viel Geld sie bekommt. Oder wenn sie nicht auch noch dazu den David Beckham zum Mann hätte. Das ist ungerecht, der würde mir nämlich auch sehr gefallen.«

Aus: Rainer Erlinger, Lügen haben rote Ohren. Gewissensfragen für große und kleine Menschen, S. 176–195

1. Arbeiten Sie die Diskussionspunkte zur Frage der Gerechtigkeit aus dem Text heraus.
2. Erörtern Sie die angeführten Positionen.

3.3.2 Für eine Zukunft in Solidarität und Gerechtigkeit – Hrsg. vom Rat der Evangelischen Kirche in Deutschland, Hannover, und der Deutschen Bischofskonferenz, Bonn, 1997

Hinführung

(1) Das vom Rat der Evangelischen Kirche in Deutschland und von der Deutschen Bischofskonferenz vorgelegte Wort der Kirchen trägt den Titel: »Für eine Zukunft in Solidarität und Gerechtigkeit«. Es bezieht sich auf die aktuelle Diskussion über Maßstäbe der Wirtschafts- und Sozialpolitik. In ihr sind zwei Begriffe in den Vordergrund getreten: Zukunftsfähigkeit und Nachhaltigkeit. Es genügt nicht, das Handeln an den Bedürfnissen von heute oder einer einzigen Legislaturperiode auszurichten, auch nicht allein an den Bedürfnissen der gegenwärtigen Generation. Zu kurzfristigem Krisenmanagement gibt es manchmal keine Alternative. Aber das individuelle und das politische Handeln dürfen sich darin nicht erschöpfen. Wer notwendige Reformen aufschiebt oder versäumt, steuert über kurz oder lang in eine existenzbedrohende Krise.

(2) Die Kirchen treten dafür ein, dass Solidarität und Gerechtigkeit als entscheidende Maßstäbe einer zukunftsfähigen und nachhaltigen Wirtschafts- und Sozialpolitik allgemeine Geltung erhalten. Sie sehen es als ihre Aufgabe an, in der gegenwärtigen Situation auf Perspektiven des christlichen Glaubens für ein humanes Gemeinwesen, auf das christliche Verständnis vom Menschen und auf unveräußerliche Grundwerte hinzuweisen. Solidarität und Gerechtigkeit sind notwendiger denn je. Tiefe Risse gehen durch unser Land: vor allem der von der Massenarbeitslosigkeit hervorgerufene Riss, aber auch der wachsende Riss zwischen Wohlstand und Armut oder der noch längst nicht geschlossene Riss

zwischen Ost und West. Doch Solidarität und Gerechtigkeit genießen heute keine unangefochtene Wertschätzung. Dem Egoismus auf der individuellen Ebene entspricht die Neigung der gesellschaftlichen Gruppen, ihr partikulares Interesse dem Gemeinwohl rigoros vorzuordnen. Manche würden der regulativen Idee der Gerechtigkeit gern den Abschied geben. Sie glauben fälschlich, ein Ausgleich der Interessen stelle sich in der freien Marktwirtschaft von selbst ein. Für die Kirchen und Christen stellt dieser Befund eine große Herausforderung dar. Denn Solidarität und Gerechtigkeit gehören zum Herzstück jeder biblischen und christlichen Ethik. [...]

Perspektiven und Impulse aus dem christlichen Glauben (Kapitel 3)

1. Die Frage nach dem Menschen

(91) Analysen gesellschaftlicher Herausforderungen setzen bestimmte Kriterien der Wahrnehmung voraus und schließen anthropologische und ethische Vorentscheidungen ein. Ebenso gründet die Soziale Marktwirtschaft auf anthropologischen und ethischen Vorentscheidungen. Sie geht aus von einem Menschenbild, das Freiheit und persönliche Verantwortung wie Solidarität und soziale Verpflichtung beinhaltet. Insofern beruht die Soziale Marktwirtschaft auf Voraussetzungen, welche sie selbst nicht herstellen und auch nicht garantieren kann, ohne die sie aber auf Dauer nicht lebensfähig ist. Gerade in der gegenwärtigen Situation eines tiefgreifenden Umbruchs muss an diese Voraussetzungen erinnert werden, weil allein so Kräfte für die Vision wie für die Motivation erwachsen können, angesichts der neuen Herausforderungen das Leitbild einer solidarischen und gerechten Gesellschaft zu verwirklichen.

(92) Die Besinnung auf das Menschenbild und die Grundwerte, auf denen die Soziale Marktwirtschaft gründet, ist die unerlässliche Voraussetzung für eine nachhaltige Verbesserung der wirtschaftlichen und sozialen Lage. Hier liegt der genuine Beitrag der Kirchen. Denn das Menschenbild des Christentums gehört zu den grundlegenden geistigen Prägekräften der gemeinsamen europäischen Kultur und der aus ihr erwachsenen wirtschaftlichen und sozialen Ordnung.

2. Weltgestaltung aus dem christlichen Glauben

2.1 Weltgestaltung als Gabe und Aufgabe

(93) Im Licht des christlichen Glaubens erschließt sich eine bestimmte Sicht des Menschen: Er ist als Bild Gottes, als das ihm entsprechende Gegenüber geschaffen und so mit einer einmaligen unveräußerlichen Würde ausgezeichnet. Er ist als Mann und als Frau geschaffen; beiden kommt gleiche Würde zu. Zugleich ist er mit der Verantwortung für die ganze Schöpfung betraut; der Mensch soll Sachwalter Gottes auf Erden sein (Gen/1. Mos 1,26-28). So ist der Mensch geschaffen und berufen, um als leibhaftes, vernunftbegabtes, verantwortliches Geschöpf in Beziehung zu Gott, seinem Schöpfer, zu den Mitmenschen und zu allen Geschöpfen zu leben. Das ist gemeint, wenn vom Menschen als Person und von seiner je einmaligen und unveräußerlichen Würde als Person die Rede ist.

(94) Die Bibel spricht auch von der Gebrochenheit der ursprünglichen Schöpfungsordnung, von der Entfremdung des Menschen von seiner eigentlichen Bestimmung. In den Geschichten vom Brudermord Kains an Abel, vom Turmbau zu Babel und von der Sintflut deutet sie in Bildern die durch Sünde und Schuld, durch menschlichen Hochmut und Egoismus wie durch strukturelle Ungerechtigkeit bestimmte menschheitliche Situation. Sie bezeugt freilich zugleich den Anbruch der neuen Schöpfung durch Kreuz und Aufer-

A. Paul Weber, Schwarz und Weiß, 1964.

stehung Jesu Christi, das Geschenk der Vergebung und Versöhnung wie der neuen Freiheit. Weil die Menschen in Jesus Christus bereits erlöst sind, brauchen sie sich in ihrer Lebens- und Weltgestaltung nicht selbst zu erlösen. Das befreit zu einem Handeln, das nicht länger der Sorge um sich selbst und der Absicherung durch Macht verpflichtet ist, sondern den Anforderungen der Sache und dem gegenseitigen Dienst. Der christliche Glaube lebt von der Hoffnung auf die neue Schöpfung, in welcher alle Tränen abgetrocknet, Klage, Trauer und Mühsal nicht mehr sein werden (Offb 21,4). Menschen können dieses Reich Gottes nicht »machen«. Den Perfektionszwängen und Überforderungen ist damit der Abschied gegeben. Die christliche Hoffnung macht fähig, im Raum des Vorletzten das, was unvollkommen bleibt, auszuhalten und zu würdigen. Sie gibt keine detaillierten Handlungsanweisungen, sie nimmt aber in Verantwortung für die Welt und den Menschen. Sie gibt Licht und Kraft, Mut und Zuversicht, sich unter den Bedingungen und in den Verhältnissen dieser Welt für eine menschenwürdige, freie, gerechte und solidarische Ordnung einzusetzen. Dieser Einsatz im Horizont des Reiches Gottes heißt, Zeugnis zu geben von der Würde des Menschen.

(95) Trotz der Gebrochenheit menschlicher Existenz ist dem von Gott berufenen Menschen mit der Schöpfung wie mit der Erlösung die Fähigkeit zu einer verantwortlichen Gestaltung der Welt geschenkt. Dieses Können geht allem Sollen voraus. Die ethische Forderung entspringt der von Gott gegebenen Befähigung zu einem vernünftigen und verantwortlichen Handeln. Solcher Zuspruch und solche Ermutigung ist in der gegenwärtigen Umbruchsituation in besonderer Weise vonnöten.

2.2 Weltgestaltung aus geschichtlicher und heilsgeschichtlicher Erfahrung

(96) Die Berufung zur verantwortlichen Lebens- und Weltgestaltung gilt jedem und jeder Einzelnen, jedoch nicht als Vereinzelte. Gott hat den Menschen als Individuum wie als Gemeinschaftswesen geschaffen und in die Gemeinschaft des Volkes Gottes berufen. Das Volk Gottes lebt aus der Erinnerung an die Geschichte des Erbarmens Gottes; es erzählt immer wieder Geschichten des göttlichen Erbarmens und feiert es in seinen Festen. Daraus schöpft es Kraft und Zuversicht; es weiß sich dadurch zugleich motiviert zur barmherzigen und solidarischen Zuwendung zu den Armen, Schwachen und Benachteiligten. Das Erbarmen macht damit ernst, dass jeder menschlichen Person, auch den Schwachen und den mit Schuld Beladenen, eine unveräußerliche Würde zukommt. Dieser Schatz geschichtlicher Erinnerung hilft, den neuen Herausforderungen gerecht zu werden.

(97) Die grundlegende geschichtliche Erfahrung ist die der Befreiung des Volkes Israel aus der Knechtschaft in Ägypten. Sie zeigt: Gott ist seinem Volk gnädig und barmherzig; er will das Leben der Menschen, und er befreit sie zur Freiheit. Er will zugleich, dass die Menschen sich ebenso wie er zu ihren Mitmenschen verhalten. So gründet die Lebensordnung der Zehn Gebote (Ex/2. Mos 20,1-17; Dtn/5. Mos 5,6-21) in der Erfahrung der Befreiung und im Bund Gottes mit seinem Volk. Sie zielt darauf, die in Gottes Befreiung geschenkte Freiheit durch Achtung vor dem Leben, durch Gerechtigkeit und Barmherzigkeit wie durch Zeugnis für die Wahrheit zu verwirklichen. Die Zehn Gebote sind Weisungen zu einem Leben in Menschenwürde, Freiheit, Gerechtigkeit und Wahrheit. Als solche sind sie kein biblisches Sonderethos; sie nehmen vielmehr allgemein-menschheitliche Einsichten auf, bestätigen und bekräftigen sie aufgrund der Erfahrungen in der Geschichte Gottes mit seinem Volk.

(98) Die Erfahrung der Treue Gottes, der trotz menschlicher Untreue seinen Bund bewahrt, steht Hoffnung stiftend gegen die vielfältigen Kontrasterfahrungen der Geschichte, die Erfahrung der Ungerechtigkeit, Treulosigkeit und Verlogenheit. Sie lädt

die Menschen immer wieder neu ein zu einem Handeln, das dem rechtschaffenden und gnädigen Willen Gottes für jeden Einzelnen wie für alle dadurch Raum schafft, dass es die Mächte des Bösen eindämmt und das Gute befördert. Die Bibel übt prophetische Kritik an gesellschaftlichen Unrechtssituationen (Am 4,1; 5,7-15; 6,1-8; Jes 1,15-17; 10,1-4 u. a.); sie setzt sich vor allem für die Benachteiligten und für die Fremden ein (Ex/2. Mos 22,20-26; 23,6-9; Lev/3. Mos 19,11-18.33 f.; Dtn/5. Mos 15,7-11; 24,17-22 u. a.). So wird in großen Teilen des Alten Testaments die gesellschaftsgestaltende Kraft des biblischen Glaubens deutlich.

(99) Das Auftreten und die Botschaft Jesu liegen auf der Linie der Gottes- und Geschichtserfahrung seines Volkes. Jesus verbindet seine Botschaft vom Kommen des Reiches Gottes und die Einladung zum Glauben mit dem Ruf zur Umkehr (Mk 1,15), d. h. zu einem Leben, das ganz auf Gott und seine Gerechtigkeit und Barmherzigkeit setzt und sie im mitmenschlichen Leben bewährt. Jesus erneuert und erfüllt die alttestamentliche Verheißung der Befreiung und Heilung (Lk 4,16-30) und stellt sie in den Seligpreisungen der Bergpredigt ganz in den Horizont der Verheißung des Lebens für die Armen, Kleinen, Sanftmütigen und Gewaltlosen (Mt 5,3-12; Lk 6,20-26). Wenn er die alttestamentliche Forderung, heilig zu sein, so wie Gott heilig ist (Lev/3. Mos 19,2), aufnimmt (Mt 5,48), dann bedeutet dies für ihn zugleich, barmherzig zu sein, so wie Gott barmherzig ist (Lk 6,36). Mit dem Gebot der Nächsten-, ja der Feindesliebe (Mt 5,43-47; Lk 6,27-28) greift Jesus aus der Menschheitsüberlieferung die Goldene Regel auf und überbietet sie zugleich: »Alles, was ihr von anderen erwartet, das tut auch ihnen.« (Mt 7,12; Lk 6,31) Jesus hat diese Haltung nicht nur gelehrt, sondern sie auch vorgelebt. Er war ganz der Mensch für die anderen Menschen. Er ist selbst den Weg der Solidarität, der Barmherzigkeit und der Gewaltlosigkeit gegangen. Aufgrund seines Leidens und seines gewaltsamen Todes ist er den Menschen in allem solidarisch geworden (Phil 2,6-11). Kreuz und Auferstehung Jesu Christi begründen die Hoffnung, dass Gott ihnen in allen und gerade in den menschlich hoffnungslosen Situationen Heil schaffend nahe ist.

2.3 Weltgestaltung als Auftrag der Kirche als Volk Gottes

(100) Die Linien des biblischen Ethos, die im Alten wie im Neuen Testament aufgezeigt sind, bestimmen auch die Lebensordnung und die soziale Botschaft der Kirche als Volk Gottes. In der Nachfolge Jesu existiert die Kirche nicht für sich selbst, und sie darf sich auch nicht nur mit sich selbst beschäftigen. Sie hat eine Sendung für alle Menschen und alle Völker (Mt 28,19). Sie soll durch Wort und durch Tat allen Menschen die frohe und befreiende Botschaft von Gottes Gegenwart mitten in unserem Leben und in unserer Geschichte bezeugen. Ihre Botschaft vom Heil gilt dem einzelnen Menschen wie dem Zusammenleben der Menschen und der Völker. Die Kirche hat damit einen öffentlichen Auftrag und eine Verantwortung für das Ganze des Volkes und der Menschheit.

(101) Deshalb dürfen Glauben und Leben, Verkündigung und Praxis der Kirche sowohl im eigenen Verhalten der Kirche wie in ihrer Botschaft nicht auseinander treten. Die Christen können nicht das Brot am Tisch des Herrn teilen, ohne auch das tägliche Brot zu teilen. Ein weltloses Heil könnte nur eine heillose Welt zur Folge haben. Der Einsatz für Menschenwürde und Menschenrechte, für Gerechtigkeit und Solidarität ist für die Kirche konstitutiv und eine Verpflichtung, die ihr aus ihrem Glauben an Gottes Solidarität mit den Menschen und aus ihrer Sendung, Zeichen und Werkzeug der Einheit und des Friedens in der Welt zu sein, erwächst. Auch in dem Bemühen um gegenseitige Annäherung und um Einheit versuchen die getrennten Kirchen, dieser ihrer Sendung zu entsprechen und Zeichen der Versöhnung zu setzen.

(102) Die soziale Botschaft, die die Kirchen auf der Grundlage des biblischen Ethos in

wachsender Gemeinsamkeit im gesellschaftlichen Raum geltend machen, ist das Ergebnis der Reflexion über menschliche Erfahrungen in verschiedenen geschichtlichen Situationen und Kulturen. Die christliche Soziallehre ist darum kein abstraktes System von Normen; sie entspringt vielmehr der immer wieder neuen Reflexion auf die menschliche Erfahrung in Geschichte und Gegenwart im Licht des christlichen Menschenbildes. Sie gibt keine technischen Lösungen und konkreten Handlungsanweisungen, sondern vermittelt Perspektiven, Wertorientierungen, Urteils- und Handlungskriterien. Sie hat sowohl eine prophetisch-kritische wie eine ermutigende, versöhnende und heilende Funktion.

3. Grundlegende ethische Perspektiven

3.1 Das Doppelgebot der Gottes- und Nächstenliebe

(103) Die Erinnerung an Gottes Erbarmen begründet das Doppelgebot der Gottes- und der Nächstenliebe (Mk 12,28-31 par), in dem das menschliche Handeln seine grundlegende biblische Orientierung findet. Dieses Doppelgebot gilt nach neutestamentlichem Zeugnis als Zusammenfassung aller anderen Gebote und so als »Erfüllung des Gesetzes« (Röm 13,8-10). Jesus setzt das Doppelgebot der Gottes- und Nächstenliebe mit dem Gehalt des alttestamentlichen Gesetzes gleich (vgl. Mt 22,34-40). Es ist die Grundnorm, in der sich das biblische Ethos als Gemeinschaftsethos auf den Begriff bringen lässt. Dabei bleibt der Anspruch nicht auf die Gemeinschaft des Volkes Israel oder der christlichen Gemeinde beschränkt. Im Gebot, den Fremden zu lieben »wie dich selbst« (Lev/3. Mos 19,34), und im Gebot der Feindesliebe (Lk 6,27.35) werden alle Grenzen überschritten. Es kommt zu einer Entfeindung aller mitmenschlichen Beziehungen und zu einer Entgrenzung mitmenschlicher Solidarität. So kommt in der Einheit von Gottes- und Nächstenliebe der Zusammenhang von Gottesbeziehung und Weltverantwortung, von Glaube und Ethos als sittliche Grundidee der biblischen Tradition zum Ausdruck.

(104) Gottesliebe ohne Nächstenliebe bleibt abstrakt, ja letztlich unwirklich: »Wenn jemand sagt: Ich liebe Gott!, aber seinen Bruder hasst, ist er ein Lügner. Denn wer seinen Bruder nicht liebt, den er sieht, kann Gott nicht lieben, den er nicht sieht.« (1 Joh 4,20) Deshalb wird die Gottesliebe in der Nächstenliebe zur Tat, wie umgekehrt die gelebte Nächstenliebe zur Gottesliebe führt. Wenn also Gottes- und Nächstenliebe, Glaube und Ethos, Bekenntnis sowie Feier des Glaubens und Praxis der Gerechtigkeit nicht voneinander zu trennen sind, dann muss sich das Doppelgebot der Liebe auch in der strukturellen Dimension auswirken: in dem Ringen um den Aufbau einer Gesellschaft, die niemanden ausschließt und die Lebenschancen für alle sichert.

3.2 Vorrangige Option für die Armen, Schwachen und Benachteiligten

(105) Die christliche Nächstenliebe wendet sich vorrangig den Armen, Schwachen und Benachteiligten zu. So wird die Option für die Armen zum verpflichtenden Kriterium des Handelns. Die Erfahrung der Befreiung aus der Knechtschaft, in der sich Gottes vorrangige Option für sein armes, geknechtetes Volk bezeugt, wird in der Ethik des Volkes Israel zum verbindlichen Leitmotiv und zum zentralen Argument für die Gerechtigkeitsforderung im Umgang mit den schwächsten Gliedern der Gesellschaft: Das Recht der Armen wird begründet mit der Erinnerung an die Rettung aus der Sklaverei: »Du sollst das Recht von Fremden, die Waisen sind, nicht beugen. Du sollst das Kleid einer Witwe nicht als Pfand nehmen. Denk daran: Als du in Ägypten Sklave warst, hat dich der Herr, dein Gott, dort freigekauft. Darum mache es dir zur Pflicht, diese Bestimmung einzuhalten.« (Dtn/5. Mos 24,17 f.) Besonders eindringlich prangern die Propheten Ungerechtigkeit, Ausbeutung und Unterdrückung an, die das Leben der Gesellschaft Israels vergiften,

und stellen die Verantwortlichen unter das Urteil Gottes (Am 2,6 f. u. a.). Dabei geht es nicht um Vernichtung, sondern um die Rettung der ganzen Gemeinschaft des Gottesvolkes. Entscheidend ist: Der lebensförderliche Umgang mit den Armen, die Verwirklichung von Recht und Gerechtigkeit sind Indiz der Treue zum Gottesbund.

(106) In der Gerichtsrede des Matthäusevangeliums gewinnt der Zusammenhang zwischen der Option Gottes für die Armen und dem gerechten Tun der Menschen sehr konkreten Ausdruck. Jesus Christus macht die Entscheidung über die endgültige Gottesgemeinschaft der Menschen abhängig von der gelebten Solidarität mit den Geringsten. »Kommt her, die ihr von meinem Vater gesegnet seid, nehmt das Reich in Besitz, das seit der Erschaffung der Welt für euch bestimmt ist. Denn ich war hungrig, und ihr habt mir zu essen gegeben; ich war durstig, und ihr habt mir zu trinken gegeben; ich war fremd und obdachlos, und ihr habt mich aufgenommen; ich war nackt, und ihr habt mir Kleidung gegeben; ich war krank, und ihr habt mich besucht; ich war im Gefängnis, und ihr seid zu mir gekommen … Amen, ich sage euch: Was ihr für einen meiner geringsten Brüder getan habt, das habt ihr mir getan.« (Mt 25,34-36.40) Die versöhnliche Begegnung mit den Armen, die Solidarität mit ihnen, wird zu einem Ort der Gottesbegegnung.

(107) In der vorrangigen Option für die Armen als Leitmotiv gesellschaftlichen Handelns konkretisiert sich die Einheit von Gottes- und Nächstenliebe. In der Perspektive einer christlichen Ethik muss darum alles Handeln und Entscheiden in Gesellschaft, Politik und Wirtschaft an der Frage gemessen werden, inwiefern es die Armen betrifft, ihnen nützt und sie zu eigenverantwortlichem Handeln befähigt. Dabei zielt die biblische Option für die Armen darauf, Ausgrenzungen zu überwinden und alle am gesellschaftlichen Leben zu beteiligen. Sie hält an, die Perspektive der Menschen einzunehmen, die im Schatten des Wohlstands leben und weder sich selbst als gesellschaftliche Gruppe bemerkbar machen können noch eine Lobby haben. Sie lenkt den Blick auf die Empfindungen der Menschen, auf Kränkungen und Demütigungen von Benachteiligten, auf das Unzumutbare, das Menschenunwürdige, auf strukturelle Ungerechtigkeit. Sie verpflichtet die Wohlhabenden zum Teilen und zu wirkungsvollen Allianzen der Solidarität.

3.3 Gerechtigkeit

(108) Wenn die Christen das biblische Zeugnis mit den aktuellen Herausforderungen zusammen lesen, gewinnen sie nicht nur ethische Orientierungen für das eigene Handeln; es ergeben sich vielmehr auch ethische Einsichten, die sich auf den institutionellen Rahmen der Gesellschaft beziehen. Dazu gehört vor allem der Begriff der Gerechtigkeit. Gerechtigkeit ist ein Schlüsselbegriff der biblischen Überlieferung, der alles umschließt, was eine heile Existenz des Menschen ausmacht. Er steht in der Bibel in Verbindung mit Frieden, Freiheit, Erlösung, Gnade, Heil.

(109) In der älteren philosophischen und theologischen Diskussion wurde die Idee der Gerechtigkeit als grundlegendes Ordnungsprinzip der Gesellschaft entfaltet. Sie besagt, dass jedem das Seine und d. h. dass jedem sein Recht zukommt, als Person anerkannt zu werden und ein menschenwürdiges Dasein zu führen. Jedem kommt das Recht zu, die grundlegenden materiellen und immateriellen Möglichkeiten zu haben, um sein Leben in eigener Verantwortung zu gestalten und bei der Gestaltung des Lebens der Gesellschaft mitbestimmen und mitwirken zu können. Jedem kommt damit auch das als sein Recht zu, was er aufgrund öffentlich anerkannter Regeln durch eigene Leistung geschaffen bzw. erworben hat. Dieses Recht jedes Einzelnen ist von allen anderen wie vom Gesellschaftsganzen zu respektieren, wie umgekehrt jeder die Rechte der anderen und des Ganzen der Gesellschaft respektieren muss. Allein durch solche Gerechtigkeit ist der Frieden in der Gesellschaft und in der Welt zu sichern.

(110) In der theologischen Tradition wurde die Idee der Gerechtigkeit nach den verschiedenen Beziehungsebenen aufgegliedert. Danach hat der Einzelne gegenüber dem Staat bzw. dem Gesellschaftsganzen die Verpflichtung, die als Gesetzesgerechtigkeit (iustitia legalis) bezeichnet wird; umgekehrt ist der Staat dem Einzelnen gegenüber in der Pflicht im Sinne der austeilenden Gerechtigkeit (iustitia distributiva). Beide zielen auf die gerechte Verteilung von Rechten und Pflichten im Gemeinwesen. Darüber hinaus sind die Beziehungen zwischen den Gesellschaftsgliedern nach Gerechtigkeitsmaßstäben zu gestalten; dies besagt die ausgleichende Gerechtigkeit (iustitia commutativa), die im Hinblick auf die Situation in der Wirtschaft auch das Gebot der Fairness in den Marktbeziehungen umfasst.

(111) So wichtig und für die Gestaltung gesellschaftlicher Beziehungen hilfreich eine solche Einteilung ist, so wenig kann sie unter den Bedingungen der modernen Gesellschaft genügen. Deshalb hat der Begriff der sozialen Gerechtigkeit als übergeordnetes Leitbild Eingang in die Sozialethik der Kirchen gefunden. Er besagt: Angesichts real unterschiedlicher Ausgangsvoraussetzungen ist es ein Gebot der Gerechtigkeit, bestehende Diskriminierungen aufgrund von Ungleichheiten abzubauen und allen Gliedern der Gesellschaft gleiche Chancen und gleichwertige Lebensbedingungen zu ermöglichen.

(112) In dem Begriff der sozialen Gerechtigkeit drückt sich aus, dass soziale Ordnungen wandelbar und in die gemeinsame moralische Verantwortung der Menschen gelegt sind. Zur Verwirklichung von Gerechtigkeit gehört es daher, dass alle Glieder der Gesellschaft an der Gestaltung von gerechten Beziehungen und Verhältnissen teilhaben und in der Lage sind, ihren eigenen Gemeinwohlbeitrag zu leisten. »Suche nach Gerechtigkeit ist eine Bewegung zu denjenigen, die als Arme und Machtlose am Rande des sozialen und wirtschaftlichen Lebens existieren und ihre Teilhabe und Teilnahme an der Gesellschaft nicht aus eigener Kraft verbessern können. Soziale Gerechtigkeit hat insofern völlig zu Recht den Charakter der Parteinahme für alle, die auf Unterstützung und Beistand angewiesen sind … Sie erschöpft sich nicht in der persönlichen Fürsorge für Benachteiligte, sondern zielt auf den Abbau der strukturellen Ursachen für den Mangel an Teilhabe und Teilnahme an gesellschaftlichen und wirtschaftlichen Prozessen.«

(113) Es müssen also Strukturen geschaffen werden, welche dem Einzelnen die verantwortliche Teilnahme am gesellschaftlichen und wirtschaftlichen Leben erlauben. Dazu gehört neben den politischen Beteiligungsrechten Zugang zu Arbeits- und Beschäftigungsmöglichkeiten, die ein menschenwürdiges, mit der Bevölkerungsmehrheit vergleichbares Leben und eine effektive Mitarbeit am Gemeinwohl ermöglichen. Um sich beteiligen zu können und die Möglichkeit zu haben, in der öffentlichen Meinungsbildung gehört und verstanden zu werden, ist außerdem ein Bildungssystem notwendig, das neben beruflichen Fähigkeiten politisches Urteilsvermögen und die Fähigkeit zu politischem Engagement vermittelt.

(114) Bei der Verwirklichung sozialer Gerechtigkeit kommt dem biblischen Ethos eine befreiende und stimulierende Funktion zu. Das biblische Ethos erschöpft sich nämlich nicht in der Forderung nach Gerechtigkeit. Das der menschlichen Person Zukommende und Gebührende ist mehr als Gerechtigkeit, nämlich persönliche Zuwendung, Liebe und Barmherzigkeit. So ist die Barmherzigkeit eine Erfüllung der Gerechtigkeit, die diese zugleich überbietet. Eben deshalb hebt die Barmherzigkeit die Forderungen der Gerechtigkeit nicht auf. Die christliche Barmherzigkeit setzt die Gerechtigkeit vielmehr voraus, und sie muss ihre Authentizität in der Motivation und in der Entschlossenheit zur Gerechtigkeit gegen jedermann, im Kampf gegen ungerechte Strukturen und im Einsatz für den Aufbau einer gerechteren Gesellschaft erweisen.

3.4 Solidarität und Subsidiarität

(115) Eine gerechte Gesellschaft baut auf den beiden sich ergänzenden Prinzipien der Solidarität und der Subsidiarität auf. Sie bringen zum Ausdruck, dass der Mensch je einmalige Person und als solche zugleich ein soziales Wesen ist.

(116) Der Begriff Solidarität wird in der Alltagssprache wie im politischen Sprachgebrauch so vielfältig verwendet, dass es nicht einfach ist, ihn eindeutig zu bestimmen und vor Missbrauch zu schützen. Solidarität meint zunächst die Tatsache menschlicher Verbundenheit und mitmenschlicher Schicksalsgemeinschaft. Wenn Menschen aufgrund von Gemeinsamkeiten, Ähnlichkeiten oder wechselseitigen Abhängigkeiten entdecken, dass sie trotz vielfältiger Unterschiede dennoch ein »wir« bilden, kann aus dieser Tatsache ein Impuls zu solidarischem Handeln entstehen. Denn die Tatsache der Verbundenheit bzw. der Abhängigkeit fordert zu ethischer Gestaltung heraus, und in diesem qualifizierten Sinne ist Solidarität Sache und Ergebnis einer Entscheidung. Menschen, die sich solidarisch verbunden wissen, erkennen und verfolgen gemeinsame Interessen und verzichten auf eigennützige Vorteilssuche, wenn diese zu Lasten Dritter oder der Gemeinschaft geht.

(117) Die Bereitschaft zu solidarischem Handeln soll auch über den unmittelbar überschaubaren zwischenmenschlichen Bereich hinaus die sozialen Beziehungen zwischen den gesellschaftlichen Gruppen und Kräften prägen. In diesem Sinne versteht die Enzyklika Sollicitudo rei socialis Solidarität als die feste und beständige Entschlossenheit, sich für das »Gemeinwohl«, und das heißt für das Wohl aller und eines jeden einzusetzen. »Diejenigen, die am meisten Einfluss haben, weil sie über eine größere Anzahl von Gütern und Dienstleistungen verfügen, sollen sich verantwortlich für die Schwächsten fühlen und bereit sein, Anteil an ihrem Besitz zu geben. Auf derselben Linie von Solidarität sollten die Schwächsten ihrerseits keine rein passive oder gesellschaftsfeindliche Haltung einnehmen, sondern selbst tun, was ihnen zukommt, wobei sie durchaus auch ihre legitimen Rechte einfordern. Die Gruppen der Mittelschicht ihrerseits sollten nicht in egoistischer Weise auf ihrem Eigenvorteil bestehen, sondern auch die Interessen der anderen beachten.«

(118) Dieser Maßstab gilt entsprechend auch für die internationalen Beziehungen. Die heutige globale wechselseitige Abhängigkeit muss sich in eine weltweite Solidarität umwandeln, welche die reichen Industrienationen zur Entwicklungshilfe als Hilfe zur Selbsthilfe und zum Abbau von Protektionismus verpflichtet. Die Güter der Schöpfung sind für alle bestimmt. Was menschlicher Fleiß durch Verarbeitung von Rohstoffen und Arbeitsleistung hervorbringt, muss dem Wohl aller in gleicher Weise dienen.

(119) So kommt im Grundsatz der Solidarität ein grundlegendes Prinzip der Gesellschaftsgestaltung zur Geltung. In ihm schlägt sich die Einsicht nieder, dass in der Gesellschaft »alle in einem Boot sitzen« und dass deshalb ein sozial gerechter Ausgleich für das friedliche und gedeihliche Zusammenleben unerlässlich ist. Dies gilt sowohl im Inneren einer Gesellschaft wie auch in dem umfassenderen Horizont der Einen Welt.

(120) Ebenso wie die gleiche Menschenwürde aller die Einrichtung der Gesellschaft nach dem Grundsatz der Solidarität verlangt, fordert sie zugleich dazu heraus, der je einmaligen Würde und damit der Verantwortungsfähigkeit und Verantwortlichkeit einer jeden menschlichen Person Rechnung zu tragen. Deshalb wird der Solidarität das Prinzip der Subsidiarität zur Seite gestellt. Aufgabe der staatlichen Gemeinschaft ist es, die Verantwortlichkeit der Einzelnen und der kleinen Gemeinschaften zu ermöglichen und zu fördern. Die gesellschaftlichen Strukturen müssen daher gemäß dem Grundsatz der Subsidiarität so gestaltet werden, dass die Einzelnen und die kleineren Gemeinschaften den Freiraum haben, sich eigenständig und eigenverantwortlich zu entfalten. Es muss vermie-

Das Kreuz des Vergessens, Chichicastenango/ Guatemala.

den werden, dass die Gesellschaft, der Staat oder auch die Europäische Union Zuständigkeiten beanspruchen, die von nichtstaatlichen Trägern oder auf einer unteren Ebene des Gemeinwesens ebenso gut oder besser wahrgenommen werden könnten. Auf der anderen Seite müssen die Einzelnen wie die kleinen Gemeinschaften aber auch die Hilfe erhalten, die sie zum eigenständigen, selbsthilfe- und gemeinwohlorientierten Handeln befähigt.

(121) Diese doppelte Bedeutung der Subsidiarität ist gerade in der gegenwärtigen Situation in Erinnerung zu rufen. Das Prinzip der Subsidiarität ernstzunehmen bedeutet, Abschied zu nehmen von dem Wunsch nach einem Wohlfahrtsstaat, der in paternalistischer Weise allen Bürgerinnen und Bürgern die Lebensvorsorge abnimmt. Demgegenüber gilt es, Eigenverantwortung und Eigeninitiative zu fördern. Es gilt, in den Betrieben wie in der Gesellschaft die vorhandenen menschlichen Fähigkeiten, Ideen, Initiativen und soziale Phantasie zum Tragen zu bringen und die Erneuerung der Sozialkultur zu fördern.

David Hockney, Yves Marie schlafend, 1974.

Andererseits entspricht es nicht dem Sinn des Subsidiaritätsprinzips, wenn man es einseitig als Beschränkung staatlicher Zuständigkeit versteht. Geschieht dies, dann werden den Einzelnen und den kleineren Gemeinschaften, insbesondere den Familien, Lasten aufgebürdet, die ihre Lebensmöglichkeiten im Vergleich zu anderen Gliedern der Gesellschaft erheblich beschränken. Gerade die Schwächeren brauchen Hilfe zur Selbsthilfe. Solidarität und Subsidiarität gehören also zusammen und bilden gemeinsam ein Kriterienpaar zur Gestaltung der Gesellschaft im Sinne der sozialen Gerechtigkeit.

3.5 Nachhaltigkeit

(122) Die Solidarität bezieht sich nicht nur auf die gegenwärtige Generation; sie schließt die Verantwortung für die kommenden Generationen ein. Die gegenwärtige Generation darf nicht auf Kosten der Kinder und Kindeskinder wirtschaften, die Ressourcen verbrau-

chen, die Funktions- und Leistungsfähigkeit der Volkswirtschaft aushöhlen, Schulden machen und die Umwelt belasten. Auch die künftigen Generationen haben das Recht, in einer intakten Umwelt zu leben und deren Ressourcen in Anspruch zu nehmen. Diese Maxime versucht man neuerdings mit dem Prinzip der Nachhaltigkeit und der Forderung nach einer nachhaltigen, d. h. einer dauerhaften und zukunftsfähigen Entwicklung auszudrücken.

(123) Die Zielperspektive der Nachhaltigkeit schließt vor allem die Verantwortung für die Schöpfung ein. Im biblischen Denken ist diese Dimension der Verantwortung darin begründet, dass der Mensch Geschöpf unter Mitgeschöpfen ist (Gen/1. Mos 1-2; Ps 8; 104). Er ist in eine Schicksalsgemeinschaft mit allen Geschöpfen eingebunden. Es kommt ihm eine besondere Verantwortung für die übrige Schöpfung zu. Er soll die Erde bebauen und bewahren (Gen/1. Mos 2,15), d. h. sie kultivieren und zu einem bewohnbaren Lebensraum gestalten und sie als solchen bewahren. Die besondere Stellung des Menschen begründet kein Recht zu einem willkürlichen und ausbeuterischen Umgang mit der nicht-menschlichen Schöpfung. Vielmehr nimmt sie den Menschen in die Pflicht, als Sachwalter Gottes für die geschöpfliche Welt einzustehen, ihr mit Ehrfurcht zu begegnen und schonend, haushälterisch und bewahrend mit ihr umzugehen.

(124) In manchen biblischen Texten kommt zum Ausdruck, dass Heil oder Unheil der Menschen und Frieden oder Unfrieden zwischen ihnen zugleich Harmonie oder Zerstörung, Frieden oder Unfrieden für Pflanzen und Tiere wie für die gesamte Natur bedeuten. Darauf will schon die Erzählung von der Sintflut und von Gottes Bund mit Noah (Gen/1. Mos 6-9) wie die prophetische Vision von einem messianischen Friedensreich (Jes 11,1-9) hindeuten. Nach Paulus liegt die gesamte Schöpfung in Wehen und harrt auf das Offenbarwerden der Freiheit und Herrlichkeit der Kinder Gottes (Röm 8,20-22). Auch wenn solche biblischen Aussagen kein ökologisches Ethos im modernen Sinn enthalten, so weisen sie doch auf eine umfassende Vernetzung aller Wirklichkeitsbereiche hin. Eine menschliche Gesellschaft kann nur dann zukunftsfähig sein, wenn sie diesem ökologischen Gesamtzusammenhang Rechnung trägt.

(125) Die christliche Soziallehre muss künftig mehr als bisher das Bewusstsein von der Vernetzung der sozialen, ökonomischen und ökologischen Problematik wecken. Sie muss den Grundgedanken der Bewahrung der Schöpfung mit dem einer Weltgestaltung verbinden, welche der Einbindung aller gesellschaftlichen Prozesse in das – allem menschlichen Tun vorgegebene – umgreifende Netzwerk der Natur Rechnung trägt. Nur so können die Menschen ihrer Verantwortung für die nachfolgenden Generationen gerecht werden. Eben dies will der Leitbegriff einer nachhaltigen, d. h. dauerhaft umweltgerechten Entwicklung zum Ausdruck bringen.

Aus: Für eine Zukunft in Solidarität und Gerechtigkeit. Wort des Rates der Evangelischen Kirche in Deutschland und der Deutschen Bischofskonferenz zur wirtschaftlichen und sozialen Lage in Deutschland, © 1997 Evangelische Kirche in Deutschland, Herrenhäuser Str. 12, 30419 Hannover www.ekd.de/EKD-Texte/sozialwort/sozialinhalt.html

1. Arbeiten Sie die Grundgedanken des Wortes heraus.
2. Untersuchen Sie anhand von Ihnen gewählter Schwerpunkte, ob das Sozialwort politisch nachvollziehbar ist, und wenn ja, inwiefern es realisierbar ist.
3. Bewerten Sie das Sozialwort. Konkretisieren Sie Ihre Überlegungen.

Im Fenster des Justizministeriums in Düsseldorf spiegelt sich der Turm der Johanneskirche. Kirche und weltliche Gerechtigkeit: Wie hängen sie zusammen?

3.3.3 »Gerechtigkeit« – Zusammenfassende Überlegungen zu einem komplexen Begriff aus einem Religionslexikon

Vor vielen Gerichtsgebäuden kann man Standbilder der römischen Göttin Iustitia (lat.: Gerechtigkeit) sehen. Mit verbundenen Augen, nicht beeinflussbar durch Macht, Geld oder Ansehen hält sie eine Waage als einzigen Maßstab der Beurteilung und ein Schwert in ihren Händen. Schweres Unrecht fordert schwere Strafe, damit die Waagschalen wieder ins Gleichgewicht kommen. Auch außerhalb der Rechtsprechung ist die Gleichheit der Maßstab für Gerechtigkeit, den wir meist selbstverständlich anlegen. Der Lehrer, der alle Schüler gleich behandelt, gilt als gerechter Lehrer. Dennoch ist der Maßstab der Gleichheit als solcher fragwürdig. Der Lehrer, der alle gleich behandelt, kann damit leicht den Schwachen Unrecht tun.

In christlicher Sicht ist nicht die unparteiisch gleiche Behandlung aller ein Ausdruck von Gerechtigkeit, sondern das Eintreten für Benachteiligte. Wenn die Bibel von Gerechtigkeit spricht, passt das Bild der Waage nicht. Zwar wird auch von Gott gesagt, er richte »ohne Ansehen der Person«, aber damit sind nicht die verbundenen Augen der Göttin Iustitia gemeint. Gottes Gerechtigkeit äußert sich gerade in der Parteinahme für Schwache und Hilflose, Witwen und Waisen, Fremde und Unterdrückte. Dadurch wird Gemeinschaft möglich – zwischen Gott und Menschen und unter den Menschen. So kann man Gottes Gerechtigkeit als seine Gemeinschaftstreue verstehen. Im NT spricht Paulus von der Offenbarung der Gerechtigkeit Gottes in Kreuz und Auferstehung Jesu, weil Gott darin durch die Vergebung der Sünden für alle, die auf ihn vertrauen, den Weg zur Gemeinschaft eröffnet hat. Maßstab der Gerechtigkeit Gottes ist die Gnade: Er holt die Sünder, die Strafe verdient hätten, in seine Nähe, weil er die Gemeinschaft mit den Menschen will.

Aus: Georg Bubolz (Hrsg.), Religionslexikon, Cornelsen Verlag, Berlin ^{5}2006, S. 123/124.

4. Das Welt- und Geschichtsverständnis aus christlicher Hoffnung

A. Paul Weber, Melancholie, 1970.

4.1 Die christliche Hoffnung auf Vollendung der Welt: Apokalyptisches Denken als Ausdruck von Zukunftsangst und Zukunftshoffnung zur Zeit Jesu und in der Gegenwart – zentrale alttestamentliche und neutestamentliche Bibelstellen (Dan 7; Offb 6; 13; 17; 20–21 und Mt 25, 31–46) (nur katholisch)

4.1.1 Die letzten Tage der Erde – Eine literarische Annäherung

Cameron Williams war aufgewacht, als die alte Frau direkt vor ihm nach dem Piloten gerufen hatte. Der Pilot hatte sie mit einem Blick auf Buck zum Schweigen gebracht. Buck fuhr sich mit den Fingern durch sein blondes Haar und zwang sich zu einem Lächeln. »Gibt es Schwierigkeiten, Ma'am?« »Es geht um meinen Harold«, sagte sie.
Als sie an Bord gegangen waren, hatte Buck dem alten Mann geholfen, sein Jackett und seinen Hut in die Gepäckablage zu legen. Harold war ein kleiner Mann mit braunen Hosen und einem braunen Pullover über seinem Hemd mit der Krawatte. Sein Haar lichtete sich bereits, und Buck nahm an, dass er, wenn die Klimaanlage eingeschaltet wurde, bestimmt seinen Hut wiederhaben wollte.
»Braucht er etwas?« »Er ist fort!«
»Wie bitte?« »Er ist verschwunden!«
»Ich bin sicher, er ist nur eben mal zur Toilette gegangen, während Sie geschlafen haben.«
»Würden Sie bitte einmal nachsehen? Und nehmen Sie eine Decke mit.«
»Wie bitte?«
»Ich fürchte, er ist nackt. Er ist so religiös, und er wäre schrecklich verlegen.«
Buck unterdrückte ein Lächeln, als er den verängstigten Gesichtsausdruck der Frau bemerkte. Er stieg über den schlafenden Passagier neben sich hinweg, der den kostenlosen Getränken zu stark zugesprochen hatte, und nahm die Decke von der alten Frau entgegen. Tatsächlich, Harolds Kleider lagen fein säuberlich auf seinem Sitz, seine Brille und sein Hörgerät obenauf. Die Hosenbeine hingen über den Sitz, darunter standen seine Schuhe mit seinen Socken. Seltsam, dachte Buck. Warum so ordentlich? Er erinnerte sich an einen Freund in der High School, der unter einer bestimmten Form von Epilepsie litt. Manchmal hatte er einen Blackout, obwohl er nach außen ganz normal wirkte. Dann zog er sich in der Öffentlichkeit die Schuhe und Strümpfe aus oder kam mit offenen Kleidern aus einem Waschraum.
»Leidet Ihr Mann unter Epilepsie?« »Nein.«
»Schlafwandelt er?« »Nein.«
»Ich komme sofort zurück.«
Die Toiletten der ersten Klasse waren nicht besetzt, doch als Buck zu den Treppen ging, standen einige Passagiere im Gang. »Entschuldigen Sie«, sagte er, »ich suche jemanden.«
»Wer nicht?«, erwiderte eine Frau.
Buck drängte sich an den Leuten vorbei und stellte fest, dass sich vor den Toiletten der Business und Economy Class Schlangen gebildet hatten. Wortlos stürmte der Pilot an ihm vorbei. Die Chefstewardess kam auf ihn zu. »Sir, ich muss Sie bitten, auf Ihren Platz zurückzukehren und sich anzuschnallen.«
»Ich suche –«
»Alle suchen jemanden«, sagte sie. »Wir hoffen, Ihnen in wenigen Minuten mehr sagen zu können. Gehen Sie jetzt bitte zu Ihrem Platz zurück.« Sie führte ihn zu der Treppe zurück, dann rannte sie zwei Stufen auf einmal nehmend hinauf.

Auf halber Treppe drehte Buck sich um und betrachtete das Bild, das sich ihm bot. Es war mitten in der Nacht, um Himmels willen, und als das Kabinenlicht eingeschaltet wurde, erschauerte er. Im ganzen Flugzeug hielten Leute Kleidungsstücke hoch und schrien, dass jemand nicht mehr da sei.

Irgendwie wusste er, dass dies kein Traum war, und er empfand denselben Schrecken wie damals vor einem Jahr, als er in Israel auf seinen Tod gewartet hatte. Was sollte er Harolds Frau sagen? Sie sind nicht die Einzige? Viele andere Leute haben ihre Kleider auf ihren Sitzen zurückgelassen?

Während er zu seinem Platz zurückeilte, durchforstete er sein Gedächtnis nach irgend etwas, das er vielleicht einmal gelesen, gesehen oder gehört hatte von einer Technologie, die Menschen aus ihren Kleidern holen und aus einer entschieden sicheren Umgebung verschwinden lassen konnte. Saßen die Initiatoren dieser Katastrophe vielleicht im Flugzeug? Würden sie irgendwelche Forderungen stellen? Würden noch mehr Menschen verschwinden? Würde auch er Opfer sein? Wo würde er sich wiederfinden?

Furcht schien die ganze Kabine zu durchdringen, als er wieder über seinen schlafenden Sitznachbarn hinwegstieg. Er lehnte sich über den vorderen Sitz. »Offensichtlich fehlen eine Reihe von Menschen«, erklärte er der alten Frau. Sie blickte ihn verwirrt und ängstlich an. Auch Buck empfand Furcht.

Er setzte sich wieder auf seinen Platz. Der Kapitän sprach über Bordlautsprecher zu den Passagieren. Nachdem er sie aufgefordert hatte, sich auf ihre Plätze zu begeben, erklärte er: »Ich bitte die Stewardessen, die Toiletten zu überprüfen, um sicherzugehen, dass alle Passagiere erfasst werden können. Die Stewardessen werden Ihnen dann Einreiseformulare aushändigen. Wenn jemand, den Sie kennen, fehlt, so möchte ich Sie bitten, dieses Formular auf seinen Namen auszufüllen und alles anzugeben, was Sie von ihm wissen, vom Geburtsdatum bis zu einer Personenbeschreibung.

Ich bin sicher, Ihnen allen ist klar, dass wir uns in einer sehr schwierigen Situation befinden. Mit Hilfe der Formulare können wir feststellen, wer fehlt, und ich habe etwas in der Hand, das ich den Behörden übergeben kann. Mein Erster Offizier, Mr. Smith, wird nun durch die Reihen gehen und die leeren Plätze zählen. Ich werde versuchen, Kontakt zur Pan-Continental Fluggesellschaft aufzunehmen. Ich muss Ihnen jedoch sagen, dass es aufgrund unserer gegenwärtigen Position sehr schwierig sein wird, mit dem Bodenpersonal zu sprechen. Zwar gibt es Satelliten, doch wir befinden uns über einem ziemlich abgelegenen Gebiet. Sobald ich etwas weiß, werde ich es Ihnen mitteilen. In der Zwischenzeit wäre ich Ihnen sehr dankbar, wenn Sie Ruhe bewahren und unseren Anweisungen folgen würden.«

Buck beobachtete, wie der Erste Offizier ohne Mütze und mit hochrotem Kopf aus dem Cockpit stürmte. Er eilte einen Gang hinunter, einen zweiten hinauf und ließ seinen Blick über die Sitze gleiten, während die Stewardessen die Formulare austeilten.

Bucks Sitznachbar erwachte, als eine Stewardess ihn fragte, ob jemand aus seiner Reisegruppe fehle. »Ob jemand fehlt? Nein. Außerdem reise ich allein.« Er rollte sich wieder zusammen und schlief ein.

Der erste Offizier war nur wenige Minuten fort, als Rayford seinen Schlüssel in der Cockpittür hörte. Die Tür flog auf. Christopher ließ sich auf seinen Sitz fallen, ignorierte den Gurt und barg den Kopf in seinen Händen.

»Was ist hier los, Ray?«, fragte er. »Uns fehlen mehr als einhundert Leute. Nur ihre Kleider sind noch da.«

»So viele?«

»Ja, meinst du, es wäre besser, wenn wir nur fünfzig wären? Wie um alles in der Welt sollen wir erklären, dass wir mit weniger Passagieren landen als wir gestartet sind?«

Rayford schüttelte den Kopf. Er beschäftigte sich noch immer mit dem Funkgerät und versuchte, Kontakt zu bekommen, mit irgendjemandem, in Grönland, auf einer Insel oder sonst wo. Doch sie waren zu weit entfernt, um eine Funkstation zu erreichen. Schließlich gelang es ihm, den Funkkontakt zu einer *Concorde* herzustellen, die mehrere Meilen entfernt in die andere Richtung flog. Mit einem Kopfnicken forderte er Christopher auf, seine Kopfhörer aufzusetzen.

»Haben Sie genügend Treibstoff, um in die Staaten zurückzukehren, over?«, fragte der Pilot Rayford.

Er blickte Christopher an, der nickte und flüsterte: »Wir haben die Hälfte der Strecke zurückgelegt.«

»Ich könnte es bis zum Kennedy Airport schaffen«, erwiderte Rayford.

»Vergessen Sie's«, kam die Antwort. »In New York geht nichts mehr. Zwei Landebahnen in Chicago sind noch offen. Das ist unser Ziel.«

»Wir kommen aus Chicago. Kann ich nicht in Heathrow landen?«

»Negativ. Geschlossen.«

»Paris?«

»Mann, Sie müssen zu dem Ort zurück, von wo aus Sie gestartet sind. Wir haben Paris vor einer Stunde verlassen. Wir erfuhren, was passiert war, und bekamen Order, direkt nach Chicago zu fliegen.«

»Was ist denn passiert, Concorde?«

»Wenn Sie das nicht wissen, warum haben Sie dann ›Mayday‹ gesendet?«

»Ich habe eine Situation an Bord, über die ich nicht sprechen möchte.«

»Hey, Freund, das ist in der ganzen Welt so, verstehen Sie?«

»Negativ, ich verstehe nicht«, erwiderte Rayford. »Sagen Sie es mir.«

»Ihnen fehlen Passagiere, nicht?«

»Roger. Mehr als einhundert.«

»Wow! Uns fehlen fast fünzig.«

»Wie gehen Sie damit um, Concorde?«

»Zuerst dachte ich, es sei eine Art Selbstentzündung, doch dann hätte man Rauch sehen müssen, Überreste. Diese Menschen sind einfach verschwunden. Ich muss an die Serie ›Raumschiff Enterprise‹ denken, wo Menschen dematerialisiert und rematerialisiert, von einem Ort zum anderen gebeamt wurden.«

»Ich wünschte wirklich von Herzen, ich könnte meinen Leuten sagen, ihre Lieben würden genauso schnell und unversehrt zurückkommen, wie sie verschwunden sind«, meinte Rayford.

»Das ist nicht das Schlimmste, Pan Heavy. Überall sind Leute verschwunden. Orly hat Fluglotsen und Bodenpersonal verloren. In einigen Flugzeugen ist ein Teil der Crew verschwunden. Da, wo zum Zeitpunkt des Verschwindens Tag war, gab es Massenkarambolagen, Chaos überall. Unzählige Flugzeugabstürze.«

»Dann ist das also ein weltweites Phänomen?«

»Es passierte überall zugleich, vor einer knappen Stunde.«

»Und ich dachte, es sei nur in diesem Flugzeug passiert. Gas oder irgendeine Fehlfunktion.«

»Dass es nur hier und da jemanden betrifft, meinen Sie, over?«

Rayford spürte den Sarkasmus.

»Ich verstehe, was Sie meinen, Concorde. Muss zugeben, so etwas hatten wir noch nie.«

»Und möchten wir auch nicht noch einmal erleben. Ich sage mir immer wieder, dass es nur ein schlechter Taum ist.«

»Ein Albtraum, over.«

»Roger, aber das ist es nicht, nicht wahr?«

»Was werden Sie Ihren Passagieren mitteilen, Concorde?«

»Keine Ahnung. Sie, over?«

»Die Wahrheit.«

»Kann nicht schaden. Aber was ist die Wahrheit? Was wissen wir denn?«

»Überhaupt nichts.«

»Da haben Sie Recht, Pan Heavy. Wissen Sie eigentlich, was einige Leute sagen, over?«

»Roger«, erwiderte Rayford. »Es ist besser, dass diese Leute in den Himmel gegangen sind, als dass irgendeiner dies mit irgendwelchen seltsamen Strahlen angerichtet hat.«

»Wir haben erfahren, dass jedes Land betroffen ist. Wir sehen uns in Chicago.«

»Roger.«

Rayford Steele blickte Christopher an, der einen neuen Kurs eingab, um die Maschine in einer großen Kurve zu wenden und in die Staaten zurückzufliegen.

»Meine Damen und Herren«, sagte Rayford über den Bordlautsprecher, »da wir nicht in der Lage sind, in Europa zu landen, fliegen wir nach Chicago zurück. Wir haben fast genau die Hälfte der Flugstrecke zu unserem ursprünglichen Ziel zurückgelegt, so dass es keine Treibstoffprobleme geben wird. Ich hoffe, dass Sie das ein wenig beruhigt. Ich werde Sie wissen lassen, wenn Sie Ihre Telefone wieder benutzen können. Bis dahin tun Sie sich selbst einen Gefallen, wenn Sie es gar nicht erst versuchen.«

Aus: Tim LaHaye/Jerry B. Jenkins, Finale – Die letzten Tage der Erde, Übersetzung: Eva Weyandt, Projektion Verlag, Asslar 1996, S. 22–27

1. Beschreiben Sie das im Textauszug enthaltene Endzeitszenario.
2. Entwerfen Sie den weiteren Fortgang des Romans.
3. Setzen Sie sich damit auseinander, wie das Endzeitszenario in folgender Passage in biblische Bezüge gestellt wird.

Rayford Steele lag auf dem Rücken und starrte an die Decke. Er hatte nur schlecht und mit Unterbrechungen geschlafen, und er fühlte sich benommen. Er wollte keine Nachrichten sehen. Er wollte die Zeitung nicht lesen. Mittlerweile würde wohl die neuste Ausgabe vor der Haustür liegen. Er wünschte sich, dass Chloe endlich nach Hause käme, damit sie gemeinsam trauern könnten. Es gab nichts Einsameres, stellte er fest, als die Trauer.

Er und seine Tochter würden Arbeit vor sich haben. Er wollte nachforschen, lernen, wissen, handeln. Er begann damit, dass er nach einer Bibel suchte, nicht der Familienbibel, die seit Jahren verstaubt im Regal stand. Er suchte Irenes Bibel. Sie würde Notizen gemacht haben, und vielleicht fand er etwas, das ihm den richtigen Weg zeigen würde.

Sie war nicht schwer zu finden. Gewöhnlich lag sie in Reichweite ihres Bettes. Er fand sie auf dem Boden neben dem Bett. Würde er einen Hinweis bekommen? Irgendetwas, das auf die Entrückung oder das Gericht oder so hindeutete? Wenn nicht, würde er vielleicht am Ende anfangen. Wenn Genesis »Anfang« bedeutete, hatte die Offenbarung vielleicht etwas mit dem Ende zu tun, auch wenn das Wort nicht so übersetzt wurde. Der einzige Bibelvers, den Rayford auswendig aufsagen konnte, war Genesis 1,1: »Im Anfang schuf Gott Himmel und Erde.« Er hoffte, dass es einen ähnlichen Vers am Ende der Bibel geben würde, der etwa folgendermaßen lauten würde: »Am Ende holte Gott sein Volk in den Himmel. Allen anderen gab er noch eine Chance.«

Aber da hatte er kein Glück. Der letzte Vers der Bibel sagte ihm nichts. Dort hieß es: »Die Gnade des Herrn Jesus sei mit allen!« Das hörte sich genauso an wie das ganze religiöse Geschwätz, das er im Gottesdienst gehört hatte. Er las den Vers davor: »Er, der dies bezeugt, spricht: »Ja, ich komme bald – Amen. Komm, Herr Jesus.«

Jetzt kam er der Sache schon näher. Wer war das denn, der »dies« bezeugte, und was war »dies«? Die zitierten Worte waren rot gedruckt. Was bedeutete das? Er blätterte die Bibel durch und entdeckte auf dem Einband: »Worte Christi in rot.« Jesus hatte also gesagt, dass er bald kommen würde. War er gekommen? Und wenn die Bibel so alt war, wie es den Anschein hatte, was bedeutete dieses »bald«? Vielleicht hatte es eine andere Bedeutung, denn »bald« war es ja nicht, es sei denn aus der Sicht eines Menschen mit einem großen Überblick über die Geschichte. Vielleicht meinte Jesus, dass sein Kommen schnell geschehen würde. Ging es darum? Rayford las das letzte Kapitel als Ganzes durch. Noch drei andere Verse waren rot gedruckt, und zwei davon sprachen ebenfalls von einem baldigen Kommen.

Rayford konnte den Text dieses Kapitels nicht verstehen. Er schien ihm alt und formell. Doch gegen Ende des Kapitels fiel ihm ein Vers ins Auge, der eine große Wirkung auf ihn hatte. Ohne seine Bedeutung verstehen zu können, las er: »Wer durstig ist, der komme. Wer will, empfange umsonst das Wasser des Lebens.«

Jesus war bestimmt nicht der Durstige. Er war bestimmt nicht derjenige, der das Wasser des Lebens nehmen wollte. Rayford nahm an, dass damit der Leser gemeint war. Ihm kam der Gedanke, dass er durstig war, sehr durstig. Aber was war das »Wasser des Lebens«? Er hatte bereits einen schrecklichen Preis dafür bezahlt, dass er es nicht angenommen hatte. Was immer es war, es stand schon seit Hunderten von Jahren in diesem Buch.

Rayford blätterte die Bibel durch, las einige Passagen, doch keine war ihm verständlich. Sie entmutigten ihn, weil sie sich nicht aufeinander bezogen, keine einheitliche Richtung zu haben schienen. Die Sprache war ihm fremd.

Hier und da hatte Irene sich Notizen an den Rand gemacht. Manchmal hatte sie einfach nur »kostbar« geschrieben. Er war entschlossen, nachzuforschen und jemanden zu finden, der ihm diese Passagen erklären konnte. Er war versucht, neben den Vers in der Offenbarung über das Wasser des Lebens »kostbar« zu schreiben. Es erschien ihm kostbar zu sein, wenn er es auch nicht verstehen konnte.

Am schlimmsten war seine Befürchtung, dass er zu spät mit dem Bibellesen begonnen hatte. Ganz offensichtlich war es zu spät für ihn, mit seiner Frau und seinem Sohn zusammen in den Himmel zu gehen. Aber war es für ihn wirklich endgültig zu spät?

Vorne in der Bibel lag das Kirchenblättchen vom vergangenen Sonntag. Welcher Tag war heute? Mittwoch. Vor drei Tagen war er wo gewesen? In der Garage. Raymie hatte ihn gebeten, sie in den Gottesdienst zu begleiten. Er hatte versprochen, am kommenden Sonntag mitzugehen. »Das hast du auch letzte Woche gesagt«, hatte Raymie geantwortet.

»Willst du nun, dass ich dein Kettcar repariere oder nicht? So viel Zeit habe ich nicht.«

Raymie konnte man nicht so leicht Schuldgefühle einreden. Er wiederholte nur: »Nächsten Sonntag?«

»Ganz bestimmt«, hatte Rayford erwidert. Und nun wünschte er, es wäre schon der nächste Sonntag. Er wünschte noch mehr, dass Raymie da wäre, um in den Gottesdienst zu gehen, denn diesmal würde er wirklich gehen. Oder vielleicht doch nicht? Würde er an diesem Tag arbeiten müssen? Und würde überhaupt ein Gottesdienst stattfinden? Waren noch Leute von dieser Gemeinde übrig? Er holte das Gemeindeblatt aus Irenes Bibel und umkringelte die Telefonnummer. Später, wenn er mit *Pan-Continental* gesprochen hatte, würde er das Gemeindebüro anrufen und fragen, wie es weitergehen sollte.

Er wollte die Bibel gerade wieder auf den Nachttisch legen, als er neugierig wurde und sie noch einmal öffnete. Auf der ersten weißen Seite entdeckte er die Inschrift. Er hatte Irene diese Bibel an ihrem ersten Hochzeitstag geschenkt. Wie konnte er das vergessen haben, und was hatte er sich dabei gedacht? Damals war sie dem christlichen Glauben nicht mehr zugetan gewesen als er, doch sie sprach davon, dass sie regelmäßig zur Kirche gehen wollte, bevor die Kinder kamen. Vermutlich hatte er sie beeindrucken wollen. Vielleicht dachte er, sie würde ihn für geistlich halten, wenn er ihr ein solches Geschenk machte. Vielleicht hoffte er auch, sie würde ihn vom Haken lassen und allein in die Kirche gehen, wenn er ihr mit diesem Geschenk seine geistliche Aufgeschlossenheit zeigte.

Jahrelang hatte er die Gemeinde toleriert. Sie hatten sich einer Kirche angeschlossen, in der wenig gefordert und viel geboten wurde. Sie schlossen viele Freundschaften dort, fanden in dieser Gemeinde ihren Arzt, Zahnarzt, Versicherungsvertreter und bekamen sogar Zugang zu ihrem *Country Club*. Rayford wurde verehrt und Neulingen und Gästen stolz als 747-Kapitän vorgestellt. Einige Jahre lang gehörte er sogar dem Gemeindevorstand an.

Als Irene den christlichen Radiosender entdeckte und das, was sie »richtiges Predigen und Lehren« nannte, wurde sie immer unzufriedener mit ihrer Gemeinde und begann, nach einer neuen zu suchen. Dies nahm Rayford zum Anlass, überhaupt nicht mehr zum Gottesdienst zu gehen. Er sagte ihr, wenn sie eine gefunden hätte, die ihr wirklich gefiel, würde er sie wieder begleiten. Sie fand eine, und gelegentlich ging er mit, aber es war ihm dort ein wenig zu eng und zu persönlich. Er wurde nicht hofiert. Und meistens blieb er fort.

Da stand noch mehr in Irenes Bibel. Sie bezeichnete es als ihre Gebetsliste, und er, Ray, führte sie an. Sie hatte geschrieben: »Ray, für seine Errettung und dass ich ihm eine liebevolle Frau sein kann. Chloe, dass sie Christ wird und rein lebt. Ray jr., dass er seinen starken, kindlichen Glauben nicht verliert.« Dann hatte sie ihren Pastor, politische Führer, Missionare, Weltkonflikte und mehrere Freunde und andere Verwandte aufgeführt.

»Für seine Errettung«, flüsterte Rayford. »Errettung.« Wieder so ein Kirchenwort, das ihn nie wirklich beeindruckt hatte. Er wusste, dass Irenes neue Gemeinde sich für die »Errettung der Seelen« einsetzte, etwas, das er in der vorherigen Gemeinde nie gehört hatte. Doch je mehr er davon gehört hatte, desto mehr hatte er sich abgestoßen gefühlt. Hatte Errettung nicht irgendetwas mit Konfirmation, Taufe, Zeugnis und »Frommsein« zu tun? Davon hatte er nichts wissen wollen. Und nun wünschte er sich verzweifelt zu erfahren, was genau das war.

Aus: A. a. O., S. 97–101

4.1.2 Warum viele Amerikaner die Bibel als verschlüsselten Fahrplan der Weltgeschichte lesen – Der Theologe Jürgen Moltmann über die Frage nach dem Beginn der Endzeit

Ein regulärer Flug mit dem Jumbojet über den Atlantik ist auf dem Weg nach London. Die Maschine ist voll besetzt. Da kommt plötzlich die Stewardess zu dem Kapitän ins Cockpit. Mit weichen Knien und zitternder Stimme meldet sie: Dutzende der Passagiere sind verschwunden. Ihre Schuhe, Socken, Hosen und Kleider sind zurückgeblieben. Er sieht nach, findet in der ersten Klasse alles in Ordnung, in der zweiten Klasse aber schreit eine Frau nach ihrem verschwundenen Mann. Keiner weiß, was los ist. Er ruft Heathrow Airport an, kann dort aber nicht landen: Zahllose Flugzeuge sind abgestürzt, weil die Piloten plötzlich verschwunden sind, auch in der Flugleitung ist keiner mehr.

Der Pilot fliegt nach Chicago zurück. Dort herrscht dasselbe Chaos, aber Räumdienste machen ihm die Landebahn frei. Die Katastrophe ist perfekt: abgestürzte Flugzeuge, zusammengestoßene Autos, entgleiste Züge, Tausende von Toten. Nur CNN funktioniert noch, und man sieht Bilder aus Kreißsälen, in denen Babys plötzlich aus dem Bauch schwangerer Frauen verschwinden, einem Bräutigam vor dem Altar die Braut abhanden

kommt und auf den Philippinen ganze Schulklassen sich in nichts auflösen. Als der Kapitän endlich nach Hause kommt, ist auch seine Frau verschwunden.
Was ist passiert? Für ihn selbst war die Sache mit Gott immer nur irgendwie okay, aber seine Frau ging regelmäßig in Bibelstunden und gehörte zu einer Gruppe wiedergeborener Christen. Das bringt ihn auf die Spur. Sein Pastor erklärt ihm: Die Endzeit hat begonnen. Wie die Bibel prophezeit, werden die wahren Gläubigen in die Wolken zu Christus »entrückt«, während über die zurückbleibenden Ungläubigen die Schrecken des Weltuntergangs kommen. Die Endzeit beginnt mit *the great rapture* der Gläubigen und führt die Ungläubigen sieben Jahre lang in *the great tribulation* mit Seuchen, Erdbeben, Tornados, Überschwemmungen und dem Terror des Antichristen im »Zeichen des Tieres«. Zuletzt aber kommt Christus wieder, tötet den Antichristen und errichtet sein tausendjähriges Reich, in dem die Gläubigen mit ihm herrschen werden, während die Ungläubigen vernichtet sind.

Wem die Stunde schlägt

Natürlich sind das Fiktionen, aber die Leser sind reale Menschen. Seit 1995 erscheint in Amerika in Romanform die (auch verfilmte) Serie *Left Behind* der beiden Sonntagsschullehrer Tim LaHaye und Jerry Jenkins, die mit dieser Story anfängt. Auflage mehr als 40 Millionen. Für Band zehn *The Remnants* gab es 2002 2,5 Millionen Vorbestellungen. Nur die Hälfte der Leser mögen evangelikale Christen sein. Nach den Anschlägen vom 11. September stieg der Absatz um 60 Prozent. Auch säkulare Menschen fragten: Kommt das Weltende?, und viele lieben den *doom and gloom* in der Welt des Krimis und der Science-Fiction: *»Beam me up, Scotty!«* Zweifellos die angenehmste Art, mit dem Bösen umzugehen.
1970 gab es schon einmal eine solche fiktive Apokalypse in Hal Lindsays Buch *The Late Great Planet Earth* mit ähnlicher Millionenauflage. Damals ging es um Harmageddon, den Endkampf zwischen Gott und den Teufeln, Christus und Antichrist, den Guten hier und dem Reich des Bösen dort in jenem Tal bei Jerusalem. Dort sollten zuerst die Rote Armee der antichristlichen Sowjetunion, dann die Volksarmee des gottlosen China mit Atom- beziehungsweise Wasserstoffbomben vernichtet werden. Lindsay diente Ronald Reagan als Nahost- und Israelberater und überzeugte den Präsidenten von einem unvermeidlichen »Armageddon in unserer Generation«. Zum Glück kam Michail Gorbatschow mit seiner Friedenspolitik dazwischen. Es scheint, als ob das apokalyptische Szenario immer dann attraktiv wird, wenn säkulare Menschen die Welt nicht mehr verstehen wie nach dem Terror des 11. September. Nach *Time*/CNN fürchteten 59 Prozent aller Amerikaner, dass die apokalyptischen Weissagungen der Bibel wahr werden, und 25 Prozent glaubten sogar, die Bibel habe den terroristischen Angriff auf New York vorausgesagt.
Woher stammt die typisch amerikanische Lust auf den Weltuntergang? Theologisch gründet sie seit 1860 im sogenannten *dispensationalism* des evangelischen Evangelisten John Nelson Darby und wurde durch die Scofield Reference Bible von 1909 populär. Hier wird die Bibel nicht als Glaubenszeugnis gelesen, sondern als verschlüsselter göttlicher Fahrplan der Weltgeschichte. Die Zahl – zum Beispiel 666 – wird zum Schlüssel der Weltgeschichte. Man nennt diese Lesart der Bibel zwar »Biblizismus«, es handelt sich jedoch um eine Errungenschaft der frühen Aufklärungszeit. Wie Newton durch Erkenntnis der Naturgesetze die Natur entzauberte, so wollten die frühen »prophetischen Bibelausleger« die Geheimnisse der Geschichte durch Erkenntnis ihres geplanten Ablaufs durchschauen. Der Grundgedanke ist einfach: Wie Gott in sieben Tagen die Welt geschaffen hat, wird auch – *dispensations* genannt – ihre Geschichte in sieben Zeitaltern ablaufen. Mit dem Erscheinen Christi sind wir in das christliche sechste Zeitalter eingetreten, und heute

Die Höllenfahrt der Verdammten, Orvieto/Italien.

steht uns das siebte und letzte Weltzeitalter bevor. Biblische Prophetie soll geschichtliche Weissagung sein. Die Weissagung für die Endzeit steht in der Apokalypse. Folglich ist die Johannes-Offenbarung das wichtigste Buch der Bibel. Auch von Sir Isaak Newton gibt es Auslegungen der Apokalypse, schließlich war seine Weltmaschine eine Weltenuhr, an deren Zustand man erkennen sollte, was die Stunde geschlagen hat. Die apokalyptische Aussicht auf die bevorstehenden Schrecken der Endzeit gewann im Zeitalter der allgemeinen Fortschrittseuphorie Bedeutung für die fundamentalistische Reaktion auf den Modernismus und Liberalismus der protestantischen Welt. Sie stammt aber aus der gleichen Wurzel der Aufklärungszeit, die Glauben in Wissen überführen wollte.

Fromme Entrückung

Kritisch wird bemerkt, dass dieses Endzeitszenario nicht von Christus stammt, denn »Zeit und Stunde weiß niemand, auch nicht der Sohn« (Markus 13,32). Die »Entrückung« der Glaubenden, von der Paulus in 1. Thess. 4,17 spricht, ist auch kein Eskapismus zum Hohn auf die Hinterbliebenen, sondern ein Bild, in dem die Bewohner einer Stadt ihrem ankommenden König entgegengehen, um ihn in ihre Stadt zu geleiten. Von Schrecken der Zurückgelassenen steht da nichts. Die Zukunft Christi findet auf Erden statt, nicht im Himmel. Es wäre also besser, die Glaubenden blieben der Erde auch in Katastrophen treu und würden sich nicht ins Jenseits flüchten. Der fromme Entrückungstraum dagegen enthält eine Resignation, die diese Erde der Vernichtung preisgibt. Wer in seinem Glauben andere »zurücklässt«, verlässt sie. Das kann weder eine gesegnete Hoffnung sein, noch etwas mit Liebe zu tun haben. Schließlich: Ein Gott, der nur darauf wartet, christliche Besatzungen aus ihren Flugzeugen zu »entrücken«, damit diese abstürzen und Tausende Menschen getötet werden, kann kein Gott sein, dem man vertrauen kann. Das ist eher der üble Abgott einer krankhaften Weltverachtung.

In sektiererischen Zirkeln hat es solche Vorstellungen immer gegeben, im heutigen Amerika aber sind sie eine Massenerscheinung. Mehr und mehr Amerikaner lesen und sprechen über das Weltende, während Europäer das ziemlich kalt lässt. Warum? Ein Land, das seine Bestimmung von Anfang an in göttlicher Vorsehung begründet, hat eine natürliche Schwäche für Propheten. Ein Volk, das eine »neue Welt« gegenüber einer »alten Welt« in Europa bauen wollte, ist geneigt, in dualistischen Kampfkategorien zu denken: hier die Guten – dort die Bösen und »wer nicht für uns ist, ist wider uns«. Im 19. Jahrhundert mobilisierte der Fortschrittsglaube den Aufstieg Amerikas, aber es entstanden auch drei apokalyptische Bewegungen der »letzten Tage«: Zeugen Jehovas, Mormonen und Adventisten. Heute schwanken viele zwischen einem messianischen Sendungsbewusstsein für das *American empire* und den dargestellten Weltuntergangsängsten. Es sind zwei Seiten derselben Medaille, die man auch Egomanie nennt. Christlicher Glaube ist demgegenüber demütige, aber anhaltende Leidenschaft für das Leben.

Aus: Jürgen Moltmann, Die Endzeit hat begonnen, in: Die ZEIT vom 19.12.2002

4.1.3 Das Jüngste Gericht – Der niederländische Theologe Harry Kuitert erläutert ...

Signs are taken for wonders. »We would see a sign!«
The world within a world, unable to speak a word,
Swaddled with darkness. In the juvescence of the year
Came Christ the tiger

Zeichen werden für Wunder gehalten. »Wir möchten ein Zeichen sehen!«
Das Wort in einem Wort, unfähig, ein Wort zu sprechen,
In Dunkelheit gewickelt. In der Jugend des Jahres
Kam Christus, der Tiger.

T. S. Eliot

1. Dies Irae

Vom Gericht Gottes hören wir die letzte Zeit wenig. Ist es abgeschafft, oder hat sich die Christenheit geirrt, weil es so etwas wie ein Gericht nicht gibt? Bisweilen muss darauf hingewiesen werden. Die gegenwärtige Kirche verkündet wenigstens zum größeren Teil – die Kirchen, die es nicht tun, finden wir nicht koscher – Gott als Erlöser, Befreier, Geber alles Guten, kurzum, als Gott des Heils. Wo aber ist denn das Gericht geblieben, die Vorstellung von Jesu Wiederkunft zu richten über die Lebenden und die Toten?

Das Mittelalter wusste damit umzugehen. Das »Dies irae« (Tag der Rache), das wir aus der Welt der Musik kennen (man denke etwa an das Requiem von Mozart oder von Verdi), stammt aus dieser Zeit. Es ist das eindrucksvolle Gebet des Flehenden am Tag des Zornes Gottes.

Quid sum miser tunc dicturus
Quem patronum rogaturus

Was kann ich tun, wenn gleich die Posaunen klingen und sich die Gräber öffnen, noch vorbringen, welchen Fürsprecher noch bitten, für mich einzutreten?

Nicht nur das Mittelalter, sondern auch das Neue Testament weiß in grellen Farben das Bild von Gott dem Richter wachzurufen, der seinen Zorn über alle Völker der Erde ausgießt. Und wird Jesus da nicht der Fürsprecher genannt, nach dem der Dichter des Dies Irae rief, nach Jesus, »der uns vom kommenden Zorn errettet«? Wo ist dies alles geblieben? Ist das Jüngste Gericht, das Letzte Urteil, oder unter welchem Namen es auch besprochen wird, eine Fabel?

Nein, die Vorstellung ist in der Tat »fabelhaft«, der Grund dafür liegt aber in der Tatsache, dass es Bilder aus dem Genre der Apokalyptik sind. Zu dieser Bildsprache gehören die Himmelfahrt Jesu, sein Sitzen zur Rechten und dann noch der Schluss dieser Passage im Apostolischen Glaubensbekenntnis: »von wo Er wiederkommen wird, zu richten die Lebenden und die Toten«. Natürlich kommt er auf den Wolken des Himmels; ist er nicht »auf einem hellen Wolkenwagen« aufgefahren?

Merkwürdig ist jedoch, dass hier auf einmal Jesus und nicht Gott das Letzte Gericht hält. Aber darauf komme ich noch zurück. Zuerst gehe ich der Frage nach, was Apokalyptik ist.

Wer sich von ihr ein gutes Bild machen will, muss im Neuen Testament das Buch der Geheimen Offenbarung lesen oder die Zeichnungen betrachten, die Charles Roelofsz von einer Anzahl Szenen dieses Buches gemacht hat. In der Apokalyptik geht es in der Tat um Zeichnungen, phantastische Zeichnungen von zukünftigen Ereignissen, die den Untergang der alten Welt und das Anbrechen der neuen Welt einläuten. Ist das Phantasie? Ohne Zweifel, es ist unerreichte Phantasie, aber nicht ohne tieferen Sinn. Auf dem Bildschirm der Geschichte wird ausgeführt, wovon das Herz des Autors voll ist: vom Streit zwischen Gott und Satan sowie vom göttlichen Sieg »am Tag der Rache unseres Gottes«. Das ist der Tag, an dem er das Urteil vollzieht, die Schafe von den Böcken scheiden wird, die geknechteten Seelen – die unter dem Altar nicht aufhörten zu rufen: »Wie lange noch« – endlich die Seligkeit erben lässt und den Unterdrücker, der sich mit Blut vollgesogen hat, in den Abgrund stürzt.

Ist das alles wahr, so dass wir solche Ereignisse wirklich erwarten können? Früher gab es große Gruppen von Christen, die all diese phantastischen Bilder als historische Voraussagen verstanden. Übrigens gibt es sie noch heute. Finger in den Text der Geheimen Offenbarung und das Weltgeschehen von heute wird daraufhin untersucht, wie weit wir schon sind. Ist das Ende in Sicht, sind wir beinahe am Ende? Ich werde diese Praxis nicht kritisieren, sondern nur darauf hinweisen, dass sie zwar nichts Schlimmes bewirkt, dass dabei aber auch nichts Gutes herauskommt. Wie die Geschichte verläuft, weiß niemand und wurde in den apokalyptischen Passagen des Alten und Neuen Testaments auch nicht vorhergesagt. Das wäre ein Missverständnis von dieser Art Literatur. Apokalyptik ist Bildsprache für die Frage, worauf es in der Geschichte (nach dem entsprechenden Autor) ankommt, nicht mehr und nicht weniger. Dabei geht die Apokalyptik von einem sehr plausiblen Standpunkt aus: Wenn eine neue Welt kommen soll, dann muss die alte verschwinden.

Die christliche Tradition hat deshalb auch sehr viel von dieser Bildsprache aufgegeben, außer der Aussage, mit der wir uns jetzt beschäftigen. Ich meine die Wiederkunft Jesu, um zu richten über die Lebenden und die Toten. Sagte ich nicht: wessen das Herz voll ist? Das Gericht sitzt tief in uns drin. Menschen tun nichts anderes als andere zu verurteilen, aber auch – wenn niemand dabei ist – sich selbst. in Beschuldigung und Entschuldigung vollzieht sich das Leben. Projiziert auf den Hintergrund des ewigen Gottes wird dies zum letzten und definitiven Gericht. Quid sum miser tunc dicturus? Was werde dann ich Armer sagen?

2. Das Gericht als Abrechnung

Das Bild mag in seiner Art zwar apokalyptisch sein, was es aber sagen will, ist heute noch von Bedeutung: Das Gericht, verstanden als endgültige Abrechnung, ist kein Unsinn. Sogar die Vorstellung, dass es am Ende der Zeiten stattfindet, ist ein äußerst wichtiges Kennzeichen. Sie besagt jedenfalls, dass nach der christlichen Tradition die Weltgeschichte nicht selber das Weltgericht ist; auch das Schicksal, das jemanden trifft, ist glücklicherweise nicht sein Letztes Gericht, denn es brächte ein Meer von Unrecht mit sich. Das

Gericht kann sich innerweltlich vollziehen, tut dies aber – wie jeder weiß – lange nicht immer. Manchmal kommt der verdiente Lohn, und das schlimme Ende eines blutdürstigen Unterdrückers befriedigt unser Gerechtigkeitsgefühl; manchmal ist das Umgekehrte der Fall, so dass sich der Übeltäter dem Reigen entzieht und das Opfer unvorstellbar zerschunden zurückbleibt.

Die eigentliche Abrechnung, so die christliche Tradition, findet nicht in und durch die Geschichte statt, sondern im Letzten Gericht. Dort wird alles endgültig zurechtgerückt. Dem armen Lazarus wird es gut gehen und dem reichen Nachbarn, der ihn nicht zur Kenntnis nahm, schlecht. Ist das nicht reine Kompensation? Ja, aber warum sollten wir davor Angst haben? Soll Lazarus bis in alle Ewigkeit benachteiligt sein, der Henker vor seinem Opfer einen ewigen Vorsprung behalten? Wie die Geschichte vom reichen Mann und vom armen Lazarus zeigt, dachte Jesus anders darüber.

Das letzte Gericht ist – darauf weise ich zur Sicherheit hin – wohl als eine Form von Rückerstattung gemeint. Jeder erhält, was er verdient hat. Auch dieses Bewusstsein ist tief in unserem Herzen verwurzelt, warum sollten Menschen sonst auf ihrem Sterbebett sagen, sie hätten gut gelebt und ihr Bestes getan, um gute Menschen zu sein? Sie fürchten das Gericht und treffen gut Vorsorge.

Rückerstattung ist ein Begriff aus dem Strafrecht, den ich mit Absicht verwende und ohne den unser Gerechtigkeitsgefühl nicht auskommt; auch das sitzt tief in uns. Deshalb ist die Diskussion über Vergeltung im Strafrecht auch nie zu Ende. Vieles spricht dafür, dass wir vergeben anstatt zu vergelten, sicher dann, wenn der Gedanke der Vergeltung von Rachegefühlen eingegeben ist. Aber ohne Vergeltung können wir weder hier noch im Jenseits leben. Es ist doch eine einfache Forderung der Gerechtigkeit, dass der Unterdrücker nicht bis in Ewigkeit die Früchte seiner Unterdrückung erntet und der Unterdrückte bis in Ewigkeit nur Unterdrückung kennt. Aber darauf liefe es doch hinaus, gäbe es kein Letztes Gericht.

Dieses Gericht ist deshalb das »Letzte«, weil es das Gericht des »Letzten«, nämlich Gottes ist; das bedeutet »letzten Ernst«. Gott hält den Schuldigen keineswegs für unschuldig, um es in der Terminologie des Alten Testaments zu sagen. Für alle Pfuscher und Verpfuscher der Schöpfung ist das zwar ein beängstigender, aber keineswegs ein irrationaler Tatbestand. Menschen schänden einander und ihre Welt, die sie nicht selbst machten; sie vergehen sich an anderer Leute Gut. Sollte die Schöpfung das alles akzeptieren? Komm, sagt der Begriff »Gericht«, du wirst dafür verurteilt werden. Das große und das kleine Unrecht ist nicht etwas, worüber *wir* böse werden. Das ist höchstens in unseren besten Augenblicken und vor allem dann der Fall, wenn wir es bei anderen antreffen. Dem Unrecht folgt der Unmut des Schöpfers. Die Tradition kann sogar sehr harte Worte finden: Die Sünder, d. h. die Verderber der Schöpfung, werden von der Erde vertilgt werden! Das scheint logisch.

Ich möchte dabei die positive Seite des Letzten Gerichts nicht übersehen; wir bleiben in ihm Mensch und werden für unser Tun und Lassen verantwortlich gemacht. Nimm das Gericht weg, und wir werden zu unzurechnungsfähigen Kindern. Das brächte uns Erleichterung, aber wir wären nicht, was wir sind oder sein wollen.

Aller Widerstand dagegen kann also nicht leugnen, dass das Gericht Gottes für die christliche Tradition wesentlich ist, sogar so zentral, dass ohne Gericht nichts mehr von ihr übrigbliebe. Der Schöpfer würde zu einem »non-valeur« werden, zu einem Wesen also, dem es nichts ausmacht, was seine Geschöpfe tun. Aber auch die Bedeutung, die nach der Tradition für Jesus wesentlich ist, ist ganz und gar am Gericht Gottes orientiert. Versöhnung und die Vergebung der Sünden würden in der Luft hängen, wenn wir auf die Gerichtsaussagen der Tradition genauso gut verzichten können.

3. Der Richter ist der Maßstab

Mit welchem Maß werden wir nach der christlichen Tradition im Letzten Gericht gemessen werden? Darüber ist nun ein deutliches Wort zu sagen, wenn wir die klassischen Ausführungen über Hölle und Verdammung vermeiden wollen. Falsch an ihnen war nicht der Gedanke eines Gerichts, sondern dessen inhaltliche Bestimmung und Maßstab. So konnte das Schwadronieren mit dem göttlichen Gericht zu einem bequemen Mittel in der Hand der Kirche werden, um Sünder in Schach zu halten, was zu einer abscheulichen Karikatur vom Letzten Gericht führte.

Ich denke an das starke Interesse der römisch-katholischen Geistlichkeit an der Sexualität. »Du kommst in die Hölle, wenn du mit den Händen dein Geschlechtsteil berührst« und mehr von solchem Gefummel am Leibe der lieben Gläubigen. Mit Gottes Gericht in der Hand konnte die christliche Kirche ihre Autorität bis in die Schlafzimmer hinein zur Geltung bringen. Alles, was vom Gericht übrig blieb, war deshalb eine Sanktion der kirchlichen Moral, einer historisch bestimmten Moral oder von dem, was man gesellschaftlich für anständig hielt. Zwar ist die römisch-katholische Kirche schon lange dabei, sich von dieser Todsünde zu bekehren, dennoch sind zahllose Menschen der Meinung, in der Kirche gehe es noch immer so zu, und halten damit – vielleicht aus Bequemlichkeit – diese Karikatur lebendig.

Aber beginnen wir mit einer ersten Auskunft: Gottes Gericht ist nicht die Angelegenheit einer Kirche, sondern eine Angelegenheit von Gott, oder – merkwürdigerweise – von Jesus Christus. Das Gericht steht im Kontext der Christologie: »Von wo Er (= Jesus) kommen wird, zu richten die Lebenden und die Toten.« Das Letzte Gericht ist also, wenn wir der Tradition folgen, Jesus Christus übertragen, oder besser: ihm anvertraut. Das überrascht sehr, denn das Lamm Gottes wird zum Tiger und zeigt seine Zähne: »Christus der Tiger«, wie ist das möglich?

Während Jesus durch das jüdische Land zog, hat er sich ausführlich mit dem Letzten Gericht beschäftigt und seinen Anhängern geraten, die Armen zu ernähren, für die Kranken zu sorgen und die Gefangenen zu besuchen. Denn wenn er als Weltenrichter wiederkomme (wieder die Sprache der Apokalyptik), werde er sagen. »Was ihr einem dieser Geringsten getan habt, das habt ihr mir getan.« So identifiziert er sich mit dem Armen, dem Kranken und dem Unterdrückten. In den Armen und Kleinen steht also der Richter schon jetzt vor uns; wir sehen ihm, der über uns urteilen wird, direkt ins Gesicht. Damit ist auch der Maßstab kein Problem; denn Richter und Maßstab fallen zusammen. Wir brauchen also gar nicht bis zum Jüngsten Tag zu warten, um zu wissen, wie es mit uns steht, und Jesus braucht dafür nicht einmal »wiederzukommen«, wir wissen es schon.

Es ist eindeutig: An den Armen und Kleinen vorbeizugehen ist keineswegs eine Kleinigkeit, im Gegenteil, es ist von so großem Gewicht, dass wir damit das Letzte Gericht auf uns herniederrufen.

Auch über den Maßstab soll nichts im Unklaren bleiben. Zur Diskussion stehen nicht die »Puppensünden«, wie Luther sie nannte, sondern Humanität. Nirgendwo kann die christliche Tradition klarer sagen als hier, dass die Humanität der einzig wahre, von Gott zu einer eschatologischen Macht erhobene Maßstab ist. An den Armen und den Kleinen vorbeizugehen, das macht das Lamm zum Tiger, damit provozieren wir unser Gericht. Der Erweis oder Nicht-Erweis von Humanität entscheidet über unser ewiges Wohl und Wehe; diese Überzeugung gehört zum christlichen Glauben.

4. Auf ewig verloren?

Mit den letzten Worten komme ich an einen schwierigen Punkt. Der Richter, der die Schafe von den Böcken scheidet, lässt gemäß der Erzählung die Schafe in die ewige Freude eingehen und die Böcke in die äußerste Finsternis ziehen. Kein geringerer als Jesus beschäftigt damit seine Phantasie, und das macht nachdenklich. Gibt es wirklich so etwas wie Gottes Zorn?

Wir sind nicht die ersten, die dazu Fragen stellen. Ursprünglich – im Alten und im Neuen Testament – sind Gericht und Gottes Zorn miteinander verbunden. Aber dieser Zorn war für die Kirchenväter unmöglich. Ein Gott, der sich aufregt, kann nicht der wahre sein; denn Gott ist wesenhaft gegen Leidenschaften immun. Für einen Gott, der zornig wird, müsste man sich schämen; denn er bleibt unterhalb der Norm, die wir sogar an uns selber stellen. In der Tat berühren wir damit einen empfindlichen Punkt der Alten Kirche, nämlich den Kampf gegen die Leidenschaften, die Passionen, die einen Menschen nur in Unruhe stürzen und selbst ein ganzes Leben zerrütten können. Ein Gott als unbewegter Beweger lag ihr deshalb mehr als ein Gott, der emotional reagiert. Sind wir darin mit der Alten Kirche einig?

Es ist nichts Verkehrtes am Zorn Gottes. Zorn ist ein altmodisches, aber schönes Wort und passt, vom Menschen her betrachtet, völlig in die durchgängige Metaphorik für Gott. Er ist wenigstens sein Geschöpf.

Zu größeren Problemen führt die Frage, ob sein Zorn vereinbar sei mit seiner Liebe. Vielleicht muss man in ihm die Kehrseite der Liebe sehen: denn nur wer liebt, kann hassen. Dieser Gedanke hat eine gewisse Selbstverständlichkeit und wird deshalb bis heute vertreten. Viel weniger plausibel, aber eigentlich viel Spannender ist die Meinung des Kirchenvaters Origenes, die ich früher schon nannte: Gott meine es mit dem Zorn nicht ernst, sagt er, es sei eine pädagogische List, genauso wie Väter ein böses Gesicht machen, wenn ihre Kinder etwas Falsches tun, ihnen mit ihrer Strafe aber nicht wirklich übelwollen. Und was gilt für die ewige Verdammnis? Auch sie sei Angstmacherei und nicht ernst gemeint. Menschen haben eine solche Behandlung nötig.

Werden also alle gerettet? Ja, sagte Origenes, ausnahmslos alle, sogar der Teufel (das sei nicht anders möglich; denn auch er habe einen Funken Geist und Geist sei etwas Göttliches, könne also nicht verlorengehen). Die Hölle passe also nicht zu Gott. Was aber zu ihm passe, das sei ein Läuterungsort, an dem die Sünder nach dem Maße ihres Fehlverhaltens zeitliche Strafen erdulden. Übrigens ist Origenes der Erfinder des Fegefeuers, das ich für eine sympathische Idee halte; denn es ist eine Art Mittelweg. Das Fegefeuer macht ernst mit dem Gericht, das so nicht geleugnet wird, aber es nimmt ihm seinen Stachel, weil es keine Verbannung auf ewig mehr ist. Ein Läuterungsort tritt so an die Stelle der Hölle.

Natürlich hatte darüber auch Origenes keine Informationen, ebenso wenig wie wir. Aber er hatte darüber nachgedacht, es kostete ihn seine Ehre als Kirchenvater, und er entwickelte eine Auffassung, die jedenfalls kein Unsinn ist. Aus diesem Grund kam ich auf ihn zu sprechen. Wir sehen, wie er mit dem Zorn Gottes und dem Gericht ringt, brauchen uns im Licht der Tradition also nicht zu schämen, wenn auch wir damit keinen Rat wissen. Wir wären nicht die ersten.

Zum Schluss sei die Frage direkt gestellt: Gibt es nun ein Letztes Gericht oder ist es metaphorische Rede? Das ist ein unangemessener Gegensatz. Was ich oben schon sagen wollte, ist dies: Es ist Bildsprache, aber das bedeutet nicht, dass das Gericht keine Wirklichkeit ist. Aber uns steht nicht mehr als diese Bildsprache zur Verfügung; wir wissen nichts vom Ende der Zeit, wissen nicht einmal, ob es ein solches Ende wirklich gibt. Nur unser eigenes Ende kennen wir, und deshalb halte ich [...] daran fest, dass wir nach unserem Tod vor dem Tribunal des Richters erscheinen. Das ist für uns der Augenblick des Letzten Gerichts.

Wird es uns dabei gut ergehen? Das Bild vom Gericht wurde nicht zu einem Teil der christlichen Tradition, um den Menschen Angst zu machen, vielmehr steht es im Zusammenhang eines Gottes, der uns ernst nimmt, dies aber mit Vergebung und Versöhnung vereinbaren kann. Können wir also ruhig schlafen gehen, und gibt es keine »ewige Strafe« oder keinen »ewigen Tod«? Ich finde das Wort vom ewigen Tod angemessen. Gott liegt an der Gemeinschaft mit uns; an ihm soll es nicht liegen, falls wir zu ihm zurückkehren wollen. Aber es wäre durchaus möglich, dass der im Tode bleibt, dem an der Gemeinschaft mit Gott nichts liegt. Das wäre mit dem Wort »verlorengehen« gemeint.

Aus: Harry M. Kuitert, Ich habe meine Zweifel, © Gütersloher Verlagshaus, Gütersloh, in der Verlagsgruppe Random House, München, 1993, S. 178–184; Übersetzung aus dem Niederländischen: Hermann Häring

1. Erläutern Sie, welche Hilfestellung der Text theologisch nicht informierten Menschen bieten kann.
2. Beurteilen Sie den Text im Hinblick auf die Art und Weise eschatologischen Redens.

4.1.4 Das Gericht im Zuge der Heilsvermittlung in der Verkündung Jesu – Überlegungen des Bibelwissenschaftlers Thomas Söding

Dass Jesus vom Gericht Gottes spricht, lässt sich nur im Rahmen seiner Basileia-Predigt verstehen, die im Ganzen Heilsverkündigung ist. Dieser Kontext bestimmt den Verlauf, den Stellenwert und die Funktion des Gerichtes in der Basileia-Predigt Jesu.

a) Die Funktion der Gerichtsworte

Jesus arbeitet mit dem Motiv des göttlichen Gerichts in kerygmatischen Zusammenhängen, die signifikant sind und verschiedene Funktionen der Gerichtspredigt erkennen lassen. Drei besonders markante Punkte seien hervorgehoben.

Erstens: Die Rede vom Gericht dient Jesu dazu, Israel aufzurütteln, zu kritisieren, zur Umkehr zu mahnen und davor zu warnen, den Kairos des Evangeliums (Mk 1,15) zu verpassen. Wenn Jesus die eschatologische Wallfahrt der Völker zur Tischgemeinschaft in der vollendeten Basileia gegen das »Heulen und Zähneklappern« der »Kinder des Reiches« ausspielt (Mt 8,11 f. par. Lk 13,281), öffnet er den universalen Horizont der Basileia, zielt aber darauf ab, Israel, das Jesus ablehnt oder überhört, zu warnen, dass es nun ja nicht zum Äußersten kommt. Die Weherufe gegen die Reichen (Lk 6,24 ff.), gegen die unbußfertigen Städte Israels (Lk 10,13 par. Mt 11,21) und gegen die hartherzigen Pharisäer (Lk 11,42-52 par. Mt 23,13-29) dienen – gattungskonform – nicht dazu, ihnen die ewige Verdammnis auf den Hals zu wünschen, sondern ihnen mit bitterstem Ernst die Augen, Ohren und Herzen für die Gnade der von Jesus verkündeten Gottesherrschaft zu öffnen.

Zweitens: Die Rede vom Gericht dient dazu, die alles überragende, nämlich heilsentscheidende Bedeutung der Umkehr und des Glaubens, der Liebe und der Gerechtigkeit zu unterstreichen. Das »Gleichnis« vom Weltgericht, das Matthäus als Resümee an das Ende der öffentlichen Verkündigung Jesu stellt (25,31-46), gibt keine prophetische Prognose über den Ablauf des Jüngsten Tages, sondern prägt die (allegorisierte) Metapher eines königlichen Gerichts, bei dem über Leben und Tod entschieden wird, um herauszuarbeiten, was in den Augen Gottes über gelingendes oder gescheitertes, sündiges oder gerechtes Leben entscheide: unterlassene oder getane Liebeswerke, die sich als verweigerte oder wirkliche Begegnung mit dem Menschensohn entpuppen. Die Evangelien zeigen in einer großen Breite ihrer Texte (mit unterschiedlichen Akzenten), dass Jesus die Rettung im Endgericht an das Halten der Gebote Gottes (Mt 5,17-20), besonders an das Doppelgebot der Gottes- und Nächstenliebe (Mk 12,28-34 parr.) und an die Zehn Gebote (Mk

10,17 ff. parr.) gebunden hat, wobei er freilich die Reinheitsvorschriften ethisch interpretiert (Mk 7,1-23 par. Mt; vgl. Mk 5,25-34 parr.; Lk 7,36-50), die Sabbatgesetzgebung auf ihren Kern zurückführt, Gottes Güte erfahrbar zu machen (Mk 3,1-6 parr.), und den Opferdienst unter das Vorzeichen der Liebe zu den Feinden stellt (Mt 5,23-26). Die Rede vom Gericht zielt darauf ab, offenzulegen, dass für Jesus in Gottes Augen nichts so sehr zählt wie die Anerkennung des Rechtes, der Macht und Liebe Gottes (Mt 7,1 f.; vgl. Mk 4,24), die Umkehr von der Fixierung auf vermeintliche Heilsprivilegien zur Anerkennung radikaler Angewiesenheit auf Gottes Gnade (Mt 11,20-24 par. Lk 10,13 ff.; Mt 12,41 f. par. Lk 11,30 ff.), die Entschiedenheit für die Sache der Basileia, die sich ethisch zu bewähren hat (Mk 9,42-50 parr.), das tatkräftige Mitleid mit den Armen (Lk 16,19-31), aber auch die barmherzige Vergebung der Schuld (Mt 18,21-35) und der radikale Verzicht auf selbstherrliche Rache an den Sündern und Ungläubigen (Mt 13,24-30.47-50).

Drittens: Die Rede vom Gericht dient dazu, die eschatologische Heilsmittlerschaft Jesu herauszuarbeiten. So wie das Gleichnis vom Weltgericht die Werke der Liebe deshalb als heilsentscheidend betrachtet, weil sich in ihnen die Bejahung Jesu ereignet, der sich »mit dem Geringsten seiner Brüder« identifiziert (bis zur stellvertretenden Hingabe seines Lebens), so heben Gerichtsworte Jesu andererseits hervor, dass sich das Schicksal im Endgericht am Bekenntnis zu Jesus entscheidet, der die Feindesliebe nur fordert, weil er sie lebt. »Wer sich zu mir vor den Menschen bekennt, zu dem wird sich auch der Menschensohn vor den Engeln Gottes bekennen; wer mich aber vor den Menschen verleugnet, der wird vor den Engeln Gottes verleugnet werden« (Lk 12,8 f.; vgl. Mk 8,38 parr.). Das Bekenntnis zu Jesus ist ein Ausdruck des Glaubens. Dieser Glaube ist, wie vor allem die Wundergeschichten festhalten, befreiender, heilender, rettender Glaube und als dieser Wunderglaube transparent für den »Glauben an das Evangelium«, den Jesus als umfassende Antwort der Hörer des Wortes einfordert (Mk 1,15 parr.). Dieser Glaube ist im Kern das radikale Vertrauen darauf, dass Gott seine Herrschaft so nahe kommen lässt, wie Jesus es verkündet, und umfasst in dieser theozentrischen Perspektive das Bekenntnis zu Jesus, nämlich die Bejahung seiner Botschaft, die Übernahme seiner ethischen Weisung, die Anerkennung seiner von Gott zugewiesenen Aufgabe des eschatologischen Heilsdienstes (Mk 10,45 par. Mt) und die Gemeinschaft mit seiner Person, sei es in der Weise der Gebetsgemeinschaft mit ihm nach der Maßgabe des Vaterunsers. Schon bei Jesus selbst ist es wegen der untrennbaren Verbindung zwischen der Gottesherrschaft und ihrem eschatologischen Boten, dem nach Israel gesandten »Sohn« (Mk 12,1-12 parr.) Gottes, letztlich der – tatkräftige – Glaube, der die Hörer seines Wortes im Gericht retten wird.

Zusammengefasst: Dass Jesus vom Gericht spricht, zeigt den Ernst und Anspruch seiner Basileia-Predigt. Sie ist keineswegs nur ein Angebot. Sie präsentiert sich zwar als Einladung, als überraschendes Geschenk und unverhofftes Glück. Aber wenn Jesus das Reich Gottes predigt, macht er immer auch das Recht Gottes geltend, seinen Herrschaftsanspruch, den er legitimerweise erhebt und den er paradoxerweise gerade durch die absolute Gewaltlosigkeit und Freiheit des dienenden Jesus verwirklicht. Wo dieser Ernst und Anspruch nicht verstanden ist, herrscht auch noch ein tiefes Missverständnis des eschatologischen Heiles: Es wird unterschätzt, wie unbedingt es ist, wie schöpferisch und dass es alle menschlichen Vorstellungen sprengt.

Aus: Thomas Söding, Feuer und Schwert, Gottes Gericht in der Verkündigung Jesu, in: rhs 4/2000, S. 220-221

›

1. Geben Sie den Gedankengang des Textes wieder.
2. Erläutern Sie die Grundthese(n) des Verfassers.

3. Beurteilen Sie, ob es in gegenwärtiger Verkündigung sinnvoll ist, das Gerichtsmotiv zu akzentuieren, und wenn ja, wie dies geschehen sollte.

4.1.5 Die Sehnsucht nach dem Ende der Welt – Was den apokalyptischen Terrorismus mit der neuen Weltordnung verbindet – Ausblick

Das Szenario der Verbrechen vom 11. September 2001 im World Trade Center in New York und im Pentagon in Washington hat viele Menschen so fassungslos gemacht, weil es keinem vernünftigen, sondern einem apokalyptischen Drehbuch folgte. Sehen wir noch einmal hin: dort das World Trade Center, Symbol des globalisierten Fortschritts der modernen Welt, dort das Pentagon, Symbol der Supermacht Amerika – hier in den gekaperten Flugzeugen die anonymen Massenmörder, Vollstrecker, wie sie glauben, des Gerichts einer überirdischen Macht.

Rationale Ziele und Zwecke der Attentate sind nicht erkennbar, Stimmen von Bin Laden und Mullah Omar sprechen von Vergeltung für erlittene Kränkungen des Islam, von der Rache Gottes an Ungläubigen und der Zerstörung Amerikas. Sind hier religiöse Energien zu kriminellen geworden? Haben wir die religiösen Energien wieder unterschätzt, wie schon einmal, als der Fundamentalist Khomeini gegen den Modernisierer Schah Reza Pahlewi im Iran antrat? Das Drehbuch für das Schreckensdrama vom 11. September geht über die Vorstellungen moderner Vernunft hinaus und ist doch in sich logisch und folgerichtig. Die Attentäter waren nicht Kalaschnikows schwingende Analphabeten, sondern gebildete, gut trainierte junge Männer. Sie kamen aus angesehenen Familien, nicht aus den Slums der Dritten Welt. Die Dramaturgie ihrer Handlungen war zweifellos religiös, aber diese Charakterisierung genügt nicht, innerhalb des Religiösen war sie offensichtlich eschatologisch, vom Pathos des Endes beherrscht. Wir nennen das heute »apokalyptisch«, obgleich es wenig mit den alten apokalyptischen Traditionen zu tun hat.

Aber auch das World Trade Center und das Pentagon sind nicht nur zweckdienliche Stätten modernen Handelns und militärischer Planung. Sie haben auch Symbolwert. Sehen wir genauer hin, dann finden wir hier ein anderes religiöses Muster, nicht das apokalyptische vom »Ende der Welt«, sondern das millennaristische von der »Vollendung der Weltgeschichte« durch Globalisierung wirtschaftlicher und militärischer Macht. Auch dieses Denkmuster ist vom Pathos des Endes beherrscht und lässt keine Alternativen zu. Was am 11. September 2001 in New York und Washington geschah, war der Zusammenstoß einander widersprechender Weltendvorstellungen: einer triumphalen Weltvollendungsidee hier – und einer apokalyptischen Weltbeendigungsidee dort. Es war der Anschlag der terroristischen Beendigung der Welt auf die globale Vollendung der Weltgeschichte.

Vorstellungen von einem »Ende der Geschichte« richten sich entweder auf das Ziel oder das Ende der Geschichte. Hat die Weltgeschichte ein vorbestimmtes Ziel, dann ist dieses ihre Vollendung, und die Geschichte schreitet stufenweise voran. Nach biblischen Traditionen ist es das Reich des Menschensohns und das »Tausendjährige Reich« Christi; nach antiker Vorstellung ist es das »Goldene Zeitalter«, das nach Vergil das »eiserne Zeitalter« der Gegenwart ablösen soll; nach modernen Hoffnungen ist es das »Reich des ewigen Friedens« (Kant) und das »Reich der Freiheit« (Hegel). Für Francis Fukuyama, seinerzeit im State Department in Washington, begann 1989 nach dem Zerfall des Sozialismus und dem Sieg des »Kapitalismus und der liberalen Demokratie« das »Ende der Geschichte«. Wir nennen diese Vollendungsvorstellungen chiliastisch oder millennaristisch, und, sofern sie die Gegenwart bestimmen, messianisch.

Findet dagegen die Weltgeschichte ihre Beendigung im Ende der Welt, dann wird sie durch Katastrophen abgebrochen. Nach biblischen Traditionen ist das der »Weltuntergang«, nach antiken Vorstellungen der »Weltenbrand«; nach modernen Befürchtungen atomare, ökologische oder neuerdings terroristische Katastrophen. Endvorstellungen dieser Art nennen wir »apokalyptisch«. Sie gliedern nicht den Fortschritt, sondern entziehen jeder Epoche der Geschichte ihren Sinn. Weltgeschichte ist sinnlose Gewalt- und Leidensgeschichte: Ihr Ende ist das Beste an ihr.

Wer die Macht hat, ist immer am Fortschritt seiner Geschichte und ihrer globalen Ausweitung interessiert. Er versteht Zukunft als Fortsetzung seiner Gegenwart. Wer unterdrückt und gekränkt ist, ist nicht am Fortschritt seiner Leidensgeschichte interessiert, sondern nur an ihrer baldigen Beendigung. Wem also nützen die einen und die anderen Endvorstellungen?

Das Große Weltgericht

Zwei messianische Ideen bestimmen den Geist der modernen Welt: Die »Neuzeit« prägt das epochale Bewusstsein Europas. Nach »Altertum« und »Mittelalter« soll die »Neuzeit« das dritte und damit das Vollendungszeitalter der Menschheit bringen. Nach der messianisch aufgeladenen »Neuzeit« kann nur noch das »Ende der Zeit« kommen. »Amerika« war und ist für Einwanderer »Die Neue Welt«, in der es Freiheit für jeden geben soll. Die messianischen Elemente im »Amerikanischen Traum« und folglich auch in der amerikanischen Zivilreligion und der amerikanischen Politik sind leicht erkennbar: Das Siegel der USA und jede Eindollarnote tragen die Verheißung *novus ordo seculorum*: die Neue Weltordnung. Damit wird nicht eine, sondern die Neue Weltordnung, und zwar nicht nur für eine Zeit, sondern für alle Zeiten proklamiert. Wie Neuzeit das Zeitalter der ganzen Welt meint, so meint Neue Weltordnung eine Ordnung für die ganze Menschheit.

Messianische Ideen haben das Selbstbewusstsein der USA von Anfang an beeinflusst: Als *the innocent nation* hat Amerika die Bestimmung, *the manifest destiny*, als »Stadt auf dem Berge« und »Leuchtfeuer der Freiheit«, »die Welt zu erlösen« und das »Reich Gottes« auf Erden zu bauen. Das schafft das heilige Gefühl, zu einer *redeemer nation* zu gehören (E. L. Tuveson, Redeemer Nation. The Idea of America's Millennial Role, Chicago 1958, 1980). Diese Ideen könnten bloße Versatzstücke aus der Rhetorik amerikanischer Präsidenten sein, wenn da nicht zwei Tatsachen wären, die ihnen entsprechen:

1. Während das Sowjetexperiment, aus vielen Nationen den »neuen Sowjetmenschen« zu schaffen, 1989 endgültig gescheitert ist, geht das »amerikanische Experiment« weiter. Amerika ist das Land der Einwanderer: *e pluribus unum*. Ob es ein Schmelztiegel, *melting pot*, für die verschiedenen Rassen und Religionen ist oder nicht, es kommen immer neue Wellen von Immigranten, neuerdings immer mehr Vietnamesen. Das »amerikanische Experiment« ist ein Experiment der Menschheit, nicht nur der Amerikaner. Die Völker warten auf die Erfüllung der amerikanischen Verheißung der Neuen Weltordnung. Amerikanischer Imperialismus erfüllt sie nicht, sondern nur die universale Durchsetzung der Menschenrechte. *All men are created equal*, sagt die amerikanische Unabhängigkeitserklärung – nicht nur amerikanische Menschen! Die messianischen Hoffnungen der USA können also nur in einer Weltfriedensordnung verwirklicht werden, die auf den Menschenrechten und den Rechten der Natur gründet.

2. Der vorletzte Prophet der Neuen Weltordnung war Francis Fukuyama 1989. Er deutete das »Ende der Geschichte« […] als »die Welt ohne Alternative«. Nach 1989 triumphierte der Westen, denn es gab keine real existierende Alternative mehr zu »Kapitalismus und liberaler Demokratie«, also hat die Menschheit in der pluralistischen Demokratie endlich gefunden, was sie in allen ihren politischen Experimenten seit Jahrtausenden gesucht hat: das Ende der Geschichte in einer Welt ohne Alternative. Was einst Geschichte war, ist nur noch im »Haus der Geschichte« zu besichtigen. Auf das Ende des Ost-West-Konflikts

folgte ab 1989 die Globalisierung dessen, was der Westen war und wollte. Jetzt sprachen viele gern von der »Einen Welt«, der »Weltgemeinschaft«, dem *global village* oder der nach unseren Maßstäben »zivilisierten Welt«. Die Globalisierung der Produktionen und Märkte, Finanzen und Konzerne, Kommunikationssysteme und Kulturindustrien brachte jedoch keinen Frieden in die Welt, sondern neue Konflikte. Der aggressive Kapitalismus produziert neue Ungleichheiten, während demokratische Gemeinwesen auf die Gleichheit der BürgerInnen angewiesen sind. Fukuyama und Kojève hatten Hegel auch missverstanden: Nicht die Alternativlosigkeit, sondern die Konfliktfreiheit beendet die Geschichte. Solange aber immer neue Konflikte zwischen Völkern und mit der Natur der Erde entstehen, ist kein »Ende der Geschichte« und auch keine messianische Neue Weltordnung in Sicht.

Wir kennen die apokalyptischen Bilder vom Großen Weltgericht, von den vier apokalyptischen Reitern, vom Endkampf zwischen Christus und dem Antichristen und vom Kampf Gottes mit den Teufeln im Tal von Harmagedon. Es ist die »Religion der Unterdrückten«, die sich in solchen Rachevisionen ausdrückt. Es sind die Verfolgten, die in ihrer Ohnmacht Allmachtsträume bekommen. Es sind die Gedemütigten, deren Größenwahn in Verfolgungswahn umschlägt. Apokalyptisch war zu allen Zeiten die Theologie der Märtyrer, die unter Schmerzen den Fall der gottlosen Mächte vor sich sehen: Da stürzt sie, die »große Hure Babylon«. Weil sie nicht universal sind und alles beherrschen, haben alle monotheistischen Religionen einen dualistischen Untergrund, der in ihrer Apokalyptik gut zu erkennen ist.

Es gibt einen passiven apokalyptischen Terrorismus: Der Weltuntergang ist nahe und unabwendbar, wenn er kommt, werden die wahren Gläubigen »entrückt«, während die Gottlosen vernichtet werden. Früher dachte man an Feuer vom Himmel, nach 1945 an ein »nukleares Harmagedon« (Ronald Reagan). Nur weniges wirkt so verhängnisvoll wie dieser apokalyptische Fatalismus. Während die jüdischen und christlichen Apokalypsen Hoffnung in den drohenden Gefahren erwecken wollen, ist die moderne, säkularisierte Apokalyptik nackter apokalyptischer Terror und nichts als Exterminismus.

Es ist kein Wunder, dass heute aus dieser apokalyptischen Deutung drohender Menschheitsverbrechen ein aktiver Terrorismus entstanden ist. Von der passiven Enderwartung einer unerträglich gewordenen Welt zur aktiven Beendigung dieser Welt ist der Weg nicht weit: »Besser ein Ende mit Schrecken als dieser Schrecken ohne Ende.«

Wir haben in den letzten Jahren eine Reihe apokalyptischer Massenselbstmorde gesehen: 1978 in Jonestown, Guayana, 912 Mitglieder einer Volkstempelsekte; 1993 in Waco, Texas, 78 Anhänger der Davidianer-Sekte; 1995 53 Mitglieder einer Sonnentemplersekte in Kanada und der Schweiz; 1997 39 Gläubige einer Ufo-death-Sekte in San Diego und 1999 etwa 1000 Mitglieder einer katholischen Maria-Sekte in Uganda. Die erlösende »Entrückung« aus dieser untergehenden Welt war ihr Motiv.

Apokalyptischer Terrorismus kann auch zum aktiven Massenmord führen. Dschingis Khan fühlte sich zum Massenmord berufen. »Ich bin der Rächer Gottes«, soll er den Bewohnern Samarkands zugeschrien haben, bevor die Massaker begannen. »Die Lust an der Zerstörung ist auch eine schaffende Lust«, verkündete der Anarchist Michail Bakunin im 19. Jahrhundert. »Ohne Zerstörung kann es keinen Aufbau geben«, war Mao Tsetungs Befehl an die Roten Garden in China. Der Massenmörder Pol Pot nahm Maos Devise in Kambodscha ernst. Seine Roten Khmer ermordeten zwei Millionen in den *killing fields* und hinterließen ein zerstörtes Land.

Seit dem 11. September 2001 sind wir mit einer neuen Qualität dieses aktiven apokalyptischen Terrorismus konfrontiert. Man wird Attentäter für Geld oder aus Überzeugung, Selbstmordattentäter aber nur aus Überzeugung. Die islamistischen Terroristen fühlen

sich offenbar als Märtyrer ihres Glaubens und werden von ihresgleichen hoch verehrt. Für welche Überzeugung morden sie? Seit Jahrzehnten werden die USA von fanatisierten Massen auf den Straßen des Nahen Ostens als »der große Satan« angeklagt und die westliche Welt als die verdorbene »Welt der Gottlosen« verdammt: Materialismus, Pornografie, Auflösung der Familie, Frauenbefreiung sind nur einige der Anklagen.
Man hat das im Westen nicht ernst genommen, sondern nur als primitiv belächelt. »Der große Satan« ist aber kein anderer als der apolkalyptische »Feind Gottes«. Wer ihn schwächt und erniedrigt, ist auf Gottes Seite und verdient das Paradies. Die fixe Idee, mit Gott im Endkampf gegen die Gottlosen zu kämpfen, hebt offenbar jede normale menschliche Tötungshemmung auf, erhöht die Ekstase der Macht und verwandelt Selbstmord in einen Gottesdienst. Die Selbstmordmassenmörder von New York und Washington werden sich wie Gott gefühlt haben, der am Ende die Gottlosen vernichtet. Fühlen sie sich wie göttliche Henker, brauchen sie auch keine verständliche Rechtfertigung für den Massenmord. Der Sinn von Terrorismus ist – Terror. Danach soll nichts kommen. Wir haben es mit einer wenig bekannten Form islamistischer Apokalyptik zu tun [...] und mit der islamischen Assassin-Tradition, die aus dem 10. Jahrhundert stammt. Aus welcher Vorstellungswelt auch immer die Motive stammen, die Frage bleibt: Ist es ein Zeichen von Glaubensstärke, zum Massenmörder zu werden?

Der Islam und die Moderne

Ein Dialog zwischen den Weltreligionen ist notwendig, aber nicht das Problem des Tages. Ein *clash of civilizations* (S. Huntington) ist nicht die Herausforderung, vor der wir stehen. Was seit dem 11. September 2001 ansteht, ist die terroristische Reaktion eines radikalen Flügels des islamischen Fundamentalismus gegen die Grundlagen der modernen Welt, die für sie die westliche Welt ist. Der Aufstieg der westlichen Welt ging mit einem Niedergang der einst großen islamischen Welt einher. Der Zerfall des Osmanischen Reiches im Ersten Weltkrieg, die Kolonialherrschaft christlicher Staaten im Nahen Osten, die Gründung des Staates Israel nach dem Zweiten Weltkrieg und nach 1989 die Globalisierung der westlichen zur universalen modernen Welt muss das »Haus des Islam« verletzt und die islamische Umma tief gedemütigt haben.
Die aktuelle Bedrohung betrifft heute gar nicht die westliche Welt, sondern die islamische Gesellschaft mit ihren traditionellen Einheiten von Religion und Staat, Religion und Kultur, Religion und Wirtschaft. Kann der Islam eine Alternative zur westlichen Welt aufbauen? Es sieht nicht danach aus, jedenfalls nicht in so unterentwickelten Ländern wie Afghanistan oder afrikanischen Ländern.
Die aus dem Westen hervorgegangene moderne Welt hat drei Grundbedingungen für das friedliche Zusammenleben verschiedener Religionsgemeinschaften in einer gemeinsamen Zivilgesellschaft entwickelt:

1. die Trennung von Religionsgemeinschaft und Bürgergesellschaft, die aus der Trennung von Kirche und Staat hervorgegangen ist,
2. die Anerkennung der individuellen Religionsfreiheit,
3. die Anerkennung der Menschenrechte der Frau.

Genau gegen diese drei Bedingungen protestiert der islamische Fundamentalismus, indem er die mittelalterliche Scharia einführt und zum Heiligen Krieg gegen verwestlichte islamische Staaten und die westliche Welt aufruft. Islamische Gemeinschaften, die in der westlichen Welt leben, akzeptieren diese Bedingungen, die durch die demokratischen Verfassungen garantiert sind. Moderne islamische Staaten wie die Türkei und Ägypten haben sie mehr oder weniger übernommen. Haben sie sich damit vom Koran entfernt? Das müssen sie selbst beurteilen. Es gibt einige Fragen, die ein Licht auf mögliche Konfliktlinien der Muslime werfen. Wem gilt ihre Loyalität: dem deutschen Staat, dessen Bürger sie sind, oder der Umma, der Bruderschaft, aller Muslime? Bedeutet individuelle Religionsfreiheit, dass Personen in den Islam eintreten und ohne Schaden auch wieder austreten können? Und zuletzt: Soll ein muslimischer Junge seiner deutschen Lehrerin gehorchen? Was sagt ihm sein Mullah in der Koranschule?

Die christliche Hoffnung

Die moderne Welt ist eine offene Gesellschaft, offen für postmoderne Kultur und ökologische Reformen. Sie kann aber den Frieden zwischen verschiedenen Religionsgemeinschaften nur unter den drei genannten Bedingungen garantieren, denn diese waren es, mit denen Europa und Amerika im 17. und 18. Jahrhundert die Konfessionskriege überwanden und den religionsneutralen Staat, die säkulare Gesellschaft und damit die moderne Welt aufbauten. Sie sind darum auch die wesentlichen Grundlagen für die Modernisierung der Welt in anderen Kulturen. Während die asiatischen Kulturen damit wenig Probleme haben und die Globalisierung dort erfolgreich war, hat die islamische Tradition in arabischen Ländern an dieser Stelle Probleme, so dass deshalb neben anderen Gründen die Globalisierung der modernen Welt bei ihnen misslungen ist.

Auch das Christentum kennt entsprechende Reaktionen auf die moderne Welt im orthodoxen Traditionalismus, katholischen Autoritarismus und protestantischen Fundamentalismus, hat aber im Ganzen die moderne Welt als Befreiung begriffen: 1. als Befreiung von den Aufgaben einer politischen Religion durch die Trennung von Kirche und Staat, 2. als politische Verwirklichung der erfahrenen Glaubensfreiheit in der demokratischen Religionsfreiheit, 3. als öffentliche Anerkennung der Gottebenbildlichkeit von Mann und Frau in gleicher Würde und gleichen Rechten. Nach dem 11. September 2001 wird sich die Christenheit, gleich welcher Konfession, dazu entschließen müssen, die drei Grundbedingungen gegen jede Form von Fundamentalismus zu verteidigen und als Lebensbedingungen der Freiheit für alle Religionsgemeinschaften zu fördern.

Für den christlichen Glauben selbst gibt es weder den Zwang zur Vollendung der Weltgeschichte noch den apokalyptischen Befehl zur Vernichtung dieser Welt, sondern nur die Kraft zum neuen Anfang. Ziel christlicher Hoffnung ist nicht das Ende der Welt, sondern der Anfang des Lebens. Der Grund dieser Hoffnung sind die Auferstehung Christi und ihre Fähigkeit, in der Geschichte Neues anzufangen.

Aus: Jürgen Moltmann, Die Sehnsucht nach dem Ende der Welt. In: Die ZEIT Nr. 1 vom 27. Dezember 2001

4.1.6 Zentrale Bibelstellen

Die folgenden Bibelstellen können Sie zum Teil mit Hilfe der bisher erworbenen Kenntnisse über die Apokalyptik erschließen. Darüber hinaus ist es bei der Einzelinterpretation sinnvoll auf gängige exegetische Kommentare zurückzugreifen.
Da die einzelnen in der Obligatorik für das Zentralabitur geforderten Bibelstellen nicht ohne den Gesamtzusammenhang interpretiert werden dürfen, sollten – über die vorgegebenen Anmerkungen hinaus – Zusatzinformationen z. B. aus der Wikipedia herangezogen werden. Hier kann man sich einen Überblick mit weiterführenden Links verschaffen (etwa in arbeitsteiliger Gruppenarbeit).

4.1.6.1 Dan 7,1-28 – Daniels Vision von den vier Tieren und vom Menschensohn

a) Anmerkungen zur Einordnung der Schriftstelle

Wer das Buch Daniel von vorne bis hinten in einem Stück durchliest, gewinnt nicht gerade den Eindruck, es handle sich hier um ein Buch. So etwas wie einen durchgehenden Erzählfaden oder einen konsequenten Handlungsablauf vom ersten zum letzten Kapitel gibt es nicht. Was die einzelnen Kapitel zusammenhält, ist einzig die Figur des Daniel. Das hat manche Exegeten dazu bewogen, statt von einem Buch von einer »Daniel-Bibliothek« zu sprechen. Diese »Bibliothek« enthält verschiedene Erzählungen um einen legendären Daniel, der unter babyl. Königen diente, um drei jüdische Männer (Hananja, Asarja, Mischaël), die ihren Glauben am Hof babylonischer Könige bezeugten, und von verschiedenen, diesem Daniel zugeschriebenen Visionen. In dieser »Bibliothek« finden sich auch sehr verschiedene Textsorten: Hofgeschichten, Traumerzählungen, ein Brief, Visionen, Auditionen u. a. Die ersten sechs Kapitel des Buches enthalten Erzählungen über Daniel (sog. Fremdberichte), mit Kap. 7 wechselt das Buch zum Ich-Stil (Ich-Bericht): Daniel kommt selbst zu Wort mit seinen Träumen und Visionen. Die Kap. 13 (Rettung Susannas) und 14 (Daniel und die Bel-Priester, Daniel und der Drache) enthalten dann wieder Erzählungen über Daniel. Auffällig ist, dass im Buch Daniel drei verschiedene Sprachen verwendet werden: Es beginnt in hebräischer Sprache, bis es in Dan 2,4 plötzlich zum Aramäischen wechselt. Diese Sprache wird über die eigentliche direkte Rede hinaus beibehalten bis einschließlich Kap. 7. Ab Kap. 8 wechselt das Buch dann wieder ins Hebräische über bis einschließlich Kap. 12. Die darauf folgenden drei Erzählungen sind uns nur in Griechisch (in der LXX) überliefert; ebenso das Gebet des Asarja (3,24–50) und der Lobgesang der drei jungen Männer im Feuerofen (3,51-90). Dieser Sprachenwechsel ist ein deutliches Zeichen dafür, dass die verschiedenen Teile des Buches zu unterschiedlichen Zeiten entstanden sind. Doch gibt es dafür auch noch andere »Indizien«: Das Bild der Danielfigur, das uns die Erzählungen in Dan 1-6 vor Augen stellen, ist ein ganz anderes als das in Dan 7-12: Im Erzählteil ist Daniel der Typ des idealen Diasporajuden wie z. B. der legendäre Tobit oder wie Josef in Ägypten, mit dem er die Befähigung zur Traumdeutung (z. B. Dan 4: Nebukadnezzars Traum vom stolzen Baum; Dan 5: Gastmahl Belschazzars) gemeinsam hat. Im Visionsteil hingegen ist Daniel selbst Empfänger von Träumen und Visionen, vermag diese aber nicht zu deuten und ist selbst auf Deutung angewiesen. Auch die heidnische Umwelt im Erzählteil wird anders gesehen als im Visionsteil. Die einzelnen Erzählungen in Dan 1–6 werden, bei aller Spannung und Lebensgefahr für Daniel und seine Freunde (Dan 3), stets durch ein »Happy End« gekrönt. Ganz anders im zweiten Teil des Buches, wo die Fremdherrscher geradezu »böse« und gottfeindlich dargestellt werden, so dass als einzige Hoffnung ein Eingreifen Gottes in die Geschichte und das Anbrechen des Gottesreiches gesehen werden. Im Erzählteil und im Visionsteil haben sich also ganz verschiedene historische Erfahrungen niedergeschlagen. (…) So ist am Ende dieses langen Entstehungsprozesses aus einzelnen Diasporalegenden ein »apokalyptisches« Buch geworden, das in schlimmer Zeit versucht, etwas vom Wirken Gottes in und hinter der Geschichte sichtbar zu machen, den Schleier vom Ablauf der Geschichte zu nehmen, den Geschichtsplan Gottes zu offenbaren. Nichts anderes bedeutet das griechische Wort apokalyptein = enthüllen/offenbaren von verschlüsselten Botschaften, Chiffren, Metaphern und Bildreden im Danielbuch.

Aus: Dieter Bauer, Artikel: Danielbuch, in: Franz Kogler (Hrsg.), Renate Egger-Wenzel und Michael Ernst (Redakt.), Herders Neues Bibellexikon, Herder, Freiburg/Br. 2008, S. 97/98;

b) Der Schrifttext

1 Im ersten Jahr Belschazzars, des Königs von Babel, hatte Daniel einen Traum; auf seinem Lager hatte er eine Vision. Er schrieb den Traum auf und sein Bericht hat folgenden Inhalt:

2 Ich hatte während der Nacht eine Vision: Die vier Winde des Himmels wühlten das große Meer auf.

3 Dann stiegen aus dem Meer vier große Tiere herauf; jedes hatte eine andere Gestalt.

4 Das erste war einem Löwen ähnlich, hatte jedoch Adlerflügel. Während ich es betrachtete, wurden ihm die Flügel ausgerissen; es wurde vom Boden emporgehoben und wie ein Mensch auf zwei Füße gestellt und es wurde ihm ein menschliches Herz gegeben.

5 Dann erschien ein zweites Tier; es glich einem Bären und war nach einer Seite hin aufgerichtet. Es hielt drei Rippen zwischen den Zähnen in seinem Maul und man ermunterte es: Auf, friss noch viel mehr Fleisch!

6 Danach sah ich ein anderes Tier; es glich einem Panther, hatte aber auf dem Rücken vier Flügel, wie die Flügel eines Vogels; auch hatte das Tier vier Köpfe; ihm wurde die Macht eines Herrschers verliehen.

7 Danach sah ich in meinen nächtlichen Visionen ein viertes Tier; es war furchtbar und schrecklich anzusehen und sehr stark; es hatte große Zähne aus Eisen. Es fraß und zermalmte alles, und was übrig blieb, zertrat es mit den Füßen. Von den anderen Tieren war es völlig verschieden. Auch hatte es zehn Hörner.

8 Als ich die Hörner betrachtete, da wuchs zwischen ihnen ein anderes, kleineres Horn empor und vor ihm wurden drei von den früheren Hörnern ausgerissen; und an diesem Horn waren Augen wie Menschenaugen und ein Maul, das anmaßend redete.

9 Ich sah immer noch hin; da wurden Throne aufgestellt und ein Hochbetagter nahm Platz. Sein Gewand war weiß wie Schnee, sein Haar wie reine Wolle. Feuerflammen waren sein Thron und dessen Räder waren loderndes Feuer.

10 Ein Strom von Feuer ging von ihm aus. Tausendmal Tausende dienten ihm, zehntausendmal Zehntausende standen vor ihm. Das Gericht nahm Platz und es wurden Bücher aufgeschlagen.

11 Ich sah immer noch hin, bis das Tier – wegen der anmaßenden Worte, die das Horn redete – getötet wurde. Sein Körper wurde dem Feuer übergeben und vernichtet.

12 Auch den anderen Tieren wurde die Herrschaft genommen. Doch ließ man ihnen das Leben bis zu einer bestimmten Frist.

13 Immer noch hatte ich die nächtlichen Visionen: Da kam mit den Wolken des Himmels einer wie ein Menschensohn. Er gelangte bis zu dem Hochbetagten und wurde vor ihn geführt.

14 Ihm wurden Herrschaft, Würde und Königtum gegeben. Alle Völker, Nationen und Sprachen müssen ihm dienen. Seine Herrschaft ist eine ewige, unvergängliche Herrschaft. Sein Reich geht niemals unter.

15 Darüber war ich, Daniel, im Geist bekümmert, und was mir vor Augen stand, erschreckte mich.

16 Ich wandte mich an einen der Umstehenden und bat ihn, mir das alles genau zu erklären. Er deutete mir die Vorgänge und sagte:

17 Diese großen Tiere, vier an der Zahl, bedeuten vier Könige, die sich auf der Erde erheben werden.

18 Das Königtum aber werden die Heiligen des Höchsten erhalten und sie werden es behalten für immer und ewig.

19 Dann wollte ich noch Genaueres über das vierte Tier erfahren, das Tier, das anders war

als alle anderen, ganz furchtbar anzusehen, mit Zähnen aus Eisen und mit Klauen aus
Bronze, das alles fraß und zermalmte, und was übrig blieb, mit den Füßen zertrat.
20 Auch (wollte ich Genaueres erfahren) über die zehn Hörner an seinem Kopf und über
das andere Horn, das emporgewachsen war und vor dem die drei Hörner abgefallen
waren, das Horn, das Augen und einen Mund hatte, der anmaßend redete, und das
schließlich größer als die anderen zu sein schien.
21 Ich sah dieses Horn gegen die Heiligen kämpfen. Es überwältigte sie,
22 bis der Hochbetagte kam. Da wurde den Heiligen des Höchsten Recht verschafft und
es kam die Zeit, in der die Heiligen das Königtum erhielten.
23 Der (Engel) antwortete mir: Das vierte Tier bedeutet: Ein viertes Reich wird sich auf
der Erde erheben, ganz anders als alle anderen Reiche. Es wird die ganze Erde verschlin-
gen, sie zertreten und zermalmen.
24 Die zehn Hörner bedeuten: In jenem Reich werden zehn Könige regieren; doch nach
ihnen kommt ein anderer. Dieser ist ganz anders als die früheren. Er stürzt drei Könige,
25 er lästert über den Höchsten und unterdrückt die Heiligen des Höchsten. Die Festzei-
ten und das Gesetz will er ändern. Ihm werden die Heiligen für eine Zeit und zwei Zei-
ten und eine halbe Zeit ausgeliefert.
26 Dann aber wird Gericht gehalten. Jenem König wird seine Macht genommen; er wird
endgültig ausgetilgt und vernichtet.
27 Die Herrschaft und Macht und die Herrlichkeit aller Reiche unter dem ganzen Him-
mel werden dem Volk der Heiligen des Höchsten gegeben. Sein Reich ist ein ewiges
Reich und alle Mächte werden ihm dienen und gehorchen.
28 Hier endet die Mitteilung. Mich, Daniel, erschreckten meine Gedanken sehr und ich
erbleichte. Aber ich bewahrte die Mitteilung in meinem Herzen.

4.1.6.2 Offb 6; 13; 17; 20-21

a) Anmerkungen zur Einordnung der Schriftstellen

Viermal nennt der Verfasser dieser Schrift seinen Namen Johannes (1,1.4.9; 2,8) – für alles Übrige bzgl. seiner Person ist man auf Rückschlüsse aus seinem Werk angewiesen. Heute wird er nicht mehr mit dem Autor des Johannesevangeliums identifiziert. Der Verfasser der Offenbarung war offensichtlich ein Prophet, den man im westlichen Kleinasien kannte. Er beansprucht also nicht, Apostel zu sein, sondern er lässt deutlich erkennen, dass er seine Autorität von dem Anspruch herleitet, Prophet zu sein (vgl. 1,3; 10,10 f; 19,9 f.; 22, 6-10). Da die sieben Sendschreiben (Kap. 2–3) eine bes. Kenntnis der Adressatengemeinden zeigen, dürfte es sich bei ihm um einen Wanderpropheten handeln. Weiter nennt er sich »Bruder und Mitgenosse« (1,9) der Adressaten, der in ähnlicher Weise wie sie »bedrängt« ist, und er fährt fort: »Ich war auf der Insel, die Patmos genannt wird, um des Wortes Gottes und des Zeugnisses Jesu willen«. Auf diese kleine (39 km^2) und gering besiedelte Insel wurde Johannes in eine Art Schutzhaft verbannt. Johannes hat aber dem eigentlichen Briefanfang seines Schreibens (V. 4) noch ein »Vorwort« vorgeschaltet, das keinen anderen als Jesus Christus selbst als den Urheber der Offenbarung ausweist. Der Beginn von 1,1 »Offenbarung Jesu Christi« bezeichnet also nicht nur den Buchinhalt, sondern im Sinne des Autors auch den eigentlichen »Verfasser«: Christus selbst kommt in diesem Schreiben zu Wort und er offenbart das, was ihm Gott gegeben hat (1,1).

Entstehungssituation: Intention – Adressaten – Ort und Zeit

Die Adressaten des Schreibens werden in 1,4 genau angegeben: »die sieben Gemeinden in der (Provinz) Asia«, an die sich die sieben Sendschreiben von Kap. 2–3 richten. Es handelt sich dabei um keine fiktiven oder typischen Größen, da dort präzise auf die jeweilige Gemeindesituation Bezug genommen wird. Genauer handelt es sich um die Gemeinden in Ephesus, Smyrna, Pergamon, Thyatira, Sardes, Philadelphia und Laodizea (1,11); unter ihnen spielte das erstgenannte Ephesus die führende Rolle. Johannes will diesen Gemeinden klar machen, was es für sie bedeutet, dass Christus der Herr der Geschichte ist. Johannes schreibt aus einer »bedrängten« Situation, die er aber nicht als Einzelschicksal sieht, sondern die er in den Zusammenhang mit dem Schicksal der Empfänger stellt. Dazu führt er zurückliegendes und zu erwartendes Leiden von Christen an. Namentlich wird nur Antipas (2,13) als Märtyrer genannt. Diesem Opfer römischer Gewaltherrschaft stehen viele anonyme an der Seite (vgl. 6,9; 12,17; 17,6; 20,4), so dass er schließlich sagen kann, dass an Rom »das Blut der Propheten und Heiligen und aller Hingeschlachteten auf der Erde« (18,24) klebt. Damit macht er deutlich, dass die erfolgten Hinrichtungen keine Einzelschicksale sind, sondern dass vielmehr angesichts des Charakters von Rom jeder mit diesem Schicksal zu rechnen hat, der sein Christsein konsequent lebt. Gegen Ende der Regierungszeit des Kaisers Domitian gab es nach Ausweis der Quellen keine umfassende Christenverfolgung mit systematischer Aufspürung von Christen; aber den Adressaten ist diese als bedrängend erfahrene Verfolgungssituation präsent. Die Intention des Johannes ist es dabei, seinen Lesern das schon erfolgte Geschehen begreifbar zu machen als Zeichen der Zeit für den grundsätzlichen Gegensatz zwischen christlicher Gemeinde und Rom, zwischen Christus und dem Kaiser. Der Kaiserkult hatte unter Domitian eine bis dahin unbekannte Steigerung erfahren und blühte bes. in der Provinz Asia. Ein «Brennpunkt« war Ephesus als die Metropole der Provinz. Gegenstand des Kultes war eine imposante Kolossalstatue des Kaisers von vierfacher Lebensgröße. Das »zweite Tier« von 13,11-14 ist wohl als die Oberpriesterschaft des Kaiserkultes zu verstehen. Christen, die sich davon fernhielten, gerieten in den Verdacht den Staat nicht zu respektieren. Sie konnten angeklagt und hingerichtet werden. In dieser Situation stellte sich die Frage: Ist ein Kompromiss möglich? Soll passiver oder aktiver Widerstand geleistet werden? Wem muss man gehorchen: Gott oder dem Kaiser? Sind soziale Sanktionen zu befürchten, wenn man die Anpassung an das totalitäre Regime grundsätzlich verweigert? Die Perspektive, aus der Johannes das Imperium Romanum beurteilt, ist also die Erfahrung von »Bedrängnis«. Rom hat weltumfassende Macht – und die Macht der Gewalt fasziniert und findet ihre Anhänger. Johannes qualifiziert Rom mit mehreren Attributen: als »Hure« (vgl. Kap. 17), dem alttestamentlich-prophetischen Ausdruck heidnischen Götzendienstes; als »Babylon« (z. B. 17,5), die dem Gottesvolk feindliche Stadt, über die Gottes Gericht ergangen ist; als »Tier aus dem Abgrund« (11,7; 17,8), die Chaosmacht, der die Schöpfung abgerungen wurde und die sie weiterhin bedroht; als Werkzeug des »Drachen« (vgl. 13,2), der 12,9; 20,2 mit dem Satan identifiziert wird, als in letzter Steigerung also satanische Macht. Dieser Macht eines menschenverachtenden Staates ist das baldige Ende angesagt: Die Offenbarung ist voll von Bildern, die den Untergang Roms zeichnen (vgl. 18,9-15 in scharfer Wahrnehmung seiner ausbeuterischen Wirklichkeit; 18,21; 19, 17–21). Aber der Blick auf den Untergang bleibt nicht auf Rom fixiert, sondern richtet sich auf das Neue Jerusalem. Mit dem Ruf »Wie lange noch?« (6,10) erhebt sich das Geschrei der Opfer gegen die Gewaltgeschichte. Mit diesem Ruf wehren sie sich gegen eine Sinngebung für ihren Tod. Johannes tröstet sie, indem er dieses Leiden zum erhofften Ende in Beziehung setzt. Es kann aber keine Rede davon sein, dass dem Leiden ein

Sinn gegeben wird. Es geht um die Beseitigung dessen, was solche Sinnlosigkeit produziert, um den Abbruch der Gewaltgeschichte. Die Offenbarung wurde als Trostschreiben in den letzten Jahren Domitians verfasst, also um 95. Auf diese Zeit weisen sowohl die Verhältnisse in den kleinasiatischen Gemeinden, welche in den sieben Sendschreiben angesprochen sind, als auch der gegen den Kaiserkult gerichtete Tenor.

Aus: Notker Füglister OSB, Artikel: Offenbarung des Johannes, in: Franz Kogler (Hrsg.), Renate Egger-Wenzel und Michael Ernst (Redakt.), Herders Neues Bibellexikon, Herder, Freiburg/Br. 2008, S. 413;

b) Die ersten sechs Siegel – Die beiden Tiere – Die Hure Babylon

Offb 6,1 Dann sah ich: Das Lamm öffnete das erste der sieben Siegel; und ich hörte das
erste der vier Lebewesen wie mit Donnerstimme rufen: Komm!
2 Da sah ich ein weißes Pferd; und der, der auf ihm saß, hatte einen Bogen. Ein Kranz
wurde ihm gegeben und als Sieger zog er aus, um zu siegen.
3 Als das Lamm das zweite Siegel öffnete, hörte ich das zweite Lebewesen rufen: Komm!
4 Da erschien ein anderes Pferd; das war feuerrot. Und der, der auf ihm saß, wurde
ermächtigt, der Erde den Frieden zu nehmen, damit die Menschen sich gegenseitig
abschlachteten. Und es wurde ihm ein großes Schwert gegeben.
5 Als das Lamm das dritte Siegel öffnete, hörte ich das dritte Lebewesen rufen: Komm!
Da sah ich ein schwarzes Pferd; und der, der auf ihm saß, hielt in der Hand eine Waage.
6 Inmitten der vier Lebewesen hörte ich etwas wie eine Stimme sagen: Ein Maß Weizen
für einen Denar und drei Maß Gerste für einen Denar. Aber dem Öl und dem Wein füge
keinen Schaden zu!
7 Als das Lamm das vierte Siegel öffnete, hörte ich die Stimme des vierten Lebewesens
rufen: Komm!
8 Da sah ich ein fahles Pferd; und der, der auf ihm saß, heißt «der Tod»; und die Unter-
welt zog hinter ihm her. Und ihnen wurde die Macht gegeben über ein Viertel der Erde,
Macht, zu töten durch Schwert, Hunger und Tod und durch die Tiere der Erde.
9 Als das Lamm das fünfte Siegel öffnete, sah ich unter dem Altar die Seelen aller, die
hingeschlachtet worden waren wegen des Wortes Gottes und wegen des Zeugnisses, das
sie abgelegt hatten.
10 Sie riefen mit lauter Stimme: Wie lange zögerst du noch, Herr, du Heiliger und Wahr-
haftiger, Gericht zu halten und unser Blut an den Bewohnern der Erde zu rächen?
11 Da wurde jedem von ihnen ein weißes Gewand gegeben; und ihnen wurde gesagt, sie
sollten noch kurze Zeit warten, bis die volle Zahl erreicht sei durch den Tod ihrer Mit-
knechte und Brüder, die noch sterben müssten wie sie.
12 Und ich sah: Das Lamm öffnete das sechste Siegel. Da entstand ein gewaltiges Beben.
Die Sonne wurde schwarz wie ein Trauergewand und der ganze Mond wurde wie Blut.
13 Die Sterne des Himmels fielen herab auf die Erde, wie wenn ein Feigenbaum seine
Früchte abwirft, wenn ein heftiger Sturm ihn schüttelt.
14 Der Himmel verschwand wie eine Buchrolle, die man zusammenrollt, und alle Berge
und Inseln wurden von ihrer Stelle weggerückt.
15 Und die Könige der Erde, die Großen und die Heerführer, die Reichen und die Mäch-
tigen, alle Sklaven und alle Freien verbargen sich in den Höhlen und Felsen der Berge.
16 Sie sagten zu den Bergen und Felsen: Fallt auf uns und verbergt uns vor dem Blick
dessen, der auf dem Thron sitzt, und vor dem Zorn des Lammes;
17 denn der große Tag ihres Zorns ist gekommen. Wer kann da bestehen?

Offb 13, 1 Und ich sah: Ein Tier stieg aus dem Meer, mit zehn Hörnern und sieben Köpfen. Auf seinen Hörnern trug es zehn Diademe und auf seinen Köpfen Namen, die eine Gotteslästerung waren.
2 Das Tier, das ich sah, glich einem Panther; seine Füße waren wie die Tatzen eines Bären und sein Maul wie das Maul eines Löwen. Und der Drache hatte ihm seine Gewalt übergeben, seinen Thron und seine große Macht.
3 Einer seiner Köpfe sah aus wie tödlich verwundet; aber die tödliche Wunde wurde geheilt. Und die ganze Erde sah dem Tier staunend nach.
4 Die Menschen warfen sich vor dem Drachen nieder, weil er seine Macht dem Tier gegeben hatte; und sie beteten das Tier an und sagten: Wer ist dem Tier gleich und wer kann den Kampf mit ihm aufnehmen?
5 Und es wurde ermächtigt, mit seinem Maul anmaßende Worte und Lästerungen auszusprechen; es wurde ihm Macht gegeben, dies zweiundvierzig Monate zu tun.
6 Das Tier öffnete sein Maul, um Gott und seinen Namen zu lästern, seine Wohnung und alle, die im Himmel wohnen.
7 Und es wurde ihm erlaubt, mit den Heiligen zu kämpfen und sie zu besiegen. Es wurde ihm auch Macht gegeben über alle Stämme, Völker, Sprachen und Nationen.
8 Alle Bewohner der Erde fallen nieder vor ihm: alle, deren Name nicht seit der Erschaffung der Welt eingetragen ist ins Lebensbuch des Lammes, das geschlachtet wurde.
9 Wenn einer Ohren hat, so höre er.
10 Wer zur Gefangenschaft bestimmt ist, geht in die Gefangenschaft. Wer mit dem Schwert getötet werden soll, wird mit dem Schwert getötet. Hier muss sich die Standhaftigkeit und die Glaubenstreue der Heiligen bewähren.
11 Und ich sah: Ein anderes Tier stieg aus der Erde herauf. Es hatte zwei Hörner wie ein Lamm, aber es redete wie ein Drache.
Die ganze Macht des ersten Tieres übte es vor dessen Augen aus.
12 Es brachte die Erde und ihre Bewohner dazu, das erste Tier anzubeten, dessen tödliche Wunde geheilt war.
13 Es tat große Zeichen; sogar Feuer ließ es vor den Augen der Menschen vom Himmel auf die Erde fallen.
14 Es verwirrte die Bewohner der Erde durch die Wunderzeichen, die es im Auftrag des Tieres tat; es befahl den Bewohnern der Erde, ein Standbild zu errichten zu Ehren des Tieres, das mit dem Schwert erschlagen worden war und doch wieder zum Leben kam.
15 Es wurde ihm Macht gegeben, dem Standbild des Tieres Lebensgeist zu verleihen, sodass es auch sprechen konnte und bewirkte, dass alle getötet wurden, die das Standbild des Tieres nicht anbeteten.
16 Die Kleinen und die Großen, die Reichen und die Armen, die Freien und die Sklaven, alle zwang es, auf ihrer rechten Hand oder ihrer Stirn ein Kennzeichen anzubringen.
17 Kaufen oder verkaufen konnte nur, wer das Kennzeichen trug: den Namen des Tieres oder die Zahl seines Namens.
18 Hier braucht man Kenntnis. Wer Verstand hat, berechne den Zahlenwert des Tieres. Denn es ist die Zahl eines Menschennamens; seine Zahl ist sechshundertsechsundsechzig.

Offb 17,1 Dann kam einer der sieben Engel, welche die sieben Schalen trugen, und sagte zu mir: Komm, ich zeige dir das Strafgericht über die große Hure, die an den vielen Gewässern sitzt.
2 Denn mit ihr haben die Könige der Erde Unzucht getrieben und vom Wein ihrer Hurerei wurden die Bewohner der Erde betrunken.
3 Der Geist ergriff mich und der Engel entrückte mich in die Wüste. Dort sah ich eine

Frau auf einem scharlachroten Tier sitzen, das über und über mit gotteslästerlichen Namen beschrieben war und sieben Köpfe und zehn Hörner hatte.
4 Die Frau war in Purpur und Scharlach gekleidet und mit Gold, Edelsteinen und Perlen geschmückt. Sie hielt einen goldenen Becher in der Hand, der mit dem abscheulichen Schmutz ihrer Hurerei gefüllt war.
5 Auf ihrer Stirn stand ein Name, ein geheimnisvoller Name: Babylon, die Große, die Mutter der Huren und aller Abscheulichkeiten der Erde.
6 Und ich sah, dass die Frau betrunken war vom Blut der Heiligen und vom Blut der Zeugen Jesu. Beim Anblick der Frau ergriff mich großes Erstaunen.
7 Der Engel aber sagte zu mir: Warum bist du erstaunt? Ich will dir das Geheimnis der Frau enthüllen und das Geheimnis des Tieres mit den sieben Köpfen und zehn Hörnern, auf dem sie sitzt.
8 Das Tier, das du gesehen hast, war einmal und ist jetzt nicht; es wird aber aus dem Abgrund heraufsteigen und dann ins Verderben gehen. Staunen werden die Bewohner der Erde, deren Namen seit der Erschaffung der Welt nicht im Buch des Lebens verzeichnet sind. Sie werden bei dem Anblick des Tieres staunen; denn es war einmal und ist jetzt nicht, wird aber wieder da sein.
9 Hier braucht man Verstand und Kenntnis. Die sieben Köpfe bedeuten die sieben Berge, auf denen die Frau sitzt. Sie bedeuten auch sieben Könige.
10 Fünf sind bereits gefallen. Einer ist jetzt da, einer ist noch nicht gekommen; wenn er dann kommt, darf er nur kurze Zeit bleiben.
11 Das Tier aber, das war und jetzt nicht ist, bedeutet einen achten König und ist doch einer von den sieben und wird ins Verderben gehen.
12 Die zehn Hörner, die du gesehen hast, bedeuten zehn Könige, die noch nicht zur Herrschaft gekommen sind; sie werden aber königliche Macht für eine einzige Stunde erhalten, zusammen mit dem Tier.
13 Sie sind eines Sinnes und übertragen ihre Macht und Gewalt dem Tier.
Sie werden mit dem Lamm Krieg führen, aber das Lamm wird sie besiegen. Denn es ist der Herr der Herren und der König der Könige. Bei ihm sind die Berufenen, Auserwählten und Treuen.
14 Und er sagte zu mir: Du hast die Gewässer gesehen, an denen die Hure sitzt; sie bedeuten Völker und Menschenmassen, Nationen und Sprachen.
15 Du hast die zehn Hörner und das Tier gesehen; sie werden die Hure hassen, ihr alles wegnehmen, bis sie nackt ist, werden ihr Fleisch fressen und sie im Feuer verbrennen.
16 Denn Gott lenkt ihr Herz so, dass sie seinen Plan ausführen: Sie sollen einmütig handeln und ihre Herrschaft dem Tier übertragen, bis die Worte Gottes erfüllt sind.
17 Die Frau aber, die du gesehen hast, ist die große Stadt, die die Herrschaft hat über die Könige der Erde.

c) Die Tausendjährige Herrschaft – Der endgültige Sieg über den Satan – Das Gericht über alle Toten

Offb 20,1 Dann sah ich einen Engel vom Himmel herabsteigen; auf seiner Hand trug er den Schlüssel zum Abgrund und eine schwere Kette.
2 Er überwältigte den Drachen, die alte Schlange – das ist der Teufel oder der Satan – und er fesselte ihn für tausend Jahre.
3 Er warf ihn in den Abgrund, verschloss diesen und drückte ein Siegel darauf, damit der Drache die Völker nicht mehr verführen konnte, bis die tausend Jahre vollendet sind. Danach muss er für kurze Zeit freigelassen werden.
4 Dann sah ich Throne; und denen, die darauf Platz nahmen, wurde das Gericht übertra-

gen. Ich sah die Seelen aller, die enthauptet worden waren, weil sie an dem Zeugnis Jesu und am Wort Gottes festgehalten hatten. Sie hatten das Tier und sein Standbild nicht angebetet und sie hatten das Kennzeichen nicht auf ihrer Stirn und auf ihrer Hand anbringen lassen. Sie gelangten zum Leben und zur Herrschaft mit Christus für tausend Jahre.
5 Die übrigen Toten kamen nicht zum Leben, bis die tausend Jahre vollendet waren. Das ist die erste Auferstehung.
6 Selig und heilig, wer an der ersten Auferstehung teilhat. Über solche hat der zweite Tod keine Gewalt. Sie werden Priester Gottes und Christi sein und tausend Jahre mit ihm herrschen.
7 Wenn die tausend Jahre vollendet sind, wird der Satan aus seinem Gefängnis freigelassen werden.
8 Er wird ausziehen, um die Völker an den vier Ecken der Erde, den Gog und den Magog, zu verführen und sie zusammenzuholen für den Kampf; sie sind so zahlreich wie die Sandkörner am Meer.
9 Sie schwärmten aus über die weite Erde und umzingelten das Lager der Heiligen und Gottes geliebte Stadt. Aber Feuer fiel vom Himmel und verzehrte sie.
10 Und der Teufel, ihr Verführer, wurde in den See von brennendem Schwefel geworfen, wo auch das Tier und der falsche Prophet sind. Tag und Nacht werden sie gequält, in alle Ewigkeit.
11 Dann sah ich einen großen weißen Thron und den, der auf ihm saß; vor seinem Anblick flohen Erde und Himmel und es gab keinen Platz mehr für sie.
12 Ich sah die Toten vor dem Thron stehen, die Großen und die Kleinen. Und Bücher wurden aufgeschlagen; auch das Buch des Lebens wurde aufgeschlagen. Die Toten wurden nach ihren Werken gerichtet, nach dem, was in den Büchern aufgeschrieben war.
13 Und das Meer gab die Toten heraus, die in ihm waren; und der Tod und die Unterwelt gaben ihre Toten heraus, die in ihnen waren. Sie wurden gerichtet, jeder nach seinen Werken.
14 Der Tod und die Unterwelt aber wurden in den Feuersee geworfen. Das ist der zweite Tod: der Feuersee.
15 Wer nicht im Buch des Lebens verzeichnet war, wurde in den Feuersee geworfen.

d) Gottes Wohnen unter den Menschen – Das neue Jerusalem

Offb 21,1 Dann sah ich einen neuen Himmel und eine neue Erde; denn der erste Himmel und die erste Erde sind vergangen, auch das Meer ist nicht mehr.
2 Ich sah die heilige Stadt, das neue Jerusalem, von Gott her aus dem Himmel herabkommen; sie war bereit wie eine Braut, die sich für ihren Mann geschmückt hat. 3 Da hörte
ich eine laute Stimme vom Thron her rufen: Seht, die Wohnung Gottes unter den Menschen! Er wird in ihrer Mitte wohnen, und sie werden sein Volk sein; und er, Gott, wird bei ihnen sein.
4 Er wird alle Tränen von ihren Augen abwischen: Der Tod wird nicht mehr sein, keine Trauer, keine Klage, keine Mühsal. Denn was früher war, ist vergangen.
5 Er, der auf dem Thron saß, sprach: Seht, ich mache alles neu. Und er sagte: Schreib es auf, denn diese Worte sind zuverlässig und wahr.
6 Er sagte zu mir: Sie sind in Erfüllung gegangen. Ich bin das Alpha und das Omega, der Anfang und das Ende. Wer durstig ist, den werde ich umsonst aus der Quelle trinken lassen, aus der das Wasser des Lebens strömt.
7 Wer siegt, wird dies als Anteil erhalten: Ich werde sein Gott sein und er wird mein Sohn sein.

8 Aber die Feiglinge und Treulosen, die Befleckten, die Mörder und Unzüchtigen, die Zauberer, Götzendiener und alle Lügner – ihr Los wird der See von brennendem Schwefel sein. Dies ist der zweite Tod.
9 Und es kam einer von den sieben Engeln, die die sieben Schalen mit den sieben letzten Plagen getragen hatten. Er sagte zu mir: Komm, ich will dir die Braut zeigen, die Frau des Lammes.
10 Da entrückte er mich in der Verzückung auf einen großen, hohen Berg und zeigte mir die heilige Stadt Jerusalem, wie sie von Gott her aus dem Himmel herabkam,
11 erfüllt von der Herrlichkeit Gottes. Sie glänzte wie ein kostbarer Edelstein, wie ein kristallklarer Jaspis.
12 Die Stadt hat eine große und hohe Mauer mit zwölf Toren und zwölf Engeln darauf. Auf die Tore sind Namen geschrieben: die Namen der zwölf Stämme der Söhne Israels.
13 Im Osten hat die Stadt drei Tore und im Norden drei Tore und im Süden drei Tore und im Westen drei Tore.
14 Die Mauer der Stadt hat zwölf Grundsteine; auf ihnen stehen die zwölf Namen der zwölf Apostel des Lammes.
15 Und der Engel, der zu mir sprach, hatte einen goldenen Messstab, mit dem die Stadt, ihre Tore und ihre Mauer gemessen wurden.
16 Die Stadt war viereckig angelegt und ebenso lang wie breit. Er maß die Stadt mit dem Messstab; ihre Länge, Breite und Höhe sind gleich: zwölftausend Stadien.
17 Und er maß ihre Mauer; sie ist hundertvierundvierzig Ellen hoch nach Menschenmaß, das der Engel benutzt hatte.
18 Ihre Mauer ist aus Jaspis gebaut und die Stadt ist aus reinem Gold, wie aus reinem Glas.
19 Die Grundsteine der Stadtmauer sind mit edlen Steinen aller Art geschmückt; der erste Grundstein ist ein Jaspis, der zweite ein Saphir, der dritte ein Chalzedon, der vierte ein Smaragd,
20 der fünfte ein Sardonyx, der sechste ein Sardion, der siebte ein Chrysolith, der achte ein Beryll, der neunte ein Topas, der zehnte ein Chrysopras, der elfte ein Hyazinth, der zwölfte ein Amethyst.
21 Die zwölf Tore sind zwölf Perlen; jedes der Tore besteht aus einer einzigen Perle. Die Straße der Stadt ist aus reinem Gold, wie aus klarem Glas.
22 Einen Tempel sah ich nicht in der Stadt. Denn der Herr, ihr Gott, der Herrscher über die ganze Schöpfung, ist ihr Tempel, er und das Lamm.
23 Die Stadt braucht weder Sonne noch Mond, die ihr leuchten. Denn die Herrlichkeit Gottes erleuchtet sie und ihre Leuchte ist das Lamm.
24 Die Völker werden in diesem Licht einhergehen und die Könige der Erde werden ihre Pracht in die Stadt bringen.
25 Ihre Tore werden den ganzen Tag nicht geschlossen – Nacht wird es dort nicht mehr geben.
26 Und man wird die Pracht und die Kostbarkeiten der Völker in die Stadt bringen.
27 Aber nichts Unreines wird hineinkommen, keiner, der Gräuel verübt und lügt. Nur die, die im Lebensbuch des Lammes eingetragen sind, werden eingelassen.

4.1.6.3 Mt 25, 31-46 – Vom Weltgericht

Zu dieser Perikope kann es hilfreich sein, sich auf den Abschnitt 4.1.4 zu beziehen, in dem auch etwas zu Mt 25 gesagt wird.

25,31 Wenn der Menschensohn in seiner Herrlichkeit kommt und alle Engel mit ihm,
dann wird er sich auf den Thron seiner Herrlichkeit setzen.
32 Und alle Völker werden vor ihm zusammengerufen werden und er wird sie voneinan-
der scheiden, wie der Hirt die Schafe von den Böcken scheidet.
33 Er wird die Schafe zu seiner Rechten versammeln, die Böcke aber zur Linken.
34 Dann wird der König denen auf der rechten Seite sagen: Kommt her, die ihr von mei-
nem Vater gesegnet seid, nehmt das Reich in Besitz, das seit der Erschaffung der Welt für
euch bestimmt ist.
35 Denn ich war hungrig und ihr habt mir zu essen gegeben; ich war durstig und ihr habt
mir zu trinken gegeben; ich war fremd und obdachlos und ihr habt mich aufgenommen;
36 ich war nackt und ihr habt mir Kleidung gegeben; ich war krank und ihr habt mich
besucht; ich war im Gefängnis und ihr seid zu mir gekommen.
37 Dann werden ihm die Gerechten antworten: Herr, wann haben wir dich hungrig gese-
hen und dir zu essen gegeben, oder durstig und dir zu trinken gegeben?
38 Und wann haben wir dich fremd und obdachlos gesehen und aufgenommen, oder
nackt und dir Kleidung gegeben?
39 Und wann haben wir dich krank oder im Gefängnis gesehen und sind zu dir gekom-
men?
40 Darauf wird der König ihnen antworten: Amen, ich sage euch: Was ihr für einen mei-
ner geringsten Brüder getan habt, das habt ihr mir getan.
41 Dann wird er sich auch an die auf der linken Seite wenden und zu ihnen sagen: Weg
von mir, ihr Verfluchten, in das ewige Feuer, das für den Teufel und seine Engel bestimmt
ist!
42 Denn ich war hungrig und ihr habt mir nichts zu essen gegeben; ich war durstig und ihr
habt mir nichts zu trinken gegeben;
43 ich war fremd und obdachlos und ihr habt mich nicht aufgenommen; ich war nackt und
ihr habt mir keine Kleidung gegeben; ich war krank und im Gefängnis und ihr habt mich
nicht besucht.
44 Dann werden auch sie antworten: Herr, wann haben wir dich hungrig oder durstig oder
obdachlos oder nackt oder krank oder im Gefängnis gesehen und haben dir nicht gehol-
fen?
45 Darauf wird er ihnen antworten: Amen, ich sage euch: Was ihr für einen dieser
Geringsten nicht getan habt, das habt ihr auch mir nicht getan.
46 Und sie werden weggehen und die ewige Strafe erhalten, die Gerechten aber das
ewige Leben.

4.1.7 Was lehrt das Neue Testament über die Zukunft des Kosmos? – Zusammenfassender Überblick des Bibelwissenschaftlers Anton Vögtle

Wir befragten die hauptsächlichen Stellen des Neuen Testaments, die aufgrund ihres vordergründigen Wortlauts für die Thematik »kosmische Eschatologie« in Betracht kommen bzw. beansprucht werden, nach den von ihnen intendierten Aussagen. Diese ließen sich mit einiger Sicherheit oder doch Wahrscheinlichkeit erheben. Abschließend interessiert uns vor allem die Frage nach der Auswirkung des Christusgeschehens auf den physischen Bestand des vorfindlichen Universums, das ja auch für die neutestamentlichen Glaubenszeugen vorauszusetzen ist – sosehr das, was diese unter »Himmel und Erde«, unter »dem All« verstanden, nach heutiger Kenntnis nicht nur unverhältnismäßig bescheiden, sondern sogar objektiv falsch war. Dem Wortlaut nach spricht das Neue Testament von kosmischen Katastrophen, in unterschiedlichen Kontexten sogar vom Vergehen des Himmels und der Erde, das in zwei Spätschriften mit dem nachfolgenden Erscheinen eines neuen Himmels und einer neuen Erde verbunden wird. Für keinen der hier einschlägigen Texte lässt sich die Intention einer lehrhaften Voraussage über das zukünftige Schicksal des Universums nachweisen oder auch nur wahrscheinlich machen, wohl nicht einmal für Kap. 3 des sehr späten 2. Petrusbriefes. Ebenso wenig lässt sich für Jesus selbst und für die urchristliche Verkündigung der Glaube an eine künftige, den Zustand des Universums verändernde Auswirkung des Christusgeschehens begründen, sei es im Sinne einer restitutio in integrum, einer überhöhenden Erneuerung, sei es im Sinne einer spontanen Neugestaltung, einer »verklärenden Umwandlung« des Kosmos oder gar eines evolutiven, in eine höchste personale Einigung des ganzen Universums ausmündenden Prozesses – und wie der gleichen Redeweisen lauten mögen. Gewiss wird den Parusie- und Gerichtsaussagen mehr als einer neutestamentlichen Schrift nur die Erwartung des Endes der Menschheitsgeschichte gerecht. Und gerade auch Paulus liegt an der Stellung Christi als des neuen Kosmokrators, an der endlichen Durchsetzung des Gottseins Gottes über alle Welt. Diese »Machtergreifung« Gottes bedeutet für ihn das Gericht über Glaubende und Nichtglaubende, die Zunichtemachung der – wirklichen bzw. vermeintlichen – lebensfeindlichen »Mächte und Gewalten«, und »die Erlösung unseres (der Gläubigen) Leibes«. So unleugbar ein derartiges eschatologisches Geschehen den Horizont und die Möglichkeiten innermenschlicher Geschichte sprengt, so gewagt erschiene es mir, daraus Konsequenzen hinsichtlich des Bestandes oder Zustands der außermenschlichen Schöpfung zu ziehen, was Paulus selbst, expressis verbis jedenfalls, nicht tut, eben auch in Röm 8,18-23 nicht.

Was lehrt das Neue Testament dann also über die Zukunft, über das Endschicksal des bestehenden Kosmos? Einzige diese Frage stand hier zur Debatte, wobei ich mir selbstverständlich bewusst bin, dass diese Frage jenen Teilaspekt des Verständnisses der neutestamentlichen Eschatologie betrifft, deren Klärung noch die geringste Schwierigkeit bereitet. Ich meine resümieren zu dürfen: Unter eigentlich kosmologischem Aspekt verzichtet das Neue Testament auf eine lehrhafte Aussage. Die Frage nach der relativen und absoluten Zukunft des Kosmos kann der Exeget mit gutem Gewissen dem Naturwissenschaftler überlassen. Im Zentrum der neutestamentlichen Heilsbotschaft steht das auf die Zukunft ausgerichtete Heilshandeln Gottes am Menschen und damit die endzeitliche Heilsgemeinde. Symptomatisch für dieses zentrale Interesse an der Erlösung des Menschen ist bereits eine Eigentümlichkeit des neutestamentlichen Sprachgebrauchs, nämlich der geschichtlich konzipierte Weltbegriff. Ganz überwiegend bezeichnet *ho kósmos* die Welt, die ihr Wesen vom Menschen her gewonnen hat, die durch den sündigen Menschen zu einer im Gegensatz zu Gott stehenden Größe geworden ist. Der Begriff *kósmos* kann bei Paulus ohne weiteres mit personalen bzw. anthropologischen Begriffen wechseln. Dieser Menschenwelt gilt das durch und an Jesus erfolgte erlösende Handeln Gottes, das sich abschließend verwirklichen soll als Heil und Gericht.

Als charakteristischer Ausdruck dieses sprachlichen und theologischen Sachverhalts sollen statt vieler zwei Sätze des Johannesevangeliums stehen. »Denn so sehr hat Gott die Welt geliebt, dass er seinen einzigen erzeugten Sohn hingab, damit jeder, der an ihn glaubt, nicht verloren gehe, sondern ewiges Leben habe. Denn nicht dazu hat Gott seinen Sohn in die Welt gesandt, dass er die Welt richte, sondern dass die Welt durch ihn gerettet werde« (3,16 f.).

Aus: Anton Vögtle, Das Neue Testament und die Zukunft des Kosmos, Patmos Verlag, Düsseldorf 1970, S. 232 f.

5. Sinngebung menschlichen Daseins und verantwortlichen Handelns aus christlicher Motivation

5.1 Der Mensch als Geschöpf und Ebenbild Gottes und der Umgang mit menschlichem Leben (nur evangelisch)

5.1.1 Hinführung: Die Erschaffung des Menschen – Gedanken aus jüdischer Tradition

Die Rabbinen lehren, dass Gott wie ein Baumeister einen bereits vorhandenen Bauplan für die Schöpfung benutzt habe. Dieser Bauplan ist die Tora. Sie sorgte dafür, dass die Welt nicht nur zum bloßen Dasein geschaffen wurde, sondern zu einem moralischen Zweck, der sich in der Erschaffung des Menschen bündelte. Der Mensch erscheint auf der Bühne der Schöpfung, nachdem alles andere bereits gestaltet ist. Er wird als der Höhepunkt aller Werke Gottes beschrieben. Als Vorwegnahme wird der Erzählverlauf des Textes langsamer. Auf die Worte »Gott sprach« (Gen 1,27) folgt nicht, wie vorher, der direkte Schöpfungsakt, sondern eine Beschlussfassung, ihrem Wesen nach fast besinnlich: »Nun wollen wir einen Menschen machen.«

Die Schöpfung, die »Mensch« genannt wird, wird nach Gottes Bild gestaltet, Gott ähnlich. Diese Worte spiegeln das anhaltende Erstaunen der Tora über den besonderen Stellenwert des Menschen in der Schöpfung wider, über seine einzigartigen geistigen Fähigkeiten, die die Spuren des Schöpfers tragen. Erstaunt über die Macht des Menschen hält ihn die Bibel für »wenig niedriger als das Göttliche« (Ps 8,2).

Diese Ähnlichkeit beschreibt auch die moralischen Möglichkeiten des Menschen. Das Wesen des Menschen ist von Gott grundsätzlich verschieden, aber der Mensch ist fähig, in seinen Taten Gott nahe zu kommen: Gottes Liebe, seiner Barmherzigkeit und seiner Gerechtigkeit. Ein Mensch wird wirklich menschlich, wenn er versucht, göttliche Dinge zu tun. Die Ähnlichkeit des Menschen mit Gott hat eine dritte Bedeutung, und diese ist die wichtigste: Sie betont die wesentliche Heiligkeit und die sich daraus ergebende Würde aller Menschen, ohne Unterschied.

»Über jeglicher Abgrenzung von Rassen und Völkern, von Kasten und Klassen, von Bezwingenden und Dienenden, von Gebenden und Empfangenden, über aller Abgrenzung auch von Gaben und Kräften steht die Gewissheit ›Mensch‹. Wer immer Menschenantlitz trägt, ist geschaffen und berufen, eine Offenbarung der Menschenwürde zu sein.«

Sechsmal sagt die Bibel, dass Gott seine Schöpfung »gut« fand. Nach der Erschaffung des Menschen fand er sie »sehr gut«: Das Sein ist besser als das Nichts, Ordnung ist wertvoller als das Chaos und das Dasein des Menschen, mit all seinen Schwierigkeiten, ein Segen. Doch an keiner Stelle wird die Schöpfung als »vollkommen« bezeichnet. Es wird die Aufgabe des Menschen sein, dem Schöpfer in der Vervollkommnung seiner Schöpfung zu helfen, denn der Mensch ist bestimmt, Gottes Mitarbeiter zu sein. [...]

Aus: W. Gunter Plaut, Die Tora in jüdischer Auslegung, Bereschit. Übers. von Annette Böckler, Gütersloh $^{3/1}$2008, S. 75, © Gütersloher Verlagshaus, Gütersloh, in der Verlagsgruppe Random House, München.

› Stellen Sie dar, was der Text wohl zum Ausdruck bringen will, und entwerfen Sie aus den Gedanken Perspektiven für Grundsätze ethischen Handelns.

5.1.2 »Schöpfung zur Gottesebenbildlichkeit« – Zu den biblischen Grundlagen

Das erste Versprechen, das wir aus der Bibel über den Menschen hören, ist seine Schöpfung zur *Gottesebenbildlichkeit*. Was war damit gemeint, und was heißt es heute? »Gott schuf den Menschen ihm zum Bilde, zum Bild Gottes schuf er ihn« (Gen 1,27).

Das heißt zuerst: Der Mensch ist ein *Geschöpf Gottes* wie alle anderen Geschöpfe auch. Sie sind seine Mitgeschöpfe. Er ist nicht ihr Gott, und umgekehrt ist weder »Mutter Natur« noch »Vater Staat« sein Gott. Zwischen Gott und Nichts existiert der Mensch zusammen mit allen anderen Wesen als Geschöpf des göttlichen Wohlgefallens. Eine Solidarität umfasst ihn zusammen mit der Natur. Dieser Schöpfungsglaube hat eine kritisch-befreiende Kraft, wenn man ihn ernst nimmt. Die Götter und die Dämonen verschwinden aus der Welt, die als Schöpfung des jenseitigen Gottes angenommen wird. Mit ihr wird weiter der Selbstvergottung der Menschen, der Cäsarenpolitik, dem Nationalismus und dem Warenfetischismus der Boden entzogen. Den göttlichen Menschen gibt es nicht. Der menschliche Mensch ist weder »des Menschen Gott« noch »des Menschen Wolf«, sondern weiß sich als des freien Gottes Geschöpf unter Mitgeschöpfen. Wie sie ist er aus dem Nichts ins endliche Dasein gerufen. Das heißt weiter: Von allen Geschöpfen ist allein der Mensch zum *Bild Gottes* auf Erden geschaffen und bestimmt. Das Bild oder Ebenbild ist etwas, das Gott selbst entspricht und entsprechen soll. In seinem Ebenbild will der Schöpfer seinen Partner, sein Echo und seine Ehre finden. In seinem Bild will er selbst auf Erden gegenwärtig sein. Sein Ebenbild soll ihn vertreten und in seinem Namen handeln. In seinem Bild soll man ihm selbst begegnen und seine Güte erfahren. Der Schöpfungsglaube sieht alles als Schöpfung Gottes an, den Menschen aber als Bild Gottes. Das bezeichnet die Sonderstellung des Menschen im Kosmos. Die Dinge und Tiere sind, was sie sind. Der Mensch aber ist ein Spiegel dessen, was er über alle Dinge fürchtet und liebt. Er kann ein Spiegel seiner leiblichen Interessen sein, ein Spiegel seiner Gesellschaft, ein Spiegel seiner eigenen Werke und sozialen Rollen, immer aber ist er ein Spiegel dessen, was er liebt und fürchtet. Das macht seine exzentrische Position aus. Die Bestimmung des Menschen zur Gottesebenbildlichkeit sagt, dass der Mensch nicht im Vorhandenen aufgehen kann, sondern dass die unendliche Distanz des Schöpfers von seiner Schöpfung auch den Menschen zur unendlichen Freiheit gegenüber allen endlichen Dingen und Verhältnissen und seiner eigenen Wirklichkeit bestimmt. Es ist die Würde des Menschen, dass er dieser Entsprechung gewürdigt wird. Und es ist sein Elend, dass er von dem Augenblick an, wo er seinen transzendenten Hintergrund vergisst, von den endlichen Dingen Unendliches und von irdischen und menschlichen Verhältnissen Göttliches erwarten oder befürchten muss. »Woran du dein Herz hängst, das ist dein Gott«, hatte Luther im Großen Katechismus mit Recht gesagt. »Wer sich selbst ansieht, leuchtet nicht«, sagt ein chinesisches Sprichwort.

Der Glaube an die Bestimmung des Menschen zur Gottesebenbildlichkeit wird durch das alttestamentliche *Bilderverbot* geschützt. Der Mensch soll sich kein Bildnis noch Gleichnis Gottes machen »weder des, das oben im Himmel, noch des, das unten auf Erden, oder des, das im Wasser unter der Erde ist« (Ex 20,4), weil er selbst und nur er selbst das Bild und Gleichnis Gottes auf Erden darstellen soll. Nach der Weltauffassung der heidnischen Bilderreligionen ist die ganze Welt gottverwandt. Darum gibt es überall in Natur und Geschichte die Möglichkeit, ein »Fenster« zum Göttlichen zu bekommen. Denn »alles Vergängliche ist nur ein Gleichnis«. Das alttestamentliche Bilderverbot schneidet dem Menschen diese Möglichkeit ab. Die Welt ist die gute Schöpfung Gottes, aber nicht sein Bild. Der Mensch kann sich in seiner Bestimmung zum Bilde Gottes nicht durch anderes vertreten lassen. Das Bilderverbot schützt also die Freiheit Gottes gegenüber seiner

Schöpfung und zugleich auch die Freiheit des Menschen gegenüber der Welt. Mit dieser praktizierten Unterscheidung von Gott und Welt verschwanden die vermittelnden Halbtranszendenzen aus der Welt. Allein *der Mensch* ist zur Vermittlung zwischen dem transzendenten Gott und der immanenten Welt aufgerufen. Wer aber ist der Mensch? Die Vorstellung, dass der *König* Gottes Ebenbild und Gottes Sohn sei, hat es immer gegeben, bei den Pharaonen, bei den absolutistischen Sonnenkaisern wie bei modernen Diktatoren. In der Schöpfungsgeschichte aber wird diese Königsideologie gleichsam *demokratisiert.* Nicht *ein* König, sondern *der Mensch*, jeder Mensch und alle Menschen zusammen, ist zum Bild Gottes auf Erden bestimmt. Wiederum hat der Glaube an diese Bestimmung und Würde des Menschen eine eminent kritische Funktion. Er verbietet die Vergottung der Herrscher, Führer und Genies. Er mutet dem Menschen die Freiheit dieses Auftrags zu. Er macht ihm die Vergottung seiner Nation, seines Volkes, seiner Gesellschaft und Rasse unmöglich. »Du sollst dir kein Bildnis noch Gleichnis machen«, gilt gerade für die Politik, wo rücksichtslose Herrschsucht und verantwortungslose Untertänigkeit oft zusammenkommen.

Der Gedanke der Gottesebenbildlichkeit sagt endlich: »Macht euch die Erde untertan« (Gen 1,28). Menschen sollen über Gottes Schöpfung herrschen, indem sie schaffen, nicht aber ausbeuten und zerstören. Dieser Gedanke wurde gefasst zu einer Zeit, als die Möglichkeiten des Menschen gering waren und die Natur unbegriffen über ihn herrschte. Erst seit der wissenschaftlichen Aufklärung der Natur und der technischen Weltherrschaft kommen Menschen mehr und mehr in diese Position hinein. Ihre Macht wächst nahezu unbegrenzt. Wer aber Macht gewinnt, wird verantwortlich für den Machtgebrauch. Der Gedanke der Gottesebenbildlichkeit verbindet die Freiheit gegenüber der Welt mit der Verantwortung für die Welt vor Gott. Macht über die Natur zu gewinnen ist heute nicht mehr das Problem. Aber diese Macht in Verantwortung für die Natur und für eine menschliche Zukunft des Menschen zu gebrauchen, ist das Problem der Gegenwart. Die technische Macht ist universal geworden, aber die Verantwortungsinstanzen der Menschen sind national und provinziell geblieben. Der Gedanke der Gottesebenbildlichkeit des Menschen verlangt daher heute die entschlossene Überwindung der nationalen und Klassen-Grenzen und den Aufbau einer Menschheitsgesellschaft, in der jene Verantwortung der Macht wahrgenommen werden kann.

Aus: Jürgen Moltmann, Mensch, © Kreuz Verlag, Stuttgart 2005, S. 156–160

1. Fassen Sie die Kernaussagen des Textes zusammen.
2. Erläutern Sie den Zusammenhang zwischen »Gottebenbildlichkeit« (Gen 1,27) und »Bilderverbot« (Ex 20,4).
3. Setzen Sie sich mit den Argumenten von Moltmann auseinander und ziehen Sie Konsequenzen in Hinblick auf Grundsätze ethischen Handelns.

5.1.3 Konkretisierung: Zur Frage nach dem Schutz des Lebens – Anstöße zum Nachdenken

a) Aus der KUNDGEBUNG der 7. Synode der Evangelischen Kirche in Deutschland auf ihrer 4. Tagung zur Achtung vor dem Leben

I.

[...] Entwicklungen auf den Gebieten der Gentechnik und der Fortpflanzungsmedizin [...] wecken Hoffnungen und Ängste. Viele sehen weitreichende Möglichkeiten zur Erfüllung eines Kindeswunsches, bei der Behandlung von Krankheiten, zur Verbesserung der Nahrungsmittelerzeugung oder im Umweltschutz. Andere werten solche Erwartungen als einen Fortschrittsglauben, den sie nicht länger teilen können; sie ziehen in Zweifel, dass die Gefahrenpotentiale bereits ausreichend erkannt sind, und fordern, dass – auch durch den Gesetzgeber – der Forschung und ihrer technischen Anwendung klare Grenzen gezogen werden. Die Kompliziertheit der Sachfragen führt aber weithin auch zu einer großen Unsicherheit, wie die Bedeutung der sich abzeichnenden Entwicklungen und die Größe des Risikos wirklich einzuschätzen seien. Angesichts solcher Hoffnungen, Ängste und Unsicherheiten fragen Christen nach einer Orientierung aus ihrem Glauben an Gott, der das Leben liebt und von uns die Achtung vor dem Leben fordert:
»Du liebst alles, was ist, und verabscheust nichts von dem, was du gemacht hast; denn du hast ja nichts bereitet, gegen das du Hass gehabt hättest. Wie könnte etwas bleiben, was du nicht wolltest? Oder wie könnte erhalten werden, was du nicht gerufen hättest? Du schonst aber alles; denn es gehört dir, Herr, du Freund des Lebens, und dein unvergänglicher Geist ist in allem« (Weisheit Salomos 11, 24 - 12, 1).
Die Synode hat sich nur mit einigen wichtigen Aspekten des Problemfeldes befasst. Sie ist sich darin einig, dass der Glaube an Gott den Schöpfer, den Erlöser und den Vollender die Kirche und ihre Glieder dazu verpflichtet, öffentlich zur Sache zu sprechen und die Gewissen zu schärfen. Die Heilige Schrift und der Glaube der Christen geben Grundlagen für ethische Schlussfolgerungen, selbst wenn sich nicht für jede Einzelfrage eine Antwort unmittelbar aus ihnen ableiten lässt. Die Synode ist überzeugt, dass den Schlussfolgerungen nicht nur Christen zustimmen können. Die ethische Urteilsbildung auf den Gebieten der Gentechnik und der Fortpflanzungsmedizin ist umso dringlicher, als in der wissenschaftlich-technischen Zivilisation die Eigendynamik neuer Entwicklungen, der Machbarkeitsglaube und kommerzielle Interessen stärker sind als die Orientierung an grundlegenden Werten. In der Welt von Wissenschaft und Technik führt die Ethik oft ein Schattendasein.

II.

Bevor die Heilige Schrift vom Leben und Sterben des Menschen, von Gesundheit und Krankheit oder vom Gelingen und Misslingen seines Lebens spricht, sagt sie, wer der Mensch ist. Er ist Teil aller Kreatur, aber zugleich als Mann und als Frau Gottes Ebenbild. Indem er sich als Gottes Gegenüber weiß, kann er Wertorientierungen begründen und Maßstäbe finden. Die Bezogenheit auf Gott findet gerade auch im Gebet ihren Ausdruck: im Lob der Schöpfung und in der Bitte um Wegweisung. Die Synode hat das Schwerpunktthema unter die Überschrift gestellt: »Ich glaube, dass mich Gott geschaffen hat samt allen Kreaturen.« Sie erinnert mit diesem Satz aus Martin Luthers Auslegung des christlichen Glaubens an den Ursprung alles Lebens in Gott, an den darin gründenden Wert alles Geschaffenen und an die ausdrückliche Zuwendung Gottes in Jesus Christus zu jedem einzelnen Menschen:

1. Alles Geschaffene kommt von Gott, lebt aus ihm und ist bestimmt zu seinem Lob. Es hat darum einen eigenen Wert und Sinn und ist nicht bloße Verfügungsmasse in der Hand des Menschen. Der Mensch schadet sich am Ende selbst, wenn er die Ehrfurcht vor der Fülle, Ordnung und Schönheit des Lebens verliert. Es gibt nicht nur Sünde in unseren mitmenschlichen Beziehungen, sondern auch Sünde gegenüber dem Lebensrecht und Eigenwert der Kreatur insgesamt.

2. Dem Menschen des wissenschaftlich-technischen Zeitalters ist seine besondere Stellung unter den Geschöpfen Gottes nachdrücklich erfahrbar geworden: »Du hast ihn wenig niedriger gemacht als Gott, mit Ehre und Herrlichkeit hast du ihn gekrönt. Du hast ihn zum Herrn gemacht Über deiner Hände Werk, alles hast du unter seine Füße getan« (Psalm 8). Weltgestaltung gehört zum Wesen und Auftrag des Menschen, auch die Entwicklung neuer medizinischer Verfahren und die Gentechnik. Der Zuwachs an Wissen und Können und die natürlichen Lebensbedingungen stehen nicht im Widerspruch zueinander, solange der Mensch den rechten Gebrauch von seinen Möglichkeiten macht. Heute handelt er mehr und mehr, bevor der rechte Gebrauch geklärt ist. Der Mensch steht in der Versuchung, die Erfolge und den Nutzen von Wissenschaft und Technik zu Lasten der übrigen Schöpfung durchzusetzen und der mitgeschöpflichen Welt ihr Daseinsrecht zu rauben.

3. Diese Entwicklung richtet sich gegen den Menschen selbst. Je höher er steigt, desto tiefer kann er fallen. Das vom Menschen in der Atomtechnik geschaffene ungeheure Vernichtungspotential findet seine Parallele in der von der Gentechnik ermöglichten enormen Fähigkeit zur Manipulation sowohl des Menschen selbst wie der übrigen Schöpfung. Der Mensch errichtet damit eine Herrschaft seiner eigenen wissenschaftlichen Möglichkeiten – schwer durchschaubar, aber von größter Tragweite auch für kommende Generationen. Damit wird Kontrolle immer schwieriger.

4. Die Würde des Menschen ergibt sich nicht nur aus seiner Sonderstellung unter den Kreaturen, sondern vor allem aus der besonderen Zuwendung der Liebe Gottes zu jedem einzelnen. Diese Einzigkeit jedes Menschen unter Gott ist seine Menschenwürde. Alles kommt letztlich und entscheidend darauf an, dass einer wahrhaft von sich sagen und bekennen kann: »Ich glaube, dass Gott mich und mein Leben will« und dass er dann auch in der Begrenzung mit anderen jedes Menschenleben als würdig und wertvoll, als unersetzbar und also als notwendig erkennt und achtet. Gott will, dass im Lebensraum, den er jedem Menschen einräumt, mit unserer Liebe seine Liebe geschieht. Eine so bestimmte Würde des Menschen ist nicht teilbar und nicht aberkennbar. Jeder Mensch, wie immer er ist, jung oder alt, gesund oder krank, schwarz oder weiß hat die gleiche Würde. Niemand hat über Wert oder Unwert eines anderen Menschenlebens zu befinden.

5. Dies gilt auch für das ungeborene menschliche Leben von seinem frühesten Entwicklungsstadium an. Gottes Liebe zu jedem einzelnen Menschenkind beginnt nicht erst mit der Geburt. Im werdenden menschlichen Leben ist mit der Vereinigung von Eizelle und Samenzelle eine künftige Person angelegt.

III.

Diese Einsichten führen im Blick auf die Fragen der Gentechnik und Fortpflanzungsmedizin zu einer Reihe von Schlussfolgerungen:

1. Die Synode erkennt und anerkennt auch in Forschung, Technik und ärztlicher Kunst gute Schöpfungsgaben Gottes. Sie erinnert aber an die Versuchung zur Hybris und die zerstörerischen Kräfte, die allem menschlichen Streben und Trachten innewohnen. Die Freiheit eines Forschers erweist sich nicht nur im Ausschöpfen seiner Möglichkeiten, sondern verwirklicht sich ebenso in der Selbstbeschränkung angesichts des Eigenwertes alles

Geschaffenen und der unbedingten Würde jedes einzelnen Menschenlebens. Forschung, Technik und Medizin dürfen nicht alles tun, was ihnen an Möglichkeiten in die Hand gegeben ist. Sie bedürfen der Ethik. Ein Beitrag dazu ist die Tätigkeit von Ethikkommissionen, in denen unmittelbar Beteiligte und Nichtbeteiligte miteinander im Gespräch bleiben.

2. Die Gentechnik wird häufig als eine Schlüsseltechnologie der Zukunft bewertet. Die Synode wendet sich nicht grundsätzlich gegen das politische und wirtschaftliche Interesse, eine mögliche Wachstumsbranche zu fördern und zu entwickeln. Sie gibt jedoch zu bedenken, dass eben dieses Interesse objektiv eine Versuchung darstellt, um ökonomischer Vorteile willen ethische Gesichtspunkte zu vernachlässigen. Die Absicht, wirtschaftliches Wachstum zu sichern und neue Arbeitsplätze zu schaffen, ist für sich genommen noch nicht ethisch gut.

3. In der Anwendung der Gentechnik stecken erhebliche Gefahren. Dies gilt insbesondere für die Freisetzung von Lebewesen mit neukombinierten Eigenschaften und für die Möglichkeit des Missbrauchs zu militärischen Zwecken. Im Unterschied zu der langsam fortschreitenden Evolution des Lebens verlaufen die durch die Gentechnik ausgelösten Veränderungen unverhältnismäßig schnell. Sie lassen schwerwiegende Rückwirkungen auf den Artenbestand, die Vielfalt des Genpools und das ökologische Gleichgewicht befürchten. Eine begleitende Risikoanalyse, die Umwelt- und Sozialverträglichkeit neuer Entwicklungen prüft, muss Transparenz für die Öffentlichkeit herstellen und mit einer wirksamen staatlichen Aufsicht verbunden sein.

4. Die Achtung vor dem Leben verlangt, dass der Eigenwert von Pflanzen und Tieren bei ihrer Nutzung durch den Menschen nicht weiter missachtet wird. Der Mensch hat kein Recht, durch den Missbrauch gentechnischer Möglichkeiten mit der Neukombination von Arten zu experimentieren und vorhandene Arten in ihrem Bestand zu gefährden.

5. Die Synode erinnert daran, dass der Rat der Evangelischen Kirche in Deutschland im November 1985 unter dem Titel »Von der Würde werdenden Lebens« eine Handreichung zu den Fragen der extrakorporalen Befruchtung, Fremdschwangerschaft und genetischen Beratung herausgegeben hat. Auf dieser Grundlage erklärt sie:

a) Kinder sind Gabe und Aufgabe. Sie brauchen eine behütete Kindheit. Aber es gibt keinen Anspruch auf Kinder. Wenn mit Mitteln der extrakorporalen Befruchtung ein Kindeswunsch verwirklicht werden soll, der sonst unerfüllt bliebe, ist auch zu bedenken, ob das Wohl des Kindes gesichert sein wird. Die Synode appelliert an den Gesetzgeber, auf dem Gebiet der Fortpflanzungsmedizin rechtliche Regelungen zu treffen, die das Wohl des Kindes berücksichtigen.

b) Gewichtige Gründe sprechen gegen die extrakorporale Befruchtung. Aber die Not der ungewollten Kinderlosigkeit darf nicht gering geschätzt werden. Der Wunsch nach einem Kind rechtfertigt jedoch noch nicht jede medizinische Maßnahme. Darum rät die Synode vom Verfahren der extrakorporalen Befruchtung ab.

c) Heterologe Insemination, Samenspende und Eispende können zu Spannungen in den Beziehungen der Eltern zueinander und zum Kind führen; dadurch würde die familiäre Geborgenheit des Kindes gefährdet. Eine Verwendung von Samenzellen oder Eizellen Dritter zur Überwindung der Unfruchtbarkeit muss darum nachdrücklich abgelehnt werden.

d) Das Wohl des Kindes erfordert es im Normalfall, dass die Frau, die es aufzieht, auch seine genetische und leibliche Mutter ist. Es kann zum Schicksal werden, dass die leiblichen Eltern das Kind nicht erziehen können. Die absichtlich herbeigeführte Aufteilung der Mutterschaft zwischen der Frau, von der das Kind genetisch abstammt und die es aufziehen will, und jener, die es austrägt und zur Welt bringt, verstößt gegen das Anrecht des

Kindes auf einheitliche Elternschaft. Ersatzmutterschaft – ob gegen Entgelt (Mietmutterschaft) oder als Freundes- oder Verwandtenhilfe (Leihmutterschaft) – muss gesetzlich verboten werden. Abreden dieser Art sind sittenwidrig.

e) Nach christlicher Überzeugung ist eine liebevolle Familie der beste Rahmen für das Heranwachsen von Kindern. Die Manipulation von Zeugung, Empfängnis und Schwangerschaft gefährdet Bindung und Bestand von Ehe und Familie.

f) Das Recht, sich genetisch nicht erforschen zu lassen, gehört zur Menschenwürde. Ebenso wenig darf zu humangenetischer Beratung und Diagnostik verpflichtet oder genötigt werden; sie kann immer nur freiwillig sein. Die Möglichkeiten der Genomanalyse geben den gegenwärtigen Ängsten vor der Schaffung des »gläsernen Menschen« zusätzliche Nahrung. Insbesondere wo öffentliche und private Arbeitgeber oder Versicherungen das Instrument der Genomanalyse benutzen sollten, ohne dass Arbeitnehmer oder Versicherte die rechtlich garantierte Freiheit haben, sich genetisch nicht erforschen zu lassen, ergäbe sich die schwerwiegende Gefahr der Benachteiligung oder Ausgrenzung von Individuen oder Gruppen.

g) Humangenetische Beratung soll gewährleisten, dass das Lebensrecht auch eines behinderten Kindes geachtet und mit der pränatalen Diagnostik nicht automatisch die Entscheidung für einen Schwangerschaftsabbruch im Falle einer festgestellten Fehlbildung verbunden wird. Wenn feststeht, dass ein Kind mit einer Krankheit oder Fehlbildung erwartet wird, muss die Beratung verdeutlichen, dass es sich bei den beiden Alternativen, ein krankes Kind anzunehmen und auszutragen oder die Schwangerschaft abzubrechen, um einen kaum lösbaren Konflikt handelt. Es kann kein Ziel sein, Leid unbedingt zu vermeiden; Leid kann auch stärken oder ungeahnte Kräfte wecken. Zu beachten ist, dass die individuelle Entscheidung einer betroffenen Familie auch abhängig ist von der Einstellung zu Behinderten in der Gesellschaft insgesamt. Eine Gesellschaft, die Behinderte nicht integriert, verschärft den Konflikt in der humangenetischen Beratung. Die Mitarbeiter in der humangenetischen Beratung brauchen in ihrer verantwortungsvollen Aufgabe, Menschen in Krisensituationen zu begleiten, zusätzliche Angebote in der Aus-, Fort- und Weiterbildung.

h) Gen-Transfer und andere Eingriffe in menschliche Keimbahnzellen, die in Zukunft technisch möglich werden könnten, sind aus ethischen Gründen nicht vertretbar. Angesichts der gegenwärtigen Einsicht in Risiken, Voraussetzungen und Folgen solcher Eingriffe muss es als äußerst fraglich gelten, ob zu irgendeinem Zeitpunkt eine auch nur begrenzte Revision dieses Urteils möglich sein wird.

i) Gezielte Eingriffe an menschlichen Embryonen, die ihre Vernichtung in Kauf nehmen, sind ethisch nicht vertretbar. Die Synode erklärt ausdrücklich, dass die »verbrauchende« oder experimentelle Forschung an Embryonen eine wesentliche Grenze überschritten hat. Sie kann vor »verbrauchender« Forschung an sogenannten überzähligen Embryonen, der Erzeugung von Embryonen zu Forschungszwecken – und seien die Forschungsziele noch so hochrangig – sowie dem »Verbrauch« von Embryonen zur pränatalen Diagnostik nur dringend warnen und fordert entsprechende gesetzliche Regelungen.

j) Achtung vor der Würde und Individualität des Menschen müssen bei jeder Entscheidung den obersten Grundsatz bilden. Menschliches Leben darf darum nicht nach einem fremden, planenden, menschenzüchterischen Willen hergestellt werden. Klonen sowie Chimären- und Hybridbildung verletzen in tiefgehender Weise sowohl die vorgegebene Gestalt des Lebens als auch seine Unverfügbarkeit und Individualität.

6. Gerade wenn ein umfassender und uneingeschränkter Schutz für menschliche Embryonen gefordert wird, erhebt sich umso dringlicher die Frage, was daraus für das Problem des Schwangerschaftsabbruchs folgt. Die Synode sieht es als eine positive Entwicklung

an, dass die aktuelle Diskussion über Gentechnik und Fortpflanzungsmedizin zu einer neuen Aufmerksamkeit und Wachsamkeit gegenüber der belastenden Praxis der Schwangerschaftsabbrüche und ihrer bedrückend hohen Zahl beigetragen hat. Der Schutz des ungebrochenen Lebens ist unteilbar. Ein Embryo ist ein menschliches Wesen mit eigener Identität und eigenem Wert. Eine Abtreibung – in welchem Stadium auch immer – ist Tötung menschlichen Lebens. Der Schutz des Embryo in vitro (außerhalb des Körpers) und der Schutz des Embryo in vivo (im Mutterleib) stehen ethisch in einem unauflöslichen Zusammenhang. Angesichts der gegenwärtigen Bemühungen um einen gesetzlichen Embryonenschutz muss das Bewusstsein in Kirche und Öffentlichkeit weiter verstärkt werden, dass es sich in den straffrei gestellten Fällen des Schwangerschaftsabbruchs nicht um eine prinzipielle Einschränkung des Schutzes für das ungeborene Leben und somit nicht um ein Recht zur Abtreibung handelt, sondern um das notwendig unvollkommene Bemühen, nicht auflösbare Konfliktsituationen zu regeln. Das weiterreichende Ziel muss es freilich sein, schon dem Vorfeld der ungewollten Schwangerschaften, vor allem der Erziehung zu verantwortlicher Partnerschaft und Sexualität, die Aufmerksamkeit zuzuwenden. Auch sollten stärker als bisher auf Gemeinde- und Nachbarschaftsebene wirksame Hilfen für Menschen angeboten werden, für die das Ja zum Kind durch viele Umstände erschwert ist. Auf diesem Feld steht die Glaubwürdigkeit der Kirche auf dem Spiel.

IV.

Die Synode erinnert alle Christen, die als Eltern, Ärzte, Wissenschaftler oder Politiker Entscheidungen über das Leben zu treffen haben, an die Kraft des Gebets: Lasst uns Gott bitten um Orientierung für unseren Weg, um Vertrauen in die Treue Gottes zu seiner Schöpfung und um die Gewissheit der Vergebung, wo wir versagen und schuldig werden. Wir alle stehen unter der Zusage und dem Gebot der Liebe Christi.

Berlin-Spandau, den 6. November 1987

Der Präses der Synode der Evangelischen Kirche in Deutschland gez. Schmude

1. Arbeiten Sie die Intentionen des vorliegenden Synodenpapiers heraus.
2. Erläutern Sie die zugrunde gelegten ethischen Voraussetzungen.
3. Vergleichen Sie die Aussagen des Synodenpapiers zur Reproduktionsmedizin mit der folgenden Darstellung aus jüdischer Sicht.

b) Eine Stellungnahme zur Reproduktionsmedizin aus jüdischer Sicht

Da Stammzellen (...) in der Regel aus menschlichen Embryonen oder Föten gewonnen werden, entstehen für uns bei ihrer Nutzung ernste ethische Fragen. Theologen und Politiker haben sich bemüht, diese Fragen zu behandeln. Es gibt verschiedene Möglichkeiten, mit einem menschlichen Prä-Embryo, also einer befruchteten Eizelle, wie sie bei der In-vitro-Befruchtung entstehen, umzugehen, erläuterte Rabbiner Tzvi Flaum bei einem Treffen der *Vereinigung orthodoxer jüdischer Wissenschaftler in den USA*. »Sie können sie vernichten. Sie können sie für die medizinische Forschung nutzen oder Sie können sie für eine künftige Verwendung einfrieren.« Flaum ergänzte: »Ein Prä-Embryo ist nur ein potentielles menschliches Wesen. Es herrscht unter den Poskim (Autoritäten für jüdisches Recht, Anm. d. Red.) ein breiter Konsens über Prä-Embryonen. Bei der Einnistung der Zygote (des befruchteten Eis) in den Uterus beginnt die Problematik der Abtreibung.« »Die Halacha hat keine Bedenken gegen die Nutzung eines so frühen Entwicklungsstadiums eines Embryos«, schreibt auch Rabbiner Moshe Tendier, eine renommierte Autorität in Fragen der medizinischen Ethik. »Die Halacha ist ziemlich eindeutig. Solche Forschung sollte gefördert werden. Ein befruchtetes Ei einer Reagenzschale besitzt keinen menschlichen Charakter. Solange es nicht in einen Uterus eingepflanzt ist, bleibt es eine Zygote oder ein Vor-Embryo, es kann nicht davon die Rede sein, wie es bei den Kirchen der Fall ist, dass es sich um einen Abortus handele.« Tendier spricht vielmehr von Studien über embryonale Keimzellen als »bemerkenswerte lebensrettende Forschung! Niemand bezweifelt den potentiellen Erfolg dieser Bemühungen. Mit anderen Worten, niemand weiß, was dabei schiefgehen könnte. Sie sollten also Recht haben und Gott sollte ihnen die Hand führen.« Deshalb scheint es, obwohl vielerorts eine heftige Kontroverse über Keimzellenforschung ausgebrochen ist, dass die rabbinischen Sprecher diese Entwicklungen billigen, ja sogar unterstützen. [...] »Da der Prä-Embryo sich nicht in einer Umgebung befindet, in der er ausgetragen werden und überleben kann, hat er nicht den Status eines lebenden Wesens, das bestreiten auch die nicht, die einem Embryo im Mutterleib auch in den ersten vierzig Tagen diesen Status einräumen würden«, betont Breitowitz. [...] Die »Central Conference of American Rabbis« (CCAR), ein Zusammenschluss von Reformrabbinern, hat das jüdische Denken in der Frage des Umgangs mit Prä-Embryonen in einer klaren und unmissverständlichen Weise zusammengefasst. »Ein menschlicher Embryo oder eine Zygote ist, wie auch ein Fötus, eine potentielle Person, jedoch keine im rechtlichen Sinn, und es gibt im jüdischen Denken kein ausdrückliches Verbot gegen seine Zerstörung. Ein Embryo kann für die medizinische Forschung verwendet werden, sofern er mit angemessenem Respekt und Achtung behandelt wird.« [...]

Aus: Miryam Z. Wahrman (Professor of Biology, William Paterson University of New Jersey, Wayne), »Im Reagenzglas gibt es kein Verbot«, in: Jüdische Allgemeine vom 8. November 2001

4. Erläutern Sie, welches jeweilige Schriftverständnis den betreffenden Darlegungen zugrunde liegen dürfte. Beziehen Sie sich auf Gen 2.
5. Erörtern Sie, ob es angesichts unterschiedlicher Schriftauslegungen berechtigt erscheint, von dem Menschenbild der Bibel zu sprechen.

5.1.4 Zusammenfassender Überblick: Menschen dürfen nicht alles, was sie können ...

Ganz unabhängig davon, in welchem Umfang sich menschliches Leben verändern lässt, es ist schon heute, wie auch mit den sich abzeichnenden Zukunftsprogrammen eine Schwelle in der Menschheitsgeschichte überschritten. Zwar hat der Mensch, seit es ihn gibt, in seine Umwelt verändernd eingegriffen. Es kann auch kein Zweifel darüber bestehen, dass diese veränderte Umwelt ihrerseits wieder ihre prägenden Einflüsse auf den Menschen ausübt. Aber in dem allem empfand er sich seiner Welt gegenüber doch als das in seinem Kern unveränderbare Wesen. Jetzt scheint er zum ersten Mal in seiner Geschichte vor der Möglichkeit zu stehen, selbst in den Prozess der von ihm in Gang gesetzten Veränderungen einbezogen zu werden. Er steht »im Schatten seiner eigenen Schöpfungen« (P. Gascar). Damit kommt die Frage auf ihn zu: Wird in Zukunft seine Schöpfung — die technisierte Welt ihn zwingen, sich zur Bewahrung seines Menschseins ihr anzupassen?

Erst jetzt tritt die ganze Tragweite der Entscheidung ans Licht. Bisher war dieser Entscheidung die Grenze von außen gesetzt, weil der Mensch weder die Kenntnisse noch die Möglichkeiten besaß, die Grenze seiner biologischen Gebundenheiten zu sprengen. Jetzt scheint er sie in sinnvoller Beschränkung seiner Möglichkeiten selbst suchen und finden zu müssen.

Die *biblischen Schöpfungsberichte* enthalten genau die beiden Elemente, die heute in der Diskussion um die Richtung des Fortschritts und die Manipulierbarkeit des Lebens eine zentrale Rolle spielen: Auftrag und Grenze des Menschen. Nach der Bibel hat der Mensch den Auftrag: »Füllet die Erde und machet sie euch untertan!« (1 Mose 1,28). Aber zugleich steht er vor der Versuchung, sein zu wollen »wie Gott« (1 Mose 3,5) und damit die ihm gesetzte Grenze zu überschreiten. Die Frage an ihn lautet nicht nur: Adam, wo bist du?, sondern auch: Adam, was machst du?

Der Mensch ist – eben gerade nach den Aussagen der Bibel über ihn – nie nur ein Stück »Natur«, dessen Leben, von Instinkten gesteuert, abrollt. Er ist auf Selbstentfaltung und Selbstverwirklichung angelegt. Darum darf er nicht von vornherein verdächtigt werden, wenn er Schritte ins Unbekannte und Dunkle und ins Noch-nicht-Vorstellbare wagt.

Der Christ wird im Spannungsfeld zwischen dem Schöpfungsauftrag und der Grenze des Menschen auf die Meinung verzichten müssen, er könne bis in alle Einzelheiten hinein festlegen, was erlaubt ist und was nicht. Aber weil es sich keineswegs nur um technische Probleme handelt, sondern weil hinter allen Entscheidungen, auch den wissenschaftlichen, eine ganz bestimmte Einstellung zum Menschen sichtbar wird, sind vom *biblischen Menschenbild* her eine Reihe von Fragen zu stellen:

- Wo wird die *Unantastbarkeit und Unvertretbarkeit* des Personseins bewahrt, wo wird sie zerstört? Der christliche Glaube sieht dieses Personsein in der Anrede Gottes und im Bilde des Menschen, wie es uns in Jesus begegnet, begründet. Er muss Einspruch erheben, wo der Mensch zum Mittel für irgendwelche Zwecke missbraucht wird und seinen Wert nicht mehr in sich selber trägt.
- Im verantwortlichen Abwägen von Notwendigkeiten und Gefahren werden vernünftige, sachgemäße Entscheidungen zu fällen sein. Wie weit aber reicht die *Tragfähigkeit der Vernunft*? Wird der von ihr offenzuhaltende Raum nicht ständig besetzt von dem, was die Bibel Sünde nennt in Gestalt von Ehrgeiz und Angst, Machthunger und Hybris?
- Heißt das nicht, dass die Unantastbarkeit der Person und die sachliche Vernunft in ihrer Notwendigkeit wie in ihren Grenzen nur dann bewahrt werden können, wenn der Mensch aus dem *Urvertrauen des Glaubens* lebt: in der Unverfügbarkeit des Daseins zeigt sich nicht ein blindes Schicksal, sondern Gottes Macht und Freiheit an.
- Kommt die elementare Forderung nach der Menschlichkeit des Menschen nicht am besten im *Gebot der Nächstenliebe* zum Ausdruck? Damit aber ist der durch seine eigenen Schöpfungen bedrohte Mensch – nicht nur der jetzt lebende, sondern ebenso der noch ungeborene und zukünftige – der Obhut der forschenden und gestaltenden, Mensch und Welt verändernden Menschheit anvertraut.

Aus: Werner Jentsch, Hartmut Jetter, Manfred Kießig und Horst Reller (Hrsg.), Evangelischer Erwachsenenkatechismus, Gütersloh 1975, S. 287–289,

Übersicht über die Operatoren

Anforderungsbereich I

Operatoren	Definitionen
Nennen **Benennen**	ausgewählte Elemente, Aspekte, Merkmale, Begriffe, Personen etc. unkommentiert aufzählen
Skizzieren	einen bekannten oder erkannten Sachverhalt oder Gedankengang in seinen Grundzügen ausdrücken
Formulieren **Darstellen**	den Gedankengang oder die Hauptaussagen eines Textes mit eigenen Worten darlegen
Wiedergeben	einen bekannten oder erkannten Sachverhalt oder den Inhalt eines Textes unter Verwendung der Fachsprache mit eigenen Worten ausdrücken
Beschreiben	die Merkmale eines Bildes oder anderen Materials mit Worten in Einzelheiten schildern
Herausarbeiten	aus Aussagen eines wenig komplexen Textes einen Sachverhalt oder eine Position ermitteln und darstellen
Erarbeiten	den Argumentationsgang eines Textes, den Aufbau eines Bildes usw. herausarbeiten und strukturiert darstellen
Zusammenfassen	die Kernaussagen eines Textes komprimiert und strukturiert darlegen

Anforderungsbereich II

Operatoren	Definitionen
Einordnen **Zuordnen** **Anwenden**	einen bekannten oder erkannten Sachverhalt in einen neuen oder anderen Zusammenhang stellen oder die Position eines Verfassers bezüglich einer bestimmten Religion, Konfession, Denkrichtung etc. unter Verweis auf Textstellen und in Verbindung mit Vorwissen bestimmen
Belegen **Nachweisen**	Behauptungen durch Textstellen oder bekannte Sachverhalte fundieren
Konkretisieren	Beispiele für einen Sachverhalt finden und ihn verdeutlichen
Erläutern **Erklären** **Entfalten**	einen Sachverhalt, eine These etc. ggf. mit zusätzlichen Informationen und Beispielen nachvollziehbar veranschaulichen
Herausarbeiten	aus Aussagen eines komplexeren Textes einen Sachverhalt oder eine Position ermitteln und darstellen
Vergleichen	nach vorgegebenen oder selbst gewählten Gesichtspunkten Gemeinsamkeiten, Ähnlichkeiten und Unterschiede ermitteln und darstellen

Operatoren	Definitionen
Analysieren Untersuchen	unter gezielter Fragestellung Elemente, Strukturmerkmale und Zusammenhänge systematisch erschließen und darstellen
In Beziehung setzen	Zusammenhänge unter vorgegebenen oder selbst gewählten Gesichtspunkten begründet herstellen
Befragen	eine Position aus einer anderen Perspektive beleuchten

Anforderungsbereich III

Operatoren	Definitionen
Begründen	eigene Aussagen durch Argumente stützen und nachvollziehbare Zusammenhänge herstellen
Sich auseinander-setzen mit	ein begründetes eigenes Urteil zu einer Position oder einem dargestellten Sachverhalt entwickeln
Beurteilen Bewerten Stellung nehmen Einen begründeten Standpunkt einnehmen Die eigene Überzeugung argumentativ vorstellen	zu einem Sachverhalt unter Verwendung von Fachwissen und Fachmethoden sich begründet positionieren (Sach- bzw. Werturteil)
Erörtern	die Vielschichtigkeit eines Beurteilungsproblems erkennen und darstellen, dazu Thesen erfassen bzw. aufstellen, Argumente formulieren und dabei eine begründete Schlussfolgerung erarbeiten (dialektische Erörterung)
Prüfen Überprüfen	eine Meinung, Aussage, These, Argumentation nachvollziehen, kritisch hinterfragen und auf der Grundlage erworbener Fachkenntnisse begründet beurteilen
Interpretieren	einen Test oder ein anderes Material (Bild, Karikatur, Tondokument, Film etc.) sachgemäß analysieren und auf der Basis methodisch reflektierten Deutens zu einer schlüssigen Gesamtauslegung gelangen
Gestalten Entwerfen	sich kreativ (z. B. fiktives Gespräch oder Visualisierung) mit einer Fragestellung auseinandersetzen
Stellung nehmen aus der Sicht von … Eine Erwiderung formulieren aus der Sicht von …	eine unbekannte Position, Argumentation oder Theorie aus der Sicht einer bekannten Position kritisieren oder in Frage stellen und ein begründetes Urteil abgeben
Konsequenzen ziehen Perspektiven entwerfen	aus einer Position Schlussfolgerungen ziehen